U0439889

縱覽文園

泛隨詞林

百歲

選堂

總策畫 林慶彰 劉楚華

主編 翟志成

景印香港
新亞研究所

新亞學報

第一至三十卷

第一冊・第一卷・第一期

景印香港新亞研究所《新亞學報》（第一至三十卷）

總策畫　林慶彰　劉楚華

主　編　翟志成

編輯委員　卜永堅　李金強　李學銘
吳　明　何冠環　何廣棪
張宏生　張　健　黃敏浩
劉楚華　鄭宗義　譚景輝

編輯顧問　王汎森　白先勇　杜維明
李明輝　何漢威　柯嘉豪（John H. Kieschnick）
科大衛（David Faure）
信廣來　洪長泰　梁元生
張玉法　張洪年　陳永發
陳　來　陳祖武　黃一農

景印香港新亞研究所《新亞學報》（第一至三十卷）

黃進興　廖伯源　羅志田

饒宗頤

執行編輯　李啟文　張晏瑞

（以上依姓名筆劃排序）

景印香港新亞研究所《新亞學報》出版序文

《新亞學報》主編　翟志成

一九四九年大陸易幟，絕大多數中國的大知識分子選擇留下來接受中共的統治，但仍然有小部分的大知識分子選擇了流亡海外。驅策著他們流亡的原因，有些是屬於政治的，有些是屬於文化的。國民黨政權在中國大陸的覆滅，對於胡適、李方桂、傅斯年、姚從吾等大知識分子，便等同於「亡國」，他們或追隨國府播遷臺灣，或在北美西歐花果飄零，其原因主要是來自政治方面；但對於錢穆、唐君毅、張丕介、牟宗三、徐復觀等文化保守主義者而言，他們之所以決心流亡海外，是緣於毛澤東在中共立國前夕，宣稱今後要「以俄為師」，一切的政治、經濟和文化方針政策，都要向蘇俄「一邊倒」。易言之，他們之所以逃離大陸，並不為「亡國」，而是為「亡天下」，其原因卻主要是來自文化方面。然則，什麼是「亡國」，什麼又是「亡天下」呢？港、臺文化保守主義者常引用顧炎武的話加以分疏。顧氏的原話是：

有亡國，有亡天下，亡國與亡天下奚辨？曰：易姓改號謂之亡國；仁義充塞，而至於率獸食人，人將相食，謂之亡天下。魏晉人之清談，何以亡天下？是孟子所謂楊、墨之言，至於使天下無父無君，而入於禽獸者也。昔者嵇紹之父康被殺於晉文王，至武帝革命之時，而山濤薦之入仕。紹時屏居私門，欲辭不就。濤謂之曰：「為君思之久矣，天地四時猶有消息，而況於人乎？」一時傳誦，以為名言，而不知其敗義傷教，至於率天下而無父者也。……自正始以來，而大義之不明遍於天下。如山濤者，既為邪說之魁，遂使嵇紹之賢且犯天下之不韙而不顧。夫邪正之說不容兩立，使謂紹為忠，則必謂王裒為不忠而後可也，何怪其相率臣於劉聰、石勒，觀其故主青衣行酒，而不以動其心者乎？是故知保天下，然後知保其國。保國者，其君其臣，肉食者謀之；保天下者，匹夫之賤與有責焉耳矣。註一

依照顧炎武的定義，「亡國」只不過是「易姓改號」，和沒有當過官（「肉食者」）的普通老百姓（「匹夫」）幾乎沒有什麼關係。港、臺文化保守主義的代表人物除了徐復觀之外，都未曾在國民黨政府任職，而徐氏也在大陸易幟前已從政壇急流勇退。如果

註一　〔清〕顧炎武著，〔清〕黄汝成集釋，秦克誠點校，《日知錄集釋》（長沙：嶽麓書社，一九九四），卷十三，頁四七一。

純從國共黨爭的角度，港、臺文化保守主義者大都是些「匹夫」，他們對大陸的「易姓改號」既不必負責，也無需介懷。但港、臺文化保守主義者把顧炎武的話一再加以引申發揮，把「天下」定義為中國的歷史文化，以及由此一歷史文化所規定的道德和思想制度，而「新中國」立國後罷黜百家，獨尊馬、列，把中國歷史文化當成必須徹底批判和揚棄的封建糟粕，看在錢穆、唐君毅等人眼中，便等同於「敗義傷教」，「仁義充塞，而至於率獸食人，人將相食」的「亡天下」。中共立國才剛過一年，在九龍桂林街新亞書院的一間陋室中，唐君毅一邊奮筆為自己的新書《中國文化之精神價值》撰寫〈自序〉，一邊流淚：

> 吾之此書，成於顛沛流離之際，……身居鬧市，長聞車馬之聲，亦不得從容構思，唯瞻望故邦，吾祖先之不肖子孫，正視吾數千年之文化留至今者，為封建之殘餘，不惜加以蹴棄。懷昔賢之遺澤，將毀棄於一旦，時或蒼茫望天，臨風隕涕。乃勉自發憤，時作時輟，八月乃成。註二

註二　唐君毅，〈自序〉，《中國文化之精神價值》，收入氏著，《唐君毅全集》（臺北：臺灣學生書局，一九九一），卷四，頁六～七。

差不多同一時候，在新亞書院的另一間陋室中，錢穆的新書《莊子纂箋》也終於完稿。北京和天津六千多位大學教師被中共集中起來加以思想改造，人人競相「坦白」的消息傳來，讓錢氏充滿了「天喪斯文」的沉痛和「亡天下」的存在感悟。他在該書的〈序目〉中寫道：

報載平、津大學教授，方集中思想改造，競坦白者踰六千人，不禁為之廢書擲筆而歎。念蒙叟復生，亦將何以自處？作逍遙之遊乎，則何逃於隨羣蝨而處褌？齊物論之芒乎，則何逃於必一馬之是期？將養其生主乎，則游刃而無地。將處於人間乎，則散木而且翦。儵忽無情，混沌必鑿。德符雖充，桎梏難解。計惟鼠肝蟲臂，唯命之從。曾是以為人之宗師乎！又烏得求曳尾於塗中？又烏得觀魚樂於濠上？天地雖大，將不容此一人，而何有乎所謂與天地精神相往來？……此六千教授之坦白，一言蔽之，無亦曰墨翟是而楊朱非則已。……天不喪斯文，後有讀者，當知其用心之苦，實甚於考亭之釋〈離騷〉也。註三

註　三　錢穆，〈莊子纂箋・序目〉，《墨子・惠施公孫龍・莊子纂箋》，收入氏著，《錢賓四先生全集》（臺北：聯經出版事業公司，一九九四），冊六，頁十三～十四。

本來，對於大陸知識分子在中共思想改造的網罟中集體的自輕、自賤、自誣、自污，以及隨後的互相揭發、互相批判和互相攻訐，兔死狐悲物傷其類之感，早已讓錢穆、唐君毅等人悲憤填膺。而中共所組織的各種鬥爭大會和公審大會中，常有兄弟、夫婦、父母和子女之間的互鬥、互咬，甚至互打和互殺的人倫慘變，更令以「親親」之「仁」為最高價值的錢穆、唐君毅等人忍無可忍。胡適本是他們最憎惡的人物之一，但當看到胡適的小兒子胡思杜在報刊上撰寫〈對我的父親——胡適的批判〉一文，公開斥責乃父為「美帝走狗及人民公敵」，並表示要胡適「劃清界線，斷絕往來」，他們不僅沒有一絲一毫的幸災樂禍，反而因思杜以子斥父，期期以為不可，唐君毅甚至投書報紙，提出嚴厲的譴責和抗議。註四

由胡適之子的公開斥父，標誌著顧炎武所謂「大義之不明遍於天下」，致使國人「敗義傷教，至於率天下而無父」，「而入於禽獸」的「亡天下」要件，在「新中國」業已全部兌現。對錢穆、唐君毅等人而言，他們的「天下」在中國大陸真的已經滅亡了。既

註四　一九五〇年九月二十五日唐君毅在他的《日記》中寫道：「胡適之之子發表攻擊其父文，竟以父子之情為惡毒之感情。今日上午作一文斥之，約三千五百字」。唐君毅，《日記（上）》，收入氏著，《唐君毅全集》（臺北：臺灣學生書局，一九九一），卷二十七，頁七十。

然「天下」已經「亡」了，而「保天下」又是每個中國人所應肩負的神聖責任，錢穆、唐君毅、張丕介、牟宗三、徐復觀等流亡在港、臺的「文化遺民」，都自覺地把自己視作中國文化的載體，把自己的流亡視作中國文化薪火在海外的續絕存亡，把自己創辦新亞書院，以及創辦《民主評論》與《新亞學報》的講學與著述，視為「救亡」或「救天下」的重要工作。

然則，「大義」為何會「不明」？「仁義」為何會「充塞」？「教」為何會「傷」？「義」又為何會「敗」？因而使得「天下」不得不「亡」？錢穆、唐君毅、牟宗三、徐復觀等「文化遺民」痛定思痛，深刻地不斷加以反思。他們認為：是緣於胡適、陳獨秀、魯迅等人所領導的「五四」運動，從根本上摧破了中國的歷史文化及其道德和思想制度。然則，中國的歷史文化，真如胡適、陳獨秀、魯迅等人所言，業已成為「救亡圖存」的最大障礙而必須予以徹底摧毀嗎？答案當然是否定的。和胡適、陳獨秀、魯迅等「五四」反傳統主義者一樣，錢穆、唐君毅、張丕介、牟宗三、徐復觀等「文化遺民」的「終極關懷」也正是「救亡圖存」。但是，在他們的心目中，國家是民族和文化生息繁衍之場所，民族是國家的表徵和文化的載體，而文化則是民族的靈魂和國家的規定性，三者三位一體地構成了「救亡圖存」大業的有機組成部分，既互相依存互相轉化又互相決定，任何其中一個部分的破滅，其餘兩個部分亦勢必無法自存。[註五]摧毀了中國的歷史文化，赤縣神州便會失去了規定性不復為中國，神明華冑也因失靈落魂不復為中華民族。錢穆曾相當精要地指出：「要滅亡一個國家，定要先滅亡他們的歷史。要改造一個民族，也定要先改造他們的歷史。猶如要消滅一個人的生命，必先消滅他的記憶般」，[註六]「若這一個民族的文化消滅了，這個民族便不可能再存在。」[註七]正因如此，反傳統主義者為救國保種而毀棄中國歷史文化，究其實只是一種倒行逆施，不僅於救國保種無益，反而會極大地加劇和加深了亡國滅種的危機，所毀棄者只能是救亡大業的自身。

錢穆進一步指出，胡適、陳獨秀、魯迅等「五四」運動的領袖之所以把中國的歷史文化視為「救亡圖存」的最大障礙，主要是緣於對中國的歷史文化的無知和無識：「論

註五　錢穆一再重申：「歷史與文化就是一個民族精神的表現」，「沒有民族，就不可能有文化，不可能有歷史。同時，沒有文化，沒有歷史，也不可有民族。」錢穆，《中國歷史精神》（臺北：東大圖書有限公司：一九七六年修訂版），頁七。

註六　錢穆，《中國歷史精神》，頁九。

註七　錢穆，《中國歷史精神》，頁七。

歷史本身，中國最偉大。論歷史記載，中國最高明。但論到歷史知識，則在今天的中國人，也可說最缺乏。對於自己國家民族以往歷史一切不知道」，[註八]然而這些「五四」運動領袖，「雖然最缺乏的是歷史知識，卻又最喜歡談歷史。一切口號，一切標語，都用歷史來作證」，[註九]「偏要拿歷史來作理論的根據，偏要把歷史來作批評對象」，[註十]他們以「專制黑暗」四個字，粗暴地把中國自秦以來二千年的歷史文化，一筆加以抹殺；[註一一]他們宣稱中國二千年來的歷史，或為儒家所「掩脅」，或為道家所「痲醉」，不僅文化和思想停滯不前，而其他「一切事態，因亦相隨停滯不進」。[註一二]在他們眼中，中國的歷史文化簡直「無有一點價值，亦無有一處足以使彼滿意」。[註一三]秉持著偏激的歷史虛無主義和「淺薄狂妄的進化觀」，他們鼓吹「打倒孔家店，廢止漢字，一切重估價值，打倒二千年來

註　八　錢穆，《中國歷史精神》，頁九。

註　九　錢穆，《中國歷史精神》，頁十。

註　十　錢穆，《中國歷史精神》，頁十二。

註一一　錢穆，《中國歷代政治得失・序》（香港：自印本，一九五二），頁一。

註一二　錢穆，《國史大綱・引論》（臺北：國立編譯館，一九五五），頁五。

註一三　錢穆，《國史大綱・引論》，頁一。

的學術思想而全盤西化」，[註一四]並把「我們當身種種罪惡與弱點，一切諉卸於古人」。[註一五]

「物競天擇、適者生存」。即使從胡適、陳獨秀、魯迅等「五四」領袖們最所崇尚的社會達爾文理論出發，中國和中華民族正是不值得「生存」的「不適者」。因為，在「五四」領袖們的宣教中，這個二千年來簡直一無好處、一無是處、對世界文明毫無貢獻的國家和民族，早就應該在這個激烈競爭的世界中被淘汰！「亡國滅種」正是其必然的和無可避免的歸宿，此之謂「順乎天理」！如此「劣等」的國家、如此「不長進」的民族，我們為什麼還要白費力氣，不惜「逆天而行」予以拯救？[註一六]眾所周知，「救亡圖存」的原動力是民族主義，而國族歷史文化的崇高、偉大和光榮，又正是任何民族主義運動的旗幟、符號和象徵，是其取之不盡用之不竭的思想和精神資源。職是之故，正如錢穆所云：「救亡圖存」必須厚植國人對中國歷史文化的「溫情與敬意」，如果國人對

註一四　錢穆，《中國歷史精神》，頁十。

註一五　錢穆，《國史大綱・引論》，頁一。

註一六　有關這一方面，錢穆曾以子之矛，攻子之盾，以「五四」反中國文化的論述，相當犀利地質疑反傳統主義者，如果「二千年來的中國人，全是奴隸根性。……二千年來奴性的民族，再有何顏面，有何權利，在此現代世界中求生存呢？」錢穆，《中國歷史精神》，頁十一。

歷史文化「無甚深之愛，必不能為其民族真奮鬥而犧牲，此民族終將無爭存於並世之力量。」[註一七]五四領袖們竭力醜化和妖魔化中國的歷史文化，以達到救國和保種的目的，不僅經不起任何邏輯和理性的分析檢驗，同時也只會在「救亡圖存」的實踐中消殂了國人犧牲奉獻的熱忱，名為救亡，實為自毀，簡直是完全開錯了藥方！

如果國人若對中國的歷史文化「略有所知」，便不難發現，中國的歷史文化不僅有萬古恆新的普世價值，而且還有不可或缺的現代意義。[註一八]如果說，「救亡圖存」的充要條件是中國社會由傳統向現代的成功轉型，而轉型的成功又端賴於科學和民主在中國的成功建立。這是錢穆、唐君毅、張丕介、牟宗三、徐復觀等「文化遺民」和「五四」領袖難得一見的「共識」。但若無中國文化作為主人予以迎迓接引，由泰西來中國的「德先生」（民主）和「賽先生」（科學）這兩個客人，是絕不可能在中國安家落戶的。[註一九]

註一七　錢穆，《國史大綱．引論》，頁三。

註一八　牟宗三、徐復觀、張君勱、唐君毅，〈為中國文化敬告世界人士宣言——我們對中國學術研究及中國文化與世界文化前途之共同認識〉，《民主評論》，卷九期一（一九五八年一月），頁十二～二十。

註一九　例如，錢穆曾指出：「我認為政治制度，必然得自根自生。縱使有些可以由外國傳來，也必然先與其本國傳統，有一番融和媾通，才能真實發生相當的效力。否則無生命的政治，無配合的制度，決然無法長成。」錢穆，《中國歷代政治得失．序》，頁一。

此之謂「自外入者，無主不止」，這是五尺童子都能懂得的道理。摒棄了中國的歷史文化，也就全等於根絕了科學和民主移入中國的所有機遇和可能。

錢穆等人一再強調，「亡天下」的根本原因，是緣於國人（尤其是「五四」領袖）對中國歷史文化產生出「一種變態心理和反常情感」，因而「輕蔑和懷疑，甚至還抱持一種厭惡反抗的態度，甚至於要存心來破壞，要把中國以往歷史痛快地一筆勾消。」而此種「變態心理和反常情感」的產生，又緣於對中國歷史文化的一無所知，[註二十]邏輯地，要「救天下」，便必須讓國人對中國歷史文化的普世價值和現代意義「略有所知」。「天下興亡，匹夫有責」，表彰與凸顯中國文化的意義和價值，便成了「文化遺民」們義不容辭的神聖職責。「文化遺民」們大都是一些書生，口中的舌（講學）和手中的筆（著述），便自然而然地成為他們「救天下」的兩大利器。在著述方面，早在抗戰期間，錢穆便奮筆疾書，撰成《國史大綱》上下兩冊；該書都約數十萬言，把由堯舜以迄民初的中國在文化、學術、社會、經濟、政治、制度、民族等方面形成、發展和遞嬗，「上下

註二十　錢穆，《中國歷史精神》，頁九。

五千年，由古迄今，系統敘述，絕無一事無確據，絕無一語無明證」，註二一藉由翔實而具體的史跡，呈現了華夏文明的真、善、美，及其絲毫無愧於與西方文明並駕齊驅的理由，並對持「專制黑暗」論抹殺中國歷史文化者，對「世之持自卑自賤者」，痛加駁斥。「讀錢氏之書，當使懦夫有立志，病夫有生氣，熱血沸騰，奮然而思有所以自存矣。」註二二這是《國史大綱》讀者的普遍感受，也是對錢穆著書立說的存心的最佳回報。播遷海外之後，「亡天下」痛定思痛的反省，使得錢穆、唐君毅、牟宗三、徐復觀等「文化遺民」們如骨骾在喉，更加努力著書立說。他們的著作主要涵蓋了以下三個方面：一、清除「五四」反傳統運動濺潑在中國歷史文化上的污泥濁水，為中國歷史文化辯誣洗冤。二、弘揚中國文化的普世價值和現代意義。三、融會和溝通中西學術，既反省批判中國文化的欠缺不足之處，強調國人必須虛心學習西方，儘量引進如民主和科學等西方文化的優良因子；同時又反思批評西方文化的欠缺不足之處，強調西人亦應學習和引進中國文化的優良因子，在中西文化互敬互助互補互惠的基礎上，搏成和創造出更為先進、更為優質的世界

註二一　錢穆，《國史大綱・本書特版弁言（一九五五年六月）》，頁四。

註二二　牟潤孫，〈記所見之二十五年來史學著作〉，收入杜維運、黃進興編，《中國史學史論文選集》（臺北：華世出版社，一九八〇），冊二，頁一一二二～一一二三。

新文化。[註二三]真金不怕烈火，真理越辯越明。越來越多的國人對他們的論述，由憎惡到懷疑，由懷疑到信服。他們的學術地位，也因之水漲船高，逐步由邊陲佔據了中心的位置。迄至今時今日，他們都成了學人們仰之彌高的大師鉅子；他們的著作，大都變成了中國文史哲研究領域不容繞過的學術經典。

在講學方面，錢穆、唐君毅和張丕介等人於一九四九年於在九龍桂林街創辦了新亞書院，其後牟宗三和徐復觀也先後由臺灣飛來加盟。顧名思義，所謂「新亞」，就是「新亞洲」。亞洲代表東方文化，與代表歐美的西方文化如雙峰對峙，而中國又是亞洲最大的國家，欲「新」東方文化須由「新」中國文化入手，這是應然之義。[註二四]《詩經．大雅．文王》云：「周雖舊邦，其命維新」。所謂「新」又有二重意涵。其一是繼承和保存中國文化之普世價值和現代意義，使之萬古常新。其二是充量輸入和吸收西方文化的優良因子，尤其是民主和科學，在東西文化的融合交滙中不斷地創造和革新。正如新亞書院

註二三　牟宗三、徐復觀、張君勱、唐君毅，〈為中國文化敬告世界人士宣言——我們對中國學術研究及中國文化與世界文化前途之共同認識〉，頁一～二十。

註二四　唐君毅，〈我所了解之新亞精神〉，《新亞校刊》（創刊號），期一（一九五二年六月），頁二。

的創辦人之一唐君毅所言：

中國人與亞洲人必須對其歷史文化中之有價值者，能化舊為新，求其以通古今之變。所以新亞的精神，新亞之教育文化理想，我想不外一方希望以日新又日新之精神，去化腐臭為神奇，予一切有價值者皆發現其千古常新之性質。一方再求與世界其他一切新知新學相配合，以望有所貢獻于真正的新中國、新亞洲、新世界。註二五

堅信「古老的亞洲，古老的中國，必須新生」，堅信「只有當最古老的亞洲古老的中國獲得新生，中國得救，亞洲得救，而後世界人類才真能得救」，註二六新亞書院的師生在桂林街難以容膝的陋室裏，在「手空空，無一物」的飢寒困頓中，以「千斤擔子兩肩挑」的氣魄，註二七為實踐「發揚中國文化，溝通中西文化，以豐富世界文化」的教育理想和史

註二五　唐君毅，〈我所了解之新亞精神〉，頁二。

註二六　唐君毅，〈我所了解之新亞精神〉，頁二。

註二七　新亞校歌歌辭第三闕有云：「手空空，無一物，路遙遙，無止境。亂離中，流浪裏，餓我體膚勞我精。艱險我奮進，困乏我多情。千斤擔子兩肩挑，趁青春，結隊向前行。珍重，珍重，這是我新亞精神。」引自新亞校史館網頁 http://history.na.cuhk.edu.hk/zh-hk/Home.aspx（二〇一七年四月十七日）。

命，堅忍不拔地展開了文化長征。新亞書院的創辦人之一錢穆坦承，新亞書院的辦學宗旨，「就在於要中國的青年重新認識自己的文化」，並通過「了解自己的文化，自己的歷史，自己的社會，自己的優點和特點」，培養出一種對自己的國家、民族和文化的自尊兼自重的「獨立精神」；[註二八]而新亞書院的二十四條「學規」，也一再要求學生熱愛國家、熱愛民族、熱愛歷史文化。[註二九]正因為新亞書院對學生在品格上有特殊的要求，她便不能像現代西式的大學那樣，僅僅以知識的傳授為其究竟。新亞書院「學規」的第一條，要求學生「求學與作人，貴能齊頭並進，更貴能融通合一」，[註三十]她以「誠明」兩字為校訓，甚至把事關「德性行為方面」的「誠」，安置在事關「知識瞭解方面」的「明」之前，[註三一]這種強調德性重於知識的風格，使得新亞書院在精神上和氣味上都更像宋明時期的書院。

新亞書院的自我定位是：「上溯宋明書院講學精神，旁採西歐大學導師制度，以人

註二八　見一九五四年四月三日錢穆在新亞書院歡迎雅禮代表朗家恆（Charles H. Long）會上的致辭，轉引自張丕介，〈新亞與雅禮合作紀實——中西文化的新紀元〉，《新亞校刊》，期五（一九五四年七月），頁二十七。

註二九　新亞書院「學規」，新亞校史館網頁 http://history.na.cuhk.edu.hk/zh-hk/Home.aspx（二〇一七年四月十七日）。

註三十　新亞書院「學規」，新亞校史館網頁 http://history.na.cuhk.edu.hk/zh-hk/Home.aspx（二〇一七年四月十七日）。

註三一　新亞書院「校訓」，新亞校史館網頁 http://history.na.cuhk.edu.hk/zh-hk/Home.aspx（二〇一七年四月十七日）。

文主義之教育宗旨，溝通東西文化，為人類和平、社會幸福謀前途。」[註三二]無論是宋明書院的講學，或是西歐大學的導師制，老師都處於整個教育的中心位置。宋明書院「以人物中心來傳授各門課程」，新亞書院也是如此；錢穆、唐君毅、牟宗三、徐復觀等人，便分別成了講授中國歷史、哲學和文學各門課程的中心。新亞書院的「學規」，一再要求學生「敬愛您的師長」，「學規」第十三條，甚至告誡學生「課程學分是死的，分裂的；師長人格是活的，完整的。你應該轉移自己目光，不要儘注意一門門的課程，應該先注意一個個的師長。」「學規」第十七條，也循循勸勉學生：「你須透過師長，來接觸人類文化史上許多偉大的學者，你須透過每一學程來接觸人類文化史上許多偉大的學業與事業。」[註三三]這些成為新亞書院講學中心的老師，既是「經師」，更是「人師」，學生們侍隨在他們的講席杖履之間，如眾星之拱月。師生親密如一家人，既「道問學」，更「尊德性」，共同以學術問難攻錯為樂，以道義相期，以易俗移風相勉，以復興中國文化、創造世界新文化為奮鬥目標。一九五二年秋新亞書院第一屆的畢業生雖然只有余英時和

註三二　引自新亞書院校刊之〈發刊辭〉，《新亞校刊》（創刊號），期一（一九五二年六月），頁一。

註三三　新亞書院「學規」，新亞校史館網頁 http://history.na.cuhk.edu.hk/zh-hk/Home.aspx（二〇一七年四月十七日）。

張德民二人，[註三四]但在他們的〈臨別的話〉中，已洋溢着成竹在胸、真理在手，民族文化復興使命捨我其誰的決心和志氣：

> 我們的師長，為了一種高崇的文化目的，在香港創辦了新亞書院；而我們的同學也是為了要瞭解祖國的文化歷史以及未來人類的前途，而踏入了新亞的校門。在這幾年動亂的歲月裏，我們能始終絃歌不息，潛心研究，摸索著真理的方向。這一點，我們的確是足以引以為驕傲的。雖然，我們的人數很少，淺見者流將會認為我們不可能有什麼大的成就；但，這其實根本無關緊要，問題卻在我們是否能夠獲得真理罷了。文藝復興的少數學者與藝術家開創了輝煌的西方近代文明，老子，孔子，墨子幾位偉大的思想家也倡導了春秋戰國時代的燦爛的平民學術活動。所以然？祗因他們掌握了真理故。
>
> 今天中國的文化正到了一個新的發展的關頭。如何負荷起此一重大的民族文化的復興

註三四　見〈新亞校刊〉編者，〈歡送余英時張德民兩同學〉，《新亞校刊》（創刊號），期一（一九五二年六月），頁三十。但在沙田中文大學新亞書院圓環廣場的歷屆畢業生的題名錄中，第一屆畢業生有余英時、張德民、陳栻一共三人，其故待考。

使命，並進而促成世界文化之新生，顯然是我們天經地義的責任。文化問題，千頭萬緒；過去我們曾在一起，互相切磋地努力過，今天我們離開了，我們還得繼續不斷地，站在不同的崗位上，共同奮鬥下去。一粒小小的種子，十年後便可以長成大樹；我們不是應該有更堅定的自信心嗎？註三五

只要有真理、有志氣，埋頭實幹加苦幹，自可赤手搏龍蛇，扭轉乾坤，改天換地。若仍以余英時為例，他在新亞書院畢業赴美，負笈哈佛大學取得博士學位之後，先後在哈佛、耶魯、普林斯頓等世界最精英的著名學府任講座教授，並先後榮膺素有「人文諾貝爾獎」美譽的美國國會圖書館克魯格人文與社會科學終身成就獎（Kluge Prize）、唐獎漢學獎，在國際享有崇高的學術地位。余英時共著書五十九本，論文四百餘篇，許多已成為兩岸三地文史哲學者必須參考的重要典籍，而門下弟子亦有多人成為學術重鎮。余英時在兩岸三地人文學科的總體影響力，可謂無人能及。錢穆等在新亞書院播下的文化種子，當然遠不止余英時一人。除了課堂授課之外，新亞書院的教師和友人在一九五

註三五　余英時、張德民，〈臨別的話〉，《新亞校刊》（創刊號），期一（一九五二年六月），頁三十。

〇年代初一共舉辦了一百五十五場文化講座，藉以向社會大眾宣揚文化理念。註三六在新亞書院的學生和文化講座的聽眾中，許多人在學術成就容或不如余英時，但復興中國文化的志氣和努力則同。新亞書院亦因之眾志成城，得道多助，先後獲得美國雅禮協會、亞洲基金會和哈佛燕京學社的捐款，以及香港政府的承認，遂能由小變大，學生人數由一九四九年的四十二人，增加到目前的三千多人；註三七同時亦由弱變強，由桂林街陋室中的難民學校，在一九五六年遷入了窗明几淨，教學和圖書設備完善的農圃道校園；新亞書院自一九六三年與崇基書院、聯合書院共同組建中文大學，迄今已成為世界級的著名學府。由錢穆等人在一九四九年創辦的新亞書院，已變成了中國文化最重要的復興基地，他們播下的文化種子，許多已長成捍衛民族文化的參天大樹，形成了一支沛然莫之能禦的學術和文化力量。

新亞書院初呈否極泰來，一元來復之象，錢穆等便先後請得亞洲基金會和哈佛燕京

註三六 〈書院介紹・歷史〉，香港中文大學新亞書院網頁 http://www.na.cuhk.edu.hk/zh-hk/aboutnewasia-zhhk/history-zhhk.aspx（二〇一七年四月十七日）。

註三七 〈書院介紹・歷史〉，香港中文大學新亞書院網頁 http://www.na.cuhk.edu.hk/zh-hk/aboutnewasia-zhhk/history-zhhk.aspx（二〇一七年四月十七日）。

學社的資助，在一九五三年秋天著手籌建新亞研究所，藉以為中國文化的偉大復興、培養和儲備高校的教學和研究人材。新亞研究所碩士班於一九五五年秋正式招生，博士班在一九八一年開辦，錢穆、唐君毅、牟宗三、徐復觀、嚴耕望、全漢昇等文、史、哲學術大師先後在該所任教，迄至二〇一七年，總共培養了碩士三百四十八人、博士八十四人，外國特別研究生三十一人。註三八這些畢業生大部分在中學任教，小部分在大學和研究機構任職，共同為傳遞中國文化的薪火盡心盡力。

和新亞研究所第一次招考碩士生同步，新亞研究所的機關報《新亞學報》亦因之同時創刊。創辦《新亞學報》的宗旨和目的，自然包括了為新亞書院的教師，以及為新亞研究所的研究生的學術研究，提供論文發表的園地，這是理所當然的，故錢穆在〈《新亞學報》發刊辭〉中，毋庸再提及此事。〈發刊辭〉要言不煩，明確指出之所以要創辦《新亞學報》，其中一個最重要的原因，就是要建立一個考據與義理並重，可為學界之典範兼示範的人文學術期刊，以「詔示來學者之方嚮與準繩」，使其「差免門戶之見，或有

註三八　新亞研究所歷年來碩士和博士畢業生的總人數，由新亞研究所工作人員最近統計後賜知，謹此申謝！

塗轍可遵」，[註三九]從根本上扭轉時下學界或重考據輕義理，或重義理輕學問的不正學風。

〈發刊辭〉雖承認考據和義理，各有其不可磨滅的價值，但同時嚴正指出，若任何一方把自己的價值強調得過了頭，甚之因之菲薄其他學術，便會產生極大的流弊。〈發刊辭〉對胡適與傅斯年等「高抬考據，輕視義理」，鼓吹「以科學方法整理國故」、主張「為學術而學術」，提倡「窄而深的研究」所產生的嚴重弊端，[註四十]予以嚴厲的批評，斥之為：「見樹不見林，競鑽牛角尖，能入而不能出。所謂窄而深之研究，既乏一種高瞻遠矚，總攬並包之識度與氣魄，為之發蹤指示，其窄深所得，往往與世事渺不相關。即在承平之世，已難免玩物喪志之譏，何論時局艱危，思想徨徬無主，群言龐雜，不見有所折衷，而學術界曾不能有所貢獻。所謂為學術而學術，以專家絕業自負，以窄而深之研究自期，以考據明確自詡，壁壘清嚴，門墻峻峭，自成風氣，若不食人間煙火。縱謂其心可安，而對世情之期望與責難，要亦無以自解。」[註四一]

註三九　錢穆，〈《新亞學報》發刊辭〉，《新亞學報》，卷一期一（一九五五年六月），頁八。

註四十　錢穆，〈《新亞學報》發刊辭〉，頁一。

註四一　錢穆，〈《新亞學報》發刊辭〉，頁二。

除了以玩物喪志，無補於世道人心，不指名地批評了胡適、傅斯年等人所提倡之考據學之外，〈發刊辭〉從方法學的謬誤方面，再提出嚴厲的批評：

此數十年來，所謂以科學方法整理國故，其最先旨義，亦將對中國已有傳統歷史文化，作澈底之解剖與檢查，以求重新估定一切價值。所懸對象，較之晚明清初，若更博大高深。而惟學無本源，識不周至。盤根錯節，置而不問。宏綱巨目，棄而不顧。尋其枝葉，較其銖兩，至今不逮五十年，流弊所極，孰為關心於學問之大體，孰為措意於民物之大倫？各據一隅，道術已裂，細碎相逐，乃至互不相通。僅曰上窮碧落下黃泉，動手動腳找材料。其考據所得，縱謂盡科學方法之能事，縱謂達客觀精神之極詣，然無奈其內無邃深之旨義，外乏旁通之塗轍，則為考據而考據，其貌則是，其情已非，亦實有可資非難之疵病也。註四二

〈發刊辭〉對當時學界「鄙薄學問知識，而高談思想理論」的「一般新進」，亦痛加針砭：

註四二　錢穆，〈《新亞學報》發刊辭〉，頁二～三。

> 必先有學問而後有知識，必先有知識而後有理論。學問如下種，理論猶之結實。不經學問而自謂有知識，其知識終不可靠。不先有知識，而自負有理論，其理論終不可恃。猶之不先下種，遽求開花結果，世間甯有此事？此乃學術虛實之辨，而今日學術界大病，則正在於虛而不實。……不悟其思想理論之僅為一人一時之意見，乃不由博深之知識來。其所講知識，皆淺嘗速化，道聽途說，左右采獲，不由誠篤之學問來。若真求學問，則必遵軌道，重師法，求系統，務專門，而後始可謂之真學問。有真學問，始有真知識，有真知識，始得有真思想與真理論。而從事學問，必下真工夫，沉潛之久，乃不期而上達於不自知，此不可刻日而求，躁心以赴。註四三

考據與義理，或知識與理論，合則雙美，離則兩傷。中學與西學，亦各有所短，各有所長，實不宜妄自尊大，更不應妄自菲薄。正如〈發刊辭〉所強調，《新亞學報》的創辦，正是要「考據義理並重，中學西學，以平等法，融之一爐」，從而矯正時下學界的「偏蔽」，註四四「為中國此後學術開新風氣，闢新路嚮」註四五

註四三　錢穆，〈《新亞學報》發刊辭〉，頁三。
註四四　錢穆，〈《新亞學報》發刊辭〉，頁八。
註四五　錢穆，〈《新亞學報》發刊辭〉，頁三。

儘管〈發刊辭〉出自錢穆手筆，但卻是綜合自新亞研究所同仁的集體意見。有關此點，錢穆已清晰地作出說明：「本所同人，學問無可自恃，知識無以自信，自創設新亞研究所，每為此事，時相研討。……茲值學報創始，姑述其所平素討論者，以求並世通人之教益焉。」註四六新亞研究所的師生，以及所外的投稿者，亦因之勉力以赴，力求自己的著述符合「考據義理並重，中學西學，以平等法，融之一爐」的標準。自一九五五年創刊以來，迄今已出版共三十四卷，在長達六十一年期間，香港、臺灣、西歐、北美以及澳洲之學術大師和鉅子，諸如錢穆、唐君毅、牟宗三、徐復觀、饒宗頤、羅香林、嚴耕望、全漢昇、董作賓、勞榦、陳槃、潘重規、柳存仁、王德昭、余英時、杜德橋（Glen Dudbridge）等人，在《新亞學報》上發表論文不下數十百篇，對於扭轉學界之不正之風，推廣和深化中國的文學、史學、哲學、藝術，宗教方面之學術研究，自有其歷久不磨之功勛與貢獻存焉。

歷史的巨輪轉入二十一世紀初葉，「五四」反傳統文化的論述，已失盡話語權，「全盤西化」再也無人敢於提倡。往昔把中國傳統文化視為封建的糟粕和流毒，攻擊唯恐不

註四六　錢穆，〈《新亞學報》發刊辭〉，頁八。

力，揚棄唯恐不盡的政權，也竭力裁剪傳統文化的象徵和符號，作為其統治合法性的緣飾，並在全球各大洲建立了數百間弘揚中國文化的孔子學院。就連歐美好些往昔「高人一等」的白種人，也開始努力學習中文；君不見美國新任總統川普的外孫女，居然會在白宮歡迎習近平的宴會上，朗朗上口地背誦唐詩和《三字經》麼？在歷盡百劫千難入死出生之後，中國的歷史文化，正遭逢近一百多年來從未有過的良好機遇。國學院及各種研究和推廣中國傳統文化的民間書院，在中國大陸如雨後春筍遍地出現；數以百萬計的臺灣兒童參加了讀經班，而中國大陸的讀經兒童更有數千萬之多。「誰笑得最後，誰笑得最好。」當代文化保守主義和當代新儒家，已經成為二岸三地人文學術研究的一大熱點。近二十年來，以錢穆、唐君毅、牟宗三、徐復觀、余英時、杜維明、劉述先等人為研究課題的專書、碩士、博文論文的數目何止千百。他們的門人和再傳三傳四傳弟子，也有多人在臺、港、澳、西歐、北美的大學和研究機構任職，形成了一支士飽馬騰、旗鼓堂堂的學術隊伍。昔日「花果飄零」的中國傳統文化，也由桂林街新亞書院重新出發，歷經臺、港、澳、西歐、北美，再回流及反哺著中國大陸的文化界、學術界和思想界，開始在故土「靈根再植」。新亞先賢對中國文化前途的預言，已逐步兌現。歷史已經為新亞書院先賢與五四反傳統主義者的長期論爭，作出公正的結論。他們若泉下有知，應該不必再憂心中國文化的被打壓，被污蔑，被妖魔化；而他們的繼承者也開始認真思考，如何才能讓中國文化，避免為專制政治所歪曲，所利用。

新亞書院、新亞研究所和《新亞學報》三位一體，參與並見證了中國文化的偉大復興。就其重要性而言，兩岸三地乃至西歐北美澳洲稍具規模的大學圖書館，都應該藏有一套完整的《新亞學報》。因為，他為香港的學術史、文化史和思想史的研究者，為中國當代學術文化思想史和當代新儒學史的研究者，乃至為中國文學、史學和哲學的研究者，提供了各式各樣的研究課題，以及豐富充實的研究資料。臺北萬卷樓圖書公司這次毅然斥鉅資《景印香港新亞研究所《新亞學報》（第一至三十卷）》出版，以方便世界各地尤其是中國大陸的大學圖書館收藏，其有益於中國人文學術研究，真正是功德無量！

景印香港新亞研究所《新亞學報》第一冊

第一卷・第一期　目次

春秋時代之母系遺俗公羊證義

牟潤孫

頁 1-393

第一卷第一期

新亞學報

新亞研究所

發刊辭

此數十年來，中國學術界，不斷有一爭議，若追溯淵源，亦可謂仍是漢宋之爭之變相。一方面高抬考據，輕視義理。其最先口號，厥爲以科學方法整理國故，繼之有窄而深的研究之提倡。此派重視專門，並主張爲學術而學術。反之者，提倡通學，遂有通才與專家之爭。又主明體達用，謂學術將以濟世。因此菲薄考據，謂學術最高標幟，乃當屬於義理之探究。

此兩派，雖不見有堅明之壁壘與分野，而顯然有此爭議，則事實爲不可掩。今試平心探究，考據之學，承襲淸代經學遺榘，殆爲不可厚非。苟成學立說，而不重明據確證，終無以達共是而立於不可破。空言義理，是非之爭，勢將轉爲意見與意氣，當知意見不卽是知識，意氣不足爲權衡。惟考據乃證定知識之法門，爲評判是非之準的。考據之學，又烏可得而非薄之？

抑且學問廣博，如大海不見其涯涘，人之才性旣殊，聰明有限，又兼年力短促，材料搜集，亦多限制。若求兼通博涉，此非盡人可期。學術分工，各務專門，其必趨於窄而深之一途，亦情勢所難免。

至於學術之於時務，其事可相通而不必盡相合。時事之變，瞬息異狀。卽以此三四十年言，變化多端，幾難回想。若必以追隨時變爲學的，曲學阿世譁衆取寵者勿論，而學術探究，必積年歲，時務需要，迫在當前。其事如夸父與日競走，心意淺露，程功急促，不僅害學術，亦將害時務。轉不如兩各分離，使潛心學術，一旦有所成就，轉可多方霑漑，宏濟時艱。則爲學術而學術，其事又何可議？

然學術與時代脫節，事終不美。此數十年來，國內思想潮流乃及一切實務推進，其事乃操縱於報章與雜誌期刊，大學講堂以及研究院，作高深學術探討者，皆不能有領導思想之力量，並亦無此抱負。轉若隱退事外，騰身雲霧，一國衆羣在囘惶迷惘之中，驚擾震盪之際，而學術界游心膜外，不僅無所主張建白，抑若此等無足厝意，遂使學者如堅瓠之不可食，此豈社會之所望於學術界者？

而且見樹不見林，競鑽牛角尖，能入而不能出。所謂窄而深之研究，既乏一種高瞻遠矚，總攬幷包之識度與氣魄，爲之發蹤指示，其窄深所得，往往與世事渺不相關。即在承平之世，已難免玩物喪志之譏，何論時局艱危，思想徨徬無主，羣言龐雜，不見有所折衷，而學術界曾不能有所貢獻。所謂爲學術而學術，以專家絕業自負，以窄而深之研究自期，以考據明確自詡，壁壘清嚴，門牆峻峭，自成風氣，若不食人間煙火。縱謂其心可安，而對世情之期望與責難，要亦無以自解。

夫考據之價値，亦當就其對象而判。清學初興，最先理論，則曰經學卽理學也，又曰：訓詁明而後義理明。其所懸以爲考據之對象者，仍在義理。厥後頹波日下，始散而爲音韻訓詁，降而爲校勘輯逸，爲餖飣瑣碎，爲煩稱博引。而昧失本原，忽忘大體，人人從事於造零件，作螺絲釘，整個機器，乃不知其構造裝置與運用。論其考據方法，或操而愈熟，運而益精。然究其所獲，則不得不謂愈後而價値愈低。此數十年來，所謂以科學方法整理國故，其最先旨義，亦將對中國已有傳統歷史文化，作澈底之解剖與檢查，以求重新估定一切價値。所懸對象，較之晚明清初，若更博大高深。而惟學無本源，識不周至。盤根錯節，置而不問。宏綱巨目，棄而不顧。尋其枝葉，較其銖兩，至今不逮五十年，流弊所極，孰爲關心於學問之大體，孰爲措意於民物之大倫？各據一隅，道術已裂。細碎相逐，乃至互不相通。僅曰上窮碧落下黃泉，動手動脚找材料。其考據所得，縱謂盡科學方法之能事，縱謂達客觀精神之極詣，然無奈其內無邃深之旨義，外乏旁通之塗轍，則爲考據而考據，其貌則是，其情已非，亦實有可資非難之疵病也。

竊謂上述兩派之爭議，平心論之，亦是各有立場，各有見地，合則兩美，分則兩損。欲爲中國此後學術開新風氣，闢新路嚮，必當兼綜上述兩趨勢，而會通博綜，以冶之於一爐。而玆事體大，清儒自道咸以下，如阮元陳澧，早有此意，而終無大力負之以趨。因循迄今，時局日艱，而學術墮地且盡。今日而欲從事於此，較之道咸阮陳之時，其艱鉅深微，又增萬倍。然而七年之病，求三年之艾，其道又捨此無從。

嘗試論之，必先有學問而後有知識，必先有知識而後有理論。學問如下種，理論猶之結實。不經學問而自謂有知識，其知識終不可靠。不先有知識，而自負有理論，其理論終不可恃。猶之不先下種，遽求開花結果，世間寧有此事？此乃學術虛實之辨，而今日學術界大病，則正在於虛而不實。所以陷此大病，亦由時代需要，羣求有思想，有理論，俾一時得所領導而嚮往，思想無出路，成爲時代呼聲，而學術界無此大力，學術與時代脫節，於是一般新進，多鄙薄學問知識，而高談思想理論。不悟其思想理論之僅爲一人一時之意見，乃不由博深之知識來。其所講知識，皆淺嘗速化，道聽塗說，左右采獲，不由誠篤之學問來。若眞求學問，則必遵軌道，重師法，求系統，務專門，而後始可謂之眞學問。有眞學問，始有眞知識，有眞知識，始得有眞思想與眞理論。而從事學問，必下眞工夫，沉潛之久，乃不期而上達於不自知，此不可刻日而求，躁心以赴。此一種學風之養成，在今日乃若非易事。

其次當知，考據僅爲從事學問之一方法，學問已入門，遇有疑難，必通考據。然此乃學問有得以後事，非始學入門事。學者自創新解，自標新得，必憑考據資人共信，考據誠所當重。然不當卽以考據代學問。

晚近學術界，因尊考據，又盛倡懷疑之說。古人亦言，盡信書不如無書，又曰：學必會疑始有進。然疑之所起，起於兩信而不能決。學者之始事，在信不在疑。所謂篤信好學是也。信者必具虛心，乃能虛己從人。如治一家思想，首當先虛己心，就其思想爲思想，由其門戶，沿其蹊徑。彼如何思入，如何轉出，我則一如其所由入而入，所由出而出。此一家思想之先後深淺，層次曲折，我必虛心，一如彼意而求。迨其表裏精粗，無不通透，所謂心知其意。此始於信奉彼一家思想，故懸爲學問之對象也。我因學於彼而始得之己，遂知思想當如何運用，又對此一家思想之深細曲折處，皆有眞知灼見，此爲我之由學問而得知識也。然則卽言學向義理思想，豈不仍是實事求是，有考有據，爲一種客觀之認識乎？

惟爲學不當姝姝於一先生之言，彼一家之思想，我已研窮，又循次轉治別一家。我之研治別一家，其所抱虛心，亦如研治前一家。不以前一害後一，此之謂博學好問，此之謂廣收並蓄。而或兩家思想各不同，或相違背，然則誰是而誰非乎？我當誰從而誰違乎？於是於我心始有疑。故疑先起於信，起於兩信而不能決。如此之疑，始謂之好學會疑。故卽治思想，亦當知考據。我若篤信一家，述而不作，此亦一種考據也。若兼采兩家，折衷異同，會而通之，此亦一種考據也。凡此皆虛心實學之所得。

今之言懷疑者，先抱一不信心，其實對外不信，卽是對己自信。故其讀書，如踞堂皇而判階下之囚，其心先不虛，先已高自位置，傲視一切，則如何肯耐心細心向彼學問？學問不深，如何有眞訓練，眞能力，眞知識？因此其運思構想，乃不肯承認向來自有成規，其本身思想，粗疏矛盾，乃不自曉。其批判各家，一憑己意，高下在心，而實非各家思想眞實如此。彼先未有廣博明白之知識爲其自己所持理論作後盾。彼之思想與理論，乃未經學問而卽臻早熟，彼乃以自信代會疑，以批判代學問。彼以爲思想與理論，可以如脫轡之馬，不復受駕馭控勒，而可以逞馳騁之自由。以如此之學風，則鄙斥考據，事無足怪。

然有病此之學者，曰：我知實事求是耳，我知考據而已耳。一若考據卽盡學問之能事。凡遇運思持論，講求義理，皆目爲空洞主觀，謂非學問中事。然如此者，其先亦不能虛心學問。書籍只當是一堆材料，已不成爲一種學問之對象。一若手中把握有科學方法，卽是無上工具。憑此無上工具，對付此一堆材料，卽可成爲專門絕業。遂一意於材料中找罅縫，尋破綻，覓間隙，一若凡書盡不足信，苟遇可信處，卽是不値學問處，卽是無從下工夫處。故其工夫着意處，盡在找前人之罅縫與破綻與間隙。最好是書有不可信，否則覓人間未見書，此所謂未經發現之新材料。因謂必有新材料，始有新學問。此乃以考據代學問，以鑽隙覓間尋罅縫找漏洞代求知識。其所求爲自己之知識者，在求知別人之罅縫漏洞而止。然此決非由於虛心內不足而始有意從事於學問之正軌。彼其心術已非，而學術隨之。遂若一堆材料，一項方法，拈得一題目，證成一破綻，卽是大發現，大學問。此其從事學問之本無甚深旨義，其所潛心考據之必無甚大關係，亦不問可知。是安所得謂實事而求是，又安可得謂客觀之精神？然則主張學問必重義理，必當通今達用，不當在故紙堆中專務考據，其所譏彈，又何可非？

故學問必先通曉前人之大體，必當知前人所已知，必先對此門類之知識有寬博成系統之認識。然後可以進而爲窄而深之硏討，可以繼續發現前人所未知，乃始有事於考據。乃始謂之爲學術而學術。如是者，可以守先而待後，學術傳統可以不中絕，知識實得可以不失喪。此必先有下學工夫，必先對學問有一種更深更眞切之旨義，故能不厭虛心博涉。循而久之，其心中泛起有新問題，此始爲值得考據之眞問題，而此項問題與考據，切未存心必求其爲窄而深，而自見其爲窄而深。初未自負於成專家，而終不免其成爲一專家。此乃由下學而上達，上達不可期必，我之實下工夫處在學問，我之確有瞭解處是知識，我之在學問與知識之不斷進程中而遇有疑難，於是不得不運用我解决此項疑難之考據與思想。其由考據與思想之所得，則成爲一種理論，此種理論，則可以前無古人，然此乃上達以後事，必以待之一時傑出之能者。然苟能眞從事於下學，又焉知我之必不爲一傑出之能者乎？人一能之，己十之。人百能之，己千之。博學之，審問之，愼思之，明辨之，而後篤行之。專就學術言，學者著書立說，不問其爲思想家，或爲考據家，凡其確有創見新得，而發乎其所不得不發，言乎其所不得不言，是亦篤行之事也。

凡人用心，必有所從入。學問非以爭奇而炫博，非以鬭勝而沽名。求以明道，求以濟世，博古通今，明體達用，此眞學問從入之大道。然循此而入，可以引而愈遠，窮而益深，乃不見其涯涘所至。乃貴於自就才性，自限專業，此豈初學存心，卽當懸此標的，深閉固拒，而謂莫與易乎？通學在前，專精在後，先其大體，緩其小節，任何一門學問，莫不皆然，此乃學問之常軌正道。孰先傳焉，孰後倦焉，有始有卒者，其惟聖人乎。學問有始條理，有終條理，必金聲而玉振之。中人以上，可以語上，中人以下，不可以語上。今之學者，不論主義理思想，或主考據，莫不詔初學以中人之上。莫不從事於終條理，因此有義理，有考據，而其實則無學問，無知識。築基不廣，單線直上，卽其不廣之基，初未堅築，傾陷倒塌，可立而待。苟風氣變而學術正，則此兩途，本可合轍，故其事若難而並不難。最先當於心術入微處，端其趨嚮。迨其進入學問，則途轍不可不正。古今中外，學業成就，與夫成就之大小，胥不由此而判。故最先必誘導學者以虛心眞切從事於學問，必督責學者以大體必備之知識。其次始能自運思想，自尋考據，孜孜於爲學術而學術，以趨嚮於專門成業之一境。其最後造詣，乃有博大深通，登高四顧，豁然開朗，於專門中發揮出絕大義理，羅列出絕大考據。彼其所得，又且不限於彼之所專業。如是之學，乃爲天壤間所不可少，其爲爲學術而學術乎？其爲以學術濟時艱乎？到此皆可不論，而此固非初學之所驟企。則曷不爲循循善誘，而必先懸舉此至高之標的，使人高心空腹，游談無根，爲無本源之誇大乎？

故論學術，必先及於心術與風氣，即此便具絕大義理，經得起絕大考據。學問本自會通，何必自築垣牆，各相分隔乎？

抑且更有進者，此數十年來，國內學風，崇拜西方之心理，激漲彌已，循至凡及義理，必奉西方爲準則。一若中西學術，分疆割席，儼如涇渭之淸濁相異，又若薰蕕之不同器。治中學者，謹愿自守，若謂中國學術，已無義理可談，惟堪作考據之資料。其悍而肆者，則恣情謾罵，若謂中學不絕，則西學不流。西學不流，則中國之在天壤間，將絕不可再立足。彼不悟西學言義理，亦復多歧，有古今之別焉，有國族之別焉，有宗派之別焉，有門類之別焉。治西學者，亦當循考據途徑。當知一學說，一義理，其興起而臻於成立，各有傳統，各有背景，各有據點，各有立場，復有立說者之個性相異，時代不同。若果細心考據，便知西方言義理，固亦非建諸天地而不悖，推之四海而皆準。何得孤引片言隻辭，遽尊爲金科玉律。而中國舊有義理，寧無與西方有可以相通處？寧無對本國國情民俗，有其獨特妥當融洽處？寧無可以推陳出新，依然當保存而光大處？而治中學者，相戒不敢顧及於此，一意以一堆材料，一項考據爲滿足。故鄙言義理者，其實則尊奉西方人義理爲莫可違異耳。盛言考據者，其實則蔑視本國傳統，僅謂是一堆材料，僅堪尋隙蹈瑕，作爲其所謂科學方法者一種試驗與練習耳。此種風氣，言之尤堪痛心。

今欲矯其偏蔽，則仍當以考據義理並重，中學西學，以平等法，融之一罏。當知言西方義理之說者，亦當守考據家法，纔知其所尊某項義理之眞邊際，眞性質。言中學以考據爲能事者，亦當先擴大心胸，必知考據之終極，仍當以義理爲歸宿，始知其所當考據之眞意義，與眞價值。如此則義理考據，固可相濟，而中學西學，亦可相通，又何事乎出主入奴，軒此輊彼，必先立一牢不可破之壁障以自限乎？

本所同人，學問無可自恃，知識無以自信，自創設新亞研究所，每爲此事，時相研討。上之所述，將勉奉以爲詔示來學者之方嚮與準繩。自謂差免門戶之見，或有塗轍可遵。至於自所窺尋建白，偶有述作，固未敢謂能符其所欲赴。惟心嚮往之，雖不能至，亦曰有意乎此云焉爾。茲值學報創始，姑述其所平素討論者，以求並世通人之教益焉。

目錄

新亞學報輯編畧例

（1）本刊宗旨專重研究中國學術，以登載有關中國歷史、文學、思想、藝術、宗教、禮俗等各項研究性的論文爲限。

（2）本刊由新亞研究所主持編纂。外稿亦所歡迎。

（3）本刊年出兩期，以每年七月十二月爲發行期。

（4）本刊文稿每篇以五萬字爲限；其篇幅過長者，當另出專刊。

（5）本刊所載各稿，其版權及飜譯權，均歸本研究所。

中國思想史中之鬼神觀

上　篇

一、春秋時代鄭子產吳季札之魂魄論
二、孔子以下儒家之鬼神論
三、先秦儒之祭祀義
四、道家思想與儒家之關係，易傳中庸之鬼神論
五、荀子之神形論
六、兩漢以降論鬼神，楊王孫與王充
七、佛教傳入以後與中國傳統鬼神觀之爭辨，范縝之神滅論。
八、先秦儒道兩家對於宇宙論之終極相異處

下篇

中國思想史中之鬼神觀

錢穆

上篇

本文分上下兩篇。上篇專述自春秋戰國時代迄於佛教東來爲止，下篇專述佛教盛極以後之中國傳統思想復興，以宋明儒爲主，其他則隨文附見，不多詳及。然中國傳統思想中的鬼神觀，其主要大體，殆已備舉無遺。

一、鄭子產吳季札之魂魄論

春秋時代，乃中國古代思想一極重要的轉變期，此下先秦諸子，有許多思想，都承襲春秋。關於鬼神觀之新思想，其開始亦在春秋時，而爲戰國所承襲。左傳備載春秋時人對於鬼神方面之種種傳說與故事，可見當時鬼神迷信之風尚極盛，但不少開明而深刻的觀點；亦在此時興起。其最主要者，厥爲鄭子產所提出的魂魄觀，此事發生在魯昭公七年，相當於西曆紀元前之五百三十五年。

左傳云：

鄭人相驚以伯有：……或夢伯有介而行，曰：壬子，余將殺帶，明年壬寅，余又將殺段。及壬子，駟帶卒。（明年）壬寅，公孫段卒。國人愈懼。其明月，子產立公孫洩及良止以撫之，乃止。子大叔問其故，子產曰：鬼有所歸，乃不爲厲，吾爲之歸也。

此一節，描繪伯有之鬼出現，及其爲厲鬼殺人之可怕情形，可謂是眞龍活現似如在人目前。子產爲伯有立後嗣，奉其祭祀，算把此事消弭了。在此一段故事中，可見子產仍信人死有鬼，和當時一般意見差不遠，但重要者，在他下面的一番大理論。

左傳云：

及子產適晉，趙景子問焉，曰：伯有猶能爲鬼乎？子產曰：能。人生始化曰魄，既生魄，陽曰魂。用物精多，則魂魄强，是以有精爽，至於神明。匹夫匹婦强死，其魂魄猶能憑依於人以爲淫厲，況良霄，（卽伯有），我先君穆公之冑，子良之孫，子耳之子，敝邑之卿，從政三世矣。……其用物宏，其取精多，其族又大，所憑厚矣，而强死，能爲鬼，不亦宜乎。

此一番理論，子產明白承認人死可爲鬼，並能爲厲，又可歷時久遠而仍爲厲，然非謂盡人死後皆然。其主要關係，在其人生前魂魄之强弱。就字形言，魂魄字皆从鬼，其原始意義，應指人死後關於鬼一方面者而言，但子產所言之魂魄，則移指人生時，魄則指人之形體，魂則指人之因於有此形體而產生出之種種覺識與活動。子產認爲，若其人生前生活條件優，卽所謂憑依厚，則其魂魄强，因此死後能爲鬼。若其人生前生活條件劣，卽所謂憑依薄，則魂魄弱，則在其死後，亦未必能爲鬼。誠如此，則在子產觀念中之所謂鬼，僅是指人死後，猶能有某種活動之表出，而此種活動，則僅是其人生時種種活動之餘勁未息，餘勢未已。若果如此，則顯然與普通世俗意見所謂人死爲鬼者不同。因普通所謂人死爲鬼，乃指人死後，仍有某種實質存在。此在古代世界其他各民族，殆均抱此信仰，此種實質，卽所謂靈魂。至於中國古人，對於靈魂信仰之詳細查考，因非本文範圍，姑勿論。惟春秋時人，則對此種靈魂信仰，已顯淡薄，並有動搖。卽如趙景子對子產發疑問，殆已抱一種不深信態度者，而子產則顯然更不信人死後有靈魂之存在。故子產解釋伯有爲鬼，乃推原於其生時之魂魄之强。故子產此處所用魂魄字，乃不指人死後之鬼的一方面言，而移指人生前之形體與其種種作用，可見子產此一番話，在當時思想界，實是一番極新鮮的大理論。我們此刻來講中國思想史裏的鬼神觀，所以特從子產這一番話講起，亦正爲此故。

此下再就子產這一節話，據後代人注疏，再加詳說。左傳孔穎達正義云．

人稟五常以生，感陰陽以靈。有身體之質，名之曰形。有噓吸之動，謂之爲氣。形氣合而爲用，知力以此而彊，故得成爲人也。此將說淫厲，故遠本其初。人之生也，始變化爲形，形之靈者，名之曰魄也。旣生魄矣，魄內自有陽氣，氣之神者，名之曰魂也。魂魄，神靈之名，本從形氣而有。形氣旣殊，魂魄亦異。附形之靈爲魄，附氣之神爲魂也。附形之靈者，謂初生之時，耳目心識，手足運動，啼呼爲聲，此則魄之靈也。附氣之神者，謂精神性識，漸有所知，此則附氣之神也。是魄在於前，而魂在於後，故曰旣生魄，陽曰魂。魂魄雖俱是性靈，但魄識少而魂識多。

此一段正義解釋魂魄字，實與子產當時原意有岐，此層留待下面再論。因正義乃魏晉後人見解，自不能與春秋時人原義一一吻合。惟經師說義皆有傳統，故此所說，實是從來經師大體意見，而經魏晉後人詳細筆之於書，而孔穎達乃以采之入正義者。故我們亦儘不妨認此一段解釋，乃兩漢以來經師們之傳統解釋，並亦可認爲與子產當時原旨，相距不甚遠。故我們據此一段疏文來闡述子產對於魂魄觀念之眞意，殆亦不致有甚大之謬誤。

在此有最値注意者，即在中國春秋時人，至少如子產，顯然並不認爲在人生前，先有某種實質即所謂靈魂者投入人身，而纔始有生命。中國春秋時人看人生，已只認爲僅是一個身體，稱之曰形。待其有了此形，而纔始有種種動作，或運動，此在後人則稱之曰氣。人生僅只是此形氣，而所謂神靈，則指其有此形氣後之種種性能與作爲，故必附此形氣而見，亦必後此形氣而有。並不是外於此形氣，先於此形氣，而另有一種神靈或靈魂之存在。此一觀念，我們可爲姑定一名稱，稱之爲無靈魂的人生觀，當知此種無靈魂的人生觀，實爲古代中國人所特有，同時世界其他各民族，似乎都信有靈魂，而中國思想獨不然，由此引伸，遂有思想上種種其他差異。當知中國思想此後演進所得之許多特殊點，若深細推求，可謂其本源於此種無靈魂的人生觀而來者，實深實大。故此一層，實在值得我們加以特別的注意與闡發。此種所謂無靈魂的人生觀，我們亦可稱之爲是純形氣的人生觀。若以哲學術語說之，則是一種自然主義的人生觀。因於此種人生觀而牽涉到宇宙觀，則亦將爲一種自然主義的宇宙觀，而因此遂對於形而上的靈界之探索，在此下中國思想史裏，似乎甚少興趣，而如其他各民族之宗教信仰，亦遂不獲在中國盛大發展，而甚至萎縮以盡。因此我們不得不說，子產此一觀點之提出，對於此後中國思想史之演進，實有其甚深甚大的關係。

此下再說正義之有失子產原義處。子產云：人生始化曰魄，既生魄，陽曰魂。杜預注，魄，形也。此注實簡當。子產所說之魄，實只指體魄形魄言。魄即指人之形體，非指覺識。人生必待有此形體，纔始生覺識。既生魄，陽曰魂，魂始指覺識言。用物精多，卽是生活條件之充足，因於生活條件之充足而其人體魄强，而覺識亦强，故曰魂魄强，是以有精爽，以至於神明。此所謂精爽神明，則皆指人生時之覺識言。大抵子產原義僅如此。後代注疏家言，如上引正義所云，認爲魂魄皆指覺識，又將此分屬於形氣，始說初生之時，耳目心識，手足運動，啼呼爲聲，屬於魄，精神性識，漸有所知，屬於魂，此則殆是魏晉以後經師據子產意見，逐步分析入細，乃始如此說之，而子產初義，決未如此分別。至云魄識少，魂識多，此等語，疑受佛家影響。但就大體論，則後代注疏與左傳所記子產原文，同爲主張一種純形氣的卽無靈魂的人生觀，此則先後一致，並無甚大違異也。

上文說子產言魂魄魄字，僅指體魄言，不指魄識言，又可引稍後小戴禮記郊特牲篇中語作證。郊特牲云：

魂氣歸於天，形魄歸於地。

可見魄屬形，魂屬氣，語義分明甚晰。左昭七年正義引劉炫云：

人之受生，形必有氣，氣形相合，義無先後。而此（指子產語）云始化曰魄，陽曰魂，是先形而後氣，先魄而後魂。魂魄之生有先後者，以形有質而氣無質，尋形以知氣，故先魄而後魂。其實並生，無先後也。

劉炫此一節辨解，不僅解釋子產原意最的當，並亦於子產原意有補充。因人生最先是形體，而形體又從宇宙中大氣來，故劉炫謂氣形相合，義無先後，較之孔疏，實更圓密。而劉炫所據，實是戰國人意見，此待下詳。總之，子產所謂人生始化曰魄　卽指形體言，人生有了此形體纔始有種種作用與覺識，此始謂之魂。此是子產當時立論大意，斷然無誤。

在鄭子產論魂魄後二十年，當魯昭公二十七年，相當於西曆紀元前五百十五年，有吳季札在旅行途中葬子時論及魂魄一節，其語載在小戴禮記檀弓篇。其文云：

延陵季子適齊，於其反也，其長子死，葬於嬴博之間。孔子曰：延陵季子，吳之習於禮者也，往而觀其葬焉。其坎深不至於泉，其斂以時服。旣葬而封，廣輪揜坎，其高可隱也。旣封，左袒，右還其封，且號者三，曰：骨肉歸復於土，命也。若魂氣則無不之也。

此處所謂骨肉歸於土，卽是郊特牲所謂形魄歸於地，而左昭七年正義亦連帶說及此文，云：

孝經說曰：魄，白也。魂，芸也。白，明白也。芸，芸動也。形有體質，取明白爲名。氣唯噓吸，取芸動爲義。鄭玄祭義注云：氣謂噓吸出入者也。耳目之聰明爲魄，是言魄附形而魂附氣也。……以魂本附氣，氣必上浮，故言魂氣歸於天。魄本歸形　形既入土，故言形魄歸於地。

此處改言魄附形，魂附氣，則仍主魄非即是形，而特爲附形之一種靈。其義蓋本諸鄭玄，而鄭玄所以說耳目之聰明爲魄者，則亦有故，今試再加申說。

上文已指出，子產所說之魂魄，決非魂魄二字之原始義，因此亦非魂魄二字之通用義，此乃子產一人之特創義。即如楚辭宋玉招魂有云：

魂魄離散　汝筮予之。

又云：

魂兮歸來，去君之恒幹，何爲四方些。

長人千仞，惟魂是索些。

彼皆習之，魂往必釋些。

如此類語尚多，不盡引，凡此所用魂字，殆與原始義較近，此乃謂人生在肉體外另有一靈體，可以游離肉體而自有其存在。此靈體即稱魂，有時則魂魄連言，是魄亦同屬靈體可知。

又如楚辭大招有云

魂魄歸來，無遠遙只。魂乎歸徠，無東無西無南無北只。

又云：

魂魄歸徠，閒以靜只。

此證晚周時南方楚人，尚多抱靈體與肉體之分別觀，而魂魄則同屬靈體，文顯可知。

卽就左傳言，魯昭公二十五年，有如下之記事云：

宋公宴叔孫昭子，飲酒樂，語相泣也。樂祁佐，退而告人曰：今茲君與叔孫，其皆死乎。吾聞之，哀樂而樂哀，皆喪心也。心之精爽，是謂魂魄。魂魄去之，何以能久。

此顯以魂魄同指爲心之精爽。鄭玄乃東漢一大經師，當時經師說經，只求將經典會通作解。故凡遇經典中魂魄字，鄭玄必求其處處解通，乃不得不說耳目之聰明爲魄，卻不悟子產語在當時，另有其獨創義，固不必與別人所說盡同一義，此處可見經師與大思想家之分別。而吾人不當墨守經師訓詁，亦由此而可見。

上文已說明了子產所說之魂魄義，因子產既不信人生在肉體外另有一靈體存在，故子產雖仍信人死可有鬼，但對鬼神觀念，則必然會因於子產此一番見解而引生出大變化，此事就典籍證之，則已下及孔子時代之後。

二、孔子以下儒家之鬼神論

在論語，孔子曾說：敬鬼神而遠之。又說：未能事人，焉能事鬼。又說：子不語怪力亂神。似孔子僅不多說鬼神事，而於鬼神觀念，則仍是向來普通意見，無大違異。但小戴禮記祭義篇載孔子與宰我論鬼神一節，則顯然對於從來鬼神觀念有一番嶄新的見解，可與子產論魂魄，後先輝映。蓋既有子產之新的魂魄觀，則自會引出孔子的新的鬼神觀，此乃思想史上一種必然應有之進程也。

祭義云·

> 宰我曰：吾聞鬼神之名，不知其所謂。子曰：氣也者，神之盛也。魄也者，鬼之盛也。合鬼與神，教之至也。衆生必死，死必歸土，此之謂鬼。骨肉斃于下，陰爲野土。其氣發揚於上，爲昭明焄蒿悽愴，此百物之精也，神之著也。因物之精，制爲之極，明命鬼神，以爲黔首則。百衆以畏，萬明以服。

此節話，最可注意者，卽從討論魂魄轉變到討論鬼神，雖與上引子產語一脈相承，而問題之著重點，則已甚不同。此一番對話，是否眞出於宰我與孔子，今已無從細考。惟此文顯見爲晚出。正義云：

> 黔首謂民也。黔謂黑也，凡人以黑巾覆頭，故謂之黔首。案史記云：秦命民曰黔首，此紀作在周末秦初，故稱黔首。此孔子言，非當秦世，以爲黔首，錄記之人在後變改之耳。

是卽據黔首一語，已證此文乃出後人記錄，卽不能確認爲是孔子當時說話之眞相。然至少亦可證在先秦儒家中有此一番見解也。

據本文言，骨肉斃於下，陰爲野土，此之謂鬼，鬼卽指其歸復於土言，又說魄者鬼之盛，卽證魄仍指骨肉形體，惟在生前曰魄，死後則稱爲鬼而已。

正義又云：

> 子曰：氣也者，神之盛也者，此夫子答宰我以神名，言神是人生存之氣。氣者，是人之盛極也。

此處正義釋神字極明確，無游移。謂神是人生存時之氣，則鬼決然是指人生前之形體，因其死後之必歸復於土，故正義又云：鬼　歸也。此歸土之形，故謂之鬼也。此乃先秦儒家心意中所謂之鬼神，後代經師說之，十分明確，斷不如一般世俗，指其離了肉體而另有一種靈體謂之鬼神矣。

其實神指人生存時之氣此一義，並不專是儒家說，我們若把正義此語來解釋莊子書中神字，也見處處貼切。可見中國古人之鬼神觀，在先秦儒道兩家，本是訢合一致，並無甚多異見。而無甯謂儒說或本於道家，此層俟下再及。

今再說，骨肉歸於土，其事顯見，但謂魂氣歸於天，魂氣則無不之，這究該如何解說呢？祭義篇正義又有一節說此云

人生時，形體與氣合共爲生。其死，則形與氣分，其氣之精魂，發揚升於上。爲昭明者，言此升上爲神靈光明也。焄蒿悽愴，此百物之精也者，焄謂香臭也。言百物之氣，或香或臭，蒿謂烝出貌。言此香臭烝而上出，其氣蒿然也。悽愴者，言此等之氣，人聞之，情有悽有愴。百物之精也者，人氣揚於上爲昭明，百物之精氣爲焄蒿悽愴，人與百物共同，但情識爲多，故特謂之神。

此則分別指出人與其他萬物之相異，因人生有情有識，故其死後，其生前種種情識，尚若浮游存在於天地間，仍可與生人之情識相感觸，相通接，於是若有一種神靈光明。至於萬物，則無情識，故其接觸感通於人者，僅爲一種焄蒿悽愴。大抵焄蒿有一種溫暖義，如人接春夏百物之氣，卽感其如是。悽愴有一種愀涼義，如人接秋冬百物之氣，卽感其如是。此雖於生人之情識亦可有感觸，但不能如感觸於已死之人者之爲若神靈而光明。如此說之，中國儒家思想，如經典中所說，顯然主張一種無鬼論，亦可說爲無神論。其所謂神，僅指其人生前之魂，因其有一番情識作用，而及其死後，此種情識，仍能與其他生人之同具有情識者相感通，相接觸。若專說氣，則人死後氣已絕，故左

昭七年正義曰：

人之生也，魂盛魄强，及其死也，形消氣滅。

氣已滅，何謂其能復發揚升游於天地之間？故知所謂魂氣歸於天，魂氣無不之者，實卽指其人生前之魂而言，卽指其人生前之種種情識言。因情識是魂之事，魂則不屬於形而屬於氣，故說是魂氣。祭義篇正義又云：

氣在口，噓吸出入，此氣之體，無性識也。但性識依此氣而有，有氣則有識，無氣則無識，則識從氣生，性則神出也。

此一節，說氣與識，卽情識或性識之分別，極淸楚。人死卽氣絕，但其生前種種因氣而有之情識，則若存在若不存在，若消失若不消失。譬如忠臣孝子，節婦烈女，其生前一番忠孝節烈，豈能說一死便都消失不存在？此在中國古人則稱之曰魂氣。因此魂氣亦得稱知氣。小戴記禮運篇有云：

體魄則降，知氣在上。

是也。

根據上述，可見古代中國經典中所謂之魂魄與鬼神，其實一義相通，而與後代一般世俗流傳之所謂魂魄與鬼神者大不同。左昭七年正義又云：

聖王緣生事死，制其祭祀，存亡既異，別爲立名。改生之魂曰神，改生之魄曰鬼。

可見死後之鬼神，卽是生前之魂魄。只因其人已死，故不再稱之爲魂魄，而改稱爲鬼神。如此說之，豈不人死後，同時有神又有鬼，正如人生前，同時有魂又有魄。所以祭義要說，合鬼與神，教之至也。正義說之云：

人之死，其神與形體，分散各別。聖人以生存之時，神形和合，今雖身死，聚合鬼神，似若生人而祭之，是聖人設教，與致之，令其如此也。

此謂人生前，魂魄和合，即形神和合，死後，魂魄分散，即鬼神分散，鬼指屍體，即生前之魄。神指魂氣，即生前之種種情識。人死後，其生前種種情識，生者還可由感想回憶而得之，但其屍體，則早已歸復於土，蔭於地中，變成野澤土壤。而聖人設教，則設法把此魂與魄，即鬼與神，由種種禮的設備，求其重新會合，要它仍像生前一般，此一節把儒家祭禮精義都已說盡。

三、先秦儒家之祭祀義

讓我們再引祭義幾段本文作申說。祭義云：

霜露既降，君子履之，必有悽愴之心，非其寒之謂也。春，雨露既濡，君子履之，必有怵惕之心，如將見之。……

……致齊於內，散齊於外。齊之日，思其居處，思其笑語，思其志意，思其所樂，思其所嗜，齊三日，乃見其所為齊者。祭之日，入室，僾然必有見乎其位。周還出戶，肅然必有聞乎其容聲。出戶而聽，愾然必有聞乎其嘆息之聲。

為何祭之前，要齊戒致思，來思念所祭者之生前之居處，之笑語，之志意，與其所樂所嗜呢？此居處，與笑語，與志意，與其所樂所嗜，便是死者生前魂氣之所表現，亦是此死者之神之所籍以復活。為何要如見乎其位，聞乎其容聲，與夫其歎息之聲呢？此則在致祭者之想像中　似乎又見了死者之體魄，即死者之鬼，像真來降臨了。

祭義又說：

孝子將祭，慮事不可以不豫，比時具物，不可以不備。虛中以治之。宮室既修，牆屋既設，百物既備，夫婦齊戒沐浴，盛服奉承而進之。洞洞乎，屬屬乎，如弗勝，如將失之，其孝敬之心至也與？薦其俎豆，序其禮樂，備其百官，奉承而進之，於是諭其志意，以其慌惚以與神明交，庶或饗之。庶或饗之，孝子之志也。

爲何要比時具物，修宮室，設牆屋，薦俎豆，序禮樂呢？因爲事死如事生，把奉侍其人生前的一切情景條件，重新安排布置起，便會慌惚像眞有鬼出現。爲何要虛中，要齊戒沐浴，要孝敬之心至，而諭其志意呢？因爲這樣纔能把死者之神在致祭者之心中重新復活。此兩段，豈不是合鬼與神一語之確解？祭義雖亦是晚出書，但論語不曰：祭神如神在，我不與祭如不祭乎？祭義所說，顯是論語此等話之最好注脚。因此我們說，先秦儒家的鬼神觀，大體上一線相承，無大差違。

因此，郊特牲又說：

鬼神，陰陽也。

禮運亦說：

人者，其天地之德，陰陽之交，鬼神之會，五行之秀氣也。

正義云：

鬼謂形體，神謂精靈。祭義云：氣也者，神之盛也。魄也者，鬼之盛也。必形體精靈相會，然後物生，故云鬼神之會。

可見中國經典中所云之鬼神，其代表孔孟以下儒家思想者，均不指俗義之鬼神言。與論語中所言鬼神字，顯有不同，此是儒家思想本身之演進處。

四、道家思想與儒家之關係

由於子產之提出新的魂魄觀，而此後遂正式一變而成爲先秦儒家的一種無鬼論與無神論，其大體轉變如上述。至於道家方面，亦同樣主張無鬼論與無神論，此層較易見，可不再詳說。但這裏面，究竟是儒家影響道家的多，抑是道家影響儒家的多。此待另文細闡。但大體言之，則儒家所言鬼神新義，多見於小戴禮與易繫傳，此兩書皆晚出，則似乎儒家接受道家思想之分數當尤多。

茲再引易繫辭傳一節，闡說之。繫辭傳云：

易與天地準，故能彌綸天地之道。仰以觀於天文，俯以察於地理，是故知幽明之故。原始反終，故知死生之說。精氣爲物，遊魂爲變，是故知鬼神之情狀。

鄭玄注云：

游魂謂之鬼，物終所歸。精氣謂之神，物生所信。

照上來所說，游魂爲變應是神，精氣爲物應是鬼，鄭氏此注，初看似說顚倒了。朱子易本義則云：

陰精陽氣，聚而成物，神之伸也。魂游魄降，散而爲變，鬼之歸也。

經此一番闡發，知鄭玄注義，並無岐誤。只是省文互見而已。總之，鬼神只是陰陽之氣，只是此二氣之一往一復，一闔一闢，一屈一伸。天地萬物皆逃不出此鬼神之大範圍。故中庸說：

鬼神之爲德，其盛矣乎。視之而弗見，聽之而弗聞，體物而不可遺。

鄭玄注：

體猶生也，可猶所也，不有所遺，言萬物無不以鬼神之氣生也。

此處鄭注不說鬼神，而轉說鬼神之氣，下語極審當，其實鬼神之氣，即是陰陽之氣。惟儒家以鬼神字替代了道家的陰陽字，遂把道家的自然宇宙觀，又轉成爲人格化。其分別僅在此，此一層俟下再略及。

以上略述先秦儒家之無鬼論與無神論，其實在當時，主張無鬼論者殆極普遍，不限於儒家。惟墨子一派，獨守舊見，主張明鬼，惜今傳墨子書，僅存明鬼下篇，其上中兩篇已闕。在明鬼下篇中，屢有今執無鬼者曰云云，可見其時主張無鬼論者必多，但並未明指執無鬼論者乃儒家。又其非儒篇，惜亦僅存下篇，而上篇亦闕。在非儒下篇中，亦無駁斥儒家無鬼之說。據此推想，知當時主張無鬼者，決不限於儒家，或儒家對此問題，毋寧還是採取了較保留而較隱藏的態度者。

五、荀子的神形論

現再順次說到晚周，荀子天論篇有云：

天職既立，天功既成，形具而神生，好惡喜怒哀樂藏焉，夫是之謂天情。

楊倞注：

言人之身，亦天職天功所成立也。形謂百骸九竅，神謂精魂。天情，所受於天之情也。

荀子此文形具而神生，其實仍是子產所謂人生始化曰魄，魄既生，陽曰魂一語之同意語。荀子之所謂形，即子產之所謂魄，而荀子之所謂神，即子產之所謂魂。楊倞說神謂精魂，此注確切。揚雄太玄注亦云：

神，精魂之妙者。

大戴禮記曾子天圓篇有云：

陽之精氣曰神，陰之精氣曰靈。神靈者，品物之本也。

盧辯注云：

神爲魂，靈爲魄，魂魄，陰陽之精氣，生之本也。及其死也，魂氣上升於天爲神，體魄下降於地爲鬼，各反其所自出也。

此注近似鄭玄，通指魂魄爲神靈，然謂人生本於氣，仍屬一種純形氣的人生論，則仍不謂形體之外另有一種靈魂也。又易繫辭遊魂爲變，虞翻注云：

魂，陽物，謂乾神也。

此亦承襲舊誼。要之謂宇宙人生，僅有形氣，神即屬於氣，非於氣之外別有神，則大體一致，決無甚大之差違。惟有一端當注意者，當子產時，雖已創闢新見，但仍援用魂魄舊語，逮荀子時，則不再用魂魄字，而逕稱爲形神，形神兩字，尤爲先秦道家所愛用。自此以降，則相沿只說形神，不再說魂魄，因說魂魄易滋誤會，說形神則更屬明顯。當知形神之神，顯然已不是鬼神之神，乃僅指其人生前之一段精氣言，此種精氣，人死後，又散歸於天地間，惟此乃稱爲神，而形體之埋藏於土者，則稱爲鬼。如此則中國古代人之鬼神觀，直自先秦下及隋唐經師注疏，雖說法精粗有異，相互間或有所出入，而大體如上述，同爲主張一種無鬼論與無神論，此事甚顯白，儘無可疑也。

六、兩漢以降的鬼神觀

循此以降，在西漢有楊王孫，他臨死遺囑說．

精神者，天之有也，形骸者，地之有也。精神離形，各歸其眞，故謂之歸。鬼之爲言，歸也。

此處所謂精神，亦可說精氣，亦可說精魂，亦可說神氣，亦可說神魂，亦可說魂氣，其實諸語全是一義。精字亦爲先秦道家所創用，最先見於老子，而精神兩字之連用，亦始於道家，多見於莊子之外雜篇。總之所謂精神者，仍由一種純形氣的無靈魂的人生觀而來，仍是一種無鬼論與無神論者的觀點，此層即就本篇上引各段文字細繹，即可悟瞭。楊王孫平生事蹟無考，僅憑此一篇臨死遺文，留名史籍，亦可見當時人對其見解之重視。

其次當說到東漢王充，王充論衡有訂鬼篇，亦主張無鬼論。訂鬼篇云：

人所以生者，陰陽氣也。陰氣主爲骨肉，陽氣主爲精神。人之生也，陰陽氣具，故骨肉堅，精氣盛。精氣爲知，骨肉爲强。故精神言談，形體固守。骨肉精神，合錯相持，故能常見而不滅亡也。太陽之氣盛而無陰，故徒能爲象，不能爲形。無骨肉，有精氣，故一見恍惚，輒復滅亡也。

此一節實仍與子產所說，無二致。惟子產用魂魄字，而王充改用骨肉與精神字，此爲不同。人生必形體與精神合，始能具體存在，此即王充所謂常見而不滅亡也。若骨肉消散，則縱使精神存留，亦僅能顯出一虛象，不能搏成一實形。此象字，亦由先秦道家最先提出，而易繫辭傳大加發揮，此後宋儒好言氣象，其實氣象與精神之二語，皆在道家思想中寓有極重要之意義，儒家受其影響，故援用而不自覺耳。

訂鬼篇又云：

凡天地之間有鬼，非人死精神爲之也，皆人思念存想之所致也。

此一說，較之子產尤見進步。子產尙承認伯有可以爲鬼，王充則謂天地間之鬼，皆人思念存想所致。當知王充雖非儒家，而此語實深細闡發了上引小戴記祭義篇所論之精義。儒家祭祀，所重正在祭者之思念存想。若問儒家何以要如此看重此一番思念存想，來保持祭祀之禮於不墜，此則已觸及儒家思想之深微重大處，此非本篇範圍，不擬涉及。惟旣言思念存想，則思念存想之着重點，決非思念存想於所祭者生前之形體，而更當着重在思念存想於所祭者生前之精神。此層雖易知，而由此深入，卽牽涉到儒家主張祭禮之另一重要義，此處亦不能詳論。惟專據王充意言之，彼乃謂天地間有鬼，非由人死後仍有一種精神存留，而實由生人對死者之一番思念存想，而覺若其人精神之復活，是則王充實爲別自闡明了鬼神之理之另一面，而王充之爲顯然主張澈底的無鬼論者更可知。

論衡論死篇又說：

人之所以生者，精氣也。死而精氣滅。能爲精氣者，血脉也。人死血脉竭，竭而精氣滅，滅而形體朽，朽而成灰土，何用爲鬼？

又曰

人死，精神升天，骸骨歸土，故謂之鬼。

又曰：

或說，鬼神，陰陽之名也。陰氣逆物而歸，故謂之鬼。陽氣導物而生，故謂之神。神者伸也，申復無已，終而復始。人用神氣生，其死復歸神氣。陰陽稱鬼神，人死亦稱鬼神。氣之生人，猶水之爲冰也。水凝爲冰，氣凝爲人。冰釋爲水，人死復神。其名爲神也。，猶冰釋更名水也。

又曰：

人未生，在元氣之中，旣死，復歸元氣。元氣荒忽，人氣在其中。

此等語，總之認爲人生乃屬純形氣者，非在形氣之外另有一種靈魂之加入，旣抱如此觀點，卽可稱之爲無鬼論與無神論。故王充意見，實是仍續子產以來之傳統意見也。惟卽就王充書，亦可想像當時社會迷信鬼神之風尙極盛，逮後漢末黃巾五斗米鬼道出現，近儒章炳麟謂當淵源於墨家，而非承襲自道家，此辨有卓識，蓋先秦諸家對此問題，接近通俗意見，主張明鬼者惟墨，故謂墨家此一義，尙流傳於後代世俗間，固無不可耳。

又次說到應劭風俗通，其書多記俗間神話怪事，然應劭似亦主無鬼論，故曰：

死者澌也，鬼者歸也，精氣消越，骨肉歸於土也。

又曰：

董無心云，杜伯死，親射宣王於鎬京，予以爲桀紂所殺，足以成軍，可不須湯武之衆。

董無心亦是先秦儒家，主無鬼，難墨徒纏子，其言論亦見引於論衡。

七、佛教傳入以後與中國傳統鬼神觀之爭辨

此下佛教入中國，佛教有三世輪迴之說，雖不主張有靈魂，實無異於主張有靈魂。其時一輩儒生經師，則仍主先秦以來儒家舊說，其義略見於經典之諸注疏，已詳上引，而梁時有范縝，造爲神滅論，在當時，實對佛家思想爲一主要之打擊，因此激起許多辨難。范縝神滅論大義，謂神卽形也，形卽神也。是以形存則神存，形謝則神滅。

又說：

形者神之質，神者形之用。……未聞刀沒而利存，豈容形亡而神在。

是則范縝之意，仍是荀子形具而神生，仍是子產既生魄陽曰魂之舊誼。又其說吳季札魂氣無不之云：

人之生也，資氣於天，稟形於地，是以形銷於下，氣滅於上。氣滅於上，故言無不之。無不之者，不測之辭耳，豈必其有神與知耶？

此說更徹底，與王充語相似。當時一輩難者，謂形神可離，是二，非即是一，然若果有離形而可以獨存之神，則試問非一種變相之靈魂而何。而范縝意見之確然代表中國傳統意見，亦更可無疑矣。

八、儒道兩家對於宇宙論之終極相異處。

繼此尚有一層須提及者，上文所述中國思想史中之傳統的純形氣的人生觀，此在先秦，應分儒道兩大支。道家因於主張純形氣的人生觀，而緊接着主張純自然的宇宙觀，因此道家言宇宙原始，終必推極至於無，但儒家則不願接受此種純無的宇宙觀，於是又重新提出一神字。故儒道兩家主張自然之宇宙觀雖一，但道家主張自然之外無別義，因此謂宇宙終極是一無，儒家則承認此自然宇宙之最後終極乃一神。此所謂神者，雖仍不脫形氣，雖非主張在形氣之外別有神，而僅謂此宇宙大形氣之自身內部即包孕有神性。故此神則非創出宇宙之神，而成爲此宇宙本身內涵之一德性。此說備見於周易之繫辭傳，繫辭傳云：

神無方而易無體，

神無方所，自然更無人格性：此神則僅是整個宇宙造化之充周流動而無所不在者。繫辭傳又云：

陰陽不測之謂神，

此與鬼神者陰陽也之神又微不同。此乃就整個陰陽二氣之變化不測而謂之神。故繫辭傳又曰：

知變化之道者，其知神之所謂乎？

又曰：

窮神知化，德之盛也。

又曰：

神者，妙萬物而爲言者也。

老子曰：同謂之玄，玄之又玄，衆妙之門。又曰：常無，欲以觀其妙。在老子主以無觀妙，即是以無觀宇宙一切之原始，而在易繫辭，在晚周儒家，則主以神觀妙。妙是宇宙衆始之會同集合處，此處即見其爲神。老子道家謂宇宙衆始是一無，而易繫儒家則改說宇宙衆始是一神。此層爲晚周儒道兩家思想上一大分辨。在孔子與莊周時，此分辨猶不顯，必待老子與易傳，而此分辨始彰著，此亦思想進展之一例。因此易傳又說：

以體天地之撰，以通神明之德。

又曰：

以通神明之德，以類萬物之情。

上之爲天地，下之爲萬物，易繫作者則以一神字上下包舉，兼盡此天地萬物，而神明之德，亦即於天地萬物見，故中庸亦云：

所過者化，所存者神。

宇宙一切盡在化，只其化之存在處便是神。此說毋寧可謂是較近於莊子內篇七篇之所說。若只從老子以後之道家言之，則宇宙大化僅是一自然，更無所謂神也。此乃儒道兩家之大分辨，以後論宋儒，必當先明此義，乃可得宋儒持論之要。旨而許愼說文則云：

神，天神引出萬物者也。

如此說來，豈不眞有一天神在引生出萬物乎？可知訓詁文字學者之不成爲一思想家，正可於此等處微辨得之也。

中國思想史中之鬼神觀

下篇

本文上篇，敘述春秋以下迄於佛法東來，在此一段期間中國思想史中之鬼神觀。佛法主張有三世輪迴，與中國傳統思想中之鬼神觀，顯然不合。下篇則略述宋明儒對於鬼神觀之新發揮，大體爲承襲以前傳統舊觀點，對佛法輪迴之說，加以抨擊。以視漢儒以下經典注疏，殆亦可謂無甚多之創闢。然亦有義趣宏深，卓然超出於前人所獲之上者。羅而述之，並可對宋明儒之整個宇宙論及人生論，多添一番瞭解也。

九、周濂溪太極圖說中之宇宙觀

論宋代理學開始，首先必提及周濂溪之太極圖說，此文未論及鬼神，然顯然爲主張一種純形氣的宇宙觀，即所謂自然的宇宙觀，宇宙不由神創。因此而主張純形氣的人生觀，人在自然大化中生，不由神造，則人死後，即其一生之氣化已盡，亦將不復有鬼。太極圖說云：

無極而太極，太極動而生陽，動極而靜，靜而生陰。靜極復動，一動一靜，互爲其根。分陰分陽，兩儀立焉。陽動陰靜而生水火木金土，五氣分布，四時行焉。五行一陰陽也，陰陽一太極也，太極本無極也。五行之生也，各一其性。無極之眞，二五之精，妙合而凝，乾道成男，坤道成女。二氣交感，化生萬物，萬物生而變化無窮焉。惟人也，得其秀而最靈，形既生矣，神發知矣。…………

此顯然為濂溪會合儒道兩家，又會合了易家言陰陽與陰陽家言五行之兩派，而歸納成一番最扼要簡淨的宇宙原始論與人生演化論，而終則歸納到形既生矣，神發知矣兩語，此證濂溪亦如子產荀況，不信人生前先有靈魂，則死後無靈魂，亦不問可知。惟濂溪此文究竟是自然的意味重過了神的意味，換言之，乃是老子與淮南子的意味重過了易繫傳與戴記的意味，亦即是道重於儒的意味，因此下面遂引出二程與橫渠，對此偏勝，頗有糾挽。

一〇、二程的鬼神論

因此，在濂溪書中，不再談到鬼神字。繼此而重新提出鬼神二字作討論者，為二程與橫渠。朱子近思錄、選輯二程橫渠論鬼神各節，編入道體門，此層極可注意。簡切言之，可謂宋儒對鬼神，只當作一種道體看。

明道說：

上天之載，無聲無臭。其體則謂之易，其理則謂之道，其用則謂之神。

宇宙間形形色色，皆屬於具體的，形而下者。而宇宙又是一個動的，此一動，則是形而上的，抽象的，因其有一種所以動的性能在。此種性能，宋儒常目之為宇宙之本體，而明道此處只稱之曰易。易即是一陰一陽，易繫傳說，一陰一陽之謂道，故明道此處說，其理則謂之道。而此大易之體，所以能一陰一陽，發生出種種妙用來者則謂之神。明道此處神字，仍是沿用了易繫傳中的神字。明道此一節話，正可作為易繫傳之注疏看。但較之濂溪太極圖說，已略去了陰陽家五行一派，而增入了易傳中所特別提起的一神字，又補出了易傳所未有的一理字。此理字，乃此下宋明儒最所吃緊研討的一觀念，惟追溯淵源，則從魏晉時王弼郭象以來，已經鄭重提出。此處可見為宋代理學闢路者，固在濂溪，而為宋代理學立基者，則必屬於明道。

伊川說：

易說鬼神便是造化，只氣便是神。

此處所謂造化，即是朱子近思錄所謂之道體，其實造化則只是一氣在變動。伊川說：只氣便是神，可見並非有神在創出氣，變動氣。而神乃是此氣所內涵自有之一種性能也。此一分辨極重要。二程之所以異於濂溪者，便在此。

因此伊川又說：

以形體謂之天，以主宰謂之帝，以功用謂之鬼神，以妙用謂之神。

如此說來，天只是一形體，此形體中自有主宰，並非在形體外，另有主宰此一形體者，故天與帝實是同一形體，只是分而言之，各有所指而已。此一形體，有主宰，同時亦有功用，此種功用則謂之鬼神。若小言之，人身亦同是一形體，我們稱之曰人。或曰形。在此形體中，亦自有主宰，我們稱之曰心，或曰性，決非在身形之外另有一心或性來主宰此身形。此身形，既有主宰，亦有功用。人身之種種功用，則亦可稱鬼神。可見鬼神即見在人生時，非在人之生前與死後。此種功用之妙處則單稱曰神，神即合指鬼神言，猶之乾即合指乾坤言，性即合指性情言。

明白得這一條，便可明白上一條，伊川此兩條分別鬼神字與神字，顯然仍是先秦與漢儒之經典舊誼，已詳上篇，不再釋。

所以伊川又說：

鬼神者，造化之迹也。

迹只是天地造化存留下的一些痕迹。如人行過，地下留有足迹。中庸說：所過者化，所存者神。宇宙大化，一幕幕揭開過去，其所存影像，却如神一般，伊川此語，只把中庸語倒轉說。

伊川又說：

有理則有氣，有氣則有數。鬼神者，數也。數者，氣之用也。

此一條，說來更具體。大化一氣運行，有伸縮，有消長，此皆是數之不同。如陽氣多了些，或陰氣多了些，一陰一陽之變化無窮，卽是造化天機，其實則只是氣之聚散闔闢，在分數上有不同。若有氣無數，則不能變，造化之機便窒塞了，不再有造化了。其實所謂鬼神，只是那大化之氣在一消一長，一伸一縮，只是氣之在數量上變化不同而已。所以鬼神乃是宇宙間一種形而上的抽象的妙用。

因此伊川又說：

只氣便是神，今人不知此理，纔有水旱，便去廟中祈禱。不知雨露是甚物，從何處出，復於廟中求耶？名山大川，能興雲致雨，却都不說着，卻於山川外木土人身上討雨露。木土人身上有雨露耶？世人只因祈禱而有雨，遂指爲靈驗，豈知適然。

此一條，落實到世間所認爲鬼神的一邊來，其實宇宙間那有如世俗所想像的鬼神。世間僅據偶然事，適然事，而遽信爲有鬼神了。所以要格物窮理，惟有窮理盡，纔能眞知宇宙之神，此卽所謂窮神知化，亦可說知化了，始是窮神也。

或問鬼神之有無，曰：吾爲爾言無，則聖人有是言矣。爲爾言有，爾得不於吾言求之乎？

根據此一條，可見二程顯然主張無鬼論與無神論。惟謂聖人有是言，當知在春秋前詩書中，確言有鬼神。春秋後論孟易傳戴記之類，並不曾明白主張有鬼神，宋儒不效漢以下經師仔細分疏，因此只說聖人有是言。惟明知聖人有是言，而今仍不肯言其有，則二程之不信有鬼神，其態度更鮮明易見了。

問神仙之說有諸？明道曰：若說白日飛昇之類則無。若言居山林間，保形煉氣以延年益壽，則有之。譬如一爐火，置之風中，則易過。置之密室，則難過，有此理也。

又問：揚子言，聖人不師仙，厥術異也。聖人能爲此等事否？曰？此是天地間一賊，若非竊造他之機，安能延年。使聖人肯爲，周孔爲之矣。

此兩條，由鬼神推論到神仙與長生。明道不信神仙長生，卻信可延年。此亦沿襲魏晉人意見。但他說：延年乃是竊造化之機，是天地間一賊。可見格物窮理，只是要明造化，要窮宇宙之神，不是要違造化，窺竊造化之機來爲私人延年益壽。

明道又說：

此所以謂萬物一體者，皆有此理。……生則一時生，皆完此理。人只爲自私，將自家軀殼上頭起意，故看得道理小了他底。放這身都在萬物中，一例看，大小大快活，釋氏以不知此，去他身上起意思。

又說：

釋氏其實是愛身，放不得，故說許多。

明道意，佛家輪迴之說，只從身上起意，主要是愛身，是自私，若眞格物窮理，則該窮此宇宙萬物一體之公理。若窮得宇宙間萬物一體之公理，那會有永遠爲一己所私有的某一種靈體呢？明道本此見解，所以不喜專爲一己延年益壽着想。惟萬物一體之說，最先亦出於先秦之惠施與莊周，仍與道家思想有淵源。

一一、張橫渠的鬼神論

二程同時有橫渠，橫渠論鬼神，有些意見，似乎比二程更精卓。橫渠說：

鬼神者，二氣之良能也。

此一語，與伊川鬼神者造化之迹一語，同爲此下宋明儒所傳誦。良能即猶說妙用。橫渠又云：

鬼神，往來屈伸之義。

天地間，常是陰陽二氣往來屈伸。往來屈伸是二氣之良能，也即是鬼神了。其實陰陽二氣往來屈伸，即是天地造化之迹，故橫渠語與伊川語，乃同一義，只說法有不同。

橫渠又說：

物之初生，氣日至而滋息。物生既盈，氣日反而游散。至之謂神，以其伸也。反之謂鬼，以其歸也。

此一條，可以闡釋前兩條，可見宋儒論鬼神，其實還是與漢經師以下經典注疏差不遠。

橫渠又說：

天地不窮，寒暑耳。衆動不窮，屈伸耳。鬼神之實，不越乎二端，其義盡矣。

天地間只是一氣在屈與伸，屈是減了些，此乃一種回歸運動，即是鬼。伸是添了些，此乃一種生發運動，即是神。

橫渠又說：

一故神，譬之人身，四體皆一物，故觸之而無不覺，不待心使至此而後覺也。此所謂感而遂通，不行而至，不疾而速也。

所謂鬼神一屈一伸，並不是有一種鬼氣，專在屈，專在作回歸運動。另有一種神氣，專在伸，專在作生發運動。屈與伸，回歸與生發，其實只是一氣。分言之，則稱鬼神。合言之，則專稱神。所以見其爲神者，正爲其是一體故。一體而能發生兩種相反之用，而且相反又是相成，而永遠爲一體，所以說是神。惟其是一體，故相互間能感而通。因其感而遂通，故纔見其爲神。故神必由天地萬物之一體見。

橫渠又說：

氣有陰陽，推行有漸爲化，合一不測爲神。

可見造化即是神，並非在造化之先之外，另有一神在造化。乃因此造化本體自造自化，造化出宇宙間萬異萬象，而其實則合一無異，只是一體，故即此一體之自造自化之不測妙用而指名之曰神。

故橫渠又說：

天地同流，陰陽不測之謂神。凡天地法象，皆神化之糟粕爾。

此一條，須與伊川鬼神造化之迹一語合看。若合言鬼神，則鬼神乃造化之迹，若單言神，則天地間一切法象乃造化之迹，而此造化本身乃是神。然則鬼神實即是天地間造化之兩種法象耳。此一層，此後朱子乃詳發之。

橫渠又說：

天下之動，神鼓之也。

天之不測謂神，神而有常謂天。

如是則天神合一，皆指此造化之本體言。言其有常謂之天，言其不測謂之神。在此造化不測之背後，好像有一物在鼓動其造化，其實則並無此一物，只是造化本身之自造自化，自鼓自動而已。今則指此自鼓自動者而謂之神。

橫渠本此觀點批評佛法。他說：

浮圖明鬼，謂有識之死，受生循環，遂厭苦求免，可謂知鬼乎？以人生謂妄見，可謂知人乎？天人一物，輒生取捨，可謂知天乎？孔孟所謂天，彼所謂道，惑者指游魂爲變爲輪迴，未之思也。大學當先知天德，知天德則知聖人，知鬼神。今浮圖劇論要歸，必謂死生流轉，非得道不免，謂之悟道可乎？

此條仍本造化一體立論。果知造化之一體，由造化生發而有人，人必回歸於造化，人那能專私擅有了這一身，不再向造化回歸，而單由這一身自己在不斷輪迴流轉，死後有鬼，鬼復轉胎成人。這樣便成爲不造不化，宇宙間只是這些人在各自永遠輪迴。明道說，放這身都在萬物中，不要從自家軀殼上頭起意，橫渠此條，正是此意，只說來更明白。以後朱子再從此條又闡說，此乃宋儒論鬼神闢佛家輪迴一貫精義之所在。

一二、朱子的鬼神論

現在說到朱子。朱子所說更繁密，但大義只是闡述程張，而又有些說得像漢經師以下的經典注疏語。朱子說：

人生初間是先有氣，既成形是魄在先。形既生矣，神發知矣，既生形後，方有精神知覺。子產數句說得好。

朱子論鬼神，還是推原到子產，此寥寥數語，已將子產原義，發揮透盡，並已增入後人注疏意見。所以朱子雖是一理學家，同時也像是一經學家。後來顧亭林要說經學即理學，正從朱子這些處作根據。

朱子又說：

鬼神不過陰陽消長而已，亭毒化育，風雨晦明皆是。在人則精是魄，魄者，鬼之盛也。氣是魂，魂者，神之盛也。精氣聚而爲物，何物而無鬼神。

這些話，全合從來注疏義。可見鬼神卽指人生時所有，不專指人死後，而且萬物亦都有鬼神，不專人始有。

朱子又說：

神伸也，鬼屈也。如風雨雷電初發時，神也。及風止雨過，雷住電息，則鬼也。

此一條，卽伊川鬼神者造化之迹也一語之闡述。

朱子又說：

氣之方來皆屬陽，是神。氣之反皆屬陰，是鬼。

日自午以前屬神，午以後屬鬼。

月自初三以後是神，十六以後是鬼。

日是神，月是鬼。

草木方發生來是神，彫殘衰落是鬼。

人自少至壯是神，衰老是鬼。

鼻息呼是神，吸是鬼。

析木烟出是神，滋潤底性是魄。

人之語言動作是氣，屬神。精血是魄，屬鬼。

> 發用處皆屬陽，是神。氣定處皆屬陰，是魄。
>
> 知識處是神，記事處是魄。
>
> 甘蔗甘香氣便喚做神，其漿汁便喚做鬼。

朱子如此般具體的來指說神和鬼，其實仍是爲鬼神者造化之迹也一語作注脚。以較社會流俗意見，顯然相違甚遠了。

又有人問：

> 先生說鬼神自有界分，如何？曰：如日爲神，夜爲鬼，生爲神，死爲鬼，豈不是界分。

又說：

> 只今生人，便是一半是神，一半是鬼了。但未死以前則神爲主，已死之後則鬼爲主，縱橫在這裏。以屈伸往來之氣言之，則來者爲神，去者爲鬼。以人身言之，則氣爲神而精爲鬼。然其屈伸往來也各以漸。

一三，朱子的祭祀論

朱子根據此一種鬼神觀，再來轉講到祭祀，他說：

> 氣聚則生，氣散則死，……然人死雖終歸於散，然亦未便散盡，故祭祀有感格之理。先祖世次遠者，氣之有無不可知，然奉祭祀者，旣是他子孫，必竟只是一氣，所以有感通之理。然已散者不可祀，釋氏卻謂人死爲鬼，鬼復爲人，如此則天地間常只是許多人來來去去，更不由造化生生，必無是理。

朱子因認定鬼神只是二氣之良能，只是造化之迹，因此再不能接受佛家的輪迴說。若信輪迴，則必然信因果，信因果，則必然把每個人各自分開，像各自有一條必然不爽的因果報應線，各自循此輪迴，如此則宇宙變成了死局，再不見有所謂造化，這便與中國傳統思想所謂萬物一體，變化不測之大原則相違背。所以程朱要說佛家乃從自家軀殼起意，只是愛身，只是一個私。朱子此條，仍是發揮張程意見，而說來更透切，更明白。

朱子並曾屢屢提到此說，如他答連嵩卿書有云：

若如釋氏說，則是一個天地性中別有若干人物之性，每性各有界限，不相交雜，改名換姓，自生自死，更不由天地陰陽造化，而為天地陰陽者，亦無所施其造化矣，是豈有此理乎？

又答廖子晦亦云：

乾坤造化如大洪鑪，人物生生，無少休息，是乃所謂實然之理，不憂其斷滅也。今乃以一片大虛寂目之，而反認人物已死之知覺，謂之實然之理，豈不誤哉？

朱子此一條，根據儒家傳統宇宙觀來駁難佛家，最扼要，最有力。中國儒家思想，認此宇宙為一整體，為一具體實有，在其具體實有之本身內部，自具一種生生不已之造化功能，既不是在此宇宙之外之先，另有一大神在造化出此宇宙，亦不是在此宇宙之內，另有一大神在造化出許多各別實然的人和物。宇宙間一切人和物，則只是此宇宙本體之神化妙用所蘊現。若另換一看法，則宇宙間一切人和物，只是此宇宙造化所不斷呈現出來的種種形，形只是粗迹，所謂形而下。而宇宙造化，總會看來，則只是一個理。所以朱子說：

鬼神之理，即是此心之理。

因此心之理，即是由宇宙整體之鬼神之理得來。此心之用，亦即是由宇宙整體之鬼神之用化出。此鬼神之理表現到不可測處則謂之神。故朱子說：

> 以功用謂之鬼神，以妙用謂之神。鬼神如陰陽屈伸，往來消長，有粗迹可見者。以妙用謂之神，是忽然如此，皆不可測。忽然而來，忽然而去。忽然在這裏，忽然在那裏。

朱子又說：

> 所以道天神人鬼。神便是氣之伸，此是常在底，鬼便是氣之屈，便是已散了底。然以精神去合他，又合得在。

朱子論祭祀，則只是要把子孫精神來合他祖先已散的精神。朱子又因祭祀祖先推論到祭祀聖賢，他說：

> 此身在天地間，便是理與氣凝聚底，……負荷天地間事，與天地相關，此心便與天地相通。不可道他是虛氣，與我不相干。聖賢道在萬世，功在萬世，今行聖賢之道，傳聖賢之心，便是負荷這物事，此氣便與他相通，……人家子孫負荷祖宗許多基業，此心便與祖宗之心相通。

宋儒只因認宇宙是一大整體，所以說萬物一體，因此，只要人能把心關切到此大整體，此大整體便可與吾心息息相通。如人負荷了此一身，用心關切此身，此身便與吾心息息相通。又如人負荷了此一家，用心關切此家，此家便與吾心息息相通。從前我的祖宗，關心此一家，我今關心我祖宗以前所關心的家，所以我心能與以前祖宗之心息息相通。從前聖賢關心此一宇宙，我今亦關心以前諸聖賢所關心的此一宇宙，所以我心也能與以前諸聖賢心息息相通。此即是鬼神之理，也即是祭祀能感格之理了。

一四，朱子的魂魄論

朱子之論鬼神與祭祀，其義具如上述，則朱子之論魂魄，其主要意見亦可推想而得。惟有須特提一說者。朱子楚辭辨證有論魂魄一條云：

或問魂魄之義。曰：子產有言，物始生，化曰魄，旣生魄，陽曰魂。孔子曰：氣也者，神之盛也。魄也者，鬼之盛也。鄭氏注曰：噓吸出入者氣也。耳目之精明爲魄，氣則魂之謂也。淮南子曰：天氣爲魂，地氣爲魄。高誘注曰：魂，人陽神也。魄，人陰神也。此數說者，其於魂魄之義詳矣。蓋嘗推之，物生始化云者，謂受形之初，精血之聚，其間有靈者，名之曰魄也。旣生魄，陽曰魂者，旣生此魄，便有暖氣，其間有神者，名之曰神也。二者旣合，然後有物，易所謂精氣爲物者是也。及其散也，則魂遊而爲神，魄降而爲鬼矣。說者乃不考此，而但據左疏之言，其以神靈分陰陽者，雖若有理，但以噓吸之動者爲魄，則失之矣。其言附形之靈，附氣之神，似亦近是。但其下文所分，又不免於有差。其謂魄識少而魂識多，亦非也。但有運用畜藏之異耳。

此處朱子分疏魂魄，仍本子產意，惟對後人解說，則是鄭注而非孔疏。朱子謂，噓吸出入者是氣，氣屬魂，以此主鄭注而非孔疏，是也。惟謂受形之初，精血之聚，其間有靈者，名之曰魄，則因朱子主理氣兩分，耳目是形，必有其所以能精明者，朱子乃以其間有靈說之，故從鄭注，隱以通其理氣兩分之主張，而實未當於子產之本旨。不如本文最先所引一條，說來更簡當。其謂孔疏下文有差，亦是。其謂運用畜藏之異，則似以附氣之神卽魂者爲運用，以附形之靈卽魄者爲畜藏也。此亦非子產原旨。而朱子分疏魂魄意見之更重要者，則在楚辭辨證之另一節，茲再節鈔如下：朱子曰：

屈子載營魄之言，本於老子，而揚雄又因其語，以明月之盈闕。其所指之事雖殊，而其立文之意則一。顧爲三書之解者，皆不能通其說，故今合而論之，庶乎其足以相明也。蓋以車承人謂之載，……以人登車亦謂之載，……但老子屈子以人之精神言之，則其所謂營者，字與熒同，而爲晶明光炯之意。其所謂魄，則亦若余之所論於九歌者耳。（按卽此節前一節所引）揚子以日月之光明論之，則固以月之體質爲魄，而日之光耀爲魂也。以人之精神言者，蓋以魂陽動而魄陰靜，魂火二而魄水一，故曰載營魄，抱一，能勿離乎。言以魂加魄，以動守靜，以火迫水，以二守一，而不相離，如人登車，而常載於其上，則魂安靜而魄精明，火不燥而水不溢，固長生久視之要訣也。……其以日月言者　則謂日以其光加於月魄而爲之明，如人登車而載於其上也。……三子之言，雖爲兩事，而所言載魄，則其文義同爲一說，故丹經歷術，皆有納甲之法，互相資取，以相發明，蓋其理初不異也。……至於近世、而蘇子由王元澤之說出，……皆以魂爲神，以魄爲物，而欲使神常載魄以行，……洪慶善……亦謂，陽氣充魄爲魂，能運動，……若如此，將使神常勞動，而魄亦不得以少息，雖幸免於物欲沉溺之累，而窈冥之中，精一之妙，反爲强陽所挾，以馳騖於紛拏膠擾之途，卒以陷於衆人傷生損壽之域而不自知也。……

朱子大儒博涉，此一節發揮方外長生精義，語簡而要。而其闡述魂魄二字涵義，更屬邃深圓密，雖有異子產論魂魄之本意，而宋儒程朱一派對宇宙觀人生觀之要旨，實可由此參究。蓋朱子對魄字，並不僅當作一死的物質看，故於蘇王洪三家之說，皆所不契。魄固屬於體質，而有賴於魂之光耀，但魂是陽動，魄是陰靜，同屬二氣良能，則魂魄決非神物之辨，可以分作兩對。換言之，亦不當如莊子外雜篇乃及荀卿之所謂神形之別。蓋形卽寓神，物必有理，一物一太極，則魄雖屬於形質，而自當有靈。朱子之所以特有取於鄭玄之注語者，其用意亦由此而顯。此後人之愈說而愈邃密之一例。然朱子此條本身，實有歧義。在子產，殆認爲由形生神，莊子內篇七篇，亦尙持此見，而朱子則說成魂載於魄而行，如日光之照射於月，當知程朱分辨天地之性與氣質之性，亦常以物之受光與器之容水爲喻，與此處解釋魂魄之義亦正相類似。如此則魂之乘載於魄，究竟已是魂在魄外，縱說其不相離，但已非子產既生魄陽曰魂之本義。在子產，是那魄自能發光，其所發之光爲魂。而在朱子，則以此光加於魄上而爲之明，如人之登車而載於其上。豈非既說魄自有靈，又說載魂而得光明，其間自有歧義。故明儒羅整菴，譏朱子之理氣論，謂如人騎馬上，此即是魂載於魄之喻也。此乃宋儒與先秦儒對於宇宙觀之根本異點所在，即此一條而可見，故特爲詳引而申辨之於此。

一五、黃幹的祭祀論

朱子大弟子黃幹，又申述朱子之論鬼神與祭祀，其說亦當引錄。黃幹曰：

諸人講祭祀鬼神一段，蓋疑於祖考已亡，一祭祀之頃，雖是聚己之精神，如何便得祖考來格？雖是祖考之氣已散，而天地之間公共之氣尚在，亦如何便湊合得其爲之祖考而祭之？蓋不知祖考之氣雖散，而所以爲祖考之氣，則未嘗不流行於天地之間。祖考之精神雖亡，而吾所受之精神，即祖考之精神，以吾所受祖考之精神，而交於所以爲祖考之氣，神氣交感，則洋洋然在其上在其左右者，蓋有必然而不能無者矣。學者但知世間可言可見之理，而稍幽冥難曉，則一切以爲不可信。蓋嘗以琴觀之，南風之奏，今不復見矣，而絲桐則世常有也。撫之以指，則其聲鏗然矣。謂聲在絲桐邪？置絲桐而不撫之以指，則寂然而無聲。謂聲在指耶？然非絲桐，則指雖屢動，不能以自鳴也。指自指也，絲桐自絲桐也，一搏拊而其聲自應。向使此心和平仁厚，眞與天地同意，則南風之奏，亦何異於舜之樂哉？今乃以爲但聚己之精神而祭之，便是祖考來格，則是舍絲桐而求聲於指也，可乎？

此一理論，仍然沿襲橫渠朱子，但又加進了新闡述。如黃幹意，人生只如奏了一套樂，那身軀便如絲桐琴瑟，不憑絲桐琴瑟，奏不出樂聲來。人死了，譬如絲桐琴瑟壞了，再也不出聲。但若其人生時，曾奏出一套美妙的樂曲，那樂聲流散在太空，像是虛寂了，但那曲調，只要有人譜下，後人依此譜再試彈奏，那曲聲卻似依然尚在，並未散失。所謂廣陵散尚在人間，南風之奏，無異舜時，便是這道理。依此言之，所謂祭祀感格，也必所祭者其人生時，有一番作爲，有一番精神，像有一套樂曲流傳，後人纔好依着他原譜來再演奏，使此樂聲重現。大之如聖賢之負荷天地間事，小之如祖宗創建一家基業，樂曲有高下，但總之有此一調，便可以舊調重彈。所謂洋洋乎如在其上，如在其左右，其實還是那人生前所彈奏的那一調，那一曲。再用朱子鬼神界分說之，絲桐只是鬼，因絲桐必壞。樂聲便是神，因樂聲常留，可以重演。黃幹這一番話中所用絲桐手指之喻，本爲佛家所常用。其實黃幹之所謂樂聲與南風之奏，也略如佛家之所謂業。惟佛家對人生消極悲觀，把人生時一切作爲，統稱爲業，佛家認爲正因於此等業而陷人生於輪迴苦海。儒家對人生則積極樂觀，把人生時一切作爲，看作如演奏了一套樂，人生無終極，便如樂聲洋洋，常流散在宇宙間。

一六、王船山的鬼神論

以上約略敘述了宋儒二程張朱的鬼神論，此下明代，對此方面討論較少，此文只擬拈舉明末王船山一人再一敘述，作爲本篇之殿軍。

船山推尊張朱，尤於橫渠有深契，因此他對鬼神方面，也多所闡發。船山說：

形而上者，亘生死，通晝夜，而常伸，事近乎神。形而後有者，困於形而固將竭，事近乎鬼。

如此說鬼神，全屬抽象的哲學名詞，顯距世俗所謂鬼神甚遠了。他又說：

物之初生，氣日至而滋息，物生旣盈，氣日反而游散。形則有量，盈其量則氣至而不能受，以漸而散矣。方來之神，無頓受於初生之理，非畏厭溺，非疫癘，非獵殺斬刈，則亦無頓滅之理。日生者神，而性亦日生，反歸者鬼，而未死之前爲鬼者亦多矣。所行之淸濁善惡與氣俱，而游散於兩間，爲祥爲善，爲眚爲孽，皆人物之氣所結，不待死而爲鬼，以滅盡無餘也。

此一節，指出神乃屬一種人生以後日生日長之氣，並非在人生前，先有一神，如俗謂靈魂，投入人胎，亦非人生一墮地，即有一神，附隨人體。鬼則是人生以後日衰日反之氣，亦非人死後纔成鬼，即在人生時，已有日衰日反之氣，則早有幾分是鬼了。而亦非人死後其氣即滅盡，人死後，不僅其屍骨不遽壞爛，即其生前作業，也不消散遽盡。前引黃幹語，曾以作樂喻人生，樂聲不是可以餘音繞梁，三日不絕嗎？當知人之死，其平生善行，可以爲祥爲善，其生平惡行，可以爲眚爲孽，其生前之餘氣，仍游散於天地間，亦復有餘音裊裊，三日繞梁之概。惟惡氣眚孽，終不可久，必歸消盡，而祥和善氣，則不僅可以長存，並可引伸舒展，連帶生出其他許多善行來，這便是鬼神之別了。

船山又說：

魄麗於形，鬼之屬。魂營於氣，神之屬，此鬼神之在物者也。魄主受，魂主施，鬼神之性情也　物各爲一物，而神氣之往來於虛者，原通一於絪縕之氣，故施者不吝施，受者樂得其受，所以同聲相應，同氣相求。琥珀拾芥，磁石引鐵，不知其所以然而感，聖人感人心而天下和平，亦惟其固有可感之性也。

此由鬼神說到感通之理。船山謂魂魄拘限於體，而鬼神則往來於虛，故言感通者，必言鬼神，不言魂魄也。船山又云：

就其所自來，而爲魂爲魄，各成其用，與其所既往，而魂升魄降，各反其本，則爲二物。自其既凝爲人物者，和合以濟，無有畛域，則爲一物矣。雖死而爲鬼神，猶是一物也。實一物也。以祭祀言之，求之於陽者，神也。求之於陰者，鬼也。是所謂陰陽之靈也。思成而翕聚者，神也。未求之先，與求已而返於漠者，鬼也。是所謂至而伸，反而歸也。

此條說魂魄在生前，可以認爲是二物，也可認爲是一物。鬼神在死後，同樣可認爲是二物，也可認爲是一物。人死氣散，合於冥漠太空，此卽鬼者歸也。待生人祭祀之，思成而翕聚之，由於致祭者之誠心思存，而受祭者之神氣若復臨現，此卽神者伸也。此思成而翕聚者，與反歸而合漠者，本是一氣，故說鬼神是一。

船山又云：

陰陽相感，聚而生人物者爲神。合於人物之身，用久則神隨形斂，斂而不足以存，復散而合於絪縕者爲鬼。神自幽而之明，成乎人之能，而固與天相通。鬼自明而返乎幽，然歷乎人之能，抑可與人相感。就其一幽一明者而言之，則神陽也，鬼陰也。而神者陽伸而陰亦隨伸，鬼者陰屈而陽先屈，故皆爲二氣之良能。良能者，無心之感，合成其往來之妙者也。……若謂死則消散無有，則是有神而無鬼，與聖人所言鬼神之德盛者異矣。

此一節，仍本上節鬼神是一物之義，而引伸說之。天地間不僅神常存而鬼亦常存，正因人生後，經歷了一番作爲，顯出了他一番能，所以死後，後人仍可感得。如推就歷史言，古代世界與現代世界，實仍息息相通，所以得成其爲歷史與文化。當知古世界可以引伸出現世界，而現世界亦仍得感通到古世界，如此則古世界依然常存於天地間，此乃船山之鬼神合一論。

船山又云：

用則伸，不用則不伸，鬼而歸之，仍乎神矣。死生同條，而善吾生者卽善吾死。伸者天之化，歸者人之能。君子盡人以合天，所以爲功於神也。

此略似朱子之言蘊藏與運用。一切歸藏於冥漠者，只待人善爲運用，仍可推陳出新，化朽腐爲神奇，又引生出其他變化來。故船山曰鬼而神。宇宙引伸出萬物，此爲宇宙自然之化。而人能將其已化而過者，善而藏之，故有歷史，有文化，人類自古積累之歷史文化各項業績，此屬鬼，但人類又憑此引伸，故歷史文化，不啻成爲後代人之一種新自然，則又轉屬神。故船山此處謂盡人合天，以爲功於神，這卽是鬼而歸之，仍乎神矣之旨。

船山又云：

人之與物，皆受天地之命以生，天地無心而物各自得，命無異也。乃自人之生而人道立，則以人道紹天道，而異於草木之無知，禽獸之無恒。故惟人能自立命，而神之存於精氣者，獨立於天地之間，而與天通理。是故，萬物之死，氣上升，精下降，折絕而失其合體，不能自成以有所歸。惟人之死，則魂升魄降，而神未頓失其故，依於陰陽之良能以爲歸，斯謂之鬼。鬼之爲言歸也。形氣雖亡，而神有所歸，則可以孝子慈孫誠敬惻怛之心合漠而致之，是以尊祖祀先之禮行焉。

此一節，仍伸鬼神合一之旨。所謂鬼者，乃指其神之有所歸。此惟人道始能之，而萬物不能，故曰以人道紹天道。蓋船山力主人類歷史文化乃可與宇宙自然合一相通者，此爲船山思想中有創闢而重要之一義，亦卽於其論鬼神之一端而可會也。船山又曰：

> 水之爲漚爲冰，激之而成，變之失其正也。漚冰之還爲水，和而釋也。人之生也，孰爲固有之質，激於氣化之變而成形。其死也，豈遇其和而得釋乎？君子之知生者，知良能之妙也。知死，知人道之化也。奚漚冰之足云？

昔橫渠有漚冰之喻，東漢王充已說之，而朱子謂其近釋氏。船山雖推崇橫渠，而其持論創說，並不一一遵橫渠之舊。其謂人之死，遇其和而得釋，此猶如莊周薪盡火然之說。當知薪正因遇火而盡，則人之死，亦正是遇和而始散耳。此與子產所謂人以强死而始得爲鬼者，義正相反。則船山之視歷史文化，亦正是一化境，故能與天地自然合一無間，此正中庸所謂所過者化，所存者神。若所過者不化，則所存又何神之足云？轉換一頭說之，亦是遇了神，纔始化。

船山又曰：

> 太和之中，有氣有神。神者非他，二氣清通之理也。不可象者，卽在象中。陰與陽和，氣與神和，是謂太和。人生而物感交，氣逐於物，役氣而遺神，神爲使而違其健順之性，非其生之本然也。

此說人生，本是禀賦了陰陽二氣中之清通之理而生，所以人生有氣兼有神。但人生後，氣逐於物，役氣遺神，把此禀賦所得之神卽清通之理隨便使用，如是則神爲形役，便失卻了人生之本然。生時如此，死後可知。當其生時，神早不存，則死後又那得會有鬼？

船山又云：

> 鬼神之道，以人爲主。不自慢易，而後容氣充盈，足以合漠。異端唯不知此，草衣木食，凋耗其氣魄，而謂之爲

齋，疲敝衰羸，且將與陰爲野土者爲類，亦惡以通神明而俾之居歆乎？

然則鬼神卽是人生自然之理，故曰：善吾生，乃所以善吾死。若人在生時，以氣逐物，役氣遺神，此固不當。但如方外佛釋之徒，刻苦己生，草衣木食，凋耗其氣魄，未盡人理，背乎自然，是謂不善歸，又何能更生起神化？如此說來，則仍還是鄭子產所謂，用物精多，則魂魄强。是以有精爽以至於神明也。可見船山思想，雖較之子產，已遙爲博大宏深，但大體仍是中國思想之大傳統，前後一脈，精旨相通。故本文上引子產，下至船山，備列其所論魂魄鬼神之大旨，僅亦以明此一理論，歷久相傳，遞有演進，而首尾宛成一體。而其推衍所及，卽在將來之人類思想文化史上，仍當不斷有其作用，仍當不斷另有所引伸發揮。固未可謂前人思想，早已死滅不存，而又未可逆測其演變之所終極之所將止。此卽是中國古人論鬼神一觀念之當前一種具體的示例與實證也。船山云：鬼神之道，以人爲主，此一語，更爲扼要。故謂中國思想史中所有的鬼神觀，其實盡只是一種人生觀，並由人生觀而直達通透到宇宙觀。宇宙人生，於此合一，則亦所謂鬼神之德，洋洋乎，如在其上，如在其左右也。

論中國哲學思想史中「理」之六義

唐君毅

（一）導言

理之一名，在中國思想史中，特別被重視，通常說由於宋明理學。程朱學派固視理爲至尊無上。陸王學派重心，不過要爭個心卽理，良知卽天理。張橫渠王船山重氣，不過要爭個理不離氣。其重理則一。對理之涵義，除朱子本人，及其學生陳北溪於其講性理字義之書，加以詮釋外，各家皆本其講學宗旨，有所詮釋。歷明末淸初，學者病理學家言之空疏，而倡經史之學以救其弊。至淸所謂漢學家起，而所重在名物訓詁。於六經之微言大義，皆欲循漢唐之註疏而上溯。理學之一名，亦或爲人所詬病。而淸代學者之所以反理學者，亦或卽由指出理一名之舊訓，不如宋明理學家之所說爲言。惠棟之易微言，於中國哲學之抽象名詞，見於漢以前之古籍者，皆分別纂集其文句。而對理之一字，則列之於卷末，其意在貶輕此字之地位甚明。其謂理必兼兩相對者（如陰陽仁義大小……等）以爲言，則意在反對宋儒理一而絕對之論。後戴東原著孟子字義疏證，焦循著易通釋，並於理之一字有所詮釋，而皆以之爲次要之概念。戴焦二氏皆時在其所著書中明白輕貶宋明儒所重之「理」。章實齋著文史通義，首原道，而不原理。其書復時以古人不離事言理爲說。然對理之一字，未嘗特加詮釋。阮元著性命古訓經籍纂詁，並有意舉古代經註中之故訓，以針貶言宋學者之師心自用之習。後一書中亦有理字一則。唯陳澧著漢儒通義，其所舉漢人經註，則意在見其與宋明儒之言相通以調和漢宋。然淸末民初之劉師培著理學字義通釋，其據漢以前理學名詞之古訓，以駁斥宋明理學家之言者，又較戴氏爲甚。大體而言，淸儒明是欲藉「理」及其他理學名詞之古訓之舉出，以反對宋明理學家之言。但是近數十年西方之哲學科學思想之輸入，理之一名，又復爲人所重視。而爲西方哲學科學中若干名詞之譯名。自然科學初曾譯爲格致，後卽譯爲物理化學等。今大學中之理學院，卽包括物理化學、生物、生理、心理、數理諸學之研究。西方之哲學一名，初是譯音，後亦有譯爲理學者。西方諸科學名詞後多附 Logy 一字尾，而其原出於 Logos，皆可譯爲理。Logic則譯爲論理，名理或理則。Reason通譯爲理性，拍拉圖之Idea 或譯爲理念。西方近代哲學所重之Understanding 或譯爲理解。Axiom譯爲公理。Principle譯爲原理，Theorem譯爲定理。Universal一字譯爲共相或共理。而理之一字之涵義日廣，應用時日多。此新名詞中之理，與宋明儒所謂理，及淸代反理學之學者所舉出之理字之古訓，出入尤大。而淸代反理學之學者所謂理字之古訓，是否卽最早之古訓，亦是一問題。除漢以前之理之古訓外，魏晉玄學中及隋唐佛學中所謂理，大體言之是何義，又是一問題。如實言之，淸儒之欲藉理字之古訓，不如宋儒之所說以反宋儒，是不對的。因學術思想中之名詞之涵義，總有不斷的引申。我們並不能把一名詞之涵義，固定於其最早之一義。所謂古義，都是相對而言的。魏晉隋唐較宋明爲古，周秦較兩漢爲古，亦有更古於周代者。他們只本漢儒與先秦經籍中之古訓，以責宋明儒師心自用，並無必然之理由。但是淸代儒者之著重指出漢以前對「理」等名詞之古訓，與宋明儒所詮釋之不同，則又是有功於學術史之研究的。因辨別一名各時代意義之不同，卽可進而辨一名，在各家著作中的意義之不同，此正是我們眞實的同情了解各時代之學術思想，求不加以誤解，不加以混淆的必須條件。我們看一名之如何次第引申新義，亦卽可間接透視到學術思想之歷史發展之迹相。如我們進而能綜合一名之各時代的意義，而總持的把握之，亦卽可使我們形成一更高之新觀念。惜乎淸儒多未能自覺及此。其纂集古訓之功，亦未能使其對「理」一字之各種涵義，有一明白淸晰之分辨與說明。本文之目的，則望進此一步。想對中國思想史上，各時代所謂理的主要涵義之演變，一與說明。

這一種說明，我知道是不能完備。因爲這要牽涉到全部中國思想史與名詞訓詁，章句註疏上的各種問題。但是我只要求比清人所說進一步，則仍是作得到。我發現的結論，中國哲學史中所謂理主要有六義。一是文理之理，此大體是先秦思想家所重之理。二是名理之理，此可指魏晉玄學中所重之理。三是空理之理，此可指隋唐佛學家所重之理，四是性理之理。此是宋明理學家所重之理，五是事理之理此是王船山以至清代一般儒者所重之理。六是物理之理，此爲現代中國人受西方思想影響後特重之理。但此六種理，同可在先秦經籍中所謂理之涵義中得其淵源。這六種理，如用新名詞來說，文理之理乃人倫人文之理，卽人與人相互活動或相互表現其精神，而合成之社會或客觀精神中之理。名理之理是由思想名言所顯之論理上及哲學之本體論上之理。空理之理　是一種由思想言說以超越思想言說所顯之理。性理之理，是人生行爲之內在的當然之理，而有形而上之意義並通於天理者。事理之理是歷史事件之理。物理是作爲客觀對象看的存在事物之理。這理之六義，亦可視爲理之六種，界域各不相同。都可明白加以分清。從中國各時代之思想史上看，亦確有偏重其中一種意義之理的情形。但是從前學者，或略於名詞概念涵義之分析的工作，遂不免加以混淆。因而對前代學者用一名之眞意所在，產生許多誤解與不必要的爭辯。本文則擬順歷史之次序，說明中國思想史中各時代所重之理，確有我所說的情形，並將其涵義加以分別說明。這雖然仍無法完備，但這多少可對於我們之求如實的了解中國各時代的思想，有一種嚮導的作用。下文我卽依次分五節講來。其中第一節，因須針對清儒之見，故所徵引者較瑣碎，而辨名析義之處，反隱而難彰。後數節則解析概念之功較多。然可引以爲據之材料，又勢不能盡擧。此前後體例之不一，蓋亦探源與溯流之事之不同，而無可奈何者。希讀者諒之。

（二）先秦經籍中之理及文理

在先秦經籍中，易經上下經本文及春秋經與儀禮本文，皆未見理字。只詩經信南山有「我疆我理」一語。僞古文尚書周官有「論道經邦，燮理陰陽」一語。此二理字，皆明非一學術名詞。七十子後學所記之論語，及老子中，亦無理字。在墨子孟子莊子書，乃將理字與他字連用，以表一較抽象之觀念。孟子書中，理字凡四見。莊子中之理字，凡三十八見。而內篇中只一見於養生主一篇。墨子中之理字只十二見。（據哈佛燕京學社所編莊子引得及墨子引得）。孟子思想之主要觀念在仁義禮智，天命人性。其言理，一次是與義配說。說「理義之悅我心」。二次是言「始條理終條理」。另一次言「稽大不理於衆口」，則與學術思想全不相干。莊子之思想，重在言道，言天，言性命之情。理字亦不代表其中心思想觀念所在。墨子言理，主要見於墨辯。然墨辯中經及經說上下，對他名多有訓釋，而對理字則無。與理字相近之「故」字「類」字在墨辯之地位，更較理字爲重要。然在七十子後學所著之禮記，則理字曾屢見，且甚重要。樂記中謂「禮也者，理之不可易者也」，及「天理滅矣」一段話，蓋爲十三經中最早以理爲一獨立的抽象概念，並憑籍之以說明禮意的文字，故宋儒最喜引此一段話。唯其時代或後於荀子。先秦諸子中唯荀子喜言理。荀子除了榮辱，致士，彊國，成相，堯問，子道等篇以外，每篇都用到理字。一見或數見不等。荀子之重言禮與重言理，蓋有一種密切之關係。到韓非子，則言理處亦多，並在解老篇，爲理字下了一詳細的定義。此外在重法之尹文子愼到之佚文，及管子中，亦多有以理爲主要觀念，以釋法所由立的意思。漢人說「法家者流出於理官」。理之觀念，亦爲法家所重。從此看，在先秦經籍中對理之觀念之重視，實在愈到後來乃愈顯著。中國思想史之發展，亦好似愈到後來，愈對以前不用理之一名去代表的觀念，亦漸用此名去講。至宋明儒，而孔孟之一切思想觀念，皆可用理之觀念去講。這中間可看出一中國學術思想之發展的方向。現在的問題，是在先秦經籍中所謂理之主要意義爲何？今先引韓非子解老篇一段解釋，及清代戴東原以下數人所作之訓詁，然後再加以討論。

韓非子解老，「道者，萬物之所然也，萬理之所稽也。理者，成物之文也。物有理，不可以相薄。故理之爲物之制，萬物各異理，而道盡稽萬物之理。」

「凡物之有形者，易裁也，易割也。何以論之，有形則有短長，有短長則有大小，有方圓。有方圓，則有堅脆。有堅脆則有輕重，有白黑。短、長、大小、方圓、堅脆，輕重白黑謂之理。理定而物易割也。故欲成方圓，而隨於規矩，則萬事之功形矣。而萬物莫不有規矩。聖人盡隨於萬物之規矩，則事無不事，功無不功。凡理者方圓長短麤靡堅脆之分也。故理定而後物可道。」韓非子揚權篇謂「夫道者，弘大而無形，德者覈理而普，理至於羣生，斟酌用之。」

戴東原孟子字義疏證卷上：「理者察之幾微，必區以別之之名也。是故謂之分理，在物之質曰肌理，曰腠理，曰文理，得其分則有條而不紊，謂之條理。天下事情，條分縷析，以仁且智當之，豈或爽失幾微哉。中庸曰文理密察。樂記曰樂者通倫理者也。鄭注樂記曰理分也。許叔重曰：知分理之可相別異也」（疏證上第一條）「古人之言天理者何謂也。曰理也者，情之不爽失也，未有情不得而理得者也。天理云者，亦言乎自然之分理也，自然之分理，以我之情絜人之情，而無不得其平是也」（疏證上二）「情與理名何異，曰在己與人皆爲情，無過情，無不及情之爲理」，（疏證上三）「心之所同然始謂之理，謂之義。凡一人以爲然，天下萬世皆曰是不可易也，此之謂同然。分之各有其不易之則名曰理，如斯而宜，名曰義」（疏證上四）「理義者事情之條分縷析，接於我之心知，能辨之而悅之。……思者，心之官能也，如火光之照物，所照者不謬也。不謬之謂得理，疑謬之謂失理。惟學可以增益其不足，而進於智。故理義非他，所照所察之不謬也。」（疏證上六）

戴氏學生段玉裁，本其意註說文理字曰：「理治玉也。註：戰國策，鄭人謂玉之未理者爲璞（藝文類聚引，尹文子同。）是理爲剖析也。玉雖至堅，而治之得其䚡理，以成器不難謂之理。凡天下一事一物，必推其情至於無憾，而後卽安，是之謂天理，是之謂善治。……（下引戴東原言爲證，今從略）」

又朱駿聲，說文通訓定聲，理字下更彙引經子註疏爲證。

「廣雅釋詁：理，順也。理，道也。賈子道德說：理離狀也。（按賈子書本文爲道生德，德生理，德有六理）管子君臣：別交正分之謂理。韓非解老曰：理成物之文也。……荀子儒效：井井兮其有理也，注，有條理也。凡理亂字，經傳多以治爲之。禮記禮器：義理，禮之文也。禮記樂記：理發諸外，注，容貌之進止也。荀子正名：形體色理以目異，注，理，文理也。解蔽：則足以見鬚眉而察理矣。注，謂文理逢會之中。詩信南山：我疆我理，傳，分地理也。左成二年傳：先王疆理天下，注，正也。禮記樂記：樂者通倫理者也，注，分也。荀子正名：道也者，治之經理也，注，條貫也。樂記：天理滅矣，注，理猶性也。禮也者理之不可易者也，注，猶事也。祭義：理發乎外，注，謂言行也。孟子告子：理也義也，注，理者得道之理。……周書謚法：剛强理直曰武，注，理忠恕也。管子心術：理也，明分以諭義之意也。假借爲吏。禮記月令：命理瞻傷，注，治獄官也。有虞氏曰士，夏曰大理，周曰大司寇。周語：行理以節逆之，注，吏也。史記殷本紀：予其大理，……廣雅釋言：理媒也。孟子稽大不理於衆口。注，賴也」。（以上並自說文解字詁林玉部理字轉引。詁林中復引說文斠註韓非子理其璞而得其寶。證理爲治玉。又引說文徐註物之脈理，惟玉最密。故從玉。治玉治民皆曰理。以證說文理爲治玉之說。）

又阮元經藉纂詁卷三十四理字下，徵引秦漢以前古訓尤多。其書之成雖早於朱氏書。唯上文既先引朱氏，書其所引與朱氏同者從略。另選錄若干則如下：

「理，治也，（廣雅釋詁）（國策秦策）不可勝理注。（呂覽勸學）則天下理焉注。理，法也，（漢書武帝紀集注）。理者，所以紀名也。（鶡冠子泰錄）理也者，是非之宗也。（呂覽離謂）。理，義也。（禮記喪服四制）。知者可以觀其理焉注（呂覽懷寵）必中理然後說注。理，義理也。（荀子賦）夫是之謂箴理注。理，言行也。（荀子禮論）親用之謂理注。理，道也。（淮南子主術）而理無不通注。理道理也。（呂覽察傳）必驗之以理注。理者得道之理，（孟子告子）謂理也義也注(荀子仲尼)福事至則和而理注。理有條理也。(荀子儒效)井井兮其有理也注。理謂道理，（禮記仲尼燕居）禮也者理也疏。理謂道之精微，（荀子正名）志輕理而不重物者無之有也注。地有山川原溼各有條理，故稱理也。（易繫辭傳）俯以察于地理疏」。

又阮元經藉纂詁卷三十一禮字下徵引古訓，以理訓禮者。「禮者理也。（家語論禮）禮也者理也。（禮記仲尼燕居）禮也者謂有理也。（管子心術）禮義者有分理。（白虎通情性）

劉師培理學字義通釋所徵引故訓與上文多同。又徵引禮記禮器，理萬物者也，及易傳中順性命之理，理財正辭，中庸文理密察足以有別也，孟子始條理者智之事也，等而斷曰。「理訓爲分，訓爲別，此漢儒相傳之故訓也。條理文理，屬於外物者也。窮究事物之理，屬於吾心者也。言理也者，比較分析而後見者也。而比較分析之能，又即在心之理者也。宋儒以天理爲渾全之物，絕對之詞，又創爲天即理性卽理之說。精確實遜於漢儒。」

由上文之諸家所徵引關於理之一字之古訓之纂集，尚不能使我們對於先秦經籍中所謂理之主要涵義，有一明白清晰的了解。因諸古訓皆太籠統，不加分析，則無由見其主要涵義。比較起來，只有韓非子解老篇的話，尚能使我們可拿住一杷柄。解老篇說「道爲萬理之所然，萬理之所稽，」又說「理爲物之文，」「物之大小方圓堅脆輕重白黑」爲物之理。又說「理定而後物可道」。這是明白指出，道乃自萬物萬理之共同處說。而理則是兼自客觀萬物之分異處說。所謂大小方圓堅脆白黑等，即西方哲學中所謂物之形式相狀或理型 Form Idea ，或物之第一第二屬性。（Attribute或Property）。亦正是物理科學所研究的物之數量性質之理。物之大小方圓輕重堅脆白黑等，亦是由我們之感覺力與物相接，而可直接或間接加以了解的。因而物之這一些理，亦是我們最易明白清晰的加以了解的。戴東原劉師培所講之理，雖不限於此種物理。但是他們之說理，亦自分上說，自別上說，乃屬於我們所了解察見的客觀對象的，則正有似于韓非子之言。而他們之所以特別要著重以分與別之觀念釋理，則是意在反對宋明儒之渾然一理，以一體之太極爲理之說。除此一點外，則他們所纂集之故訓，並不能使我們明白清晰了解什麼。而戴東原段玉裁所說的「未有情不得而理得」一類話，實際上亦只代表他們之哲學思想。實看不出與其所纂集之理之古訓，有什麼直接關係在那裏。

現在我們進一步的問題在，這種視理爲分的別的，又爲屬于所察見之客觀對象方面的說法，是否眞是先秦經籍中所謂理之主要涵義。如從鰓理腠理肌理色理一類之名上看，則理誠可說是屬于所察見之客觀對象上的形式或相狀。但是我將說明，這並非理原來的主要涵義。至于說理皆從分與別方面說，而與道之從總與合的方面說者不同，則大體上能成立，但是亦有未盡然者。

說理之主要涵義，指我們所察見之客觀對象上之形式相狀，首與訓詁家之「理，治玉也。」（說文）「理，順也。」（廣雅）「順，猶理也。」（說文）「理，猶事也」（玉篇）之言不合。治玉明是指人的一種人活動，順是人的順，事是人的事。理字之最早之涵義，大約即是治玉。治玉而玉之紋理見，即引申以指玉上之紋理。理從里，說文謂里居也。田土所在，即人之所居。田乃人之治土始成。詩經南山我疆我理，則當是引申治玉之義，而以分治土地分地里爲理。再引申而以治與理同義。治民之官爲理官，而法亦可稱理。至于上文所引：「理萬物」「理財」「剛强理直」，「彊理天下」，「別交正名之謂理」，皆同是明從人之活動方面說而涵「治理」之義者。此類之言，實遠較用理以指客觀對象上之鰓理腠理肌理等形式相狀者爲多。

我們說理之原始的主要涵義，是從人之活動一方面說，而非從客觀對象方面說。尙可從孟子墨子禮記荀子諸書用理字之文句之意義，以得證明。孟子書中言理，上文已說只四見。理義之悅我心之理，是從我心方面說甚明。「始條理者智之事，終條理者聖之事」一段，智聖是人之精神上的德性。此條理亦是從人心方面說。「稽大不理于衆口」一句是說稽之爲人，他人不以之爲然，亦是自人心態度方面說。在墨子書中理凡十二見。四見于當染篇。「凡君之所以安者，以其行理也。」「行理性（一本作在）于染當。」「處官得其理矣。」「處官失其理矣。」此理與「義」之義同。節葬篇「安危理亂」，此理當與治之義同。非儒篇謂「仁人以其取舍是非之理相告」，此「理」與「義」亦無異。至于在墨辯中言及理處，則有溢出于「治」與「義」之義之外者。墨辯中之言理，乃偏自人之純知的思想活動上講，而不重從人之意志行爲上講，與孟子及墨子本書皆不同。小取篇謂「辯者：…以明同異之處，察名實之理」，又謂「辭以故生，以理長，以類行」。察名實之理，即察一命題或一判斷與其中所用之名，是否合于實。辭以故生之辭，即命題或判斷。「故」是一命題判斷所本之理由或根據。「以理長」之一語，明近乎指人之推理活動。又經說「以理之可誹，雖多誹，其誹是也。其理不可非，雖少誹，非也。」此所謂理之可誹與否，是指他人所持之命題判斷或主張理論，是否在理上能成立，是否可駁倒。此所謂理上之是否能成立，即指其命題判斷之是否合耳目之實，與推理之是否正當。又經說「觀爲窮知而縣于欲之理」一段，則是論能見未來利害之理智，是否可止息人之欲望。故知墨辯之言理，乃偏在人之純知的思想活動方面說。至于禮記中之言理，則更偏在人之意志行爲之活動方面說。樂記「人生而靜」一段說「好惡無節于內，知誘于外，不能反躬而天理滅矣。」明是就人內部對好惡之節以說天理，而與感物之事分開說。故鄭註謂「理猶性也。」祭義「理發乎行」，樂記「理發諸外」，亦是自人之內心之情之表現于「容貌之進止」上說。樂記謂「樂者通倫理者也」。此所謂通倫理，宜即指樂之能「和合父子君臣，親附萬民」而通人倫間情誼，而與禮之重別對說。不宜如鄭註之訓理爲分。至于喪服四制中「知者可以觀其理焉」鄭註「理義也」又樂記「禮也者理之不可易者也」鄭註「理事也」，則此二理字，皆指人在喪禮及其他禮之行事，能合當然之義上說。可見禮記中所謂理，皆自人之意志行爲活動上說，甚明。

至于荀子書中，則上文已謂其書每篇幾皆用到理字。今再不厭繁碎試就其言理處之涵義，一加分析。如「少而理曰治。」（修身）「天地生君子，君子理天地。」「無君子則天地不理，」（王制）「周天地理萬變而不疑」（君道）「主能治近，則遠者理」（王霸）「情性也者，所以理然否取舍者也。」（哀公）「舉錯不時，本事不理，夫是之謂人祆。思物而物之，孰與理物而勿失之也。（天論）此所謂理，正皆略同所謂治理之意。「其行道也以勇」（修身）「縱其欲，兼其情，制焉者理也。（解蔽）「心之所可中理，欲雖多奚傷于治。（正名）「義者循理」

(議兵)「義理也故行(大略)「推恩而不成理不仁，遂理而不敢不成義」(大略)「言必當理，事必當務。」(儒效)「禮恭而後可以言道之方，辭順而後可以言道之理。(勸學)」「安燕而血氣不惰，柬理也。」(修身)由此諸語之本身或上下文觀之，此所謂理，皆是指人心意志行爲所遵之當然之理，而略同于「義」者。而荀子言理之特色，則一在其不僅指當然之理義爲理，且以理字表狀人心能中理，而行禮義，或人修養所成的內心精神狀態及外表生活態度。如「喜則和而理，憂則靜而理。」(不苟)「福事至則和而理，禍事至則靜而理」(仲尼)「井井兮其有理也」(儒效)「見端而明，本分而理」(非相)「栗而理，知也。」(法行)「誠心行義則理，理則明，明則能變矣。」此諸文中所謂理，皆所以表狀人由修養所成之精神狀態生活態度。此乃他人之所罕言。此外則荀子最喜以文理合言。如所謂「綦文理」「期文理」「禮義以爲文，倫類以爲理」(臣道)「貴本之謂文，親用之謂理。」(禮論)「文理情用相爲內外表裏。」(禮論)文理即禮文之理，故賦篇賦禮曰「非絲非帛，文理成章。」若禮記之以理言禮者，後于荀子，則荀子即爲先秦思想家最喜言理者，亦最早將禮文與理合而言之者也。

荀子之言理，尚有一點異于禮記及孟子者，即墨辯中所謂純知的思想活動中之理，亦爲荀子之所承；而荀子之言理，復有物理之觀念。其非十二子篇，于每述二子之後，輒謂其說「持之有故，言之成理。」此所謂故與理，正同于墨辨所謂「辭以故生，以理長。」之「故」之「理」。持之有故，言之成理，即據理由以立言，而言辭有理路，有層次，有前提結論之關係之謂。此乃屬于人之純知的判斷推理方面，而不屬關連于道德之意志行爲方面的。至于非相篇所謂「以人度人，以情度情，以類度類。類不悖，雖久同理。」此理亦是連着思想上的推理說來的。賦篇于詠蠶詠箴以後，加以「夫是之謂蠶理」「夫是之謂箴理。」此所謂理，亦即蠶箴之爲物之形式或構造之理。此所賦正無異于物理。解蔽篇謂「人之心……譬如槃水，正錯而勿動，則足以見鬚眉而察理矣。以知，人之性也。可以知，物之理也。」此物之理，亦可泛指禮儀文理與一切客觀自然物之理，而若爲下開韓非之重物理之說者。

但是荀子雖承認有不關人之道德之純知的思想活動中之理與物理，荀子同時又不重視此類理，而不視之爲眞正之理。或用大理之一名，以簡別此類之理。譬如他在儒效篇先說了「凡事有益于理者爲之。無益于理者舍之。夫是之謂中說。」後即說「若夫充虛之相施易也，堅白同異之分隔也……雖有聖人之知，未能僂指也。不知無害爲君子，知之無損爲小人。」。禮論篇亦說「禮之理誠深矣，堅白同異之察，入焉而溺。」可見荀子所謂理，又可不包涵一切純知的思想上之推理。他在解蔽篇說了「以知，人之性也。可以知，物之理也。」以後，又說：「以可知人之性，求可以知物之理，而無所疑止，則沒世窮年不能徧也。其所以貫理焉，雖億萬，已不足以浹萬物之變。與愚者若一。」此可見荀子承認一切客觀存在之物理，而又以人不當求徧知此類之理。荀子之所以不重純粹之思想上的理與物理，其根據之理由，正在荀子之唯以禮義文理之理爲理。唯此禮義文理之理，爲眞正之理爲大理。荀子常提到大理，如所謂「制割大理。」「人之患在蔽于一曲，而闇于大理。」（解蔽）又謂堯舜禪讓之說，「未可及于天下之大理者也（解蔽）。」（正論）大理與偏曲之小理對，大理者禮義文理之全理，亦即與只辯堅白同異之純粹的推理，及只求徧知物理之事相對者也。荀子之能言大理，尤爲荀子論理之一要點也。

從上文我們可知在先秦之儒家墨家之傳統下所言之理，都是着重在從人的內心之思想或意志行爲之方面說的。只有荀子言理，兼承認有純客觀之物理而不重之。韓非子言理，偏自客觀之物理上言，或亦本于荀子。但偏自客觀對象之觀點言理，實開啓于道家。道家思想，重言天地，言自然，要人自覺天地與我並生，萬物與我爲一。而莊子爲其代表。莊子思想之中心概念自當是天，天地、道、性命之情而非理。前亦說過。莊子書中言理之多，僅次于荀子，共三十八見。唯多見于外篇。如分析其涵義，則有同于治之通義者。「如治其形理其心」（庚桑楚）「理好惡之情。」（漁父）「調理四時。」（天運）「申子不自理。」（盜跖）「道無不理，義也。」（繕性）亦有指一內心之狀態者，如「和理出其性。」（繕性）又有指言論之根據或言辭之相承而生者，如「二家之議，孰偏於其理，孰正于其情？」(則陽)天下篇稱莊子之言「其理不竭，其來不蛻，芒乎昧乎，未之盡者。」此諸理之義，皆略同墨辯的純粹思想上之理。而此等皆非莊子言理之主要涵義所在。莊子言理之主要涵義所在，乃在其言天理或天地萬物之理。天理一名，蓋首見于莊子。樂記之言天理，似承莊子而再變爲另一義。莊子養生主言『依乎天理』。刻意篇言「循天之理」。天運篇言「順之以天理」。盜跖篇言「從天之理」。秋水篇海若責河伯，「未明天地之理」，乃爲之「論萬物之理」。漁父篇言「同類相從，同聲相應，固天之理也」。萬物之理一名除見于秋水篇外，亦屢見他篇。如知北游謂「萬物有成理而不說」，「聖人者原于天地之美，達于萬物之理」。則陽篇言「五官殊職，君不私，故國治。萬物殊理，道不私，故无名」。天下篇評百家之說「判天地之美，析萬物之理」。而自物上言理，則有「物成生理謂之形」（天地）「與物同理」（則陽）「果蓏有理」（知北游）「隨序之相理，橋運之相使，窮則反，終則始，此物之所有」（則陽）天下篇又論及愼到，田駢，彭蒙。此三人，皆亦可說爲道家，而天下篇論愼到曰：「冷汰于物，以爲道理。……夫无知之物……動靜不離于理，……而至死人之理」。由莊子之言理，恒與天地萬物相連，故知其所謂大理，實卽天地萬物之理，亦卽無大異其所謂道。故繕性篇曰，「道理也」。此與荀子所謂大理，乃就人之道以爲說迥異。故秋水篇海若告河伯曰，『爾將可以語大理矣，』而下卽繼之以言天地萬物之理。莊子之言「知道者必達于理」（秋水），不當「貪生失理」（至樂）不「說義」，以「悖于理，」（在宥）亦卽爲循天之理，從天之理之意。此與承儒家傳統之荀子所謂中理，爲合于人生當然之理者迴別。莊子書中唯漁父篇曰：「其用于人理也，事親則慈孝，事君則忠貞，飮酒則歡樂，處喪則悲哀，」此理與儒者之所謂理之義同。但這一段是假設漁父對孔子說的。

莊子之言理，都是言天理，天地之理，萬物之理。天地萬物是人以上，人以外或超越于人之自然，亦可說爲人以上人以外之客觀存在的對象界。因而天地萬物之理，亦可說爲客觀存在的對象之理。而此正當是韓非子解老篇，純從客觀對象上說理之一淵原所自。但是從另一方去看，則莊子所謂天地萬物，又不是眞與人之主觀相對的客觀世界。因爲莊子要人『合天』，『侔于天』，或『同于天』，要人『游于萬化』，「與天地精神相往來」，『與造物者游」而使人成天人眞人至人。同時莊子所謂天地萬物之理，亦明不同于韓非子解老篇所謂『成物之文』，或物之形式相狀，如方圓白黑之類。莊子所謂天地萬物之理，卽天地萬物之變化往來出入成毁盈虛盛衰存亡生死之道。物之文或物之形式相狀如方圓白黑，可由我們之感覺與理智加以了解而把握之，故可說其屬于物而在物中。至于物之變化往來存亡死生，雖亦可說是物之道物之理。但此道此理，恒由物之改易轉移超化其自身，由如此而不如此，由生而死，由存而亡，由出而入，然後見。則此道此理同時超于物之外，而只爲物之所依以通過者。由是而不可直接由觀察物之形式相狀而知，恒須兼由超物之形式相狀，去觀玩或觀照萬物之不斷變化往來，由無形而有形，又由有形而無形，而後可以會悟到。故道非由感覺與理智所可加以了解把握的。物之形式相狀之理，可覩，可知，可名爲形而下。而此道此理則不可覩，超知而超名，爲形而上。此二者之別，亦正如太空之航路與往來之飛機之別。飛機之可覩，飛機之能往來去住，亦可說是飛機之理。但飛機之所以能往來，由于有航路爲其所通過經度。此航路則不屬于任何特定之飛機。而此航路亦只由飛機之往來以顯。——如飛機不能過處，便知有山等阻隔，莫有航路。——然說其由飛機之往來以顯，卽不只由那兒有飛機以顯，而是由「那兒原無飛機，今有飛機，而又將讓飛機過去，不在那兒」，以顯。以航路觀飛機，則有形之飛機往來不定，而無形之航路恒在。此以喩『道無終始，物有死生，』以飛機觀航路，則飛機實有，其往來可覩，航路爲虛路，芴漠無形而不可覩。此卽喩莊子所以之以道爲无。以物之死生存亡之理，爲不可覩。（『死生非遠也，理不可覩』，則陽）飛機之理屬于飛機，爲物理。航路之理，不屬于飛機，爲天道或天理。故莊子養生主首言天理，而藉庖丁解牛爲喩。此篇謂庖丁解牛，以刀刃之無厚入骨節之有閒，而游刃其中，節節解去。是爲依乎天理。此天理正不在牛身之實處，而是指牛身之虛路虛理。庖丁目無全牛者，以見牛渾身皆是虛路虛理，牛乃節節分離。此牛身之虛路虛理，不屬于牛身之各節而無形，卽以喩天道天理之不可言屬于物而爲形上者也。由此便知莊子在先秦思想中乃另發現一種理，與孟子禮記墨子荀子所言之理，偏重在人之意志行爲思想方面說者固不同。與韓非子所言之成物之文之物理，亦不同也。

至于由韓非子至戴東原以降所謂，理是從分從別的方面說，則大體上是不錯的。朱子曾說『道字宏大，理字細密。』故先秦思想家中孔孟老莊皆重道，唯荀子重分重別而重禮與理，墨辨亦較墨子本書更重理。由重道而重理，乃表示思想之分析能力之增加。但是如謂先秦經藉中只有他們所說的涵分別義之理，而無涵總持義之理，亦復是不對的。在此我們首先要分別「分別」有二種：一種是橫的平列的分別，如一眼望去天高地下萬物散殊的分別。一種是縱的或先後的分別，如物有本末事有終始之本與末終與始的分別。前者是靜的分位上之相差異，後者成動的歷程之次序。理之一名，可用在各物靜的分位之差異上，亦可用在一動的歷程之次序上。韓非子之說理，明是從各物之靜的方圓白黑的分位的分別上看。戴東原說理從條分縷析，察之幾微，以使人我之情得其平上說。亦是指人我分位上的分別。然照我看，則韓戴二氏以降之人所講的指分別之理，在先秦經藉中乃第二義或引申義之理，而非第一義原始義的指分別之理。在先秦經籍中第一義原始義之指分別之理，乃是指動的歷程中次序。而且是指人之內心思想態度行爲之動的歷程之次序的。在靜的分位之分別中，可只見分而不見合，則理之一名可只有分別義，而無總持義。但在動的歷程之次序的分別中，則此歷程中之前一段是向後一段，後一段是完成前一段，因而其前後二段之次序的分別，並不妨礙其爲一整個之歷程，亦不妨礙有一總持此歷程者之貫于其中，無時而不在。此卽如我們之行孝道，由晨省至昏定，由生養至死葬，是有前後次序之分別的，因而有各種如何盡孝的理。然在此中晨省時之孝心已向着昏定，生養時之孝心卽向着死後的葬之以禮祭之以禮。故昏定時祭時葬時之孝心，亦卽不外完成了晨省時生養時之孝心。因而可說此中見有一個孝之理一直貫注下去。此卽見用以指一動的歷程之次序之理，可不只有分別義，且兼有總持義。這種兼從理之總持義以講理。是到宋明理學家才眞注重，而有理一分殊之說。但是在漢唐之註疏之以條貫注理。（見前文所引）卽已是從動的歷程之前後次序之通貫處言理，此皆不如韓戴之只以理指橫的分位上之分別。此自人之內心思想態度行爲活動的歷程之次序條貫上講理，正是先秦經藉中之『理』之原始義所在，此下可再稍詳一說。

我們說理之原義，是指人之活動的歷程中之次序條貫，因而不只有分別義，且有總持義。此亦可由理爲治玉，理從里，里爲人之所居，里從田，田爲人之治土所成，以知之。治土治玉皆爲人之一活動行爲的歷程。詩經之我疆我理注曰分地里也。此分地里自爲我之一活動。孟子說理義之悅我心，亦非謂理義爲一對象，因孟子最反對行仁義而主張由仁義行。則理義悅心云者，卽人由仁義行之活動使我心自悅而已。孟子又說『金聲也者，始條理也。玉振之也者，終條理也。始條理者，智之事也。終條理者，聖之事也，智譬則巧也，聖譬則力也。』禮之由金聲至玉振，修德之由智至聖，射之由巧至力，皆在人之一整個的動之歷程中。則此所謂條理唯指一歷程中之次序條貫甚明。曰始條理終條理者，言始終乃一條理之始終也。至于在墨辨之言理，我們前說是指推理之當否與判斷中名之是否符實。墨辨所謂理當卽指判斷推理時，人之思想生長之歷程中的理。至于在禮記中所講理，如喪服四制『知者可以觀其理焉』。喪服重別，此理自當重在分別義。禮記樂記說『禮也者，理之不可變者也。』此理亦當是指禮之重別而說。但樂記說『樂者，通倫理者也。』樂重和，則此所謂通倫理，卽此文所謂『君臣上下同聽之莫不和敬，在族長鄉里之中，長幼同聽之莫不和順。在閨門之內，父子兄弟同聽之莫不和親。合和父子君臣，附親萬民也』此是將各種人倫間之情誼貫通起來。此理卽重在條貫義。又樂記人生而靜一段說『感于物而動，……物至知至然後好惡形焉。好惡無節于內，知誘于外，不能反躬而天理滅矣，』人之感物而動以生好惡，爲一不斷發生之動的歷程，而天理之節好惡，亦爲一不斷顯其主宰好惡之用的歷程。此中物是多，知是多，好惡是多，而節好惡者只說一天理。此天理之義，明重在統貫總持義，而不重分別義甚明。

至于荀子之言理，則比較是更似把理視作一靜的客觀對象看，且較更重理之分別義。故荀子喜言察理，荀子所謂文理，恒卽指由聖王傳下之客觀的禮樂制度。其所謂中理，可卽是合此客觀制度之道之謂。因而此理便可不必是人之自內而發之動的歷程中次序條貫之理，如孟子所說的一般。此外荀子講理，尚有一特色，卽我們前所提到的以理指一內心修養之狀態，如喜則和而理，憂則靜而理等。這理只是指一內心的不亂內心的定靜。此理亦可說非必在一活動的歷程中見的。此外荀子之言義者循理一類話，雖是說的道德上的當然之理，但因他不承認性善，則此當然之理，便亦可只爲心所照察，而未嘗自覺爲自內而發的似外在而靜定之物。由此三者，而荀子言理之爲分別，便偏于我們所說之第二義的靜的分位上的橫的分別。而于我們上所說動的歷程中的次序條貫之理，比較忽略。

但是荀子之所謂理雖靜的意味重，且重言分理以明禮之別異之用，他亦非全忽總持義統貫義之理。此關鍵乃在荀子所言之理非自然物之理，而爲人文社會人文歷史之文理或禮制之理。此文理乃由人與人之相互表現其思想活動行爲而成。因而此文理不可說是屬于某一特定之個人，而同時是將社會中之諸個人聯繫組織起來之理。社會之發展由古至今而有歷史，則此文理同時是由古而通貫到今日與未來的。故荀子言文理言禮制，同時重言統類，言「百王之無變足以爲道貫」者。此卽其大理之一名所由立。同時荀子在和而理靜而理等語中，以理指一修養所達之內心的靜定狀態時，此理亦是指一整個心境中的靜定，而不是指對某一特定之事的靜定，則此理亦有總持義。人心之靜定而不亂，亦恒在人心之相續不斷的應事中見，則此理亦是在一動的歷程中成就的，而涵有條貫義。（故楊注和而理句曰：理條貫也。）

此外莊子之言天理，大理或理，皆與天道或道無大分別。莊子言天道天理多自事物之變化盛衰存亡之歷程中說。此道此理，根本上便不能以靜的橫的分列的眼光去發見。以此眼光，可見上下左右方圓白黑之理，而不能見盛衰存亡之理。因物盛則未衰，衰則不盛，存則未亡，亡則不存。盛衰存亡，根本上是不能並在而平列的，而只能在一動的歷程中顯出的。此外易傳中之言「黃中通理」，「易簡而天下之理得」，「和順于道德而理于義」，「窮理盡性以至于命」，「聖人之作易也，將以順性命之理」，此類理之涵義如何，不必細論。然易爲論變化之書，則此理爲由變化歷程中見，當兼指事物變化歷程之次序節奏段落，則可無疑義。而此理亦當兼分別義，與總持義條貫義。

我們在上文，一方評論韓非子及戴東原劉師培諸家釋理之言，說明他們之只以理爲人心之所照察，只重理之分別義，實不足以概括先秦經藉中所謂理之涵義。同時卽約略分辨出，先秦經籍中所謂理有各種不同之涵義，而可指不同種類之理。此中第一種是韓非子解老篇及荀子之一部所謂爲物之形式相狀而屬于物之形而下的物理。第二種是莊子所謂爲物之所依以變化往來存亡死生而又超物之天理，天地之理，萬物之理。此爲一形而上之虛理。此二者皆可謂屬于人以外之客觀世界或自然世界者。第三種是如墨辨所謂一命題判斷中之名是否合于實，及推理是否正當之理，此爲屬于人之思想與言說中者。第四種是如孟子所謂由仁義行，而直感此行之悅心合義理之理，卽道德上之發自內心的當然之理。第五是荀子禮記所特重之文理。此五者中，前二說之出，較後三說爲晚。而在後三說中，皆重理之見于人之活動的歷程中之義，且皆不見重理之分別義，而復重理之條貫義，總持義。此正當爲「理之原義爲治玉爲治」之一最直接而合法的引申，亦爲中國先秦經籍中代表一抽象概念之原始義的理。至于以理指治玉後玉上所見之紋理，以理指鰓理，指一切人之感覺思想行爲活動及于物後，所見之物上之形式相狀性質，並稱此等等爲物上之文物之理，則爲間接的第二義以下的引申。至于莊子之以天理指牛之間隙，指形而上之虛理，而同于道，則是由觀物而又超物，觀形而又超形，唯就此物此形所經之虛跡而名之爲理。是爲再進一步之引申。然理之一名，在莊子之書，可融入其道之一名中加以了解，無大重要性。至于在孟子書中理之一名，亦不如仁義禮智性命等重要。在墨子中，理之一名不如天，兼愛，等名之重要。故在此理之五涵義中，我們宜說禮記荀子中所重之文理，爲理之主要涵義所在。文理者禮文之理，社會人文之理。文理乃指人與人相交，發生關係，互表現其活動態度而成之禮儀詩樂社會政治制度的儀文之理而言。此禮樂之儀文，爲周代文化之所特重。抑爲後世之所不及。在先秦最喜言理又能不離人之活動以言理，兼見及理之分別義條貫義總持義者；又正爲重禮樂之禮記荀子。此文理之所以成，由人之相互表現其自內而外之活動所成。人自內而外之活動有段落，又以所對之他人他物而異，則有分別義。故禮記中庸曰「文理密察，足以有別也。」然各人之活動，由禮樂以相交于天地先祖，君師之本，即見合見通，則文理亦有總持義。故荀子禮論謂「貴本之謂文，親用之謂理，兩者合……以歸太一。夫是之謂大隆」。至于中國後來思想史之發展，則宋明儒言理，多是就人之對他人他物之活動雖各不同，然皆原本于一心性，以言具總持義之性理。並由我與人與萬物性理之同處，以言總持義之天理。此則承孟子樂記之言性與天理而生之新說。至于清人如顏習齋戴東原焦里堂與諸經學家史學家，則大皆重考證各種禮文之事的分殊方面之分理。至于由動的歷程以言物理，則漢陰陽家與易學家，皆是此路。由是而有陰陽消長，五行生尅，五德終始，律歷循環一套之中國式之科學。至于就事物大小方圓長短數量堅脆輕重，加以研究考察，此在西方希臘即發展爲形數之學，由此而產生西方近代之物理學化學，及其他自然科學。然在中國古代，則唯墨辯中頗有此種學問之思想。然尙無數學形學物理學之名，亦未逕名之物理所在。韓非解老，知此爲物之理所在，亦未嘗以之成學。直至百年來，西方科學哲學思想輸入，而後此類之理，乃特爲人所重。而本此種理之觀念，以觀中國先秦思想家所謂理之主要意義，實最牴牾不合。至于墨子所重的思想言說中之理，則皆可謂名理之一種。唯名理之一名先秦未有。魏晉以後有名理之一名，魏晉玄學之言皆可名之爲名理之論。唯此所謂名理之論，其內容與名墨諸家所言者實逈不同。至于南北朝隋唐之佛學中，所謂空理眞理，則似上述之莊子的天理天道之爲一種虛理虛道，而又不同。其不同在莊子之道由超物超形超名言以了解，而佛家之空理眞理，則宜由超意念上之執着，超一般之理障以了解。然要可由莊子之言與魏晉名理之論之進一步，以相契接。由是而秦以後中國思想史中所重之性理事理物理名理與空理，同可由先秦經籍中所謂理之涵義中，多少得其淵原所自，而又皆對于理之涵義有新的引申與增益。我們亦必須在確知此新的涵義之引申與增益之所在，然後對此諸理之眞正分別處何在，有明白清晰之了解，進而可望對理之爲理之本身，有一總持的綜合的認識。此當于下文詳之。

（三） 魏晉玄學與名理

漢儒之哲學思想，其特色在講陰陽五行之理。此理實是本文所謂物理。但物理之名，亦未正式成立。其正式成立，蓋由楊泉之物理論始。而理之一名，在漢儒亦不重現。我之此文並不是要直接講思想史。只是要解釋理之一名之涵義，而附帶講到古人關于理之思想。漢人對理之名，既不重視，則我們可忽過去，直接去講魏晉人所謂名理之理的涵義。

名理爲魏晉時流行的名詞。三國志，晉書，世說新語注，時稱某人善名理。如三國志鍾會傳，言會『博學精鍊名理』。晉書范汪傳言汪『善談名理』，世說新語言語篇注，稱衞玠裴頠善名理。又文學篇注稱裴遐少有名理，謝玄善名理。近人章太炎亦統稱魏晉談理之文爲名理之文。而魏晉人之清談與玄學，亦或稱之爲談名理之學，我想這是可以的。但是名理之義界，畢竟當如何說，乃與清談及玄學中之主要思想相應，則似未見人論及。名理一名之廣義，似可泛指一切辨名推理之論。故有以名理之名當西方所謂哲學者。但我今欲將名理之一名，與物理性理文理等名，相對而言，並求其歷史上之淵源，以與清談及玄學中之思想相應，以定其義界；則名理一名，遠源當是自先秦思想之言名實形名轉變而來。名與實之關係，原是墨辨以後直到荀子正名篇，先秦學者之老問題。這亦可說是從孔子作春秋正名分之意引申出，並與法家之言「循名核實」，「名以定形，形以檢名」等相關的。孔子之正名分，是要人之名位與實相應，這是要重建禮敎。其意義是道德的，社會政治的。這是荀子所謂期文理綦文理的事。法家之言刑名，亦是政治法律上之實用的意義爲多。而墨辨以後之名實之問題，則是知識論邏輯上的純理論的問題。人之以名表實而成知識，原與人類文化俱始。但人之反省到知識之完成，乃係于以名表實，及其中之問題，則是人類思想之一轉進。故墨辨之論『知．名實合爲。』謂知名而能取實，乃謂之知，及其他一切對知識名言的討論，與公孫龍之辨名實，亦確是在先秦儒墨諸家所喜言的人生之禮樂刑政等問題以外，另開出一思想學問之路。這問題之答案，不是要指導人如何行爲，亦不是重在人說些什麽有價値有實用意義的話，而是要人去反省其說的話，與實際世界之『實』，有什麽關係。對于一實，什麽名能用，什麽名不能用。對一名，他能指什麽實，不能指什麽實，由此而能辨各名間之涵義之分際，而知我們所用名之正誤。由用名之正誤，而能定我們之是否有眞觀念眞知識。這些問題，全是由人之思想，回頭反省他自己所說之話，與其所指者之關係而生。同時亦可說是由人之思想，思想其自己之思想觀念知識與所指者之關係而生。這在邏輯層次上，是比一般之思想言說，只直接向外思想什麽東西什麽行爲之道者，乃更高一層的思想。而由此思想本身所再建立之理論言說，是高一層次的理論言說。這是對我們之言說之爲如何一回事的言說。由此而說出的道理，是「關于我們之如何說道理」的道理，而爲另一種理。我們對先秦由墨辨至荀子之一切關于名實問題之討論的文字，皆當作如是觀。而此亦可說卽魏晉以下名理之論的一淵源所自。但從先秦之談名實，至魏晉之談名理，却又是中國思想史之一大轉進。魏晉之談名理，實際上是由漢末品評人物之風下來。亦與漢魏政治思想上，重核名實之刑名之論相關。由品評人物，論用人之道而劉邵鍾會等，乃論人之材性，而江左淸談談人物談名理。淸談之談人，不僅包含談人之一般才能，德性行爲，且談他人言語談吐之風度，即談他人如何談說以表其意。由此而及于言與意之關係問題。言之所本在名。意之所及恒在理，而不必在物。先秦思想之論名實，其所謂實　恒是指客觀之外物，或物之形色。此形色是直接屬于物之理。然意之所及之理，儘有不直接屬於外物者。故由論名實至論言意，論名理，便是思想上一大轉進。魏晉時人之言意之辨，正是先秦的名實之辨之進一步的大問題，而此當亦即當時名理之論的一根本問題所在。

先秦最重視言意問題者當是莊子。如秋水篇「可以言論者，物之粗也。可以意致者，物之精也。言之所不能論，意之所不能致，不期精粗焉」。此外莊子常隨處說言不能盡意，意不能盡道。而魏晉時人則或謂言盡意，或謂言不盡意，如王導過江止標三理。其中之一，是歐陽建言盡意論，謂「夫理得於心，非言不暢。物定於彼，非名不辨。名逐物而遷，言因理而變。不得相與爲二矣。苟無其二，言無不盡矣，」此中用名理與言意，相對成文，正可見名理之不離言意。而以言爲盡意者，必重名言之價值。以言爲不能盡意者，宜求忘言無名（如何晏有無名論）。至於王弼之一方說，言出意者也，又說，得意在忘言以無名爲名之母；郭象之以「名」爲形聲之影響，又爲其桎梏，要人「明斯理也，則名跡可遺」。，則皆似一方承認言可表意，一方又是要人由言而忘言的另一理論。

我們說言意名理之問題，是較名實之問題更進一步者，關鍵全在意所及之理，可有不及於實物者。先秦之墨辨及名家之討論堅白之盈離，白馬之是否馬，牛馬是否非牛非馬，有厚無厚，南方有窮無窮，鏃矢是行是止之問題，抽象誠然是抽象，但皆大體不出關於物之時間空間形色數量運動的問題。物之佔時空有形色數量運動，皆可說是直接屬於物之實理。則論我們之名與他們之關係，又只是一名實問題。但是意所及之理，則可是不屬於客觀外物之理。譬如王導過江所標之三理，除歐陽建之言盡意論以外，其另二者，是稽康之聲無哀樂論與養生論。無論說聲有哀樂與無哀樂，都是一判斷，亦都表一意，表一理。聲乃耳之所聞，在外，哀樂乃我之所感，在內。說聲無哀樂，或聲有哀樂，皆只表此在內在外二者之關係。因而此理便不能只在外。此理不能屬於在外之聲。此與形色數量等尚可說屬在外之實物者，全然不同。屬於在外之實物者，可以手指，而此則不可手指，而只可意會。不只是聲無哀樂之一理，只可意會，即聲有哀樂之一理，說哀樂在聲，亦要待於意會。因縱然聲上原有哀樂，我不動哀樂之情，哀樂之意，仍不得說聲有哀樂也。又如養生論中說：「忘歡而後樂足，遺生而後生存。」此亦只是一可意會之生活上的道理，而非客觀的外物之理。對於只可意會之理而以言表之，是遠比對於可指的外在實物之形色等理，以名表之，更爲人類之更高一步的思想與言說。故由先秦之名實之問題，至魏晉之名理之問題，是中國思想史之一大轉進。

關於魏晉之談名理，是較先秦名墨諸家之論名實爲進一步之思想發展，尚可由魏晉人所談之形而上之問題與王弼之論易之言，以證之。

王弼之論易，其大旨在由漢人象數之學進一步。漢人象數之學之大毛病，在太質實。乾必爲馬，坤必爲牛，某一卦某一爻必指一特定事物之象。是爲太質實。漢人之陰陽五行之論，原是一種從事物之變化歷程去看物理之論。我們前已說過。在漢人之論易，恒是要把易之一切卦爻之配合變化，通通視作一具體的物理現象之構造的圖畫。於是卦氣爻辰納甲納音之說，皆相沿而生。由此而某一卦某一爻，亦必指一特定事物之象。易經中之名言，皆成直接指實者。此與先秦之名家言雖不同，然其重直接觀名之指實，則並無不同。而王弼論易，則正是要去此漢人之太質實之病，而求進一步。而其所以能進一步者，正在其于名言與所指之實物間，指出一個意來，亦同時指出一個不屬於特定之物的理來。王弼周易略例說「爻苟合順，何必坤乃爲牛？意苟應健，何必乾乃爲馬？」坤直接表順而不表牛，乾直接表健而不表馬。馬牛是象，而健順是意。則乾坤之名與實物之關係鬆開，而只與意理連接。只要是健，取象於馬可，取象於牛亦可。只要是順，取象於牛可，取象於馬亦可。牛馬不同，而在一情形其健順可相同，則健順既不屬於馬，亦不屬於牛，而爲牛馬之共理。然人心中橫亘有牛馬之形象，則健順便或屬於馬或屬於牛，必須忘牛馬之形象，而後能意會此健順之共理。故忘象而後能得意。牛馬之名，只及於牛馬之象，此是名象關係，亦卽名實關係。而健順之言，則能表我們牛馬之象中所意會之理，則此便是言意關係，名理關係。王弼之易學之進於漢儒之易學者，正在其能不重名象名實之直接關係，進而重言意名理之關係也。

王弼之玄學，除見於其論易外，亦見於其論老子，今併引其老子註及周易略例之數語，以證上之所說。

老子道法自然註：道不違自然，乃得其性。自然者，在方而法方，在圓而法圓，於自然無所違也。自然者，無稱之言，窮極之辭。天地不仁註：天地任自然，无爲无造。萬物自相治理，故不仁也。道生一註：萬物萬形，其歸一也。何由致一，由於无也。

此中所謂道，所謂自然，所謂一，所謂無，都是許多名言。這許多名言，皆能表意表理。但是這些名言，都不是表某一特定的實物之名，亦不表特定的實物之理。亦不必是表一客觀存在的外在實體。其所謂自然，實迴別於今之西方科學哲學中所謂自然。說「自然者在方而法方，在圓而法圓」，卽自然只是任方者之自方，圓者之自圓，任萬物之自相治理，而自是其所是，自然其所然。故曰「無稱之言，窮極之辭。」無稱者無特定事物爲其所稱。窮極者，一切事物，無非其所指。謂之曰言曰辭者，言其非指外在之對象，而唯表吾人意中之理而已。自然之名如是，道，一，與旡之名，亦復如是。（邢昺論語正義疏引王弼釋志于道曰，道者無之稱也。寂然無體，不可以爲象。是道不可體，故但志慕之而已。謂道只可志慕而非體，即道只爲意中之理之謂也。）

王弼周易略例謂。「物無妄然，必由其理。……統之有宗，會之有元，故繁而不惑，衆而不亂。處璇璣以觀大運，則天地之動，未足怪也。據會要以測方來，則六合輻輳，未足多也。……」

對此段話，我們仍可生一問題：即其所謂物之所以然之理，能爲宗能爲元之理，究竟是什麽？此眞是指客觀存在的具體之物之理，或只是我們論萬物時我們意中之理？只就此段話看，則似二者均可說。但是在王弼思想中，堪爲統爲宗之概念，只是「易」「感」「自然」「一」「旡」。唯此諸概念爲窮極之辭，而能爲統會之宗元所在。但是此諸概念，只所以表吾人整個天地萬物之意中之理，而非所以表客觀存在的具體之物自身之所以存在之物理者也。

在魏晉玄學家，除王弼論易言無言自然以外，何晏亦言無，且言以空爲體。裴頠之崇有論，則偏言有。向秀郭象註莊子，言自然，自爾，言獨化。都是魏晉玄言中之最重要者。今再引郭象一段註莊子之言，再來說明何以此類名言概念思想，皆重在言我們之意中之理，而非重在論客觀之物自身所以存在之物理。

莊子齊物論註「夫天籟者。豈別有一物哉。……有生之類，共成一天耳。無旣無矣，則不能生有。有之爲生，又不能爲生。然則生生者誰哉？塊然而自生耳。非我生也。我既不能生物，物亦不能生我，則我自然矣。自己而然，則謂之天然。天然耳，非爲也，故以天言之。以天言之，以明其自然也，豈蒼蒼之謂哉？天且不能自有，豈能有物哉？故天也者，萬物之總名也……物各自生，而無所出焉，此天道也。

郭象這一類的話，當然亦講了許多道理。但是這許多道理，明不是論特殊具體之物所以成之物理，而其否認有主宰萬物使物生的「天」之存在，謂天只爲萬物之總名，即明見他不要追求萬物共同的客觀原因，或萬物之所以存在之理。然則他這一類話，講的是甚麼道理？這正只是我們用名言去指客觀存在的萬物時，我們的意中之理。

我們之所以說魏晉玄學家所用之自然，无，有，天，獨化之這一類名言，乃以表我們意中之理，可從此類之名言恒不只是一個，而隨我們之意之變而可以多，以看出。譬如我們可以以「天」爲萬物之總名以表萬物。亦可以「有」爲萬物之總名以表萬物。以「萬物」爲萬物之總名以表萬物。亦可自天地萬物之自无而生，皆由變化而向冥中去，乃以无，易，玄之名，表天地萬物。總天地萬物而言之，可說只是一個。然我們表之之名，則可多，而每一個皆可以爲窮極之辭。可見此多名之立初不係於客觀之天地萬物，而係於我們對天地萬物之意。則此諸名，便實非直接指天地萬物，而只能直接指我們對天地萬物之意，與意中所會之理。如只爲直接指天地萬物，則一名豈不亦足够，何必要許多？又如何能有許多？此正如我要以名指我之個人，則一名已足够。我們之所以要自取許多別號，如什麽山人，什麽齋主，這初只是爲直接表我對我之意，而決非爲直接指我這一個人。同樣，魏晉玄學家，對同一之天地萬物，或說之爲有，或說之爲無，或說之爲自然，爲獨化。這只以表玄學家對天地萬物之不同之意，或意中所會之理，而非爲直指天地萬物本身之用。這些意中之理，是否即爲天地萬物本身之理？這可能是，可能不是。即如我之別號，可以代表我本身之實有性格，亦可不代表，而只表示我對我之一理想。如果是，則意中之理爲形上學本體論上之理或物理，如果不是，則意中之理，可只是人之思想意念中呈現之理而已。但是依我看，魏晉玄學家所論之理，如有無易自然等名所表，實大皆只是人的意中之理但亦可有形上學或本體論之意義者。然却不能說是屬於客觀的具體存在之物之物理。卽他們所論之意中之理，兼可爲物理者，他們亦似只重在視作人意中之理而論之。淸談之所以爲淸談，亦卽在其所談者只重在名言所表之意中之理，而恒不必求切於實際。由此方見名理之論所要論之理，之不同於物理之論所論之理也。

現在有一問題，是畢竟此種名理之論所要論的理與屬於客觀存在之物之物理，如何依原則而加以分別？或如何依原則而分別人所講的是物理與名理？這問題是很深的。我可以引申補足上文意，簡單的提出二個分辨的原則：(一)如人所講的是物理，則其所說的話中，必至少包含一個或數個名詞，這些名辭，最初是由直接指一感覺所接之具體之物而獲得意義的。我們亦可由一聞這些名詞，便去想一我們所曾感覺的具體事物，或求去感覺其所指之具體之物。而除了這些名詞以外，此外一切的話，都是直接或間接要說明此感覺所接之具體事物的。如此，他所講的，便總可說是物理。但是，如果人所講的話中，所提到的具體之物，皆是作爲譬喻或例證用，而此外的名言，皆不指可感覺的具體之物；而須我們對此名言之意，作一番反省，而後能知其所表之理者；則他所講的是名理。(二)物理都是屬於具體之物。故是有實作用的，如輪是圓，其圓有轉動之實作用。水有下流之理，其下流可推船下駛。而名理之論所論之理，是无實作用的。如說天地萬物是有，是无，是變，是无所待而獨化，物各自生而无所出，是天然，自有，自然時。此有此无是變，此獨化此天然自然，只是天地萬物之共理。此共理本身並无實作用。因其不屬於任何具體之物。物理有實作用，故人於物如多知一理，則人可多產生一事。名理無實作用，則人多知一理，並不必多產生一事。人知水下流，又知水性溼，人可以在行船外，再以水潤物。人只知水是變，是有，是自然，是獨化，並不能使人多產生一實際之事，而只使多一意，此意可使人心境有一開闊而已。

如果上文還有不易明白的地方，我尚可進而從名理物理之別，爲名理定一狹義的，嚴格的界說。卽名理之論是一種關於理之同異之理，或論我們之一意中有無另一意之理。名理之論，必須以辨理意之相同異，相有無之關係爲主，而不以辨物之時空，數量，物之因果關係實體屬性關係爲主。唯如此，乃可嚴格的別於物理之論。如上文所引王弼郭象之說「自然者，在方而法方，在圓而法圓」，此只是說自然一名之意中涵有「在方法方在圓法圓」之意。說「萬物自相治理，故不仁也」，是說萬物旣「自相治理」，則此中不涵有「天地之仁」之意。說「旡旣旡矣，則不能生有」，此只是說「旡」中無「有」。說「我旣不能生物，物亦不能生我」，此是說物異於我，我異於物。說「自己而然，謂之天然」，卽說「自己而然」之同於「天然」。這些便是純粹的辨各種名言所代表的理意之同異有無之關係的純名理之論。至於涉及物理之言，亦可依此上之原則，以辨其何語是論物理，何語乃論名理。如說天圓地方，牛性順，能服從人，馬性健，其行也速，是物理。但只說方異於圓而同爲形，健異於順，而同爲德，則是名理之論。又如說馬性健，天行健，父之性亦健，分別說皆是物理。而由三者之爲健也相同，同爲一健之德，遂忘三者之別；思惟此健亦同彼健，而名此健曰乾，乃由乾之名而只思此健，並謂思此健異於思馬或天父之象，以至說必忘象乃能知乾之義，則是名理之論。又如果說聲有哀樂，是說音樂中確有哀樂存於其中，便仍可說是物理之論。而說聲之一名之意或聲之理中，有哀樂之理，則是名理之論。至於說聲無哀樂，則絕不能是物理之論，而只是名理之論。因聲無哀樂，乃是說聞聲之意中可不含哀樂之意，或是說聲之所以爲聲之理中，無哀樂之理。非說聲中有一「無哀樂」爲其物理也。又如說人有意則必將有言，此是說人之有意與其有言間，有一因果關係，此仍是一廣義的物理之論（廣義之物，包括一切視爲客觀存在之物質的或精神的具體事物。）但如說言能盡意或不盡意，只是說

「言所表之理」，同或不同於「意中之理」，或「言中所涵之意」，包涵或不包涵「人意中之意」，則是名理之論。以致如當時人之辨才性，謂某種人材性如何，則其作事如何，亦是物理之論。而其辨人之才性之同異，則可是名理之論。又如稽康養生論說「忘歡而後樂足。遺生而後身存」。如此語是把人之生活當作一客觀對象看，而說人之忘歡可以產生樂足，人之遺生可以產生身存，此仍是屬於上所謂物理之論。但如此二語之意，是說忘歡與足樂遺身與身存，事似異而實同，似相無而實相有，則可爲名理之論。總而言之，名理之論之特徵，在其直接目標，只在論意與意間，或意中之理與他理間的相互的同異有無之關係，此與西方邏輯與先秦名學中之論名實關係與推理之形式者不同，亦不是要論某類客觀存在具體之物，是否具某理，或某類客觀之物，與其他客觀之物的因果關係。方是純名理之論的典型。而一物理之論，則縱然其中包含名理之論，其目標必在對於可感覺或可指的客觀存在的，具體之物之理與因果關係之說明，否則亦不能稱爲物理之論。此只須我們隨處思索一番，便能辨別。而我們之此種辨別之論本身，亦卽辨「物理之論」與「名理之論」二名之意的名理之論。我們能有此辨別，我們便可把魏晉人之文章中物理之論撇開，而專看其名理之論所在。這樣將可使我們對魏晉人在思想史上的獨特眞貢獻，有眞正的認識。而吾人對王弼何晏郭象向秀等之所言，亦將更易得其解矣。唯此皆非吾人今之所及耳。今再引晉時魯勝之墨辨序一段，附加數語，爲本段作結。

名必有形，察形莫如別色，故有堅白之辨。名必有分明，分明莫若有無，故有無厚之辨。是有不是，可有不可，是名兩可。同而有異，異而有同，是謂辨同異。同異生是非，是非生吉凶。

我們在本段開始，原說魏晉時之名理之論，上通墨辨，名家之言。故魯勝在晉時爲墨辨作叙。唯墨辨名家之論，畢竟以客觀外物之形色時空數之名實關係爲主。其所論的有厚無厚萬物同異之問題，仍是連有無同異之觀念於外物而論之。必至魏晉而後，直以言與意名與理相對成名，而後有眞正注重名理關係的名理之論，而討論及於客觀外物以外的，意與意理與理之有無同異之論。此卽魏晉玄學家之名理之論，大進於先秦名墨之言者也。

（四） 佛學與空理

我們以上分別論了文理物理名理之不同。現在我們再來試論南北朝隋唐佛學中之空理之性質。

以佛學家與魏晉玄學家較，佛學家是更喜歡用理字的。僧肇竺道生已言理。而後來發展的法相天台華嚴三宗言理處尤多。法相宗成唯識論首言造論宗旨在「達二空於唯識理如實知。」末言「顯唯識理，乃得圓滿非增減故」。卷一破我法執破外境等，處處以「所執非理」，「理俱不成」，「理亦不然」，爲言。卷九論遍計所執中，能所取二分「情有理無」。「謂初照理故，亦名見道：…眞見道謂卽所說無分別智，實證二空所顯眞理，實斷二障分別隨眠」。卷十釋四涅槃亦皆以眞理爲言。如謂「一切法相眞如理，雖有客染而本性淨」，爲本來自性清淨涅槃。謂「煩惱障盡所顯眞理」，爲有餘涅槃。謂「有爲法與苦依，同時頓捨，顯依眞理」，爲無餘涅槃。謂「斷所知障顯法空理，此理卽無住涅槃」。天台宗之大乘止觀法門論卷末終於「順本起淨，卽順淨心不二之本，故有相資之能。違本起染，便違眞如平等之理，故有滅離之義也」之言。至於華嚴宗則特以言理法界，理事無礙法界名。華嚴宗之初祖杜順華嚴五教止觀（大正藏四十五卷）第三事理圓融觀，已明謂「心眞如門是理，心生滅門是事」。智儼華嚴一乘十玄門，亦論約法以會理。至法藏澄觀宗密，對理事無礙之旨，發揮尤多。法藏之華嚴發菩提心章，言「發心觀眞理」，言「一味眞理」，「觀此眞如理」。澄觀華嚴法界玄鏡，釋四法界三觀，謂眞空觀之眞空，卽理法界。理事無礙觀者「理無形相，全在相中，互奪存亡，故云無礙」。周遍含容觀者「事本相礙，大小等殊。理本包通，如空無礙。以理融事，全事如理」。至宗密注華嚴法界觀，則全篇皆在言「理」。時言「理性本有」「理含萬德」等。可見中國佛學之發展，乃向「理之重視」之方向而發展。

但是此所謂理，究竟是什麽一種理，是不好說的。成唯識論中以眞理釋四涅槃，及華嚴宗之理法界之理，當卽指由執障空所證得的諸法實相，或淸凈寂滅相，或涅槃，眞如而言。但唯識理之理，則可是指唯識之理論義諦而言。前一個理，是指一境界或理境。後一理是指爲達此境界，我們當如何思想，當去掉什麽錯誤之觀念情見，而逐漸引生正知見，得正智。但是我們可說涅槃眞如旣是由空執障而後顯，亦卽須由我們在思想上去掉所執之錯誤觀念情見而後顯。則佛學家所講之理論，亦卽所以顯眞如涅槃之爲眞理或理法界。二者相應，而爲一事。因而可同以一理字表之。而此理則宜名之爲空理。但本文用空理一名，則重在表示佛家之理論注重空諸情見方面，而不重在由空諸情見後修行所證之境界方面。

我們所以說佛家之理論，宜名之爲空理，是從佛家之理論，總是比較偏重在破除遮撥方面說的。成佛所證之境界，可說是眞空，亦可說是妙有。佛之果德，不能逕說爲空的。學佛之六度萬行之行，亦不能逕說爲空的。但對於我們衆生此境界中由妄執實我實法而生之各種情見，則佛家必要說其是空的。因不說我們之情見是空，則不能引我們到正見。故至少在境上言，佛家理論偏重在對世人說空，偏重對世間之學術理論，加以破除遮撥，是必然的事。而對其所嚮往之佛境，亦必然要說其爲超一般之情見所及，超一般之思議所及，而爲超思議，或不可思議的。因而佛家之積極的表佛之果德一方面的話，至少對世間而言，便總不如其破除遮撥方面的話之重要。故我們可說佛家之理論爲空理。

如果我們撇開佛家之修行方法，與所證之果一方面不談，而專從其對於境方面之理論乃重在破執，而稱其所言者爲空理；則我們可進而看出佛家之空理之論，與魏晉人之名理之論，有一本性上之不同。從一方面看，佛學之興起，與魏晉玄學之盛，是有關係的。佛家所用之名詞，初亦襲用中國思想中之名詞。佛家言空，尤似與玄學家言虛言无相類似。然實則二者有毫厘之差而千里之謬，首先我們須認識玄學始於人與人之淸談，而佛學始於個人之發心求覺悟。玄學家爲談玄而談玄，佛家爲行證而求信解。玄學家之名理之論，承先秦名墨老莊之言而生，佛家之理論，由破印度諸外道而生，後傳入中國。如要以一語表玄學家與佛學家之不同。則玄學家之言名理不離「意言境」，而佛家則最重離「意言境」。玄學家最重思議，佛家則要達於超思議與不可思議。思是心行，議是言語。超思議是大乘起信論所謂「離言說相，離心緣相」，是後來禪宗常說的「言語道斷，心行路絕」。如依法相宗說，則魏晉玄學家之一切談說，只是其名言種子之現行，而佛家則正要將我們之名言種子轉依於實際。如依空宗說，則魏晉玄學家言正皆是戲論。而佛家則善滅諸戲論。戲論滅已，則可更無所說。

我們用意言境與超意言境，分別玄學家與佛家所言之理，乃是用他們自己的名詞。「言意」本是魏晉玄學家所討論的問題，前已說過。人意中所及之理，可超於現實的具體特殊的物之外之上。此便是魏晉玄學家精神之所注，由此使玄學家一方有遺棄實際事務之傾向，一方更有一超曠的胸襟。玄學家當時所談的天地萬物之有無同異之理。如王弼之論易而言「无」，裴頠之「崇有」，郭象向秀之講萬物之「形色彌異，其然彌同」；尤可使人更有一超曠的胸襟。此理由在：這些名言與其所表之理，都是最富於普遍性，而可涵蓋已成的現實的以至未來之天地萬物的。如依易說變易，說感通，則萬物莫不變，萬物莫不能感。如說有，則萬物之生莫不有。如說无，則萬物之未有與已化，而莫不无。因其所同而同之，則萬物莫不同。因其所異而異之，則萬物莫不異。因其所一而一之，則天地萬物為大一。因其所多而多之，則天地萬物無不多。而吾人意中之有無同異一多等觀念或理，無不可及於一切天地萬物。我們不僅可遍指一切已成或現實之事物，謂其是有，或就其生於無形歸於無形，而說其以无為本。而且我們亦可意想，三皇五帝時之萬物是有，或未來無盡時尚可有萬物。並可意想，牠們亦皆生於無形歸於無形，而說其以无為本……。此等等，皆為吾人當下一念之心之所能知。當我們知此理時，即使我們之心，若超臨於天地萬物之上，而達一廓然虛曠之境，亦非難事。由此而說出種種超妙之理論，亦非難事。但是我們復須知，此一切理論與由此理論所達之超臨虛曠的心境，只是隨我們之意而起。此所起之意與意所及之理，都是只能提起，而不能眞正放下而落到實際的直接經驗的世界的。如放下而落實，即將發現其自身之虛幻。而南北朝以後之佛學理論，正是最能顯出此諸理論放下落實時之虛幻，而能空此諸理論之理論。此空理之理論之出現，正是表示中國思想史之進一步的發展，必須超越玄學之理論，而展示出一種新理之世界。

玄學之理論之所以能向上提起不能放下，而落實到直接經驗之世界，則是因眞正的直接經驗的世界，從實際去看，正是莊子所謂「言之所不能論，意之所不能盡」的世界。莊子是眞知超言意之境的。但魏晉人實不免仍只在言意之境。說有、說无、說同、說異、說自然、說獨化、同在言意之境，而這些言與意一落到實際，都會自己抵銷，亦都與實際有相違處。如說實際世界是生而有，則與其會滅而無相違。說其以无為本，則與其現有可相違。則說無與說有，俱可成而互破。又如說萬物由一本之天或道而生，則與現見萬物之自生相違，此卽王弼所以反漢儒之天生萬物，而以天爲萬物之總名，亦卽郭象之所以謂至道乃至無，萬物由道而生卽自生自有也。但如謂萬物眞是自生而自有，則又與萬物之待他而生相違。於是漢儒之萬物待他（天）生，與郭象之言自生自有，亦可俱成而互破。南北朝時輸入之佛學中之空宗的中論等說：「諸法不自生，亦不從他生，不共不無因」，「不生亦不滅，不常亦不斷，不一亦不異，不來亦不去」。全部皆由「現見」，亦卽眞正的直接經驗之世界立論。正是顯出魏晉玄學家之此類邊見，一落到實際，必歸於與實際矛盾，而互相破滅的理論。

我們上說，從佛家來看，王弼之天地萬物以無爲本，或裴頠之崇有之論，漢儒之萬物天生之論，及郭象萬物自然自有之論，同是不能落到實際的。如落到實際，則必成邊見而相破滅。但人如果問，不把這些玄學家之言落到實際怎麽樣？則我可說，如不落到實際，則無論說有，或說無，說他生，說自生，同可成就人一時之超臨虛曠的心境。則玄學家言，仍可有價值。玄學家亦可自覺的只求辨名理或自甘於戲論，而不要求對實際世界說一究竟話頭的。如此則佛家之理論，亦可駁不倒玄學家之名理之論。但是我們同時仍須承認，佛家之把說有說無說自生說他生之等理論，落到實際上去看，而指出其必歸破滅，說出其所以必歸破滅之理，卽已證明佛家另發見了一種理。此理是由於見到在實際之前，人意中之理，會與另一意中之理相銷而俱破；因而人之意能銷意，言能銷言，以達於超意言境之理。這是魏晉人所言之名理之外的另一種理，亦是物理文理之外之另一種理。

從一方面看佛家亦有說空說有之別，其說空與說無頗相似。有宗說緣生，一一分析心色諸法所以生之緣，亦近似上所謂物理之論。但是佛家有宗之說緣生之根本目的，乃在破物有自性，破實我實法。其說諸法待緣而生，不是說緣能生諸法，只是說諸法無緣則不生。故諸法無自性，無我，卽無內在之主宰力。法相宗唯識宗在分別我們之心識諸法所以成因緣，而一一加以指出的地方，固亦可說是給我們一些關於我們之妄識的積極知識。但此知識仍是供我們轉識成智之用。這些知識，是要使我們知妄識所待諸因緣，而使我們知如滅此諸緣，則此妄識亦得轉依。即這些積極知識，仍是爲破除我們之執障之用。故法相唯識之說依他起有，緣生有，亦是爲要說空。至於空宗之說空，亦明不同於說無。執有執無，都不是空。無是莫有（无又近乎一潛有）空是要去掉我們所執之有。中國空字，原從土從穴。當是由工掘土成穴之意。穴之成，由於去土。去土是一活動。但此活動，只是要去土。去土後則去土之活動亦去了。佛家說空只是要去執障。此亦是一活動。執去，而去執之活動亦莫有。但在人有執時，破執之思想言說，不能莫有。即破「有執的思想言說」之思想言說，不能莫有。但一般有執的思想言說，既破了，則此破執之思想言說，亦絕對不能有。此即空宗之所重。故空宗常喻其言說之破其他言說，如火燒物，物盡而火亦莫有。即執空而空亦空。空空而非空亦非有。這種地方，看來好似一弔詭。因說空就是空，如何空亦莫有而非空。如說空空，則空空還要空才對。然如此說，則愈說空，而空愈多，愈不成空。這個問題，純在名理上，亦可說是無法講的。因從名理上說，一名既立，則其意所表之理即立，立即不能取消。因而佛家之理論，純在名理上看，可永是一弔詭。這個問題的解決，只能從實際上去看人之如何說話來解決。在實際上，一人說什麼，我說你不該如此說。那人是可即不說話的，而我亦可不再說的。在實際上言與言，是可以相銷的。我之言中之意與理，與他人之言中之意與理，是可以相銷的。這同時證明名理之論與佛家之空理之論，畢竟是講的二種理。在名理之論中言只是言，而在空理之論中，則可眞達莊子所謂「終身言未嘗言」以言達無言的理想。

上文說佛家破執之理論，是把我們常情所執之意或理，從實際上去看，而發現他的矛盾，而被破除銷掉，即被空。如果我們常情所執之一意或理，是畢竟可被破除銷掉；則我們可不必待其實際上已被破除銷掉，即已可說其理是空是無。當我們尚未知其理是空是無而覺其有時，只是「情有。」如我們誤繩爲蛇時，蛇是「情有」。然如落到實際，或如理而思，則並無此蛇，則此蛇是「理無」，「理空」。但是我們誤繩爲蛇時，說蛇之理爲空云者，即是說如理而思，我們最後不能眞任持此蛇之觀念，亦不當再有蛇之一名。以此蛇喩吾人所妄執之我與法等，則所謂妄執之理是空云者，亦卽我們如理而思諸妄執，亦卽不能執有諸妄執之觀念或名。這樣說來，一妄執與其所具之空理之關係，卽是一理顯而執毁之關係。理顯而執毁，則此理，非此執所以存之理，而是執之所以亡之理。因而此理決不能眞屬於此執。我們講物理時，說物有某理，通常是說理屬於某物，物以具某理而存。而我們在講各種妄執之空理時，則情形正相反對。此點可帮助我們對於空理之特殊性，有一更明白的認識。

現在尚有一最後的問題，是問如我們之妄執，其理是空，而此理又不屬於此妄執，則此理畢竟何所屬？如人之妄執全空了，空之觀念亦空了。此能空妄執之理，是否亦莫有了。依佛家說，人空一切妄執後，能證得超一般意言境思議境之心，或具般若智之心，此心並非莫有。如有此心，則此心縱無妄執可空，亦不復再有空之觀念或空理之觀念横亘於心，仍不能說其卽不具有此能空妄執之理。因如其不具此理，此心卽不能常住於無妄執之境界，亦不能說法以破他人之妄執。因而其自己之無妄執可空，對他人之妄執之起，能一一空之，當卽此理之全幅彰露。如此看，則此能空妄執之空理，在心上看，便仍當是一實理，眞理或心之實性實相。但是此實理眞理，並非我們凡情之所證及。此實理眞理之顯，唯由空我們凡情所執之理者而顯。對我們凡情之所執而言，則此理是空之之理，或見凡情所執之自性爲空之理，或凡情所執空後所顯之理。因而與凡情所執者，不在一層級，而宜就其用在空執，其體由執空顯，而名之爲空理。

（五） 宋明理學與性理

現在我們再來講宋明理學家所謂理，宋明理學家言理，因皆重人倫之理，故皆多少及於禮文之理。而張橫渠邵康節與朱子等，亦皆時論及物理。有的理學家，亦時有禪機，而發爲近似破執去障之言者。而名理之論，亦時見於宋明理學家之辨名析義的話中。然宋明理學之論理，主要者是論性理，由此以及於天理。宋明儒之言天理，非只視爲外在的物質的天地構造之理。如只視爲外在的物質的天地構造之理，便只是物理而非天理。眞正之天理，是由心性之理通上去，而後發現的貫通內外之人我及心物之理。故性理是宋明理學家所最重的理。

宋明理學家中直將性與理連說，謂「性卽理也」，乃始於程子，暢發於朱子。周濂溪，張橫渠，邵康節，未必皆眞能認識性卽理之義。邵康節還有「在物謂之理」的話。唯周濂溪通書言「禮曰理」，張橫渠正蒙言「義命合一存乎理」。已見彼等所謂理，乃指人生行爲之當然之理，而非謂名理與空理。却未明言性卽理。到了程明道說『天所付與謂之性，禀之在我謂之命，見於事業謂之理』。又說『在義爲理。』則更重理之爲成就正當的行爲事業之當然之理的意思，並有通貫天性命理爲一之義。而伊川謂「己與理爲一」並言「性卽理也」，乃將明道之言，凝聚於一語之中。這是劃時代的一句話，而爲朱子所加意發揮。朱子講理雖亦及於物理，然而他所論的主要仍是仁義禮智之理，卽仍是性理。他與程子之不同，只在他由人之仁義禮智之理，而見此卽天之元亨利貞陰陽五行之理，遂再進而論及物之禀此元亨利貞陰陽五行之理，遂附及於物理而已。此外象山言心卽理，亦決非直謂心卽名理或物理，空理，禮儀之文理等，而是直謂各種當然的惻隱辭讓羞惡是非之理，皆內在于「宇宙卽吾心」之本心。陽明之以良知卽天理，乃謂良知之善善惡惡是是非非，卽是人心中之天理之流行。更不是說的外在的物理文理。亦非只是論名理或空理，都是極明白的事。

現在的問題，在性理之本質畢竟是如何？如何由其本質之了解，以見其別於其他之理？爲簡單明白計，我們可只引程明道之識仁篇之數句話，加以說明。

『學者須先識仁。仁者渾然與物同體，義禮智信皆仁也。識得此理，以誠敬存之而已。若心懈則有防。心苟不懈，何防之有？理有未得，故須窮索。存久自明，安待窮索？此道與物無對，大固不足以言之。』

明道所謂仁是性理，亦卽天理，亦卽道，他曾說『吾學雖有所受，然天理二字，却是自家體貼出來。』我們試就明道所言仁理，切實體驗一番，便可知此種理與其他種理之本質上的差別何在。

明道此段之言，是說仁乃一種與所接之人物相感通而渾然不二，莫有彼此之對峙的心境。這種仁的心境，我們平常人在對家人，對朋友，以至對天地自然，莫有什麽私心，而對之有一親切之意時，都是可多多少少具有的。便見仁之理對一切人，都是多多少少呈現的。故此心境此理，不同於佛家之涅槃眞如之爲超越的，必須先將我們之執障破除淨盡，而後見者。因而亦不待先用消極的理論言說，來掃蕩我們所執的情見，便已可積極的直接指點其存在者。故知此理不同於佛家之空理眞理。然我們要直指此仁理或此呈現仁理的心境之所在，又不能向外物而指，卽不能由向外之感覺而知其所在；而只可向我之生活，向我與他人他物發生交接關係時之生活而指，以反躬體會其所在。我與人物發生交接關係時，我與人物之形體之形相，是可感覺的，如果論此我與人物之形相，並計量其相互間之空間上的距離關係等，此便是物理之論。但是我之形體在此，人之形體在彼，以至可相距千里之遙，而我對人之親切之意，則無形相，一直由我貫到人，而超渡過此中之距離，視此距離若不存在。故知此親切之意，永不能爲成爲物理研究之對象。此見仁理之不同於物理。又我們如自外去指社會上人與人間，如夫與婦父與子君與臣間的生活上之交感關係而言，我們可說，此處見種種人與人之倫理關係，或社會之文理。我們亦可說，此倫理文理中，皆有某種親切之意，客觀的存在着，卽有仁理之客觀的顯示。但是指人與人之倫理關係，而言其中有親切之意在那兒存在，或仁理在那兒顯示，與說其爲吾人內心所體會之一心境或性理，其義仍然不同。如我們對父子兄弟夫婦之生活上之交感關係，明爲各種不同之倫理關係，見不同之社會文理，而爲多。然由我內心之體會，我却可知我對我之父，我之子，我之兄，我之弟等有同一之親切之意。卽我之同一親切之意同一之仁理，乃分別表現於我對此各種人之倫理關係中，而爲一。此卽見言倫理文理與言性理之不同。又一般名理，皆由窮索而得。而人之仁則一現卽現。所謂「我欲仁斯仁至矣，」故不須窮索。依名理，義禮智信與仁，其名不同，則涵義各別。但是我們在仁心呈現時，反躬體會，又知仁必求貫於義。如愛民則必殺貪官汚吏。仁貫於義，則義亦只表現此仁，而義亦包融於仁中。故義亦只是仁而已。義之只是仁，仍從仁之性理之貫注於義之性理上說。若純從一般名理上看，而執名求義，則至多謂仁心可包涵義心，或義心亦可稱爲一種仁心。義仁旣是二名，則不宜說義卽仁也。由上可知此仁之性理與空理物理文理名理，皆不同其義。

復次，明道說識得此仁理，不須防檢，然心懈則須防。可知此仁理是能現亦能隱，其現，亦不必卽是全幅呈現。故又謂須以誠敬之工夫存之，存久而後明。這表示此仁之心境，只是人所當有之心境。仁乃是一當然之理，非只屬于已有事物的實然之理。我們說物理，是屬于已有之物的實然之理。文理亦可姑就實已有之社會文理來說的。

以至佛家說妄執之本性空，亦可是就人實已有之妄執說。但是說人之當然之理，則不從人所實已有者上說。說人有當仁之理，不是說人實已全仁，却恒因人尚未全仁，仁尚未全實現於存在。當我們自己尚未全仁時，此仁之理不能說已屬於我。即當我們已全仁時，此仁之理亦不能說只屬於我。因其他人物亦可具此仁之理而當仁。就此仁之理之不只屬於我言，即此理爲天理，天言其爲大公爲普遍。此天理之爲普遍之理，頗似名理之論中所言的有無同異一多之理，亦爲普遍之理。然此二者，又有本性上之不同。此主要在：我覺此當仁之理時，此理即能命我去行此仁存此仁，我亦願去行此仁存此仁。則此天理兼對我顯爲天命，而爲對我有實作用之理。依朱子說即能生氣之理。此即異於名理之無直接命我去如何行爲存心之實作用者。又此理之命我之如何行爲如何存心，同時是要改變我之已成之我。我愈實現或實踐此理，則我原來之存在即愈改變，而日超凡以入聖。此頗似於前論佛家時所說，妄執之空理顯，即使一妄執不復存在。但在佛家謂一妄執空，則妄執即無影無蹤，而此空亦空，人亦可不再思此空。然我實現仁之天理而盡我之人性，則我之改變已成之我，而逐漸超凡入聖，正所以完成我之所以爲我。此仁理日實現於我後，此仁理不特不空，且更顯其有，人亦更須思其眞實而不虛。此理一直是正面的顯示於我，故不須先就其能空妄執一面，而先名之爲空理，而須直下即視爲實理。故伊川謂「此理爲實理」，又謂「天下無實於理者」。此「實」又不是現實存在之「實」。從現實存在上看，除非我是聖人，此理恒只是對我顯爲一當然之理，而對我之存心與行爲有所命，爲我之行爲存心之一內在趨向。這恒是在逐漸實現的歷程中，而未完全實現的。故此理本身，總是有超現實之意義的，亦總是形而上的。此「實」是說牠雖未實現或未完全實現，但牠是不當不實現的，我只要見到他，亦是不容已於要去實現他的。我之實現他，即只是把他本有的當實能實要實之涵義顯出，亦即他之自顯其本有的當實能實要實之涵義於我。此之謂形而上而又澈於形而下，超現實而又能現實化之實理。此理之爲實，離開我們自己之感其當實能實，而要實現他的存心與行爲，則無論從名理上講，從物理上講，文理空理上講，都是不能加以證明的。故讀者如於此有疑，除了切實勘驗一下自己在感當仁當義，而又眞想行仁行義時，自己心境是何狀態，此仁義之理在自己心裏發生什麽作用，對我有些什麽改變；則對宋明理學家所謂天理性理之爲實理，是永遠不能眞明白的。

宋明理學家所言之性理，各家之說不一。然今只舉程子之一段話，即可明性理與其餘諸理之不同。故餘皆可從略。

（六） 王船山及清儒與事理

至於明末至清代之經史之學，自其別於物理名理之學佛學性理之學言，我們可說其目的一方在明聖王所以治平天下之道，古代禮文制度之文理，而備當今之用。另一方則是要知古代歷史之眞相，而明史事演變之理。至於淸代考證訓詁文字音韻之學，則初爲治經史之學之手段。並不必同於今所謂語言科學語言哲學，純以了解語言之理爲目的者。至於自明末至淸如王船山、顏習齋、戴東原、焦里堂、章實齋等之哲學思想，自其異於宋明理學之處而觀之，則正在標明事之重要。船山重史事，喜言「有卽事以窮理，無立理以限事」。習齋言「六府」「三事」，存學篇言「孔子只敎人習事，迨見理於事，已澈上澈下矣」。戴東原言理不離情欲與日用飮食之事。章實齋尤反對離事言理。故我們可說淸代思想史所重之理乃事理。一切論歷史事件之理，及如何成就辦理個人之事及社會人羣之事的理，皆可稱爲事理。而我們現在首當論之一問題，却是在辨別事理一名之涵義，與他種理之不同何在。

從一方面看，世間上只有事。整個人類歷史宇宙歷史，只是一大事。因而一切理皆可說是說明此大事之理，或在此大事中之理。物理性理，皆所以說明人物之所以能作事。名理是在人之言說之事中。佛家之言空理，去妄執，乃爲成就修行之事。社會文理，亦只在人類歷史之大事中。由此而人如能了解此大事之理，則可包括一切理在內。但是這種說法，亦只是從事或事理之立場去看世界的話。如換一立場看，又並不能成立。首先，從人爲有限的存在，人之物理（包括生理心理）對我們了解能力之限制上說，此大事根本非任何人所能了解。而此大事之觀念，亦只是由人之意想所構成的。卽人依名理，而將「事」之觀念，無限的積疊下去，再拼合起來構成的。但此無限的積疊，如非實際上所能完成的，則此大事之觀念是否眞能成立，卽有一名理上的問題。其次，縱然有人眞能了解此大事，他了解此大事之一事，便仍在此大事之外。這樣，則他之能了解此大事之心與心之性理，便仍在此事外。他了解此事後，如再以之告訴他人，則他與人成一學問上之朋友關係。此便成一社會倫理社會文理之關係。此關係，便仍在此大事外。再其次，如他之朋友是信佛學的。聽了他講了此大事之後，卽說此大事整個表示一諸行無常，諸法實性畢竟空之理。則此空理之觀念，仍在他所講之大事與大事中之理以外。如果人說，此「大事」中還可包括此一切在內。則我們亦可把剛才所說，再重復一遍。從此我們可以了解，我們所能說之事，是永限我們所能了解之事，而此事與其理之外，永是另有他理可說。因而事與事理之名，永是與其他理是相對而並存的。

對於事理之所以爲事理，眞要有一切實了解，當知事與理，乃二概念。事與事理，亦二概念。人說一理概念時，此說是人之一事。但所說者並不是事。故人可說及名理空理。在人說名理空理時，從事上看，此名理空理固同在人的說之事中。但從理上看，則此人不說此理，此理亦未必卽不在。至少此人不說，他人可說。則此理不只在此人的說之事中。同時人之說一理之事本身，亦有其所以成爲「說之事」之理。如人動念，欲將所知告人，並有人動念願聽，卽人之所以能說之一理。此便見人能說之理，與所說之空理名理等，乃二種理。而說此「說之事之理」之說，又爲另一事。此另一事，又另有理。由此故知，事理與人所說之名理空理等，可斷然的加以分別，而事與事理，亦必須分別。

至於事理之別於人之性理或物之物理者，則在人之一性，物之一理，皆可表現於多事。如人之仁愛之性可表現爲各種愛人助人之事。磁石之能吸引之性，可表現爲吸各種鐵之各種事。此諸事則可相對而並在。此可名爲「一人一物之多事性」。又一人或一物之一事，恒可關聯於許多其他人物。如我之講演，對我爲一事。而此事則關聯於無數聽衆等，此可稱爲「一事之關聯於多人物性」。又在一事關聯於許多其他人物時，就其他人物各各自身說，則各各又發生了一事。此爲「一事之關聯於多事性」。而其他人物，又再可與另外之其他人物關聯，而發生其他諸事，……由此而有無定數的「互相關聯之事的系統」。任一事之成，皆各有其特定之理。此事理與物理人之性理皆相關。但是事理與其他理之分別，仍是可加以確定的。卽我們在論事或論物與人及其性，與論人與人之倫理關係或社會之文理時，我們之注目點，是絕不同的。

我們在論人與人性時，是將一人之多事輻輳於一人或一人心之前，而由諸事以顯一人之人格與人性。我們在論物理時，我們是自一物與其他人物發生關係而生事時，思此物所表現之各種作用能力，以見物之理。而我們在論人與人發生倫理關係而構成社會文理時，我們是著重看人與人之事，對人與人精神或行爲之聯結的功效。至於由人與人的聯結所成之社會文理，則屬於整個社會，而不屬於此諸個人本身。——唯此文理，可似外在客觀的顯於其他個人的心靈之前，或「人之超出其自己來看自己與他人關係」的自覺心靈之前——此文理是人對人有事之所成，然却非事之所以成之理。至於我們在論事或事所以成之理時，則我們所注目者，乃「分別關聯於許多人物之一方面」的事之本身。而任一事之所以成，亦皆只能分別關聯於許多人物之一方面，決不能同時關聯於此許多人物之一切方面。此即使一事之所以成之理，決不能包括任一人之性理之全，或任一物之物理之全。一人一物之性理物理，除表現於某一事之成以外，斷然尚可表現於其他事。一事之所以成之理，乃在其所關聯的人物，同時或異時各各發生了一事。此即謂每一事之所以成之理，即在其他人物之諸事之發生。如我之講演一事之發生，是因主持人先發生了請我講之事，諸聽衆之分別發生了入教室之事，又分別發生願聽講之事。故「一事所以發生之理」，我們可稱爲「諸事之緣會或配合」。諸事緣聚或配合而新事生，這不是一般的物理上的有必然性的因果關係。因此諸事之緣會，並不必然產生新事。如在上舉之例中，我已到教室，仍可不講。只是我之講之事，必須待聽講者分別入教室等事之緣會配合而後生，否則不會生。此種事與事之配合與否之關係，是一種一般因果關係以上的一種現實存在世界中之關係。對各種事的配合不配合之關係之研究，即可使我們知各種事之何以成，何以不成之故。故研究此諸事之是否配合不配合，或什麼事必須與什麼事配合，然後可成，即研究事理。但此事理本身仍不即是事，而是理。

我們如果了解任一事之成，都只分別關聯許多人物之一方面，而各人物又可分別以其他方面，與另外人物關聯而成他事；便知各事之相對的獨立並存性，任一事之所以不能全同於他事。我們如果了解一事由其他諸事之緣會或配合而生，即知一事之必承他事而生之承續性。承續性者，承而後能續之性。然所承又有所承，續之者更有續之者，由是而有歷史。對一事之所承者與續之者之研究，即史事之線索之研究。而此史事線索之研究，亦即對一一史

景印香港新亞研究所《新亞學報》（第一至三十卷）

事所以成之理之研究。又由各事之相對的獨立性，而我們要成就任一新事，便皆依於一新的緣會之成立，以爲此新事所以成之理。由此而任一新事，皆有一積極的，特殊獨特的，所以成此事之理。此卽爲一種具體之理。這與數理名理之爲抽象的不同，與空理之爲消極的不同。但事理之爲具體之理，又與性理社會文理之爲具體之理亦不同。其不同在：性理爲普遍的，形而上的。而事理爲特殊的，形而下的。社會文理乃人與人諸事之會合所顯，而事理則可分別直就一人一事之所以成上說。又一新事所以成之理中，包含其其所承之諸事之先在。故無先在之事，新事亦卽無可成之理。無所承之事，則無續之之事。此本身爲一必然之事理。故所承之事尙未有時，則成新事之理，亦卽可說不存在。成新事之理，乃隨事之不斷發生，而亦不斷創出，此之謂事理之創生性。我們對物對人，因知他在與他物他人發生關係時，將表現某作用，某活動，將助成某事之發生，便都可說他自始具有可能表現某作用某活動之性或理。在名理之論中，論理與理之同異關係時，此理與理之同異關係，是我們所冷靜的了解的對象，此理本身是無所謂創生性的。至於佛家之所謂空理之顯，則可使一妄執被破除，一執障煩惱不存在，則此理有還滅性。至於社會人倫間之文理，則我們說他是人對人有事之所成，則社會文理亦必將隨事之不斷發生而日富。但是一社會文理，在未由人與人間之事而成時，尅就其爲理而論，仍可在人心之理想中存在。縱然人實際上未想到，仍是人之心可能想到的，因而可說是原具於此心之性中的。只有實際上的成事之理，是隨事之不斷發生，而不斷創出而具創生性的。此是事理之所以爲事理之特殊性之所在。

其次，我們還可從我們求知各種理之目的，去分辨事理與他種理之不同。我們可說求知物理，恒是要使我們對物之觀念與外物之理符合而避錯求正，進而求制物用物，而捨害得利。求知名理，恒是要看我們之意念中，理與理之同異等關係，而會同別異。求知空理，恒是要掃蕩我們之意念中之妄執，而息妄顯眞。求知性理，恒是要成就我們之當有的存心，行爲與人格，而存誠去僞。求知社會文理，恒是要使社會之文理燦然，而撥亂反治。而求知事理，則或是要思一事所以成之歷史的原因，或是爲要完成我們所要作之事。在我們要完成我們所要作之某事時，我們恒須觀其他人物之他事，對我所要作之事配合與否之關係。配合謂之順，不配合則不相干或逆。由是而又恒須作一手段事，以避逆就順，求成去敗。而此卽吾人之論史事，所以必歸於論其順逆之勢成敗之機之故也。

中國由明末至淸之思想家，最能了解事理之所以爲事理者，莫如王船山。依於上所謂事理之本性，論事理必重分別論。論事理必重論事之承續關係，事之順逆成敗之故。船山最能兼擅此三者，而又能本仁義禮智等性理，以義斷史事之是非。其所最喜論之無器則無道，無氣則無理，捨事無以見理，正是指出事之必承事而生之事理。人先無製車之事，則不能有乘車之事，亦不能有乘車之道。這是可以說的。以至說如天地無生人之事，則亦無人所作之事，因而亦無人之作事之道，亦復可說。由此而言，則人只當卽事論道，卽事窮理，而亦不能立理以限事。夫然，而後人可以如事之爲事以論事，如史之爲史以論史也。

但船山此類話，亦只是在從歷史之觀點或事之觀點看理，而後能立。如純從物理之觀點看，則某物雖未有某事，亦可說物已有一能助成或破壞某事之理。車可乘人，水可乘船，而火不可乘。此差別非由於乘之者，而由車水火之各具不同之物理。則說未有人乘之事時，車水火所具之物理自在，未有車水火時，天地能生車水火之理自在。仍未嘗不可。因而天地未有生人之事時，說天地已有能生人之理，已有能生「具何種生理心理之人」之理，已有能生「行何道之人」之理，亦是可說。至於尅就人之性理言，則人未作成聖成賢之事時，我們仍可說人有當成聖成賢

景印香港新亞研究所《新亞學報》（第一至三十卷）

之性理。如人不先具此性理，我們如何能以此責諸他人與自己？故尅就性理對盡性的修養之事而言，畢竟是理先事後，由此而可說理先氣後。此即朱子之論所由生。（詳論見舊作朱子理先氣後義疏釋載歷史與文化第一二期）自明代曹月川羅整庵至王船山及清儒，凡欲在性理範圍內駁朱子此義，實皆駁不倒。復次，在社會文理上看，則在人去成就某種社會文理的事尚未有時，此文理仍可先在社會改造家或理想主義者之心中存在，而先爲一理想。人常是先有此理想，而後有逐漸實現此理想於社會之行事。尅就此處之理想與事實之關係說，仍是理先於事。至於佛家所講之空理，前說乃能空妄執之理。妄執之事空處，卽空理顯處。此正是理顯於妄執之事之無。卽在妄執未空時，我們仍可說其有必空之理。此亦是事未有而理已先具。如人誤繩爲蛇時，人在事上，尚不知此蛇實無有而爲空，然在理上看，則此蛇已爲無。在此，人如果說人必先覺有蛇，然後覺此蛇爲無，此固可說。但此便仍是從事上看事之先後的話。這仍是說的歷史，說的事理，而非說妄執本空之理。讀者可一思便知。至於從名理上說，則名理可根本與事無關。名理之論，皆可超具體之實事，而只論吾人意中之理。依名理而人可論及實事尚未有之未來世界。因而理可離事而說。此前所已論及。名理之論之可離事而說，是講事理者亦無法否認的。譬如講事理者，說事必承事而生，此是事理。但此事必承事而生之理，不只可應用於過去及現在已有之世界，而且可應用於未來之世界。講事理者，仍恒須謂百年後之世界中，事仍必承事而生。百年後之世界中之事，明明現在尚未有，然我們已可依名理而以意斷其中之事必承事而生了。則此本身卽已成了一離事之理。漫至理不離事之本身，亦還是一理。此理可以說是理之理，亦可說是事之理。但從名理看，此理不離事之理，便仍可離一一已有之特殊之事，而說及今尚未有之未來之事，說及今尚未顯之理。由此而「理不離事」一理本身，卽離了事。此雖似一弔詭。但純從名理上看，則爲必至之論。從名理上看，理之概念，與事之概念不同。則理總是可離事而說的，「理不離事」如當作理來看，亦是可離事而說的。

由上所說，故知船山之離器無道離事無理之言，實唯在純從事理立場去看，一具體特殊之事之所以成事之理，然後能立。過此以往，並不必能成立。然而船山能眞知事理之重要，而廣論事理。此已是中國明末思想界中了不得事。我們亦不必多在理上，加以批評了。

王船山以後，清儒如顏習齋，李剛主，戴東原，焦里堂，章實齋等皆喜言理不離氣，道不離器，理不離事。然皆不如船山之所言之善。此一方由他們所論事之種類之多，論歷史之事之相承相續，得失順逆成敗興亡之故，不及船山之博而能精。一方由他們皆不能如船山之復能深研性理，以義斷史事之是非。不以義斷是非而論事理，罕不流於只重順逆成敗之功利之論，亦罕不流於爲考證而考證者。人必須由知性理以達天理，乃能知統攝宇宙人生之大理。忽性理而重事理者，恒因見事與事之相互之獨立性，乃歸於重分理，而忽總持性條貫性之大理。此即淸儒諸家學術之弊所由生。今試姑就戴東原之論性理之言，一析其義，以見其言之實無當於性理天理，而恒只是事理，亦不足以概中國先哲所謂理之全。此外諸家之缺點，則只略於後文提及而已。

戴氏之言性理，多見於其原善及孟子字義疏證二書，今略撮錄人所喜徵引之數段如下，加以評述，以證方才所說。

「生生者化之原，生生而條理者化之流。生生者，仁乎。生生而條理者，禮與義乎。何謂禮？條理之秩然有序其著也。何謂義？條理之截然不可亂其著也。（原善上）

人之生也，莫病無以遂其生。欲遂其生，亦遂人之生，仁也。欲遂其生，至於戕賊人之生而不顧，不仁也。不仁實始於欲遂其生之心，使其無此欲，必無不仁矣。然使其無欲，則於天下之人，生道窮蹙，亦將漠然視之。己不必遂其生而遂人之生，無是情也……私生於欲之失，蔽生於知之失。……聖人治天下，體民之情，遂民之欲而王道備。（疏證卷上）

欲之失爲私。……情之失爲偏。……知之失爲蔽。不私則其欲皆仁也，皆禮義也。不偏，則其情必和易而平恕也，不蔽，則其知乃所謂聰明聖智也。（疏證卷下）

耳目口鼻之官，臣道也。心之官，君道也。臣效其能，而君正其可否。理義非他，可否之而當，是謂理義。然又非心出一意以可否之也。若心出一意以可否之，何異强制之乎（疏證上）

此上所引第一節說，生生卽仁生生而條理者卽禮義，宋明儒者亦有類似之言。但是他們大皆是透過人之性理去看天理，然後如此說。如只依人之血氣心知一直向外去察看自然之變化生生之現象，則此中未必眞可說有仁有義。卽在人類社會上說，人人之得遂其欲達其情，以至在達情遂欲時，亦無只達我一人之情遂我一人之欲之私意，是否卽算實現了仁義禮，亦是一問題。因仁義之所以爲仁義，不只有消極的無私無蔽之意，而另有積極的意義。譬如仁之一積極意義，是在承認他人情欲之當由我助之達，助之遂。因而對人之情欲之未達，生一不忍之心，表一關切之情。此方是依性理而生之情。但是此理此情，與他人或自己之飲食男女之欲隱曲之情，並不屬於一類亦不在同一之層次。說人之欲生惡死是欲，欲他人之順其欲生惡死之欲，亦是欲，固可說。但此畢竟是二類而在上下二層次之欲。只從我之欲生惡死之欲，不會使我殺生成仁。而爲求天下人之得其生，則可使我殺身成仁。卽明見二種欲之功效不同，作用不同。殺生成仁所足之欲，乃甚於生者，而唯是求慊足此仁心之欲，而盡此心之仁性之欲。亦卽能超自然生命以上之欲。在此，依超自然生命之欲而「別出一意」，以對自然生命之欲施以主宰強制之功，正是斷然無可免者。若然則謂此殺身成仁之欲，不是一般之欲，而謂之爲出於理而不出欲者，並不算錯。宋明儒之分天理人欲之說，亦卽分性理與一般之心理生理物理之別，這正是有見於性理之眞者所必至之論。

戴東原之要泯除宋明儒人欲天理之分，除了由於他不能依名理而辨欲生欲義之分，亦不知性理之眞外；其唯一所持而似有力之理由，是「不思遂一己之欲，而思遂天下人之欲無是情也」。但是這並不證明思遂天下人之欲，只是思遂己之欲之直接的延展。因爲思遂己之欲發展下去，正可不思遂天下人之欲而流於私。此「私」不是由外來限制我們之擴大遂己之欲爲遂人之欲者，却正是只思遂己之欲之情之所必至。要擴大遂自己之欲爲兼遂人之欲，必須有一精神上的轉折。卽人必順超越於自己之私欲以上，去平觀自己與他人之欲，而生一俱加以成就之情意。而此轉折之所以可能，則只有根於人有能超越自己之欲，以俱成人我之欲之性理。否則人無論如何亦不會有此轉折。誠然，人如從來未嘗思遂己之欲，則亦不會轉折出遂天下之欲之心。但是此所證者，只是自己之感有欲，是欲足人之欲之必須的先行條件。卽人如未嘗先有有欲之事，自足其欲之「事」，則人不會有欲足他人之欲等「事」。後一事之成，必待前一事之曾爲已成。而此所說的，只是一人之事之在後者，待先者之有而後有之歷史的秩序。此自是對的。但此正只是事理。然由一事之待另一先行之事而有，遂謂其同出於一欲一性，則悖於名理。因此二事，明是不同之事，前事只爲後事之緣，而非後事之因。此中前事後事，各表現人之不同的心理動機，而有不同之功效作用。一可只歸於自私自利，一則可歸於殺生成仁。而此二種歸宿，則正是相反而相滅。如何可謂其同出於一欲一性？

當然在此，人可以問：人旣一方有遂己之欲之心，又有遂人之欲之心，此二心理動機同屬於一人，則姑無論其如何在一情形下，可相衝突而相反相滅。然人之最高理想，仍當是兼全己之身而又能行仁義之道。則此二者，仍當有一本源上的統一，而當發自某一相同之根。這問題，亦是合法的。但是我們可以說，此問只能在已承認此二者之爲異類或不同層次之心理動機才能問。此問是要求知層次不同，而相異類並可相反的二種心理動機之究竟的形而上的根。這不是尙未見及此二者之眞不同，而想泯天理人欲之對反的戴東原，所配問的。這個形而上的根，我們可以答復說，這只能在宋明理學家所謂「卽人之性理卽天理」之理那裏。絕對不在由人之自然的生理物理而發出之情欲那裏。個人之情欲本身，只是此卽性理卽天理之根，倒栽其枝葉之所在。這個道理，必須眞對宋明理學有大工夫者，才能明白。本文不加討論。

除戴氏以外，如焦循之論語通釋及論易學之書，以通情釋仁釋理釋道，亦頗有精當之論。仁者當然要與人通情，人亦必與人通情，然後成倫理文理而顯道。但是通情可只是說，我順他人之發生某情之事，遂亦有發生某情之事；亦可是只爲成就人己之各種事——因如我先無與人通情之事，則不能助成人之事，亦不能成就一切社會文化之事業——這樣便仍只是講的事有先後本末之理，而不必是講宋明理學中之性理。須知人心之性理之爲性理，恒不只在其能直接顯爲通情之事，而在其能去除使我們不能通情之各種意氣習見私欲，而使去通情之事爲可能。性理之顯於人心，則見於人之自覺的成就此通情之事，同時自覺此所通之情，在此心之所涵蓋包復之下。故此性理，恒必在人心能自覺的施主宰之功於自己，並主宰其所作之事業而後見。捨自覺的主宰之義，而論通情，則人我之通情，卽必平鋪爲一我所作之事與他人之事的相與順成之關係。人我之事之相與順成，可同時成就一社會之文理。然未必卽足語於性理。至於章實齋之學，乃是史學。彼喜言古人不離事而言理，而亦未嘗詳論理何以不能離事不當離事之故。不如戴焦之尙能言之。其所謂古人不離事言理，不過述一歷史事實，不足爲後人不能離事言理之理由。亦非理不離事之理由也。今更可不必多及。

（七）

我們在上文將中國思想史各主要時代所重之理，分別加以辨別。這當然不是說各時代之人只分別講某一種理。一思想家通常都是可以同時多少論及各種理的。在近百年西方科學哲學輸入中國以後，形數之學自然科學與哲學中之宇宙論，所論者皆可謂屬於廣義之物理。社會科學，則主要在論人與人發生關係時所成之文理。邏輯知識論與哲學中之某種本體論，皆可說爲廣義的名理之論。而一切西方哲學中之批判論辨證論，重在破而不重立者，皆類乎佛家之言空理之論。康德所開之道德形上學與菲希特黑格耳之精神的形上學，皆意在明性理而及於天理。歷史學與歷史哲學所論者爲事理。此各種理之所以爲理，斷然不同其性質，而不容加以混淆。一人之著作，縱雜錯諸種理而論之，亦莫不可一一加以辨析。而思想史之爭辯，其由於所論之理原爲異類，因相誤解而生者，亦將可由辨析其類別而解紛息訟。此容改日再另爲文舉例以明之。至於此各種理之何以同稱爲一，又如何可會通爲一，則是另一純哲學之問題。加以論列，亦未必有助於思想史之了解。但是我可再替讀者想一問題，而加以答復，或對此問題多少有一點啓發作用。

卽讀者可以問，我講了中國思想史上之六種理，而寫成此文，究竟我之此文，主要在顯示那種理？我可答復，我之辨六種理之不同，當是一種名理之論。然我之論中國思想史中各時代所重之理之先後之序時，我亦多少提及後一時代人之所以談某種理，如何由前一時代人所談之理演變而來。如謂由先秦之論名實形名，而有魏晉之名理之論，謂佛學家之用玄學家之名詞，宋明理學之後於佛學而異於佛學，淸儒之思想之由反宋明儒而生。此是論學術歷史之事。此便是論事理。但是我之此文中，又有許多批評淸儒的話。這些話只是要破除一些我所認爲錯誤的一切意見，這些話便只有消極的去妄之價值，而只有間接顯眞之價值。如人之這些錯誤的意見取消，則我此文中這些文字，亦可燒掉。此便亦可說近似佛家之遮撥之論。至於我之寫此文，亦可說是想對於各種理，俱承認其一地位，不忍加以抹殺。我是因覺淸人之駁宋儒，是據另一種理來打倒宋儒所見之理，此便不公平。則我之寫此文，亦多多少少依於仁義之心。此便是本于天所賦於我之性理。我之此文，如寫成而有入讀，則我之此文之理，不僅存於我心，亦可存於他人之心。而讀者與作者之關係，亦可說是一種人倫關係。以文會友，亦卽構成一社會文理。至於印刷機之能印刷我之文章，則是物理。又我還有好多意思想寫，但是此文已太長，讀者必已看得疲倦，而我亦寫疲倦了，此是由我們人類之生理心理之限制。這亦是本文所謂廣義的物理。

這樣看來，我之此文之寫成，其中卽同時具了六種理，然而我之此文，只是一篇整個的文章，我是一整個的人。可見此六種理，在實際上總可關連統一起來的。誰關連統一之？如何關連統一之？這當然是一極難答的問題，但是無論我們能答不能答，但由此例證，其能關連統一起來，總是一事實。這事實之成，不能莫有一道理。我們只要暫時知道其中必有一道理，亦就可以有一暫時之答案了。

易事理學序論

劉百閔

一、

易究竟是什麼一種學術？

古代中國儒學術，一向稱六藝。六藝有前六藝後六藝；前六藝爲禮、樂、射、御、書、數，後六藝爲易、書、詩、禮、樂、春秋。前六藝，由現代語說起來，是六種術科；而後六藝，則是六種學科。前六藝有禮樂，後六藝亦有禮樂。但前六藝的禮樂，禮是禮儀禮容底禮，樂是樂聲樂舞底樂；而後六藝的禮樂，則是講禮樂本原底禮學和樂學（1）。所以，前六藝是術科，後六藝是學科。而易則是後六藝的一種。我們看漢書儒林傳：

古之儒者，博學乎六藝之文。六學者，王敎之典籍，以明天道正人倫，致至治之成法也。

那六藝亦稱六學，而易則是六學之一。

中國古代學術，到了孔子，删詩書，定禮樂，傳易，修春秋，經過一番整理，算是中國古代學術底一大結集，成爲後六藝；統括了古代中國的一切學術。從此以後，古代中國的學人，講學術，都折衷於六藝。莊子說：

詩以道志，書以道事，禮以道行，樂以道和，易以道陰陽，春秋以道名分。（莊子天下篇）

這對於六藝的學術性質，作了一個分析。這以後，荀子、淮南子、禮記、春秋繁露、史記漢書，都有分析，大同而小異，這裏不具徵引。無論怎樣說法：「易以道陰陽」；「易以道化」（2）；「絜靜精微，易敎也」（3）；「清明條遠者，易之義也」（4）；「易春秋明其知」（5）；「易著天地陰陽四時五行，故長於變」（6）；其說約盡於此。但易究竟是什麽一種學術？我們還是不能明瞭。而易在六藝或六學中，究竟佔着怎樣一個學術地位？我們還是不能分個淸楚。

漢書藝文志六藝略：

六藝之文——樂以和神，仁之表也；詩以正言，義之用也；禮以明體，明者著見，故無訓也；書以廣聽，知之術也；春秋以斷事，信之符也：五者蓋五常之道，相須而備；而易爲之原。故曰，「易不可見，則乾坤或幾乎息矣」；言與天地爲終始也。至於五學，世有變改，猶五行之更用事焉。

這是以五學原乎易，亦就是說，以易爲普遍科學，——哲學。魏晉人以易爲三玄之一，亦是把它當哲學看。近代人還是把它當哲學看，講中國古代哲學思想，易自然是一本最古老的經典。西洋人還是把它當哲學看，萊白尼兹 Gottifried Wilhelm Leibniz 看到八卦和六十四卦，認爲這是一些哲學思想底符號（7）。但是，大家都知道，易原來是卜筮之書。卜和筮是古代人和神發生精神交感和反應底兩種工具。古代人日常行事，發生困難或疑慮，自己不能解决，於是通過龜卜或蓍筮以就教於神，大事問神，小事亦問神。易從夏易——連山（8）商易——歸藏（9）以至於周易，除了卦象和爻象以外，我們現在所傳底周易，還有卦辭和爻辭，這些都是周易的本文，亦叫經文。這些經文，似乎都是神的啓示，「可小事，不可大事」；「小事吉」；「或從王事」；「不事王侯」；「益之用凶事」；「不永所事」；都是對於人的日常行事底一種指示；此外，再也嗅不出一點哲學的氣味。

小戴禮記大學一篇，提出了「物」和「事」這兩件東西；放在人類前面底東西，就是萬物和萬事。萬物究竟是些什麽東西？我們究竟怎樣了解它們？利用它們？從這方面向前發展成爲自然科學，我們亦可通稱爲物理學。萬事究竟是些什麽情形，我們究竟怎樣處理它們？解決它們？從這方面向前發展成爲人文科學，我們亦可通稱爲事理學。梁啓超曾經說道：『西洋人注重人同物的關係，所以物理學很發達；中國人注重人同人的關係，所以事理學很發達』（10）。他亦提出了物和事底兩種學問。和普遍科學對立底科學，是特殊科學；而物理學和事理學，都是特殊科學。

從來論六藝的學術性質，總覺得恍惚迷離，觀念不清。近人馬浮在他的復性書院學規「博文爲立事之要」一條下，論六藝的學術性質，却有了把柄。他說：

天下之事，莫非六藝之文；明乎六藝之文者，斯可以應天下之事矣。

此義云何？詩以道志而主言，在心爲志，發言爲詩；凡以達哀樂之感，類萬物之情，而出以至誠惻怛，不爲膚泛僞飾之辭，皆詩之事也。書以道事；事之大者，經綸一國之政，推之天下，凡施於有政，本諸身加諸庶民者，皆書之事也。禮以道行；凡人倫日用之間，履之不失其序不違其節者，皆禮之事也。樂以道和；凡聲音相感，心志相通，足以盡歡忻鼓舞之用，而不流於過者，皆樂之事也。易以道陰陽；凡萬象森羅，觀其消息盈虛變化流行之迹，皆易之事也。春秋以道名分；凡人倫之羣紀，大經大法，至於一名一器，皆有分際，無相陵越，無相紊亂，各就其列，各嚴其序，各止其所，各得其正，皆春秋之事也。

天下萬事萬物之粲然並陳者，莫非文也。凡言事者，非一材一藝一偏一曲之謂；自入孝出弟，愛衆親仁，立身行己，遇人接物，至於齊家治國平天下，開物成務，體國經野，大之禮樂刑政之本，小之名物度數之微，凡所以爲因革損益裁成輔相之道者，莫非事也。

照他這樣說法，那是「六藝皆事也」。 章學誠「六經皆史也」底說法，是不夠的。史是指過去的事迹而言；事是指亘過去現在未來底一切事而言。「前事之不忘，後事之師也」。就是說，事有前事，有後事。「欲學爲史，視已成事」。就是說，事有已成事和未成事。他對六經的學術性質底分析，提出「事」這一個總概念，授與學者以一個大把柄，這是他的大手段。 但書之事，詩之事，禮之事，樂之事，春秋之事，不外是入孝出弟，愛衆親仁，立身行己，遇人接物，至於齊家治國平天下，開物成務，體國經野，大之禮樂刑政之本，小之名物度數之微」底天下的萬事萬物；而易之事，則是就萬象森羅，以觀其消息盈虛變化流行之迹，而爲書、詩、禮、樂、春秋五學之原，以成其事理學。 班固的話，「易爲之原」，就在這裏討出消息和端倪。

孔德 Auguste Comte 把人類知識的進展，分爲三個階段，即是：1宗教的，2形而上學的，3實證的，三個階段。（12）我對於易學，就有同樣的看法。 班固說，「易道深矣！人更三聖，世歷三古」。（13）亦是說，易學的進展，經過三個階段。 伏羲畫出陰--和陽一兩畫，朱子看來，檢直和杯珓一樣，一仆一仰，仆轉的就是陽，仰轉的就是陰，陽爲吉，陰爲凶；這是易底宗敎的階段。 後來文王作卦辭，周公作爻辭，朱子看來，亦和火珠林一類卜筮之書，只似靈棊課模樣，（14）還是易底宗敎的階段。 後來孔子作十翼，或且說，後來的人作出彖傳，象傳、繫、辭傳、說卦傳、序卦傳、文言傳、雜卦傳來，便不復是卜筮之書，而是從宗敎的進到了形而上學的和實證的階段。如果說，書、詩、禮、樂、春秋五學，照現在的學術分類來說，在特殊科學中是實在科學的一邊，而易則是理論科學的一邊。 這理論科學是「事」底理論科學，亦就是「事理學」。

和普遍科學相對立的特殊科學，有自然科學，如物理學生物學等是 ；有精神科學 Mental Sc. 亦稱人文科學

Cultural Sc. 如政治、經濟、社會、宗教、語言、文化等學都是，這些科學，是人類精神能力底產物。人類日常生活，差不多「須臾不可離」底生活，便是事；而人類精神能力銷耗得最大的生活，最傷腦筋的生活，亦就是事。事底概念，在人類社會早就被認識而且早就完成認識底一個概念。　中國古代經典，書和易是同樣一部最古老的經典。我們看堯典帝堯所提出底「詢事考言」，卽以事爲其討論對象；皐陶謨皐陶所頌揚底「政事懋哉」，亦以事爲其注意對象；高宗肜日祖己所提出底「惟先格王正厥事」，洪範箕子對周武王所提出底「敬用五事」，都是以事爲其思考對象。　其他，如詩十月之交「擇三有事」，禮記禮器「故作大事」，樂記「事，蚤濟也」。春秋左氏文七年傳「正德、利用、厚生，謂之三事」，都是以事爲其動腦筋底對象。　而易則以事底概念爲其專門的研究和思考之對象；它有理論，有體系，而它則以事爲其理論體系底對象。

二、

易祗有兩種東西，一種是象，一種是辭。象是八卦六十四卦三百八十四爻，是一些沒有文字底圖案畫；辭是卦辭爻辭以及十翼或十傳等文辭，是一些圖案畫底說明書。這八卦六十四卦三百八十四爻底象底圖案畫，是萬事萬物底象底圖案畫，等到後來的作易者，在它們底下，繫上卦辭和爻辭，然後有文字的說明；等到後來的作易者，作出十翼或十傳，然後以事爲其研究對象之易，有了它的理論和它的體系。　我們單看卦辭和爻辭以及十翼或十傳等文辭，亦就可以知道易的辭，在其以事爲其專門的研究對象，是有它的發展過程的。　我們且看，易在卦辭上所見到底事：

可小事不可大事也。（小過）

小事吉。（睽）

史在結繩時代，祇是大事結大繩，小事結小繩。而易在卦辭上所見到底事，亦祇是大事和小事底兩個觀念。

我們再看易在爻辭上所見到底事：

或從王事，无成有終。（坤六二）

或從王事，无成。（訟六三）

已事遄往，无咎。（損初九）

不事王侯，高尚其事。（蠱上九）

益之用凶事。（益六二）

不求所事。（訟初六）

王事是大事；已事就是祀事（已，祀古文省），祀事亦是大事。　左氏昭廿五年傳「爲政事，庸力行務」。注「在君爲政，在臣爲事」。作爻辭的人說，做臣子底人，應該庸力行務，始終其事，而不以成功自居。祭祀的事，快去是不會有錯的；所以，他在損初九說，「祀事遄（速也）往，无咎」。　序卦傳「蠱，事也」。我們看蠱卦爻辭，初六、九二、九三、六四、六五、都是說，「幹父之蠱，有子，考无咎」，以及「裕父之蠱」，「幹母之蠱」，完全是家事；就是蠱上九的「不事王侯，高尚其事」，亦說上九這樣的人，年老事終，應該可以退休在家，說底還是家事。作爻辭的人說，有吉事，亦有凶事，吉事和凶事，是相反而相成的；所以說，「益之用凶事」。作爻辭的人又說，打官司是不必打到底的；所以，他在訟初六說，「不永所事」。

爻辭對於「事」這個概念底分析，就不很簡單了。 彖傳和象傳，是卦辭和爻辭的說明，且看彖傳：

說而麗乎明，柔進而上行，得中而應乎剛，是以小事吉。 天地睽而其事同也，男女睽而其志通也，萬物睽而其事類也。（睽彖傳）

剛失位而不中，是以不可大事也。（小過彖傳）

且看大象傳：

君子以作事謀始。（訟大象傳）

君子以常德行習教事。（坎大象傳）

君子以申命行事。（巽大象傳）

再看小象傳：

或從王事，知光大也。（坤六二）

不永所事，訟不可長也。（訟初六）

不事王侯，志可則也。（蠱上九）

畜臣妾吉，不可大事也。（遯九三）

已事遄往，尚合志也。（損初九）

元吉无咎，不可厚事也。（益初九）

其事在中，大无喪也。（震六五）

豐其沛，不可大事也。（豐九三）

彖傳和象傳，顯然是卦辭和爻辭底說明。爲什麽可小事不可大事？爲什麽要不永所事？爲什麽祀事要速往？似乎作卦辭和作爻辭底人，本來都有「作例」，不是隨便寫上去的；而彖傳和象傳都根據作例，爲之解釋，如：「柔進而上行，得中而應乎剛」；「剛失位而不中」；所謂「得中」，「不中」，「失位」，都是作例；這以下再詳細說。 但在這裏我們要知道：易底卦辭和爻辭，和火珠林一類卜筮之書相比，是有它的不同底所在。 易底卦辭和爻辭，是有它們的作例的；猶如孔子修春秋，已修春秋有它的凡例，未修春秋亦就早有五十凡例之作（15）；五十凡例雖不一定是周公所作，但魯史春秋，晉史乘，楚史檮杌，都應該有它們的作例，這是不成問題的。 我們讀繫辭傳：

易之興也，其於中古乎！作易者，其有憂患乎！

易之興也，其當殷之末世周之盛德邪！當文王與紂之事邪！是故其辭危，——危者使平，易者使傾；其道甚大，百物不廢，懼以終始，其要无咎；此之謂易之道也。

繫辭傳作者在這裏告訴我們，易到了周易，已經從宗教的易，進到了形而上學的易；從形而上學的易，進到了實證的易。 他說，「易之興也，其當殷之末世周之盛德邪！當文王與紂之事邪！是故其辭危。他確定易辭是文王之作，是文王與紂相處極人世間危疑震撼之事，是文王從末世中憂患中所實際經歷實在體驗而得之辭 ； 而易就在這末世憂患中長成，故其書是憂患之書，其辭是危懼之辭。這不是宗教的，不是形而上的，而是實證的 。 海德格 Heidegger, 的存在哲學 P. of Existence 以自我有着向死亡底存在，故其心境實包含一種顧慮與懼怕。而實際界的事物，都是一些可顧慮的和可懼怕的對象。自我就藉着這顧慮和懼怕，與實際界的事物發生關係，而成爲溝通實際界的事物之主要的精神作用（16）作易者之「有憂患」與「其辭危」，是和海德格的存在哲學同其心境。

所以周易之辭，自非徒然之作，而必有其作例。而這作例，非經彖傳和象傳加以解釋，後世是不能明白的。故易乃不復爲火珠林一類之書，而成其爲事理之學。

我們再看繫辭傳對於事這個概念底闡明，又更進了一大步；於是，易遂成其爲特殊的實在的事底理論之學。它首先說：

通變之謂事。

這是易家對於事這個概念所下底特殊的專門的定義。什麽是變？又什麽是通？ 它又說：

一闔一闢謂之變。

往來不窮謂之通。

懂得一闔一闢底道理，那就懂得變；懂得往來不窮底道理，亦就懂得通；懂得變和通底道理，那纔懂得易底所謂事。

事在易底上面所抽象出來底概念，不同於說文底事——事，職也，（職，識也）；不同於爾雅底事——事，勤也；不同於小爾雅底事——事，力也；亦不同於釋名底事——事，傳也，傳，立也。而是在易事理學上形成了專門的特殊的一個概念，一個專用的學術名詞，就是說，通變之謂事。

繫辭傳又說：

易窮則變，變則通，通則久。

這就是說，易底大用，就是變和通。到那裏去找變？它說，「剛柔相推，變在其中矣」。剛柔相推就是變。到那裏去找通？它又說，「天地交而萬物通也」。（17）天地（上下）相交就是通。繫辭傳又說．

化而裁之存乎變。

推而行之存乎通。

這就是，變底功用，是化而裁之；通底功用，是推而行之。能化而裁之，就是能變；能推而行之，就是能通。到了化而裁之和推而行之底變和通，——變是能事，通是能事，化而裁之是能事，推是行之是能事；易家就說．「天下之能事畢矣」。天下有幾許能事？祇要能化而裁之和推而行之底變和通，就是能夠把握到「天下之能事」底一個大事業家。易家說：「舉而措之天下之民，謂之事業」。這纔是易事理學上的所謂事業。

易家在其事理學上，一般用「事」這個名詞以外，有時用「業」這個名詞，有時聯用「事」和「業」兩名詞。在繫辭傳上所見到的：

可大則賢人之業。

聖人以通天下之志，以定天下之業。

夫易，聖人所以崇德而廣業也。

易家有時夸張這個業，稱爲大業：

盛德大業，至矣哉！

吉凶生大業。

富有之謂大業。

功業見乎變。

易家有時亦稱功業：

事和業這兩個字，形聲不同而義同，——事，業也；業，事也。 方塊形的有組織的中國字，每一個字，常是一個概念。 概念是表現事物底實際的特性；因此，概念底內容，可能相符於實在的事物。從文字學上來看事這一個普遍概念：說文，「事，職也；從史之省聲」。段玉裁說文解字注(18)，「事，職也；叠韻。職，記微也」。王筠說文解字句讀（19）：『耳部職，記微也；知職爲記識之識之本字，事字不須說，故以叠韻說之。且部首說曰，「記事」，而事卽從史，故說之曰職。易曰，「君子以多識前言往行以畜其德」。卽此意也。』 照上所說，文字學者對於事這個偏念底認識，是意味着記識底記憶作用(Memory)。人類對於事物認識底發展，先有感覺作用(Sensation)次有記憶作用，其次爲理解作用（Apprehension）和感情作用（Feeling）。 而文字學者對於「事」這個概念底構成，則偏重於記憶作用。易家亦說一個君子，要多識前言和往行；就是這個說法。 而「業」這個概念，說文解字：

業，大版也；所以飾縣鼓，捷業如鋸齒，以白畫之，象其鉏鋙相承也。從丵，從巾，巾象版。

段玉裁說文解字注：

事，大版也；所以設栒爲縣也，捷業如鋸齒。

景印香港新亞研究所《新亞學報》（第一至三十卷）

或曰，畫之植者爲虡，橫者爲栒。大雅箋云，虡者，栒也；所以縣鐘鼓也，設大版於上，刻畫以爲飾。

按：栒以縣鐘鼓，業以覆栒爲飾，其形刻之捷業然如鋸齒；又以白畫之，分明可觀；故此大版名曰業。

照王氏這個說法，概念是事物底一個眞正的像，業這個字底構成，版上之刻，「齟齬相承」，是象徵着事象底矛盾性（Contradiction）；而以白畫之，分明可觀」，則又是象徵着事象底明顯性 Evidence 。 孔廣居說文疑疑（20）：

業，事業也。

從丵，從木省。丵，叢生草也；木，木之根本也。 事之頭緒雖多，總不離乎一本；必務其本，然後業可成也。

古文業，從二𢆉，從二火。𢆉，古文辛，艱辛也。 火炎上，作苦者也。 習業，刱業，皆當備嘗勞苦艱辛也。 事業雖成而易敗，故業有危懼義。 執業當强毅果敢，故業業又訓壯健皃。

孔氏這一個說法，充分說明業這個字底概念，是象徵着叢生的草，一定是有它的根本的。事之頭緒雖多，亦一定是有它的根本的。 一切存在，一定有存在底由來；任何變化，任何運動和發展，一定要尋出它的主動者。這就是丵底木。 這些說法，都是從人類對於事物底認識作用，就其理解作用而說的。

易家有時亦用「故」字：

明於憂患與故。（繫辭傳）

知幽明之故。

明於天之道而察於民之故。

這故字，說文說：「故，使爲之也；從攴古聲」。段注：「故，使爲之也；今俗云原故是也。凡爲之必有使之者。」朱駿聲說文通訓定聲（21）：「故，使爲之也；从攴古聲。墨子經，『故，所得而後成也』。這故字，還是說人類對於事物底認識作用，就其理解作用的根據而說的，引申爲理解事物底原故。

易家時常用「物」字替代事字：

君子以稱物平施。（象上傳）

君子以言有物而行有恒。（象下傳）

坤作成物。（繫辭上傳）

六爻相雜，惟其時物也。（繫辭下傳）

爻有等，故曰物；物相雜，故曰文。

若夫雜物撰德。

物就是事，事就是物，經籍所見極多，這裏不具徵引。 這裏單就「物」這一個字在事理學上是象徵着什麽一種意義，且看清張文虎舒藝堂隨筆論說文（22）：

物，猶事也。部首釋牛字云，侔事理也；則物字從牛之義可知。牛部，牛，大牲也。牛，件也；件，事理也。嚴（23）據集韻韻會尤韻侔字皆云，「侔或作件」，謂件當作侔。 侔，齊等也。牛，畜之大者。郊特牲春秋屢書郊牛，禮之大者。民以食爲天；牛資農耕，事之大者。

凡事理皆先其大者，而後以次差等之；故云「倅事理也」。

這說得很有趣，說明了物這個字，在事理學上，是象徵着：事，在其事理上，是有其次第性（Graduation）和秩序性（Order）的。

易家有時亦用「務」字：

夫易，開物成務。（繫辭傳）

唯幾也，故能成天下之務。

廣韻：「事，務也」。如何構成務這個字底概念？說文：「務，趣也；從力敄聲」。段注：「務，趣也；疾走也。務者，言其促疾於事也」。文字學者對於務字這個概念，是着重在動作；動作乃是使一個尙未存在或尙未達成底事物使之達成存在或從速達成存在底要素。所以，「務」這個字在事理學所用和「事」同性質的字彙，是象徵着人類對於事物之認識作用，繼理解作用而發生底感情作用，由於感情作用而發生充滿着感情底動作，而形成了務這個字底概念。

上面所列舉底關於和「事」同性質的字彙，如業，如故，如物，如務，就其在文字學上所構成底概念，而識別其在事理學上所相關底一些意義；這在事理學上底了解，是有帮助的。因爲一個方塊形的中國字，時常是事物底一個眞正的「像」。中國字的作法，有象形的，有象聲的，有象義的。而易的作法，整個地運用了現象論 Phenomenalism 的方法。

三、

科學無一不以現象爲出發點。所謂現象論，就是主張我們對於超意識底事物，本無從認識，所可認識的，祇是它們的現象。所謂現象論方法，就是指明人類對於事物之認識，由於認識所表達出來底表示方式，的確是事物呈現出來底事象。繫辭傳說：

象也者，像此者也。

夫象，聖人有以見天下之賾，而擬諸其形容，象其物宜；是故謂之象。

以制器者尙其象。

極其數，遂定天下之象。

兩儀生四象。

法象莫大乎天地。

懸象著明，莫大乎日月。

天垂象，見吉凶，聖人象之。

易有四象，所以示也。

聖人立象以盡意。

八卦成列，象在其中矣。

這象字，古書多假借爲像字，說文人部曰，「像者，似也；似者，像也」。超意識的眞正的事物，本無從認識；所可認識的，祇是它們的像似。韓非子說得好，「人希見生象也，而得死象之骨，按其圖以想其生也」。（24）這是說明，象祇是像似。所以說，「象也者，像此者也」。 天下事的紛繁，是五光十色的；今天的科學家，亦祇是要把五光十色的事物，用一些簡單的方法，把它們形容出來。 易家解釋易的象，亦祇是說，「聖人有以見天下之賾，而擬諸其形容，象其物宜，是故謂之象」。釋文：「象，擬也」。擬，就是象底意思。

易家看來，遍天地多是象，「在天成象」；「仰則觀象於天，俯則觀法於地」；「法象莫大乎天地」；「懸象著明，莫大乎日月」。天地好像告訴了你，一切都放在你面前，顯現在你面前。 而易亦就是象，「象也者，像此者也」。易底作法，完全是現象論底方法。 兩儀（陰陽）是象，四象（太陽少陽太陰少陰）是象，八卦是象，六十四卦是象，三百八十四爻都是象。它說，「兩儀生四象」；「易有四象，所以示也」； 「八卦成列，象在其中矣」；「聖人設卦觀象」；就是這個意思。而六十四卦，每卦分上下或內外兩卦，謂之大象；三百八十四爻，每卦六爻，爻底分體，謂之小象。

後來，六十四卦加上了卦名，這卦名就是象。一個卦名，卽是一個概念，概念亦是象。所謂「卦者，掛也」。卽謂將事象掛出來顯示給我們看。 後來，六十四卦和三百八十四爻，加上了卦辭，卦辭是象，爻辭亦是象。卦辭亦叫做彖辭，爻辭亦叫做象辭。它說，「彖者，言乎象者也」。「象也者，像也」。「君子觀其象而玩其辭」。就是說，辭亦是象。辭有象有占，象是象，占亦是象。乾初九潛龍勿用，潛龍是乾初九底象，勿用是乾初九底占。占從卜從口，是「斷」 Judgment 底意思。 卦辭爻辭所見底吉、凶、悔、吝、无、咎，都是占，亦都是斷。 繫辭傳說：

吉凶者， 失得之象也；悔吝者，憂虞之象也；變化者，進退之象也；剛柔者，晝夜之象也。

這就是說，占或斷就是象。　判斷要眞實，眞實性（Truth）底精髓，是在乎判斷要與事物相符合，符合（Conformity）就是象。　王弼易略例論象最精闢：

夫象者，出意者也；言者，明象者也。　盡意莫若象，盡象莫若言。　言生乎象，故可尋言以觀象；象生於意，故可尋象以觀意。　意以象盡，象以言著。

故言者，所以明象，得象而忘言；象者，所以存意，得意而忘象。　存言者，非得象者也；存象者，非得意者也。　象生於意，而存象焉；則所存者，乃非其象也。言生於象，而存言焉；則所存者，乃非其言也。

然則忘象者，乃得意者也；忘言者，乃得象者也。爻苟合順，何必坤乃爲牛；義苟在健，何必乾乃爲馬。

王氏指出「言者所以明象，象者所以存意」。　繫辭傳說，「書不盡言，言不盡意」，要說的話，書不能完全說出，要表示的意思，言不能完全表示；　那就要放在象上面，讓象來顯示；　所以說，「立象以盡意」。　這象，邵雍說（25）：

易有意象，立意皆所以明象，統下三者：

有言象，不擬物，而直言以明事；

有像象，擬一物以明意；

有數象，七月、八月、三年、十年之類是也。

朱熹亦說（26）：

易之象，似有三樣——

有本畫自有之象，如奇畫象陽，耦畫象陰是也；

有實取諸物之象，如乾坤六子，以天地雷風之類象之是也；

有只是聖人自取象來明是義者，如「白馬翰如」「載鬼一車」之類是也。

照邵子所說，什麽都是象，「不擬物，直書以明事」，亦是象。照朱子所說，象有「只是聖人自取象來明是義者」，這和程頤以「易之取象，無復有所自來；但如詩之比興，孟子之譬喻而已」底說法（27），有點相同。象是聖人自取象來，是不必有一定的來歷的。其實，朱子卻不是如此說的，他說：

如此，則是說卦之作，爲無所與於易；而近取諸身，遠取諸物」者，亦剩語矣。故疑其說（指程說）亦若有未盡者。

因竊論之，以爲易之取象，故必有所自來；而其爲說，必已具於大卜之官，顧今不可復考，則姑闕之；而其據辭中之象，以求象中之意，便足以爲訓戒而決吉凶。（朱子大全集易取象於物辨）

易之取象，是「必有所自來」的。他又說，「易之有象，其取之有所從，其推之有所用，非苟爲寓言也。」（28）

易之取象，大卜之官，一定別有所記，如今只剩說卦傳及漢易家所傳「逸象」一類，還有點根據。劉師培說：（29）『周易本有象經，今象傳存而象經亡，故易有佚。凡見於左傳國語諸書者，皆象經之佚義也』。張惠言周易鄭氏義舉鄭氏易象，毛奇齡仲氏易亦略引諸家易象二十七則，而方申於虞氏易象外，復輯諸家易象別錄，共得佚象一千四百七十一則；劉師培以爲古象經之文具備於此；可見易之取象，是必有所自來，而不是沒有一定的來歷的。

要之，易底作法，完全用現象論底方法。「看易，若是靠定象去看，便滋味長」。（30）易用兩儀八卦六十四卦等符號，來呈現事物的眞像，「它是假託說，包含說；假託謂不惹着那事，包含是說影像在這裏，無所不包。」（31）懂得「是假託說」，「是說個影像在這裏」，亦就懂得現象論底方法。所以，惠棟以象爲書名，左傳韓宣子適魯見易象，可見古書只名爲「象」。

四、

「聖人設卦觀象」，「聖人立象以盡意，設卦以盡情僞」。卦和象完全是聖人的假設。　在這種假設上面，建立了他們的理論，這好像是一種設如哲學 Als-ob Philosophie （32）。這種哲學，在其自己設如的假定之中，亦會使人們相信他們的思想爲眞，而其實則和事實的存在並不一定符合；實際的事物，並不一定如他們所想。　這種哲學，這種思想，是不見得能把我們人類的思想生活和文化水準提高到多少的。這是對于設如哲學的批評。

此自是一個問題。　但我們應該知道：易本來是卜筮之書，古代人底神的卜筮生活，是要向神「求占」，要想求得對不能加以決定或判斷底事物下一個決定或判斷。　以後，人類從神的卜筮生活，進到了形而上的或實證的哲學和實用的理智生活，亦是要想求得對不能加以決定或判斷底事物下一個決定或判斷而止。　一切決定或判斷，自然都以實在事物爲基礎。　但決定或判斷底種種對象，我們把它們歸納起來，可分爲三種：第一種是實在的事物；實在科學Real Sc，所研究底對象，都屬於這一種。第二種是思想有，或是理想有；理想科學 Ideal Sc 所研究底對象屬之。第三種是一些規範，或是標準；規範科學 Normal Sc 所研究底對象都是。　一切決定判斷底對象，不是一些存在的事物——事實有 Real existence，便是一些基於存在而成立底事物——思想有 Ideal existence 或是規範有 Normal existence（Necessary existence）。　所以，總括起來說，任何對象，若不是事實有，至少也必然地根據於事實有，或關係到事實有。因此，決定或判斷，在根柢上，還是一個趨向到事實有底作用。所以，易底設卦和立象，雖亦不是事實有，而是理想有或規範有，還是趨向到事實有底作用的。

舉例來說吧！作易者將兌卦放在坎卦上面，兌是澤，坎是水，水在澤下面，成爲「澤無水困」。這是個象，這是事象，這是個理想有；但在事實上，亦是個事實有。易家看到了這個象，這個事象，這個理想有，因而說，「君子以致命遂志」。意思說，作一個君子，處在困底時候和困底遭遇，應該把惡的命運放在一邊不管，而完成他自己的志事。這是個規範有；雖然說是規範有，但世間上儘有一些君子，便照着這樣做去。文天祥正氣歌，「當其貫日月，生死安足論」！當他就義的時候，在衣帶間又露出他自己做底自贊，「讀聖賢書，所學何事？自今而後，庶幾無愧」！就慷慨成仁，死於燕市。這已不是個規範有，而是個事實有了。

象，在易簡稱之曰象，質言之，曰事象。易家說，「以制器者尚其象」，這是器象；「擬諸其形容，象其物宜，是故謂之象」，這是物象；「聖人立象以盡意」，這是意象；「法象莫大乎天地」，這是法象。器象和物象，是事實有；意象，是理想有；法象，則是規範有。而在易事理學上來說，則統稱之曰事象。六十四卦，惟鼎一卦，象傳明說是「象也」。這鼎卦底構成，上離☲下巽☴，離爲火，巽爲木，把木頭放在火底下面，「以木巽火，亨飪也」。這是亨飪之象，是器象，亦是物象。從這象推出去，意識到「聖人亨以享上帝，而大亨以養聖賢」，是法象，是意象，亦是事象。「大亨聖賢」，這在國家是何等的盛事。鼎卦是事象，六十四卦三百八十四爻，都是事象。

所謂事象 Sachverhalt，由認識論來說，是指事物的存在情況而言；由於這事物的存在情況，而發生何種限定的態度或關係而言。 例如金子，在其存在情況之下，可以發生導電作用之限定的態度或關係；這就是事象。就鼎卦來說，木頭放在火底下面，這鼎底卦存在情況，由於這種存在情況而發生烹飪作用而成「大亨以養聖賢」之限定的態度或關係；這就是鼎卦底事象。

所謂限定 Determination ，由認識論來說，是指事物之具有或不具有何種的存在資格而言。 金子一定具有導電作用底存在資格，但並不具有生銹作用底存在資格；這就是限定。 就泰卦☷☰來說，由於「內陽而外陰，內君子而外小人」底存在情況，一定具有「君子道長」底存在資格，但並不具有小人道長而爲「小人道消」底存在資格。 相反的， 就否☰☷來說， 由於「內陰而外陽，內小人而外君子」底存在情況，一定具有「小人道長」底存在資格，但並不具有「君子道長」而 爲「君子道消」底存在資格。 這就是事象上底限定。 「八卦定吉凶」，「探賾索隱，鈎深致遠， 以定天下之吉凶」。 八卦，重之爲六十四卦， 事底象存在情況；賾，隱，深，遠，都是指事象底存在情況，由於事象底存在情況，限定了它的吉或凶底存在資格。 繫辭傳上所稱底「定」，相當於認識論上底限定。易重觀察事象，尤着眼於其「限定」。

六十四卦，每卦爲一個事象。 這事象並不發見或看出是一個實在界底事物，而祇是無意義無作用底連的或斷的畫。 易家將它們按照性質及時間、空間、人間三感覺形式Forms of Sensation 加以安排，如此，形成了有秩序的現象 Phenomenon 。這些現象，又經易家將它們按照範疇 Category形式加以關係Relation 或連絡Synthesis，始形成悟性 Intellect 的對象。 觀象玩占的人，在事象認識作用上，自然是事象認識底主體；卦象和爻象，是事象認識底客體（對象）。 當認識這對象時候，時間被對象化了，空間被對象化了，卽在作爲觀象玩占底主體——

人間，亦在被對象化之中。而眞正的主體，乃是無從對象化底純粹的主體，所謂「寂然不動，感而遂通天下之故者」，這纔是眞正的主體，純粹的主體。於是，此眞正的主體，向對象肯定或否定而構成其一個限定的思考作用，亦卽爲認識力自身（To know，Cognition），而完成其觀象玩占底終極，然後，眞正地達到了洞曉事理，並且眞正地溝通了事實底現象。

五、

從觀象到玩占，從事象認識到事理洞曉，於是進入了事理學底形成。所謂理，坤文言所謂「君子黃中通理」底理，卽指事象存在情況之各種關連而言。所謂事理，繫辭傳所謂「天下之理得矣」底理，卽指就事象底紛繁的存在情況，整理出對於一個限定所發生底關連而言。照易家的意見，時間空間以及人間等，絕不是一些事物，而是一些關連。

說文：「理，治也」。段注：「戰國策，『鄭人謂玉之未理者爲璞』。是理爲剖析也。玉雖至堅，而治之得其䚡理，以成器不難，謂之理」。就事象底紛繁的渾沌的存在情況，而整理出事象限定所發生底關連，亦卽剖析出事物之䚡理；是之謂事理。

莊子養生主：

「庖丁爲文惠君解牛，手之所觸，肩之所倚，足之所履，膝之所踦，砉然嚮然，奏刀騞然，莫不中音，合於桑林之舞，乃中經首之善。…依乎天理，批大郤，導大窾，因其固然技(枝)經肯綮之未嘗，而況大軱乎」！

庖丁所說底「依乎天理，批大郤，導大窾，因其固然」，就是指事理之䚡理，而整理出事物由於事象限定所發生底關連而言；而這些關連，是固然的，是限定所具有的。

由於事象認識所剖析出來底事物的總理，形成其最基本的普通的判斷，謂之原理 Principle。一種學術，其能成為科學的學術，要具有三個條件：第一，要有理由 Reason 與原因 Cause；第二，要有系統 System；第三，要有方法 Method。申言之：第一是根本原理 Fundamental Principle，第二是存在原理 Existent P.，第三是實踐原理 Practical P.。我們拿易來說：「易有太極」，太極是根本原理。「六爻之動，三極之道也」。三極是存在原理。「聖人定之以中正仁義而主靜，立人極焉」。(33)人極是實踐原理。以下分開來說：

根本原理，是一種具有普遍性及必然性底判斷；它不再以其他的判斷為基礎，而是以其自己本身作為其他判斷底基礎。所以，根本原理，亦稱第一原理。在易，謂之太極。說文：『極，棟也』。極，便是屋頂上底棟樑，沒有比它再高的了；所以是第一原理。鄭玄易贊——即易序說，易有變易、不易及簡易三義。而易即以變易為它的第一原理。我們看繫辭傳怎樣贊易：

子曰：『夫易，何為者也？

夫易，開物成務，冒天下之道，如斯而已者也。是故聖人以通天下之志，以定天下之業，以斷天下之疑。

繫辭傳作者述孔子對于易的禮讚，變易是易的第一原理；它冒天下之道；它以其自己本身作為其他判斷底基礎，而不再以其他的判斷為其基礎。所以說，「以通天下之志，以定天下之業，以斷天下之疑」。我們再看繫辭傳又怎樣進一步再來贊易：

夫易，廣矣！大矣！以言乎遠，則不禦；以言乎邇，則靜而正；以言乎天地之間，則備矣！

這又說明，易的第一原理，是具有普遍性及必然性底判斷。　易有太極，後人把太極畫一個圖☯，象徵大極。這就是說，太極沒有別的東西，就是兩儀，就是陽和陰，半面是陽面，半面是陰面，陽面和陰面，便是太極。　繫辭傳說，「一闔一闢謂之變」。那就是說，什麼叫做變？門底一闔一闢，就是門底變，亦就是門底太極。　所以，變易是易底第一原理或根本原理。

存在原理，是說一些簡單的法則，在事物的存在情況之下，有其一致性和確實性的。由于這種法則底建立和形成，我們可以明瞭事物是循着什麼規則發生和發展。　繫辭傳有下面底一段話：

天下之至賾而不可惡也，天下之至動而不可亂也。擬之而後言，議之而後動，擬議以成其變化。

這說明，事物的存在情況是「至賾」而且是「至動」的，我們不要討厭，我們亦不要弄得沒有主意；只要我們對于一種事物的存在情況，循着法則，加以假定，然後再加以研討，我們就會對于一種事物的發展進程（變化），有了把握。這些法則，是有它的一致的確實的體系。在易，叫做「典常」，叫做「典要」，亦叫做「典則」；都是和存在原理底體系，具有同一性質底概念。　繫辭傳說：

變化者，進退之象也。剛柔者，晝夜之象也。六爻之動，三極之道也。

進退和晝夜，分明指出了易底根本原理；而三極之道，則分明提出了易底存在原理。六爻在着動，三百六十爻都在着動，這是「天下之至動」但是却有個「三極之道」。　這「三極之道」，當然是在「易有太極」之下而建立起來的。　說卦傳：

昔者聖人之作易也，將以順性命之理，是以立天之道，曰陰與陽；立地之道，曰柔與剛；立人之道，曰仁與義。兼三才而兩之，故易六畫而成卦；分陰分陽，迭用柔剛，故易六位而成章。

這三才和三極，是同一範疇。以相對而絕對底法則性來說，是「三極」；以性能來說，是「三才」；以作用來說，則是時間空間人間底三大方式。易事理學在其特殊科學的實在科學底立場上，充分運用這時間、空間、人間底三大方式，以建立其特殊的存在原理與體系。易家說「時大」，說「時義大」，說「時用大」，這是指時間的「極」；易家說，「天下之大寶曰位」，這是指空間的「極」；易家又說，「何以守位？曰人」，這是指人間的「極」。而成功其三極之道，亦就是易底存在原理與體系。這存在原理與體系，是有它的一致性與確實性的，而是事物的存在情況底一些關係和連絡，亦就是體系的結構。所以，鄭玄說底「不易」底易，就是指着存在原理具有它的一致性和確實性而說的。

根本原理，就是論理原理，是指認識作用所以成爲眞的根源底原理。存在原理，就是實在原理，是指事物的實體界所以能發生一切事物的存在情況底原理，亦就是指一切事物的存在情況底所以然底原理。除了論理和實在底二種原理以外，還有行爲原理，倫理原理，亦就是實踐原理，是指行爲的最後目的或是支配行爲底最高原理。人的行爲是自由的；他自己的動作，並不是被決定，而是由他自己去决定，去選擇。繫辭傳說：

神而明之，存乎其人。

就是這個道理。雖然如此說，但人的行爲，並不是完全不一致的，或是多樣性的，而是具有一些規則性的；由于這種行爲的規則性，形成了一種可捉摸的形式，而表現出一些原理和原則。繫辭傳說：

聖人有以見天下之動，而觀其會通，以行其典禮。

這「典禮」，就是指着人的行為和實踐，具有一些一致性的原理和原則是說的。這人的行為或實踐底原理原則，並不是被外面的事物去決定，而是在人的心理生活上有着自己的基礎。困彖傳說：

內難而能正其志。

說明了人的行為在其心理生活上是有其自己的基礎，亦就是人的行為底最後的目的或是支配人的行為底最高的原理和原則。人，對于事物的實際存在情況底認識，不免是片面的，而且由于各自的愛憎情感和智力差別，難免使智識的客觀性受到了矇蔽和陰影；于是想方法要在人的心理生活上有其確實的基礎。繫辭傳說：

乾以易知，坤以簡能；易則易知，簡則易從；易知則有親，易從則有功。

夫乾，天下之至健也，德行恒易以知險；夫坤，天下之至順也，德行恒簡以知阻；能說諸心，能研諸慮，以定天下之吉凶。

乾的知險，坤的知阻，是認識作用底感性和悟性底兩大作用。「能說諸心，能研諸慮」，顯然是心理生活上底基礎。而這心理生活上底基礎，不要使知識的客觀性受到了矇蔽和陰影，于是繫辭傳又說：

易其心而復動。

這「易其心」，就是要在人的心理生活上築好確實的基礎。人的心理生活有了確實的基礎，因此，人的行為便具有規則性，而表現行為的必然性或是倫理的必然性 Moral Necessity ；而構成人的倫理法則或是行為和實踐底原理。鄭玄所說底易的「易簡」底第三義，便是這個倫理法則底實踐原理。

關于易的三大原理——根本原理，存在原理，和實踐原理，這裏不再闡說，以下再作分論，此處祇說到這裏為止。

六、

事象的認識，事理的剖析，都是爲的判斷；這判斷，在易謂之「占」。「占事知來」，判斷一件事，就是要知道這件事底未來的發展和結果。「極數知來之謂占」，根據數量上底變動，一直看上去，知道未來的發展，是怎樣一同事，這就叫做占。判斷作用，實在是一個認識作用的進展；它以前提的判斷爲論理的基礎，而推理出一個新的判斷。祇要這前提的判斷是眞實的，那推理的判斷亦自然是眞實的。所以，推理是由已知而求出未知。

易家說：

數往者順，知來者逆，是故易，逆數也。（說卦傳）

他說，易是逆數，不是順數。什麼叫做「逆」？逆是迎的意思，一個人在前面，還沒有到來，我們迎將上去，叫做逆。玉篇亦說，「逆，度也，謂先事預度之也。它就引了說卦傳「易，逆數也」這一條爲證。這「逆，度也」底意思，自然亦是推理的意思。

易家又說：

神以知來，智以藏往。

「藏往」和「數往」是同樣的意思。在這裏，易家似乎說，藏往是知者的事，而知來，則是神人的事。這神，不是天神地祇的神，而是聖和神對稱底神。孟子盡心：「聖而不可知之之謂神」。這神是和聖對立的名詞，而神則是超聖人底一種人格。在這裏，這神是和「智」對立，知是智者，而神則是神人。莊子外物：「聖人之所以馭天下，神人未嘗過而問焉」。這神人，顯然是超聖人底一種人格。繫辭傳：

通乎晝夜之道而知。

神无方而易无體。

智祇是「通乎晝夜之道」，是有方的；而神則是无方的。事實的推理，不能說過去這樣那樣，未來也一定是這樣那樣；一切的判斷，要完全看事實的發展，從數量上底變動，一直推到底，跟着看將去，纔能認識出未來的眞實的變化，這是知來。易家說：

變化不測之謂神。

知道變化不測，這是神人的事，不是知者所能知道底事。不僅是知者所不能知道，有時就是聖人亦不一定能夠知道；這叫做神。變化不測，就是无方；而神就是易。无方就是无體，所以說，「神无方而易无體」，神和易，異名而同實。

在這裏，我們可以知道，易家鄭重申明，易是知來之學。我們還可以更明白的說，在易家看來「數往」「藏往」，是史學的事；而知來，則是「神學」的事。因此，易不祇是史學，而是神學。我們上面說過，「六經，皆事也」。事包括過去事現在事及未來事，而易則是要推知未來的事。孔子說：「殷因于夏禮，所損益可知也；周因于殷禮，所損益可知也，其或繼周者，雖百世可知也」。這就是說，三十年爲一世，雖三千年的未來的事，亦是可知道的。「因」是根據的意思；祇要有根據，根據前提以推理新的判斷，這是可能的，不是不可能的。易所說底神，以及上面所說底神學，自然不是今天所說底神學 Theology，而是在易本身所限定底神學。

呂氏春秋長見篇：

呂太公望封于齊，周公旦封于魯，二君相謂曰：「何以治國」？太公曰：「尊賢上功」。周公曰：「親親上功」。太公曰：「魯自此削矣」：周公曰：「魯雖弱，有齊者必非呂氏矣」。

這一段故事，並見于韓詩外傳十及淮南子齊俗訓。太公知道魯之必削，周公知道有齊者，必非呂氏，以後都成事實，劉安以爲這是太公和周公底長見；這「長見」就是易所說「神以知來」底神。這是人底事，從事象事理的存在情況而推見其所限定底事，不是不可知底天神的事。

王充論衡實知篇亦提及這一段故事：

周公治魯，太公知其後世當有削弱之患；太公治齊，周公覩其後世當有刼弑之禍；見法術之極，覩禍亂之前矣。

王充對周公和太公的長見，神而不以爲神；他以爲這是他們能見得法術之極，所以能覩到禍亂之前，他以爲這是「實知」，有論理根據的，亦有存在根據的；而不是今天神學家所說底不可思議的知。所以，他又說：

魯侯老，太子弱，次室之女，倚柱而嘯。由老弱之徵，見敗亂之兆也。婦人之知，尙能推類以見方來，況聖人君子才高知明者乎！

案兆察跡，推原事類。春秋之時，卿大夫相與會遇，見動作之變，聽言談之詭，善則明吉祥之福，惡則虞凶妖之禍；明福虞禍，遠圖未然，無神怪之知，皆由兆類。

他提出「推類以見方來」，他又說，「審兆察類」，「無神怪之知，皆由兆類」。這推類和察類，就是知來底論理根據和存在根據，是可知的，不是不可知的，但亦不是「神怪之知」。

這在易家說來：

牝馬地類。（坤彖傳）

天與火同人，君子以類族辨物。（同人大象傳）

萬物睽而其事類也。（睽彖傳）

方以類聚。（繫辭傳）

以類萬物之情。（繫辭傳）

其取類也大。（繫辭傳）

否泰，反其類也。（離卦傳）

於稽其類，其衰世之意邪。（繫辭傳）

他們提出這「類」字，在認識論上應該就是類概念 Genus 一類底東西。認識就是判斷，而判斷卽爲概念所構成。由于前提的兩概念底關連，然後獲得一個新的概念底判斷。 所以推理作用的判斷，就是由已知而求出未知。 易家說：

引而伸之，觸類而長之，天下之能事畢矣。

這「引伸」，就是推理作用，「觸類而長之」，就是由于前提的兩概念底關連，而引伸出一個新的判斷；「天下之能事」，亦就是如此而止。 他們又說：

過此以往，未之或知也。

未來的事，是可知的；但是超過這樣的作用，是沒有法子知道的。易底所謂「知來」，應該作如是解說，才是正解。王充說：「可知之事者，思慮所能見也」。就是說，一切可知之事，都是由思慮的認識作用而來，這是易的知來底註脚。

易家說：

易有聖人之道四焉。以言者尙其辭，以動者尙其變，以制器者尙其象，以卜筮者尙其占。

這是聖人對于易的大用，卜筮亦是四種大用之一。易家盛贊這卜筮：

定天下之吉凶，成天下之亹亹者，莫大乎蓍龜。

蓍之德，圓而神；卦之德，方以知。

昔者聖人之作易也，幽贊于神明而生蓍。

所以有時就稱這蓍龜爲「神物」。我常說，易有兩個時代的易，有宗教的易，有形而上的和實證的易。換句話說，有神權時代的易，有人權時代的易。解決難事的權，操之于神，謂之神權；操之于人自己，謂之人權。在神權時代，這蓍龜是有它的大用的，易家說：

明于天之道，而察于民之故，是興神物，以前民用。

神權時代的人，不能解決一個問題底時候，這神物可以在「民用」之前發生神的作用的。但到了人權時代，雖然用這神物，但是神參加一半，人自己亦參加一半，我們看穆姜的一段話：(34)

穆姜薨于東宮，始往而筮之，遇艮之八䷳。

史曰：是謂艮之隨䷐；隨其出也！君必速出！

姜曰：亡。是于周易曰，「隨，元亨利貞，无咎。元，體之長也；亨，嘉之會也；利，義之和也；貞，事之幹也。體仁足以長人，嘉會足以合禮，利物足以和義，貞固足以幹事。然，固不可誣也；是以雖隨无咎。今我婦人而與于亂；固在下位，而有不仁，不可謂元；不靖國家，不可謂亨；作而害身，不可謂利；弃位而姣，不可謂貞。有四德者，隨而无咎。我皆無之，豈隨也哉！我則取惡，能無咎乎？必死于此，弗得出矣。

蓍龜這個神物，雖然告訴穆姜「隨，元亨利貞，无咎」。但是，她自以爲「我則取惡，能无咎乎」？她對于她自己的前途，極度悲觀，她沒有採取蓍龜這個意見，而是自己完全用人事的存在情況，照常理，斷定她自己的命運，已經陷于絕境。到後來，她被季孫行父幽困而死，她還是有她的聰明的。

穆姜請教了蓍龜，蓍龜告訴她的正面，她却從反面看，反而對了。所以我說，蓍龜參加了一半，她自己亦參加了一半。還有，就以自己爲蓍龜，完全靠他自己的「知高才明」，而料事如神，不爽銖黍。春秋左氏襄二十八年傳記下了鄭游吉的一段話：

蔡侯之如晉也，鄭伯使游吉如楚；及漢，楚人還之，曰：「宋之盟，君實親辱。今吾子來，寡君謂吾子姑還，吾將使馹奔問諸晉而以告」。

子太叔歸，復命；告子展曰：『楚子將死矣！不修其政德，而貪昧于諸侯以逞其欲；欲久，得乎？周易有之，在復䷗之頤䷚曰，「迷復凶」。其楚子之謂乎！欲復其願而棄其本，復歸無所，是謂「迷復」；能無凶乎』？

游吉沒有請教蓍龜，他祗是徵引了復上六爻辭「迷復凶」，根據「欲復其願而棄其本」底理論，斷定楚子將死。他在魯襄公二十八年八月說底話，而楚子昭于同年十一月，果然死去，這不能不說是料事如神知高才明了。

由于穆姜和游吉底兩段故事——其實，此事類儘多，這裏不具徵引——易到了春秋時代，完全進入實證的易，人權的易，不復是宗教的，亦不復是形而上的，道理說來，娓娓動聽，絲絲入扣，沒有一句話不是實在的，可捉摸的。易家說底神以知來，應該作如是看，才是正解。　一般人，容易把易當「神物」看，所以，我在這裏特別闡明，要想把易從神怪的世界，拉回到人的世界。

（附註）

1、參閱馬浮著宜山泰和會語合刻楷定國學名義篇頁八——十一，民國二十九年七月四川嘉定留潤齋刻本。

2、見史記太史公自序。

3、見禮記經解篇。

4、見淮南子泰族訓。

5、見春秋繁露。

6、見史記太史公自序。

7、參閱日本五來欣造著劉百閔譯儒教對于德國政治思想之影響，商務民二十七年版。

8、連山二卷，清馬國翰玉函山房輯佚書。

9、歸藏一卷，同前。

10、見梁啓超中國史學之成立與發展。

11、見復性書院單刻本，民國二十八年四月刊行；並見蘇淵雷編學思文粹。

12、參閱美梯利 Frank Thilly 著陳正謨譯西洋哲學史（A History of Philosophy）第九篇第一章第五節知識之演進，頁五六七，民國二十五年商務本。

13、見漢書藝文志。

14、見朱子大全。

15、杜預治春秋左氏傳，謂：「專修丘明之傳以釋經，經之條貫，必出於傳；傳之義例，總歸于凡。」以「凡五十」爲周公舊法，史書舊章。

16、海德格 Martin Heidegger（一八八九——）爲德國當代的哲學家，提倡存在哲學，主張生的本質，從「關心」Sorge 上發見。其重要的著作，爲 Sein und Zeit. 1927；Kant und das problem der Metaphysik 1929，本文見柴熙著認識論頁三四四，商務民國三十八年四月初版。

17、見泰彖傳。

18、段玉裁說文解注三十卷，經韻樓本，商務國學基本叢書本。

19、王筠說文解字句讀三十卷，補正三十卷，四川尊經書局刻本。

20、孔廣居說文疑疑二卷，淸嘉慶原刻本。

21、朱駿聲說文通訓定聲十八卷，臨嘯閣刻本。
22、張文虎舒藝堂隨筆，淸光緒八年刻本，本文見丁福保說文詁林牛部物字引文。
23、見嚴可均說文校議。
24、見韓非子解老篇。
25、見觀物外篇。
26、見朱子語類。
27、見二程語錄。
28、並見朱子大全集易取象于物辨。
29、見劉師培經學教科書。
30、見朱子語類易綱領。
31、同前。
32、見柴熙認識論所引，頁一六一。
33、此見周敦頤太極圖說，本人別有未刊稿人極論，易的實踐方法論，說明周子的人極說，上承易繫辭傳的不傳之學。
34、見春秋左氏襄九年傳。

王弼郭象注易老莊用理字條錄

錢穆

昔程伊川有性即理也之語，朱晦翁承之，又稱天即理，陸王承之，乃主心即理。故宋明儒以理學家見稱。而晦翁論語集註獲罪於天，解作獲罪於理，大爲後儒所譏。余考重提理字，實始於魏晉王弼與郭象。弼之注周易與老子，象之注莊子，皆喜添入理字爲說，其事已先於程朱，特爲逐條錄存，以備治中國思想史者作參考焉。

王弼注易，括其大義於周易略例篇，首明彖，即謂物无妄然，必由其理。又曰：統之有宗，會之有元，此即一切統會之於理也。故其注文，常多特增理字。如乾卦，乾元用九，天下治也，注：

能全用剛直，放遠善柔，非天下至理，未之能也。……夫識物之動，則其所以然之理，皆可知也。

此謂天下一切物之動，皆有其所以然之理。而統其宗會其元者，則爲至理也。又坤卦六五，黃裳元吉，注：

體无剛健，而能極物之情，通理者也。以柔順之德，處於盛位，任夫文理者也。

此以理爲文理，又稱極物之情，故能通理，清儒戴震孟子字義疏證辨宋儒說理，大率本此。可知戴說僅得理字之一偏，至於弼之所謂至理，則戴氏固未加以闡發。又訟卦九四，復即命，渝安貞，吉，注：

若能反從本理，變前之命，安貞不犯，不失其道，爲仁由己，故吉從之。

此謂一切事有本理，即固然之理也。此處理字地位，已超出命字上，不僅孔孟重視命，即莊周內篇亦重視命，此後宋儒以天理觀念代替天命，弼之此注已啓其端。又豫卦六二，介於石，不終日，貞吉，注：

明禍福之所生，故不苟說。辯必然之理，故不改其操，介如石焉，不終日明矣。

此謂理有必然也。所以然之理，本然之理，與必然之理，爲理字涵義之三大綱，王弼均已舉出。而就其統宗會元者言，則爲至理。此在荀子書則謂之爲大理，殆與弼之所謂至理一辭涵義略相似，而此後宋儒言理，終亦無逃此範圍。又噬嗑卦九四，噬乾胏，得金矢，利艱貞，吉，注：

噬乾胏而得剛直，可以利於艱貞之吉，未足以盡通理之道也。

此所謂通理之道，卽上所謂極物之情者是。理相通，故得統宗會元也。又睽卦，睽，君子以同而異，注：

同於通理，異於職事。

此條最當注意。厥後以理事對立，唐代華嚴宗最暢其旨，而語實本此。何以謂同於通理，此卽略例所謂統之有宗，會之有元，既天下事皆統會於一理，則衆理自通而不得不同。按周易本文，天地睽而其事同也，男女睽而其志通也，萬物睽而其事類也，則所同者在事，所通者在志，而弼注則謂事由分職而異，理由共通而同，其越出正文，自闢新解，豈不甚顯。又解卦初六象傳，剛柔之際，義无咎也，注：

或有過咎，非其理也。義猶理也。

今按義就行事者之立場言，理就事之本身言，故義可說無咎，而理則無所謂無咎，弼之此解，顯非易文原義，此與朱子解獲罪於天作獲罪於理，更何異乎？又夬卦初九象傳，不勝而往，咎也，注：

不勝之理，在往前也。

今按：易文本義，謂事不可勝而往爲咎，弼注轉增理字釋之，謂不勝之理，在於往前，此亦淸儒所譏增字詁經之一例也。又豐卦象傳，雷電皆至，豐，君子以折獄致刑，注：

文明以動，不失情理也。

按王弼言理，或以事理對舉，或以情理連稱，其周易略例首明象，卽專言理，次明爻通變，卽專言情。一切人事，情理二字足以盡之，此弼注易之大旨。淸儒戴震焦循頗喜言情理，而章學誠則轉言事理，其實弼之注易，已兼舉之。若就周易上下經本文論，惟黃中通理語見理字，而弼注用理字上如舉，已九處，此其重視於理者可知。蓋古人注書，非盡隨文訓詁。亦有特創新解，越出所注本書範圍，而卓然自成一家言者。弼之注易，亦可謂是弼之一家言也。

卽弼之注老子，亦有平添理字以爲說者。如其注人之所教，我亦教之云：

我之教，非强使人從之也，而用夫自然，擧其至理，順之必吉，違之必凶。故人相教違之，自取其凶也。

此條不用大道字，而特創用至理字。老子書明言道，而弼注必改言理，此正弼注越出原書而自有其貢獻之所在。又如注不出戶，知天下，不窺牖，見天道云：

事有宗而物有主，途雖殊而同歸也，慮雖百而致一也。道有大常，理有大致，執古之道，可以御今，雖處於今，可以知古始，故不出戶窺牖而可知也。

常道字爲老子本書所固有，至理字則爲弼注所新增。殊途同歸，慮百一致，此弼援易注老也。宋儒晁說之謂弼本深於老子，而易則末矣，其於易，多假諸老子之旨，而老子無資於易者，其有餘不足之迹斷可見。今按晁之此說，似不知弼之注老，亦假諸其周易略例之所得也。以余觀之，弼之注周易，其功若遠出於其注老子之上。晁氏曰：嗚呼！學其難哉！則誠矣其難矣。又如其注聖人不行而知，不見而名云：

得物之致，故雖不行而慮可知也。識物之宗，故雖不見而是非之理可得而名也。

然則弼之言理，有所以然之理，有本然之理，有必然之理，有是非之理，此皆越出老子本書以爲說。

弼之後有郭象，注莊子，乃一本於弼之言理之趣而深發之，重提理字，其事雖始於弼，而暢宣而竭發之者，其事有待於郭象。蓋自有郭象，而理字之深趣，益以大曝。然則雖謂王郭兩家，開後代宋儒理學之先河，其言亦非誇誣矣。玆再逐條列舉郭象注莊所用理字以證吾說。

逍遙遊：大物必自生於大處，大處亦必自生此大物，理固自然，不患其失，又何措心於其間哉？

此謂理屬自然，而又必然也。弼之注老，已屢屢提自然字，而象之注莊，乃益暢發之，後世道家盛言自然，王郭兩家之功不可沒，余昔已著論申述，此不再贅。而象言自然之理一語，則爲弼注所未及。

又：理有至分，物有定極，各足稱事，其濟一也。

弼始言事理，象又足之以物理。理有至分，宋儒謂之理一分殊。物有定極，宋儒則謂一物一太極，萬物一太極。此皆從王弼統宗會元之說來。然則烏得謂王郭言理與宋儒理學，在思想進展上，乃一無關涉乎？

又：理至則迹滅，順而不助，與至理爲一，故無功。

至理字襲王弼。理迹對言，理屬形而上，迹則形而下。則猶弼之理事並擧也。

又：但知之聾瞽者，謂無此理。

又：推理直前，而自然與吉會。

推理直前，語似宋儒。

又：小大之物，苟失其極，則利害之理均。用得其所，則物皆逍遙也。

齊物論：凡物云云，皆自爾耳，非相爲使也，故任之而理自至。

又：理無是非，而或者以爲有。

又：至理盡於自得。

又：至理無言。

又：萬物萬形，同於自得，其得一也。已自一矣，理無所言。

又：物物有理，事事有宜。

此條極似晦菴。晦菴大學注，本云：物，事也。其大學格物補傳，乃云卽凡天下之物，莫不因其已知之理而益窮之，此物亦可作事解，事理物理，理本相通，始是至理，不煩爭辨。而宋儒言理，遠承魏晉，亦於此可見矣。

又：夫物之性表，雖有理存焉，而非性分之內，則未嘗以感聖人也，故聖人未嘗論之。

按象言物物有理，此與宋儒程朱意合。謂理非性分之內者，未嘗以感聖人，則與程朱意異。故象謂至理盡於自得，而程朱則主格物窮理以盡性而至命。故郭象亦主性卽理，惟專重於性分之內。程朱之言性卽理，則主統宗會元而達於萬物一太極。若由此以觀，則伊川晦翁較近王弼。而郭象較近明道。

又：將寄明齊一之理於大聖，故發自怪之問以起對。

又：務自來而理自應，非從而事之也。

理應之說，極爲宋儒所樂道。

又：物有自然，理有至極，循而直往，則冥然自合。

理有至極，卽太極也。物之自然，卽理之至極也。是猶性卽理也之意。

又：是非死生，蕩而爲一，斯至理也。至理暢於無極，故寄之者不得有窮。

至理暢於無極，卽無極而太極也。推郭意，則性分之內卽是一無極也。此卽物物一太極義。

又：卒至於無待，而獨化之理明。

郭象既言自然之理，又言獨化之理，此皆王弼所未及。戴氏孟子字義疏證，申明理字古義，何嘗及於此等處。

又：亦斯理也，將使萬物各反所宗於體中，而不待乎外。

養生主：養生者，理之極也。

又：忘善惡而居中，任萬物之自爲，悶然與至當爲一，故刑名遠己，而全理在身。

全理字亦象創。全理在身，仍卽物物一太極義，象之所重特在此。

又：夫養生非求過分，蓋全理盡年而已矣。

又：盡理之甚，既適牛理，又合音節。

盡理卽窮理也。牛理卽凡天下之物，莫不有理也。

又：直寄道理於技耳。

莊子書只言道，象注特增以理字。

又：未能見其理間。

又：但見其理間也。

又：司察之官廢，縱心而順理。

縱心順理，極似宋儒語。

又：不中其理間也。

理間與理解字，爲戴氏疏證所從入。此所謂文理，特理之一義耳。王郭與宋明儒所重言之理，則斷非文理一義所能限。

又：理解而無刀迹。

又：嫌其先物施惠，不在理上住，故致此甚愛也。

又：指盡前薪之理，故火傳而不滅。

人間世：依乎天理，推己性命，若嬰兒之直往也。

又：當理無二。

當理無二語，亦極似宋儒。竺道生頓悟義，由此入。

又：不得已者，理之必然者也。

又：事有必至，理固常通，故任之則事濟。

又：理無不通，故當任所遇而直前耳。

又：不復循理。

又：任理之必然者，中庸之符全矣，斯接物之至也。

象之注莊，好言中庸，中庸之書，特為宋儒所樂道。於此知王郭之與宋儒，其間固多相近可通之處矣。

又：順理則異類生愛，逆節則至親交兵。

此條順理與逆節對文，則理亦作文理解，而不盡於文理。

又：付之自爾而理自生成，生成非我也。

理自生成，則可謂有生成之理，其實生成之理卽自然也。此義為後來王船山所樂道。

又：性命全而非福者，理未聞也。

德充符：夫我之生也，非我之所生也。則一生之內，百年之中，其坐起行止，動靜取舍，性情知能，凡所有者，凡所無者，凡所為者，凡所遇者，皆非我也，理自爾耳。

此條與晦翁天卽理也之說，遙相符會。其實亦卽自然之理也。

又：人之生也，理自生矣，直莫之為而任其自生。

又：華薄之興，必由於禮，斯必然之理。

又：欲以直理冥之，冀其無迹。

直理字，又象新創。

又：自然之理，行則影從，言則響隨。……故名者影響也，影響者，形聲之桎梏也。明斯理也，則名迹可遺。

魏晉人好言名理，而象之注莊，獨少言名理字，據此條，可知象之言理，較其同時為深至。

又：其理固當，不可逃也。故人之生也，非誤生也，生之所有，非妄有也。天地雖大，萬物雖多，然吾之所遇，適在於是，則雖天地神明，國家聖賢，絕力至知，而弗能違也。故凡所不遇，弗能遇也。其所遇，弗能不遇也。凡所不爲，弗能爲也。其所爲，弗能不爲也。故付之而自當也。

此條由理通命，其所謂命，乃指一切遭遇言。莊子此處本文正言命，象注乃轉由命而推本之於理，此即朱子天即理也之說，而朱子言命，亦多指遭遇言。從此等處參入，可悟魏晉與宋儒說理，正有許多相近可通處。

又：苟知性命之固當，則雖死生窮達，千變萬化，淡然自若，而和理在身矣。

按易說卦傳言，窮理盡性以至於命，象之此條近之。王郭蓋皆求以老莊會通之於儒說者。而宋儒則不期而與之近。

又：此四者，自然相生，其理已具。

又：旣稟之自然，其理已足。……物無妄然，皆天地之會，至理所趣。

此條顯見象之言理，本原於弼。惟謂其理已足，則不待乎外而已盡，此爲郭象注莊之特著精神處。

又：未明生之自生，理之自足。

又：生理已自足於形貌之中，但任之則身存。

按宋儒必言天地之性，必主格物窮理，而郭主理自足於本身，此其異。生理字亦象新創。此後王船山好言生理，乃轉近郭義。

大宗師：天地萬物，凡所有者，不可一日而相無也。一物不具，則生者無由得生。一理不至，則天年無緣得終。然身之所有者，知或不知也。理之所存者，爲或不爲也。故知之所知者寡，而身之所有者衆。爲之所爲者少，而理之所存者博。

此條極有深趣，象之所闡，重在至理自足，此象之所以越出王弼，而自成爲象之一家言也。

又：理固自全，非畏死也。

又：理當食耳。

按此處本文其食不甘，而象注以理當食耳爲說，試問與朱子注論孟橫添理字處，又復何異？

又：寄之至理，故往來而不難。

又：人生而靜，天之性也。感物而動，性之欲也。物之感人無窮，人之逐欲無節，則天理滅矣。

此條原本小戴禮樂記篇，而樂記此語爲宋儒所樂引，可見王郭與程朱自有相近可通處。

又：本至而理盡矣。

此仍統之有宗，會之有元義。惟孔孟統會之於天，老莊統會之於道，而王郭統會之於理。而郭尤主以一己性分之內者以爲本。程朱則又自王郭求重反之孔孟。後世尊程朱，斥王郭，是未爲明夫思想演進之條貫也。

又：人之有所不得而憂娛在懷，皆物情耳，非理也。

明道言，人能於怒時遽忘其怒，而觀理之是非，亦可見外誘之不足惡。又曰：明理可以治懼。怒與懼皆物情而非理，此義象已先言之。

又：自然之理，有積習而成者。

此條有深趣。此後惟王船山時發此旨。

又：死生猶寤寐耳，於理當寐，不願人驚之。

於理當寐四字，極似宋儒語。

又：適足捍逆於理以速其死。

又：理有至極，外內相冥。……乃必謂至理之無此。是故莊子將明流統之所宗，以釋天下之可悟。

按明道謂性無內外，即理冥內外也。

又：遺物而後能入羣，坐忘而後能應務。愈遺之，愈得之。苟居斯極，則雖欲釋之，而理固自來。

此與宋儒虛實之辨，主一之說甚相似。

又：以自然言之，則人無小大。以人理言之，則侔於天者可謂君子矣。

人理字，莊子漁父篇有之，此後宋儒不喜用此語，因理旣統宗會一，不宜再分天理與人理也。

又：盡死生之理，應內外之宜者，動而以天行，非知之匹也。

按此乃宋儒德性之知與聞見之知之辨所由起。

又：天下之物，未必皆自成也。自然之理，亦有須冶鍛而爲器者。

又：任之天理而自爾。

又：嫌其有情，所以趨出遠理。

此條有深趣，船山最喜於此深說之。

應帝王：應不以心而理自玄符，與變化升降而以世爲量，然後足爲物主，而順時無極。

按莊子內篇七篇，惟養生主依乎天理語一見理字，而象注用理字者如上舉共七十條。皆莊子本書所未及。可見象自以理字說莊，非莊子本有此說也。及莊子外雜篇用理字始稍多，而象注用理字處更多，茲再逐條錄之如下：

駢拇：令萬理皆當，非爲義也，而義功見。

萬理字，亦郭創。

馬蹄：缺。胠篋：缺。

在宥：賞罰者，聖王之所以當功過，非以著勸畏也。故理至則遺之，然後至一可及也。

又：當理無悅，悅之則致淫悖之患矣。

當理無悅語，似宋儒。

又：神順物而動，天隨理而行。

按此處本文爲神動而天隨，而象注橫增出理字，謂天隨理而行，以此較之朱子注大學格物爲窮格萬物之理，其爲增字詁經，不尤甚乎？其謂天隨理而行，較之朱子天即理也之說，此理字之地位，亦不啻更高一級矣。

又：理與物皆不以存懷，而闇付自然，則無爲而自化矣。

又：事以理接，能否自任，應動而動，無所辭讓。

此處本文爲接於事而不辭，象注事以理接，此理字顯是平添橫增，出原旨外。

天地：一無爲而羣理都舉。

按：本文，通於一而萬事畢，象注以羣理易萬事。羣理字，亦新創。羣理猶云萬理也。

又：夫至人，極壽命之長，任窮理之變。……故云厭世而上僊也。

按本文：千歲厭世，去而上僊，象注乃謂因其任窮理之變，故厭世。蓋任理則無欲，因曰厭。象意如此，豈不可與宋儒立論相通？

又：亦不問道理，期於相善耳。

天道：倫，理也。

又：各司其任，則上下咸得，而無爲之理至矣。

無爲之理，卽自然之理，亦新創。

又：言此先後，雖是人事，然皆在至理中來，非聖人所作也。

人事皆在至理中來，此卽理事無礙也。

又：物得其道，而和理自適。

天運：故五親六族，賢愚遠近，不失分於天下者，理自然也。

又：仁孝雖彰，而愈非至理。

又：非作始之無理，但至理之弊，遂至於此。

又：弊生於理，故無所復言。

按：至理之弊，弊生於理，皆宋儒所不言。

刻意：泯然與正理俱往。

正理字亦新創。

又：任理而起，吾不得已也。

又：天理自然，知故無爲乎其間。

按：此處本文爲去知與故，循天之理。云循天之理，則所重猶在天。云天理自然，則所重轉在理。

又：理至而應。

按：此處本文曰不豫謀。注云理至而應，爲深一層說之。

繕性：二者交相養，則和理之分，豈出他哉？

按本文和與恬交相養，而和理出其性。

又：道故無不理。

按本文道，理也。

又：無不理者，非爲義也，而義功著焉。

按本文：道無不理，義也。

秋水：知其小而不能自大，則理分有素，跂尙之情，無爲乎其間。

理分字，象特創。象注又屢言性分，宋儒性卽理也之說，象注已寓。

又：物有定域，雖至知不能出焉，故起大小之差，將以申明至理之無辨也。

又：以小求大，理終不得，各安其分，則大小俱足矣。

又：應理而動，而理自無害。
按本文動不爲利。象注應理而動，轉入正面。
又：理自無欲。
本文曰：不賤貪汚。注轉深一層說之，理自無欲，大似宋儒語。
又：任理而自殊。
本文曰：不多辟異，象注特增理字。象意特重於分殊，故曰任理而自殊矣。
又：夫天地之理，萬物之情，以得我爲是，失我爲非。適性爲治，失和爲亂。
按本文：是未明天地之理，萬物之情者也。情理兼稱，似爲王弼注易之所本。
又：達乎斯理者，必能遣過分之知，遺益生之情，而乘變應權。
按本文：知道者必達於理，達於理者必明於權。
又：穿落之，可也。若乃走作過分，驅步失節，則天理滅矣。
按本文：落馬首，穿牛鼻，是謂人。故曰無以人滅天。注文以天理代天字，此非朱注獲罪於天云天卽理也之先例乎？惟象此處，所謂之天理，重節限義。仍是重於理之分。
至樂：未明而槩，已達而止，斯所以誨有情者，將令推至理以遣累也。
按：本文：自以爲不通乎命，故止也。注以理字代命字。
又：斯皆先示有情，然後尋至理以遣之。若云我本無情，故能無憂，則夫有情者，遂自絕於遠曠之域，而迷困於憂樂之竟矣。

按：王弼主聖人有情，故不能無哀樂以應物，惟應物而能無累於物耳，郭象承之，而足之以理遣。

達生：性分各自爲者，皆在至理中來，故不可免也。

此卽程子所謂性卽理也之說。

又：任其天性而動，則人理亦自全矣。

此又性卽理之義。人理全卽是天理全，郭注一貫重於分殊，此乃郭注之所以得成爲一家言也。

又：守一方之事，至於過理者，不及於會通之適也。鞭其後者，去其不及也。

此條又是以中庸說理。

又：欲瞻則身亡，理常俱耳，不間人獸也。

此條儼似宋儒語。

又：憂來而累生者，不明也。患去而性得者，達理也。

此亦性卽理之義。

山木：缺。

田子方：缺。

知北遊：物無不理，但當順之。

按本文：果蓏有理。

又：志苟寥然，則無所往矣。無往焉，故往而不知其所至。有往焉，則理未動而志已驚矣。

按本文：寥已吾志，無往焉而不知其所至。注特增理字。

庚桑楚：意雖欲爲，爲者必敗，理終不能。

又：理自達彼耳，非慢中而敬外。

按本文：敬中以達彼，注特增理字。

又：天理自有窮通。

按本文：若是而萬惡至者，皆天也，而非人也。注文以理釋天，即是以理代命也。

又：善中則善取譽矣，理常俱。

又：平氣則靜，理足順心，則神功至。

徐無鬼：反守我理，我理自通。

按本文：反己而不窮，注文以理釋己。我理字，特創。有天理，有人理，有我理，此皆理一分殊也。

又：至理有極，但當冥之，則得其樞要。

按本文：冥有樞，注特增理字爲說。

又：若問其大摧，則物有至分，故忘己任物之理，可得而知也。奚爲而惑若此也？

按本文：闔不亦問是已，奚惑然爲。

則陽：物理無窮，故其言無窮，然後與物同理也。

按本文與物同理。

外物：此言當理無小，苟其不當，雖大何益。

按本文魚乞水，而注以不當理說之。此理是分限義。

又：情暢則事通，外明則內用，相須之理然也。

又：當通而塞，則理有不泄而相騰踐也。

又：通理有常運。

按本文：天之穿之，日夜無降。注通理字襲自王弼。此又是以理釋天之一例。

又：自然之理，有寄物而通也。

按本文：大林丘山之善於人也，亦神者不勝。

寓言：理自爾，故莫得。

按本文，莫得其倫，天道篇注，倫，理也。然此處注語甚曲强，蓋象自好以理說莊，未必與莊子原書觸處可通也。

又：理必自終，不由於知，非命如何？

按本文：莫知其所終，若之何其無命也。注以理釋命。

又：不知其所以然而然，謂之命，似若有意也。故又遣命之名以明其自爾，而後命理全也。

按本文：莫知其所始，若之何其有命也。注謂命若有意，非自然，故以理釋命，而謂是命之理。命理字，特創。此可與以理釋天各條同參。象既暢發自然之旨，故不好言天言命，而專提出理字。王弼注易，已曰：天，形也。王郭兩家，所以必言自然言理者，其意居然可見。此爲魏晉宋明所以重言理字一大原因，作者已另文闡發，此不詳。

又：理必有應，若有神靈以致也。

按本文：有以相應也，若之何其無鬼也。注文以理說事物之應，又以神靈字代出鬼字，較莊子原文，遙爲深允矣。若寓言作者先悟得此理，何必云若之何其無鬼乎？此可見思想進展之迹，而郭注之超出於莊子原書者，即此等處而可覩。

又：理自相應，相應不由於故也，則雖相應而無靈也。

按本文：無以相應也，若之何其有鬼邪？原意，天下事，有相應，亦有無相應，故若有鬼，若無鬼。注文以理說之，則理無不相應，故此條本文明說無以相應，而注文必說成理自相應而不由於故，不由於故則屬自然矣。自然相應，故曰自然之理。既不由天命，亦非由鬼神。王弼之注易，郭象之注莊，特提出一理字，其在中國思想史上之貢獻，誠不可沒。看此條更顯。

又：推而極之，則今之所謂有待者，率至於無待，而獨化之理彰矣。

獨化之理，亦即自然之理。此乃理字之深趣，雖可與分限之理相通，而不當以分限盡獨化。此乃郭象注莊之特著精神處。明乎此，則戴氏疏證所釋古書理字本義用以駁擊宋儒者，洵爲淺之乎其說理矣。蓋戴氏不僅不識宋儒，乃亦不識王郭，專恃訓詁家法，豈得明理趣哉？

讓王：缺。

盜跖：缺。

說劍：缺。

漁父：夫孔子之所放任，豈直漁父而已哉？將周流六虛，旁通無外，蠢動之類，咸得盡其所懷，而窮理致命，固所以爲至人之道也。

列禦寇：理雖必然，猶不必之，斯至順矣，兵其安有？

按本文：聖人以必不必，故無兵。

又：理雖未必，抑而必之，各必其所見，則衆逆生。

按本文：衆人以不必必之，故多兵。注文以理代必字。夫既云理所必然，聖人亦豈猶不必之乎？宋儒所以異乎孔孟者，孔孟常言天命，天命不可必，而宋儒喜言天理，天理則屬必然，故宋儒說理，轉若有固必之嫌。今象以順理釋原文之不必，其爲曲說甚顯。蓋既主一切以理說莊書，宜有其扞格而難通。而注文之所以自成其爲一家之言者正在此。

天下：民理既然，故聖賢不逆。

按本文：皆有以養，民之理也。民理語猶人理。

又：謂自苦爲盡理之法。

按本文：以自苦爲極。極字豈可解作盡理之法乎？而注文必如此說，此其所以成爲一家言也。

又：䠷調之理然也。

按本文：上說下教，雖天下不取，強聒而不舍者也。亦安不得一理字。

又：惟聖人然後能去知與故，循天之理，故愚知處宜，貴賤當位，賢不肖襲情，而云無用賢聖，所以爲不知道也。

按本文：故曰：至於若無知之物而已，無用賢聖。注文謂惟聖人始能循天之理，然則聖人固非塊然爲無知，於是有晦翁致知在格物之說。

又：常與道理俱，故無疾而費也。

按本文：其行身也，徐而不費。注文橫增入道理字。

又：委順至理則常全，故無所求福，福已足。

按本文：人皆求福，己獨曲全。象以順理解曲全。亦曲强。

又：理根爲太初之極，不可謂之淺也。

按本文：以深爲根，語本明顯，而注文必以理字說之，乃有理根之語。理根爲太初之極，卽謂宇宙萬物皆出於理，是卽濂溪太極圖說之先聲矣。

又：至順則全，迕逆則毁，斯正理也。

又：其言通至理，正當萬物之性命也。

按本文：以巵言爲曼衍，以重言爲眞，以寓言爲廣，獨與天地精神往來，而不敖倪於萬物。安不上理與性命字。注文則謂至理正當萬物之性命，亦與宋儒程朱語相脗合。

又：膏粱之子，均之戲豫，或倦於典言，而能辨名析理，以宣其氣，以係其思，流於後世，使性不邪淫，不猶賢於博奕者。

按此指惠施歷物之意以下及於辨者言，當時卽目之爲名理，辨名析理，爲象所不喜，故此注言之如此。

按外雜篇郭注用理字者如上舉，共七十六條，其正文本見理字者，已隨條備列，較之注文，比數不足十之一。莊子外雜篇本文，言及理字處尙有之，然非王郭及宋儒言理之主要義，因此不詳引。後人獨怪宋儒以理說孔孟，卻不怪王郭以理說易老莊，何也？今若謂提出理字一觀念，在中國思想史上有其不可磨滅之價值，則王郭兩家，實先於有宋理學諸儒，吾言決非誇誣，故備列兩家原文，以供治思想史者作參證焉。

西漢節義傳

饒宗頤

自序

鄭李杲堂先生，述深寧之遺意，補孟堅之缺略，成西漢節義傳凡若干人，人各為論；淋漓悲痛，發潛德之幽光。全謝山亟稱之，以為其書足以懸諸日月而不刊也。杲堂以明季遺儒，越在草莽，數遘禍難，息機文史，其孤懷怫鬱，故託是書以寄其微意。今讀其翟文仲傳論，詞旨慷慨，猶令人髮指而眥裂也。是書清初開雕，流行未廣，寖至失傳。光緒丙戌（十二年）間，郭傳璞晚香得其傳論二卷，刊於金峨山館叢書。（註一）雖傳文俱缺，而凡目粗具，原書義例，於焉可覩。予讀而悲之，愛其文辭之美，獨惜其於人物取材間有未盡當處。如扶風杜林地皇間仕新至侍中執法，其事昭然見于莽傳，（註二）又范書載鄭興天鳳中將門人從劉歆講左氏義及校三統曆，亦混身朝貴，非能志節皦然以蟬蛻囂埃者也。杲堂書并厠二人於遺逸，非其倫矣。全氏為是書題詞，補綴人物，頗為詳覈，然亦不無疏漏。考嚴君平道德指歸論有谷神子序，稱君平於王莽簒位，隱遁煬和，則君平非特抗節孝卿，且亦高蹈于巨君之時矣。李書既采鄭樸，不知何以見遺于君平耶？茲增補人物，于李書全目之外，吳章案補敬武公主薛況二人；忤莽者，據粵黃佐志補何丹一人；與翟義之役者，據儒林傳補高康，據周書、新唐書補令狐邁，據抱朴子補葛某共三人；其他討莽者，據孫建奏補劉曾、劉貴，又據寰宇記補賈萌，共三人；其隱居不仕，或避莽他去者，於莊遵外，據范書補蔡茂、王良、荀恁、閔貢、任文公、劉宣、劉昆七人；據謝承後漢書補陳宣一人；據華陽國志補章明、侯剛二人；據高士傳補韓順、安丘望之、張仲蔚三人；據三輔決錄補二仲；據晉書束晳、范平傳補疎孟達、

景印香港新亞研究所《新亞學報》（第一至三十卷）

范馥；據廣韻補室中周、丘俊；據唐書世系表補沈靖、韓騫，共二十二人。其莽之同姓兄弟，高節瑋行者，據水經注補王興一人，以南陽公主傳說附焉。此數十人者，高翔遠引，咸能全其高絜，終莽之世，可謂介然特立者也。雖所記一鱗一爪，而吉光片羽，彌覺可珍，亦發揚幽潛者所有事矣。（註三）往者李審言曾欲足成李書，有志未逮。予少服膺謝山，讀其題詞，深慨李傳之失傳，乃發憤補譔，思裨其缺。自頃輈張，中原塗炭，竄身窮谷之中，寄命江海之上；遭世顚覆，雖異杲堂之酷，而重罹阨災，流離奔徙，以視杲堂有加甚焉。蒿目艱危，增恨狐鼠，挹茲清節，彌想堅貞，爰發諸陳篋，取傳稿而葺綴之，釐爲五卷。覽者取與李氏傳論，合而觀之，其于西京之遺芬餘烈，亦可得其概矣。昔孟軻氏有言，聞伯夷之風者，貪夫廉，懦夫有立志，然則讀斯書者，倘亦知所激乎！

民國三十三年春饒宗頤序。時客廣西大藤峽山中。

（註一）光緒二十年刊本，鎭海邵氏藏板、又名「望三益齋叢書」。

（註二）漢書莽傳下：地皇元年，營長安城南提封百頃，司徒王尋、大司空王邑持節，及侍中常侍杜林等數十人將作。范書稱林初爲郡吏。王莽敗，盜賊起，與弟成等俱客河西。於此事失載。林外氏爲張竦，復從竦學，竦即爲劉嘉作奏，莽封爲淑德侯者。

（註三）至李氏傳論原有而爲本書刪去者，有馮衍、班彪、鄭興、杜林四人，並揭櫫於此。

凡例

一　本編分五卷。第一卷爲忠諫之士，不滿於王氏攬權者。第二卷爲莽所黜戮者。第三卷爲舉義抗莽而死節者。第四五卷皆清節之士不仕莽者。

一　凡李杲堂西漢節義傳原書所載人物，悉據史傳輯錄。至全祖望題詞，暨翁元圻困學紀聞箋所補人名，亦爲撰傳。其他後漢書、華陽國志、高士傳、尚有節士逸民，爲上列諸書所未及者，耳目所見，亦爲補入。

一　本編蓋祖王應麟、全謝山遺意，而補李杲堂已成而亡之作，故附載困學紀聞暨全氏題詞，與郭、李諸家傳論、序跋，以明吾書述作之所本。

一　華陽國志多載及公孫述時抗節之士。其同時不仕莽者，具爲論列。餘或不仕述而無由見其仕莽與否，則暫從略。

一　傳文集錄故書雅記，綴比成篇，并揭根底，其有同異，則加考證，以供參考。

一　李氏節義傳論及兩漢書、華陽國志并有論贊；故茲僅著其事實，不復譔讚，以免繁複。

一　李氏所譔節義傳已亡，惟傳論尚著其凡目，茲并附于後，存原書之內容。

新亞學報第一期

目錄

許楊　任文公　郭憲　孔子建　薛方　劉宣　蔣詡　二仲　胡剛　鄭敬　郅惲

安丘望之　張仲蔚　高容　子詡　洼丹　桓榮　牟長　包咸　丁恭　劉昆　龍丘萇

室中周　疎孟達　丘俊　沈靖　韓鶱　范馥　王興　附南陽公主

附錄

一、王應麟困學紀聞

二、全祖望西漢節義傳題詞

三、李厚建西漢節義傳論跋

四、郭傳璞西漢節義傳論序

附西漢節義傳論目

五、李詳西漢節義傳序

景印香港新亞研究所《新亞學報》（第一至三十卷）

劉向

劉向，字子政，本名更生，陽城侯德子也。年十二，爲輦郎，既冠，以行修飭，擢爲諫大夫。宣帝循武帝故事，招選名儒俊材置左右，更生以通達能屬文辭，與王褒，張子僑等竝進對，獻賦頌凡數十篇。後詔受穀梁，遷散騎諫大夫給事中。成帝卽位，更名向。數上封事，遷光祿大夫。是時帝元舅陽平侯王鳳爲大將軍秉政，倚太后專國權，兄弟七人皆封爲列侯。時數有災異，向以爲外戚貴盛，鳳兄弟用事之咎。帝方精於詩書，觀古文，詔向領校中五經秘書，向見洪範箕子爲武王陳五行，陰陽休咎之應，乃集合上古以來歷春秋六國至秦、漢符瑞災異之記，推迹行事，連傳禍福，著其占驗，比類相從，各有條目，凡十一篇，號曰洪範五行傳論，奏之。（註一）成帝心知向忠精故爲鳳兄弟起此論也；然終不能奪王氏權。時帝無繼嗣，政由王氏出，災異寖甚，向雅奇陳湯知謀，與相親友，獨謂湯曰：「災異如此，而外家日盛，其漸必危劉氏。吾幸得同姓末屬，絫世蒙漢厚恩，身爲宗室遺老。歷事三主，上以我先帝舊臣，每進見，常加優禮，吾而不言，孰當言者。」遂上封事極諫曰：「臣聞人君莫不欲安，然而常危，莫不欲存，然而常亡，失御臣之術也。夫大臣操權柄持國政，未有不爲害者也。漢興諸呂無道，擅相尊王，呂產、呂祿席太后之寵，據將相之位，兼南北軍之衆，擁梁趙王之尊，驕盈無厭，欲危劉氏，賴忠正大臣絳侯、朱虛侯等，竭誠盡節，以誅滅之，然後劉氏復安。今王氏一姓，乘朱輪華轂者二十三人，青紫貂蟬，充盈幄內，魚鱗左右。大將軍秉事用權，王侯驕奢僭盛，并作威福，擊斷自恣，行汙而寄治，自私而託公，依東宮之尊，假甥舅之親，以爲威重。尙書九卿州牧郡守，皆出其門，筦執樞機，朋黨比周。稱譽者登進，忤恨者誅傷，游談者助之說，執政者爲之言，排擯宗室，孤弱公族，其有智能者，尤非毀而不進，遠絕宗室之任，不令得給事朝省，恐其與己分權。數稱燕王、葢主以疑上心，避諱呂、霍而弗肯稱，內有管、蔡之萌，外假周公之論，兄弟據重，宗族磐互，歷上古至秦漢，外戚僭貴，未有如王氏者也。雖周皇甫、秦穰侯、漢武安、呂、霍、上官之屬，皆不及也。物盛必有非常之變，先見爲其人徵象，孝昭帝時，冠石立於泰山，仆柳起於上林，而孝宣帝即位。今王氏先祖墳墓在濟南者，其梓柱生枝葉，扶疏上出屋，根垂地中，雖立石起柳，無以過此之明也。事勢不兩大，王氏與劉氏亦且不并立，如下有泰山之安，則上有累卵之危，陛下爲人子孫，守持宗廟，而令國祚移於外親，降爲皂隸，縱不爲身，奈宗廟何？婦人內夫家外父母家，此亦非皇太后之福也。孝宣皇帝不與舅平昌、樂昌侯權，所以全安之也。夫明者起福於無形，銷患於未然；宜發明詔，吐德音，援近宗室，親而納信，黜遠外戚，毋授以政，皆罷令就第，以則效先帝之所行，厚安外戚，全其宗族，誠東宮之意，外家之福也。王氏永存，保其爵祿，劉氏長安，不失社稷。所以褒睦外內之姓，子子孫孫無疆之計也。如不行此策，田氏復見於今，六卿必起於漢，爲後嗣憂，昭昭甚明，不可不深圖，不可不蚤慮。易曰：「君不密則失臣，臣不密則失身，幾事不密則害成。」惟陛下深留聖思，審固幾密，覽往事之戒以折中取信，居萬安之實，用保宗廟，久承皇太后，天下幸甚。」書奏，成帝召見向，歎息悲傷其意，謂曰：「君且休矣，吾將思之。」（漢書楚元王附傳）（註二）以向爲中壘校尉。元延元年春正月，日食。秋七月，有星孛於東井。向上論災異事，乞指圖陳狀，上輒入之，然終不能用（通鑑）。（註三）三年正月丙寅，蜀郡岷山崩，雍江，江水逆流三日乃通。向以爲周岐山崩、三川竭而幽王亡，岐山者，周所興也，漢家本起於蜀漢，今所起地山崩川竭，殆必亡矣。（漢書五行志七之一）向每召見，數言：公族者，國之枝葉，枝葉落，則本根無所庇蔭，方今同姓疏遠，母黨專政，祿去公室，權在外家，非所以彊漢宗，卑私門，保守社稷，固安後嗣也。向自見得幸，故常顯訟宗室，譏刺王氏，其言多痛切，發於至誠。成帝數欲用向爲九卿，輒不爲王氏居位者所持，故終不遷。年七十一卒。卒後十三歲而王氏代漢。（本傳）

（註一）向上洪範五行傳在河平三年。藝文志：向五行傳記十一卷。班固贊曰：鴻範論發明大傳，著天人之應。

（註二）通鑑：向上封事在陽朔二年。錢穆劉向譜云：時向年五十六。

（註三）向上論災異，通鑑列在元延元年，荀悅漢紀謂在元年四月。按奏中星孛東井，顯係七月後事，當從通鑑爲是。

王章

王章，字仲卿，泰山鉅平人也。少以文學爲官，稍遷至諫大夫，在朝廷名敢直言。成帝立，遷爲司隸校尉，大臣貴戚咸敬憚之。王尊免後，代者不能稱職，章以選爲京兆尹。時成帝舅大將軍王鳳輔政，章雖爲鳳所舉，非鳳專權，不親附鳳。（漢書本傳）會日有蝕之；鳳心不便定陶共王久在京師，因言：「日蝕陰盛之象，爲非常異，定陶王雖親，於禮當奉藩在國，今留侍京師，詭正非常，故天見戒，宜遣就國」。章剛直敢言，以爲鳳議非是，乃奏封事。上召見延問，章對曰：「天道聰明，佐善而災惡，以瑞異爲符效。今陛下以未有繼嗣，引近定陶王，所以承宗廟，重社稷，上順天心，下安百姓，此正義善事，當有祥瑞，何故致災異？災異之發，爲大臣顓政者也。今聞大將軍猥歸日食之咎於定陶王，建遣之國，苟欲使天子孤立於上，顓擅朝事，以便其私，非忠臣也。且日蝕，陰侵陽，臣顓君之咎。今政事大小皆自鳳出，天子曾不一舉手，鳳不內省責，反歸咎於善人，推遠定陶王。且鳳誣罔不忠，非一事也。前丞相樂昌侯商本以先帝外屬，內行篤，有威重，位歷將相，國家柱石臣也。其人守正，不肯詘節隨鳳委曲，卒用閨門之事，爲鳳所罷，身以憂死，衆庶愍之。又鳳知其小婦弟張美人已嘗適人，於禮不宜配御至尊；託以爲宜子，內之後宮，苟以私其妻弟，聞張美人未嘗任身就館也。且羌胡尙殺首子以盪腸正世，況於天子而近已出之女也。此三者皆大事，陛下所自見，足以知其餘，及它所不見者。鳳不可令久典事，宜退使就第，選忠賢以代之」。自鳳之白罷王商後遣定陶王也，成帝意不能平；及聞章言，感寤納之。謂章曰：「微京兆尹直言，吾不聞社稷計，且惟賢知賢，君試爲朕求可以自輔者」。於是章奏封事薦中山孝王舅琅邪太守馮野王，先帝時歷二卿，忠信質直，知謀有餘。野王以王舅出，以賢復入，明聖主樂進賢也。成帝自爲太子時，數聞野王先帝名卿，聲譽出鳳遠甚，方倚欲以代鳳。鳳聞之，稱病出就第，上疏乞骸骨，辭指甚哀。太后聞之，爲垂涕不御食。成帝少而親倚鳳，不忍廢，使尙書劾奏章，知野王前以王舅出補吏而私薦之，欲令在朝阿附諸侯。又知張美人體御至尊，而妄稱引羌胡殺子盪腸，非所宜言。遂下章吏。廷尉致其大逆罪，以爲比上夷狄，欲絕繼嗣之端，背畔天子，私爲定陶王。章死獄中。（元后傳）自是公卿見鳳，側目而視，郡國守相刺史皆出其門。初章爲諸生，學長安，獨與妻居，章疾病，無被，臥牛衣中，與妻決涕泣，其妻呵怒之。曰：「仲卿，京師尊貴，在朝廷人，誰踰仲卿者？今疾病困戹，不自激昂，何鄙也！」後章仕宦歷位，及爲京兆，欲上封事，妻又止之，曰：「人當知足，獨不念牛衣中涕泣時耶」？章曰：「非女子所知也」。書遂上。果下廷尉獄，妻子皆收繫，章小女年可十二，夜起號哭曰：平生獄上呼囚，數常至九，今八而止，我君素剛，先死者必君。明日問之，章果死。妻子皆徙合浦。大將軍鳳薨後，弟成都侯商復爲大將軍輔政，白成帝，還章妻子故郡。其家屬皆完具，采珠，致產數百萬。時蕭育爲泰山太守，皆令贖還故田宅。章爲京兆二歲，死不以其罪，衆庶寃紀之。（本傳）

梅福

梅福，字子眞，九江壽春人也。少學長安，明尚書、穀梁春秋，爲郡文學，補南昌尉。後去官歸壽春，數因縣道上言變事，求假軺傳，詣行在所，條對急政，輒報罷。是時成帝委任大將軍王鳳，鳳專勢擅朝，而京兆尹王章素忠直，譏刺鳳，爲鳳所誅，王氏浸盛，災異數見，羣下莫敢正言。福上書曰：「自陽朔已來，天下以言爲諱，朝廷尤甚，羣臣皆承順上指，莫有執正，何以明其然也？取民所上書，陛下之所善，試下之廷尉，廷尉必曰非所宜言，大不敬。以此卜之一矣。故京兆尹王章資質忠直，敢面引廷爭，孝元皇帝擢之，以厲具臣，而矯曲朝，及至陛下，戮及妻子，且惡惡止其身，王章非有反畔之辜，而殃及家，折直士之節，結諫臣之舌，羣臣皆知其非，然不敢爭，天下以言爲戒，最國家之大患也。願陛下循高祖之軌，杜亡秦之路，數御十月之歌，留意亡逸之戒，除不急之法，下亡諱之詔，博覽兼聽，謀及疏賤，令深者不隱，遠者不塞，所謂「辟四門，明四目」也。且不急之法，誹謗之微者也。往者不可及，來者猶可追。方今君命犯而主威奪，外戚之權日以益隆，陛下不見其形，願察其影。建始以來，日食地震，以率言之，三倍春秋，水災亡與比數，陰盛陽微，金鐵爲飛，此何景也？漢興以來，社稷三危，呂、霍、上官、皆母后之家也，親親之道，全之爲右，當與之賢師良傅，教以忠孝之道；今乃尊寵其位，授以魁柄，使之驕逆，至於夷滅，此失親親之大者也。自霍光之賢，不能爲子孫慮，故權臣易世則危。書曰「毋若火始庸庸」。勢陵於君，權隆於主，然後防之，亦亡及已」！成帝不納。福居家，常以讀書養性爲事，至元始中，安漢公莽顓政，福一朝棄妻子去九江，世傳以爲仙。其後人有見福於會稽，變姓名爲吳市門卒云。（漢書本傳）

朱雲

朱雲，字游，魯人也，徙平陵。少時通輕俠，長八尺餘，以勇力聞。年四十，乃變節從博士白子友受易，又事前將軍蕭望之受論語，皆能傳其業，好倜黨大節，當世以是高之。元帝時爲博士，遷杜陵令，坐故縱亡命。會赦，舉方正，爲槐里令。時石顯用事，雲與御史中丞陳咸抗節不附顯，數上疏言事，有司考立其殺人罪，雲亡入長安。復與陳咸計議，丞相具發其事，於是下咸、雲獄，減死爲城旦，雲遂廢錮，終元帝世。成帝時，丞相故安昌侯張禹以帝師位特進，甚尊重，帝曾以吏民所言王氏專政事示禹，禹度年老，子孫弱，又與曲陽侯王根不平，恐爲所怨，乃曰：「新學小生，亂道誤人，宜無信用」。帝由是不疑王氏。（事見漢書禹傳）雲因上書求見，公卿在前，雲曰：「今朝廷大臣，上不能匡主，下亡以益民，皆尸位素餐，孔子所謂鄙夫不可與事君，苟患失之，亡所不至者也。臣願賜尚方斬馬劍，斷佞臣一人頭，以厲其餘」。上問誰也？對曰：「安昌侯張禹」。上大怒曰：「小臣居下訕上，廷辱師傅，死罪不赦」。御史將雲下，雲攀檻，檻折。雲呼曰：「臣得下從龍逄、比干游於地下足矣，未知聖朝何如耳？」御史遂將雲去，於是左將軍辛慶忌免冠解印綬叩頭殿下曰：「此臣素著狂直於世，使其言是，不可誅；其言非，固當容之，臣敢以死爭。」慶忌叩頭流血，成帝意解，然後得已。及後治檻，帝曰：「勿易」，因而葺之，以旌直臣。雲自是不復仕，年七十餘，終於家。（漢書本傳）

申屠剛

申屠剛，字巨卿，扶風茂陵人也。七世祖嘉，文帝丞相。剛質性方直，常慕史鰌、汲黯之爲人。仕郡功曹。平帝時，安漢公莽專政，朝多猜忌，遂隔絕帝外家馮、衞二族，不得交官，剛常疾之。及舉賢良方正，因對策曰：「臣聞王事失則，神祇怨怒，奸邪亂正，故陰陽謬錯，此天所以譴告王者，欲令失道之君，曠然覺悟，懷邪之臣，懼然自刻者也。今朝廷不考功校德，而虛納毀譽，數下詔書，張設重法，抑斷誹謗，禁割論議。罪之重者，乃至腰斬，傷忠臣之情，挫直士之銳。殆乖建進善之旌，縣敢諫之鼓，闢四門之路，明四目之義也。臣聞成王幼少，周公攝政，聽言下賢，均權布寵，無舊無新，惟仁是親，動順天地，舉措不失。然近則召公不悅，遠則四國流言。夫子母之性，天道至親，今聖主幼少，始免襁褓，卽位以來，至親分離，外戚杜隔，恩不得通。且漢家之制，雖任英賢，猶援姻戚，親疏相錯，杜塞間隙，誠所以安宗廟重社稷也。今馮、衞無罪，久廢不錄，或處窮僻，不若民庶，誠非慈愛忠孝承上之意。夫爲人後者，自有正義，至尊至卑，其勢不嫌；是以人無賢愚莫不爲怨，姦臣賊子，以之爲便，不諱之變，誠難其慮。今之保傅，非古之周公，周公之聖，猶尙有累，何況事失其衷，不合天心者哉？昔周公先遣伯禽守封於魯，以義割恩，寵不加後，故配天郊祀，三十餘世。霍光秉政，輔翼少主，修善進士，名爲忠直；而尊崇其宗黨，摧抑外戚，結貴據權，至堅至固，終沒之後，受禍滅門。方今師傅，皆以伊、周之位，據賢保之任，以此思化，則功何不至，不思其危，則禍何不到？損益之際，孔父攸嘆，持滿之戒，老氏所愼。蓋功冠天下者不安，威震人主者不全。今承衰亂之後，繼重敝之世，公家屈竭，賦斂重數，苛吏奪其時，貪夫侵其財，百姓困乏，疾疫夭命，盜賊羣輩，且以萬數，軍行衆止，竊號自立，攻犯京師，燔燒縣邑；至乃訛言積弩入宮，宿衞驚懼，自漢與以來，誠未有也。國家微弱，姦謀不禁，六極之效，危於累卵。王者承天順地，典爵主刑，不敢以天官私其宗，不敢以天罰輕其親。陛下宜遂聖明之德，昭然覺悟，遠述帝王之迹，近遵孝文之業，差五品之屬，納至親之序，亟遣使者徵中山太后置之別宮，令時朝見，又召馮、衞二族裁與冗職，使得執戟，親奉宿衞，以防未然之符，以抑患禍之端。上安社稷，下全保傅，內和親戚，外絕邪謀」。書奏，大司馬安漢公莽令太后下詔曰：剛所言僻經妄說，違背大義，其罷歸田里。（註一）剛避地河西，轉入巴蜀往來二十餘年，後漢建武七年詔書徵剛，剛與隗囂書，勸其歸漢，後仕至太中大夫。（後漢書本傳）

（註一）王益之西漢年紀剛對策在元始元年。

卷二

彭宣

彭宣，字子佩，淮陽陽夏人也。治易，事張禹，擧爲博士。元壽元年，哀帝召宣爲光祿大夫，遷御史大夫，轉大司空，封長平侯。會哀帝崩，新都侯爲大司馬，秉政顓權。宣上書言：「三公鼎足承君，一足不任，則覆亂美實。臣資性淺薄，年齒老眊，數伏疾病，昏亂遺忘，願上大司空長平侯印綬，乞骸骨歸鄉里，竢寘溝壑」。莽恨宣求退，故不賜黃金安車駟馬。宣居國數年薨，謚曰頃侯。（漢書本傳）子聖嗣。（恩澤表）

王崇

王崇，吉孫，駿之子也。自吉至崇，世名淸廉。崇以父任爲郞，歷郡守刺史，治有能名。建平三年，以河南太守徵入爲御史大夫，數月左遷大司農，後徙衞尉左將軍。平帝卽位，新都侯莽秉政，大司空彭宣乞骸骨罷，崇代爲大司空，封扶平侯。歲餘，崇復謝病，乞骸骨，以避王莽，莽遣就國。歲餘，爲傅婢所毒薨，國除。（漢書王吉附傳）

吳章　呂寬　敬武公主　薛況

吳章，字偉君，平陵人也。從許商受大夏侯尚書，以言語稱。（儒林傳）爲博士。平帝以中山王卽帝位，年幼，安漢公莽秉政，以平帝爲成帝後，不得顧私親，帝母及外家衞氏皆留中山，不得至京師。莽長子宇非莽隔絕衞氏，恐帝長大後見怨。宇從章學，因與章謀，章以爲安漢公不可諫而好鬼神，可爲變怪以驚懼之。章因推類說令歸政於衞氏。宇使呂寬夜持血灑安漢公第門，若鬼神之戒，冀以懼之。事發覺，殺宇，誅滅衞氏，謀所聯及死者百餘人，章坐腰斬，磔尸東市門。初，章爲當世名儒，教授尤盛，弟子千餘人。莽以爲惡人黨，皆當禁錮，不得仕宦，門人咸更名他師。門人同郡云敞時爲大司徒掾，自劾吳章弟子，收抱章屍歸，棺歛葬之，京師稱焉。車騎將軍王舜高其志節，比之欒布云。（漢書云敞傳）

呂寬，宇妻兄也。安漢公既殺其子宇，奏宇爲呂寬所詿誤，流言惑衆，繫宇妻焉於獄，焉懷子，俟其產子已，殺之。（莽傳上）寬亡走，寬父素與齊樓護相知，護時爲廣漢太守，寬至廣漢，過護，不以事實語，到數日，名捕寬詔書至，護遂執寬。（漢書樓護傳）寬家屬徙合浦。（莽傳下）

敬武公主，孝宣帝女也，（顏師古漢書注）本嫁趙充國孫營平侯欽，欽薨，無子。（趙充國傳）敬武公主寡居。初，薛宣封高陽侯，妻死，成帝令宣尙公主。及宣免歸故郡，公主留京師。後宣卒，主上書願還宣葬延陵，奏可。宣子況前以罪徙燉煌，私歸長安，會赦，因留與主私亂。（註一）哀帝外家丁、傅貴，主附事之而疏王氏。元始中，新都侯莽爲安漢公，主出言非莽。而況與呂寬相善，及寬事覺，遂幷治況，發揚其罪，使使者以太皇太后詔賜主藥。主怒曰：「劉氏孤弱，王氏擅朝，排擠宗室，且嫂（按指元后）何與取妹披抉其閨門而殺之？」使者迫守主，遂飲藥死。況梟首於市。莽白太后云：「主暴病薨」。太后欲臨其喪，莽固爭，乃止。（漢書薛宣傳）

（註一）周壽昌曰：此因主平日出言非莽，莽恨畏，誣衊之也。

何武　　諸辛　鮑宣　許紺　二王　彭宏（彭偉）　杜公子

何武，字君公，蜀郡郫縣人也。中郎將霸（字翁君）弟。（華陽國志十二士女目錄）成帝時，大司馬王根薦武，徵爲諫大夫，累官至大司空，封汜鄉侯。武爲人仁厚，好進士獎稱人之善。爲楚內史厚兩龔，在沛厚兩唐，世以此多之。哀帝後欲改易大臣，遂策免武罷黜就國，會高安侯董賢薦武，武復徵爲御史大夫，徙前將軍。先是，新都侯莽就國數年，哀帝以太皇太后故，徵莽還京師，有詔舉太常，新都侯私就武求舉，武不敢舉。後數月，哀帝崩，太后卽日引新都侯入收大司馬董賢印綬，詔有司舉可大司馬者，莽故大司馬，辭位避丁、傅，衆庶以爲賢，又太后近親，自大司徒孔光以下，舉朝皆舉之。武爲前將軍素與左將軍公孫祿相善，二人獨謀，以爲往時孝惠、孝昭少主之世，外戚呂、霍、上官持權，幾危社稷。今孝成、孝哀比世無嗣，方當選立親近輔幼主，不宜令異姓大臣持權，親疎相錯，爲國計便。於是舉公孫祿可大司馬，而祿亦舉武，太后竟自用新都侯莽爲大司馬。莽諷有司劾奏武、公孫祿互相稱舉，皆免。武就國。元始三年呂寬等事起，時大司空甄豐承安漢公風指，遣使者乘傳案治黨與，連引諸所欲誅，武在見誣中，大理正檻車徵武，武自殺，謚曰刺侯。子況嗣。（漢書本傳華陽國志十上）

左將軍辛慶忌長子通爲護羌校尉，中子遵，函谷關都尉，少子茂水衡都尉，出爲郡守，皆有將帥之風，宗族支屬至二千石者十餘人。元始中，安漢公秉政，見慶忌本大將軍鳳所成，三子皆能，欲親厚之。時方立威柄，用二甄以自助，豐、邯新貴，威震朝廷，水衡都尉茂自見名臣子孫，兄弟幷列，不甚詘事之。時平帝幼，外家衞氏不得至京師，而護羌都尉通長子次兄素與帝從舅衞子伯相善，兩人俱游俠，賓客甚盛。及呂寬事起，安漢公誅衞氏，兩甄搆言諸辛陰與衞子伯爲心腹，有背恩之謀，於是司直陳崇舉奏其宗親隴西辛興等侵陵百姓，威行州郡，遂按通父子，遵、茂兄弟，及南陽太守辛伯等，皆誅殺之。辛氏由此廢。（漢書辛慶忌傳）時名捕辛興，興與上黨鮑宣（註一）女婿許紺，俱過宣一飯去，宣不知情，坐繫獄，自殺。（漢書鮑宣傳）

前丞相王商子樂昌侯安，弘農太守王能亦以呂寬事見罪，自殺。（漢書王商傳百官表下）彭宏哀帝時爲漁陽太守，偉容貌，能飲飯，有威於邊。安漢公誅不附已者，宏與何武、鮑宣幷遇害。（後漢書彭寵傳）。（註二）又南陽杜公子及郡國豪傑坐死者，數百人，（何武傳）海內震焉。（莽傳上）

（註一）宣字子都，本渤海高城人，後徙上黨之長子田牧。

（註二）寵傳云：「莽居攝，誅宏與何武」。按事在元始三年，范書誤。後漢書集解引洪頤煊曰：何武傳南陽彭偉卽宏，按同籍南陽，未必爲一人，姑存其說以備考。

毋將隆

毋將隆，字君房，東海蘭陵人。成帝時，大司馬車騎將軍王音奏爲從事中郎，歷冀州牧穎川太守。哀帝卽位，入爲京兆尹，遷執金吾。忤旨，左遷沛郡都尉，遷南郡太守。王莽少時，慕與隆交，隆不甚附。及爲大司馬秉政，使大司徒孔光奏隆前爲冀州牧，治中山馮太后獄，寃陷無辜，不宜處位在中土。中山之獄，本中謁者令史立、侍御史丁玄自典考之，但與隆連名奏事，莽皆免其官，徙合浦。（漢書本傳）

孫寶

孫寶，字子嚴，穎川鄢陵人也。以明經爲郡吏。御史大夫張忠薦寶經明質直，宜備近臣，爲議郞，遷諫大夫。鴻嘉中，廣漢羣盜起，選爲益州刺史。廣漢太守扈商者，大司馬車騎將軍王音姊子，軟弱不任職。寶到部，親入山谷，諭告羣盜，非本造意渠率，皆得悔過自出，遣歸田里。自劾矯制，奏商爲亂首。商亦奏寶所縱或有渠率當坐者。商徵下獄，寶坐失死罪免。益州吏民多陳寶功効，言爲車騎將軍所排。成帝復拜寶爲冀州刺史，遷丞相司直。時帝舅紅陽侯立使客因南郡太守李尙占墾草田數百頃，頗有民所假少府陂澤，略皆開發，上書願以入縣官。有詔，郡平田與直，錢有貴一萬萬以上。寶遣丞相史按驗，發其奸，尙下獄死。立以故不得代兄商爲大司馬。後爲京兆尹，以附衞尉淳于長，長敗，免官。哀帝卽位，徵諫大夫，遷司隷，後免爲庶人。哀帝崩，太司馬莽白太后徵寶爲光祿大夫，與王舜等俱迎中山王。平帝立。寶爲大司農。會越嶲郡上黃龍游江中，太師孔光大司徒馬宮等咸稱大司馬功德比周公，宜告祠宗廟，寶曰：「周公上聖，召公大賢，尙猶有不相說，著於經典，兩不相損；今風雨未時，百姓不足，每有一事，羣臣同聲，得無非其美者」。時大臣皆失色。侍中奉車都尉甄邯，卽時承制罷議者。會寶遣吏迎母，母道病，留弟家，獨遣妻子。司直陳崇以奏寶，事下三公卽訊，寶對曰：年七十詩眊，恩衰共養，營妻子，如章。寶坐免，終於家。（漢書本傳漢紀三十）

何丹

何丹字伯張，韶州人。（今英德）成帝鴻嘉初舉茂才，爲含洭長，累遷中散大夫。（一作中大夫）以言忤莽出爲松滋令。慈祥愷弟，愛民如子。卒官，邑人悲慟，擇河西勝地葬之。（廣東阮志二八八引黃佐志）

班穉　公孫閎　高固

班穉，越騎校尉況少子也。兄伯，水衡都尉；斿，右曹中郎將。穉少爲黃門郎中常侍，方直自守。哀帝立，出穉爲西河屬國都尉，遷廣平相。王莽少與穉兄弟同列友善，兄事斿而弟蓄穉。斿卒，修緦麻，賻賵甚厚。平帝卽位，太后臨朝，莽以大司馬秉政，方欲文致太平，使使者分行風俗，采頌聲，而穉無所上。公孫閎者，琅邪太守也，言災異於公府，大司空甄豐遣屬馳至兩郡諷吏民，而劾閎空造不祥，穉絕嘉應，嫉害聖政，皆不道。太后曰：「不宜德美，宜與言災異者異罰；且後宮賢家，我所哀也」。穉懼，上書陳恩謝罪，願歸相印，入補延陵園郎，太后許焉，食舊祿終身。閎獨下獄誅。（漢書叙傳）

時又有淮陽高固亦以不附莽而死。（全祖望西漢節義傳題詞附記引陳留風俗傳）

卷三

劉崇　張紹　劉禮

安衆侯劉崇，蓋長沙定王子安衆康侯丹之玄孫子也。（王子侯表上）平帝崩，安漢公莽居攝，崇與其相張紹謀曰：「莽專制朝政，必危劉氏，天下非之者，乃莫敢先舉，此宗室之恥也。吾帥宗族爲先，海內必和。」紹等從者百餘人。（註一）遂進攻宛，不得入而敗。紹者，張竦之從兄也，竦與崇族父劉嘉詣闕自歸，莽赦弗罪，嘉因奏言：「宜如古制，豬崇宮室，崇社宜如亳社，以賜諸侯」。於是汙池崇宅。（王莽傳上）新亡，建武二年，以崇從父弟寵紹封，復其侯國。（王子侯表）

劉禮，南陽人，崇同宗也。與崇俱起兵，事泄，死之。子隆年未七歲，得免。建武中封亢父侯，拜誅虜將軍。（後漢書劉隆傳）

（註一）荀悅漢紀作合黨萬餘人。

劉信　弟璜　子章　鮪匡　蘇隆　皐丹

莊鄉侯信者，東平王雲之子也。雲誅死，信兄開明嗣爲王，薨，無子，而信子匡復立爲王。東郡太守翟義舉兵，與信弟武平侯劉璜結謀，幷東平，立信爲天子，義自號爲大司馬，以東平王傅蘇隆爲丞相，中尉皐丹爲御史大夫，移檄郡國。王莽遣孫建、王邑等擊破之，斬劉璜首。初信起兵，信二子穀鄉侯章，德廣侯鮪皆被捕殺。及破翟義於圉，義與信棄軍庸亡，義於固始界中捕得，卒不得信。（漢書翟方進附傳）

信子東平王匡，初以居攝元年奉東平王開明嗣，父信起兵，幷東平，及敗，俱爲所滅。（諸侯王表）

翟義　陳豐　劉宇　王翁　王孫慶　高康　令狐邁　趙明　霍鴻　葛□

翟義，字文仲，汝南上蔡人，丞相方進少子也。少以父任爲郎，稍遷諸曹，出爲南陽都尉。後坐法免，起家爲弘農太守，遷河南太守青州牧，所居著名，有父風烈，徙爲東郡太守。數歲，平帝崩，王莽居攝，義心惡之，乃謂姊子上蔡陳豐曰：「新都侯攝天子位，號令天下，故擇宗室幼稚者以爲孺子，依託周公輔成王之義，且以觀望，必代漢家，其漸可見。方今宗室衰弱，外無彊蕃，天下傾首服從，莫能亢扞國難。吾幸得備宰相子，身守大郡，父子受漢厚恩，義當爲國討賊，以安社稷，欲舉兵西誅不當攝者，選宗室子孫輔而立之，設令時命不成，死國埋名，猶可以不慙於先帝。今欲發之，乃肯從我乎」？豐年十八，勇壯，許諾。義遂與東郡都尉劉宇，莊鄉侯劉信，信弟武平侯劉璜結謀。及東郡王孫慶素有勇略，以明兵法徵在京師，義乃詐移書以重罪傳逮慶。於是以九月都試日，斬觀令，因勒其車騎材官士，募郡中勇敢，部署將帥。立信爲天子，義自號大司馬柱天大將軍，以東平王傅蘇隆爲丞相，中尉皐丹爲御史大夫。移檄郡國，言莽鴆殺孝平皇帝，矯攝尊號，今天子已立，共行天罰，郡國皆震。比至山陽，衆十餘萬。莽聞之，惶懼不能食，晝夜抱孺子禱告郊廟，會羣臣而稱曰：「昔成王幼，周公攝政，而管蔡挾祿父以畔，今翟義亦挾劉信而作亂，自古大聖猶懼此，況臣莽之斗筲」？羣臣皆曰：「不遭此變，不章聖德」。於是放周書作大誥。（文見漢書翟方進附傳）遣諫大夫桓譚等班行諭告，當反位孺子之意。遣王邑、孫建等八將軍擊義，分屯諸關，守阸塞。自擇除關西人爲校尉軍吏，將關東甲卒，發奔命以擊義焉。諸將東至陳留、菑，與義會戰，破之，斬劉璜首，遂圍攻義於圉城，義軍大敗。與劉信棄軍逃亡，至固始界中，捕得義，尸磔陳都市。初、義兄宣居長安，先義未發，家數有怪，夜聞哭聲，聽之不知所在。宣教授，諸生滿堂，有犬從外入，齧其中庭羣雁數十，比驚救之，已皆斷頭，狗走出門，求不知處。宣大惡之。謂後母曰：「東郡太守文仲素俶儻，今數有惡怪，恐有妄爲而大禍至也。太夫人可歸，爲棄去宣家者以避害」。母不肯去。後數月，義敗。（註一）莽盡壞義第宅，汙池之，發父方進及先祖冢在汝南者，燒其棺柩，夷三族，誅及種嗣。義母練，兄宣親屬二十四人，皆磔暴於長安市，至皆同坑，以棘五毒幷葬之，下詔，取其鱷鯢，築武軍，封以爲大戮，薦樹之棘。（漢書翟方進附傳王莽傳上）義既見害，其門人作歌以怨思之。（中華古今注下）其辭曰：「平陵東，松柏桐，不知何人刦義公，刦義公在高堂下，交錢百萬兩走馬。兩走馬，亦誠難，顧見追吏心中惻。心中惻，血出漉。歸告我家賣黃犢」。（樂府詩集二十八，黃節漢魏樂府風箋）。

（註一）郡國志、「萬人聚，王邑破翟義處。」

王翁者東郡聊城人，與義起兵，及義敗，餘衆悉降，翁獨守節力戰，遂爲燔燒。（後漢書張酺傳）義黨王孫慶逼走，天鳳三年捕得，使太醫尙方與巧屠共刳剝之，量度其五藏以竹筳導其脈，知所終始，云可以治病。（莽傳中）

高康者，沛人也。父相，治易，其學亡章句，專說陰陽災異，自言出於丁將軍，傳至相，相授子康，及蘭陵毋將永，由是易有高氏學。康以明易爲郎，永至豫章都尉。居攝二年，翟義謀起兵，事未發，康候知東郡有兵，私語門人，門人上書言之，後數月，義兵起，莽召問，對受師高康，莽惡之，以爲惑衆，遂斬康。（漢書藝文志，儒林傳）

又有令狐邁，故漢建威將軍，亦與義起兵討莽，事敗，死之。三子伯友、文公、稱，皆奔燉煌，伯友入龜茲，文公入疏勒，稱爲故吏所匿，遂居効穀。（新唐書宰相世系表十五下）或謂稱避地河右云。（周書令狐整傳）（註一）初，三輔聞翟義兵起，自茂陵以西至汧二十三縣，盜賊並發。槐里男子趙明（通鑑作朋）霍鴻等自稱將軍，攻燒官寺，殺右輔都尉及斄令，刼略吏民，衆十餘萬，相與謀曰：「諸將悉東，京師空，可攻長安」。火見未央宮前殿。莽恐，遣將軍王級、王奇、閻遷與甄邯、王晏西擊之。十二月，王邑破翟義於圉 。三年春，邑等還京師。二月，復與級等合擊明鴻，皆破滅。（翟方進附傳，莽傳上）

葛某，荊州刺史。莽篡位，棄官歸，與翟義共起兵，敗，遇赦，遂稱疾自絕于世。莽以其彊宗徙之琅邪，其子浦盧起兵佐光武。（抱朴子自叙）

（註一）元和姓纂謂邁避王莽亂，居燉煌，生稱。則似未死翟義之難。

劉快　劉都　劉曾　劉貴

徐鄉侯快，（註一）膠東恭王子也。（王子侯表）始建國元年，四月，結黨數千人，起兵於其國。快兄殷，故漢膠東王，時改爲扶崇公，快擧兵攻卽墨，殷閉城門，自繫獄，吏民距快，快敗走，至長廣死。（莽傳中）

同年眞定劉都等亦謀擧兵，發覺，被誅。（莽傳中。漢紀三十、畿輔通志前事。）時諸劉擧義者，尙有楚思王子陵鄉侯劉曾、扶恩侯劉貴，（見孫建奏廢諸劉文）事蹟無考。

（註一）王子侯表作「炔」，字从火。

張充

虎賁張充（註一）等六人，初始元年，謀共刦攝皇帝莽，立楚王紆，發覺，被誅。（莽傳上）

（註一）元始元年更期門曰「虎賁」。

馬適求

馬適求（註一）鉅鹿人，地皇元年，謀舉燕、趙兵以誅莽，大司空士王丹發覺以聞，遣三公大夫逮治黨與，連及郡國豪傑數千人，皆誅死。（莽傳下，畿輔通志前事）

（註一）按「馬適」爲複姓，見邵思姓解，漢功臣表有馬適育。

賈萌

賈萌，漢末豫章太守（莽傳下）（註一）與安成侯張普共謀誅莽，普背約，詣莽反告，萌遂伐普于新茨之野，莽收萌而殺之。時人感嘆，爲立廟祀之。（註二）初，萌舉兵，有蜂附萌車衡，主簿嚴豐以爲不祥，萌果見殺。（御覽九五〇「蜂」下引謝承後漢書）。（註三）

（註一）莽傳下稱「萌，地皇四年九江連帥。」

（註二）寰宇記一〇六南昌縣龍沙廟下，同書一〇九安福縣新茨山下引王烈之安成記及廢安福縣條下引輿地志，沈欽韓漢書疏證。

（註三）案萌事有三說：一謂其討莽而死，上引諸書是也。一謂與張普爭地，水經贛水注云：「贛水又逕郡北，爲津步，步有故守賈萌廟，萌與安成侯張普爭地而死，爲普所害，即日靈見津渚，故民爲立廟焉。」一謂拒漢而死，漢書莽傳下云：「九江連帥賈萌，爲莽拒漢而死」。全謝山於困學紀聞三箋集中節義傳題辭及集外篇，屢爲萌表章，而於經史問答，則從莽傳，而疑同時先後有兩賈萌。趙一淸本水經注，又引全說，疑有二人。李詳窳記乃據寰宇記，考定賈氏爲死節，而譏謝山但據莽傳，非獎善之道。近陳垣復重核寰宇記，證謝山所言，御覽引安成記，應作寰宇記引，謂萌拒漢與討莽，雖傳聞異詞，然同名同時同地被殺，應爲一人，其說是也，今爲補傳於此。

卷四

鄭樸

鄭子眞，名樸（三輔決錄）褒中人也。玄靜修道，履至德之行。其教曰：忠、孝、愛、敬，天下之至行也。神中五徵，帝王之要道也。（華陽國志十下）隱於谷口，修身自保，非其服不服，非其食弗食。成帝時，元舅大將軍王鳳以禮聘之，子眞遂不詘而終。楊雄著書，言當世士，稱其人曰：「谷口鄭子眞，不屈其志，耕於巖石之下，名震京師。（漢書王貢傳序）馮翊人刻石祀之，至今不絕。（皇甫謐高士傳中）

莊遵

莊遵，字君平，蜀郡成都人也。姓莊氏，故稱莊子。（註一）雅性澹泊，專精老、易，隱居不仕，賣卜於成都市，日得百錢以自給。卜訖，則閉肆下簾，以著書爲事。楊雄少從之遊，屢稱其德，杜陵李彊爲益州刺史，喜曰：「吾得君平爲從事，足矣」！雄曰：「君可備禮與相見，其人不可屈也」。王鳳請交，不許，恬淡自終。卒年九十。著有道德指歸論十一卷。（漢書王貢傳序，華陽國志十下。）（註二）

（註一）據胡震亨秘冊彙函本嚴遵道德眞經指歸谷神子序。道藏本於君平說經目後，雙行小註云：東漢章、和之間，班固作漢書，避明帝諱，更之爲「嚴」。

（註二）胡本載谷神子序云：君平生西漢中葉，王莽篡漢，遂隱遁煬和，蓋上世之眞人也。其所著道德指歸論若干卷，陳、隋之際已逸其半。今所存者，止論德篇，獵其舛訛，定爲六卷。蔣錫昌老子校詁云：此序爲後人將註語，易爲序文。

戴遵

戴遵（姓氏辨證作自遵）字子高，汝南愼陽人也。平帝時爲侍御史，及莽篡位，稱病歸鄉里。家富，好給施，尙俠氣，食客常三四百人，時人爲之語曰：「關東大豪戴子高」。（後漢書逸民戴良傳）孫伯鸞、叔鸞，有隱德。（姓氏辨證十九代）

龔勝　龔舍　邴漢　曼容　栗融　禽慶　蘇章　曹竟

龔勝，字君賓，楚人也。與同郡龔舍君倩相友善，並著名節，故世謂之楚兩龔，少皆好學明經，勝爲郡吏，舍不仕。久之，楚王入朝，聞舍高名，聘舍爲常侍，不得已隨王還國，固辭，願卒學，復至長安。而勝爲郡吏，三舉孝廉，又舉茂材，爲重泉令，病去官。哀帝徵爲諫大夫，引見，勝薦龔舍，及亢父甯壽，濟陰侯嘉 ，有詔皆徵，舍、嘉至，皆爲諫大夫，甯壽稱疾不至。勝居諫官二歲餘，遷丞相司直，徙光祿大夫，出爲渤海太守，勝謝病，積六月，免歸，復徵爲光祿大夫，勝常稱疾臥，數使子上書乞骸骨。會哀帝崩，初，琅邪邴漢亦以淸行徵用，至京兆尹，後爲太中大夫，安漢公莽秉政，勝與漢俱乞骸骨，自昭帝時涿郡韓福以德行徵至京師，賜策書束帛遣歸，於是依故事遣勝、漢，二人遂歸老於鄉里。（漢書本傳）漢兄子丹，字曼容，從同郡眘伯授施氏易。（註一）亦養志自修，爲官不肯過六百石，輒自免去，其名過出於漢。初龔舍以龔勝薦，徵爲諫大夫，病免，復徵爲博士，又病去。頃之，哀帝遣使者卽楚拜舍爲泰山太守，舍家居在武原，使者至縣請舍，欲令至廷拜授印綬。舍曰：「王者以天下爲家，何必縣官」。遂於家受詔，便道之官，既至數月，上書乞骸骨，數徵不起。舍通五經，以魯詩教授。舍、勝旣歸鄕里，郡二千石長吏初到官，皆至其家，如師弟子禮。舍年六十八，居攝中卒。莽旣簒位，遣五威將帥行天下風俗，將帥親奉羊酒存問勝。明年，莽遣使者卽拜勝爲講學祭酒，勝稱疾不應徵。後二年，復遣使者奉璽書太子師友祭酒印綬，安車駟馬迎勝，卽拜秩上卿，先賜六月祿直以辦裝，使者與郡太守、縣長吏、三老官屬、行義諸生，千人以上入勝里致詔，使者欲令勝起迎，久立門外，勝稱病篤，爲牀室中戶西南牖下，東首，加朝服拕紳，使者入戶，西行，南面立，致詔，付璽書，遷延再拜，奉印綬，內安車駟馬，進謂勝曰：「聖朝未嘗忘君，制作未定，待君爲政，思聞所欲施行，以安海內」。勝對曰：「素愚，加以年老被病，命在朝夕，隨使君上道，必死道路，無益萬分」。使者要說，至以印綬就加勝身，勝輒推不受。使者卽上言，方盛夏暑熱，勝病少氣，可須秋涼乃發。有詔，許。使者五日一與太守俱問起居，爲勝兩子及門人高暉等言：「朝廷虛心待君以茅土之封，雖疾病，宜動移至傳舍，示有行意，必爲子孫遺大業」。暉等白使者語，勝自知不見聽，卽謂暉等曰：「吾受漢家厚恩，亡以報；今年老矣，旦暮入地，誼豈以一身事二姓下見故主哉」？勝因敕以棺斂喪事，衣周於身，棺周於衣，勿隨俗動吾冢，種柏作祠堂。語畢，遂不復開口飮食，積十四日死。死時年七十九矣。使者太守臨斂，賜複衾祭祀如法，門人衰絰治喪者百數，有老父來弔，哭甚哀。旣而曰：「嗟呼！薰以香自燒，膏以明自銷，龔生竟夭天年，非吾徒也」。遂趨而出，莫知其誰。勝居彭城廉里，後世刻石表其里門。（漢書本傳）光武卽位，擢勝子爲上谷太守。（後漢書卓茂傳）時，齊栗融客卿，北海禽慶（註二）子夏，蘇章游卿，山陽曹竟子期，皆儒生，去官，不仕於莽。新亡，更始徵竟以爲宰相。（註三）封侯，欲視致賢人，銷寇賊，竟不受侯爵。會赤眉入長安，欲降竟，竟手劍格死。（鮑宣傳）禽慶與河南向長遨遊五嶽名山，莫知所終。（後漢書逸民傳）

（註一）按朱起鳳辭通二冬誤以邴曼容與皮容同人，特爲訂正。

（註二）姓氏辨證二十一侵作「禽度」，非。

（註三）後漢書馮異傳，竟爲左丞相，子翊爲尙書。

楊寶

楊寶，弘農華陰人，後漢太尉楊震父也。習歐陽尙書，哀、平之世，隱居教授。居攝二年，與兩龔蔣詡俱徵，遂遁逃不知所處。光武高其節，建武中，公車特徵，老病不到，卒於家。（後漢書楊震傳）。（註一）

（註一）寶懷黃雀事，見續齊諧記，不錄。

孔休

孔休，字子泉。（後漢書卓茂傳）宛人也。（莽傳上顏注）初，新都侯王莽就國，南陽太守以侯貴重，時休爲門下掾，選守新都相。休謁莽，莽盡禮自納，休亦聞其名，與相答。後莽疾，休候之，莽緣恩意，進其玉具寶劍，欲以爲好，休不肯受，莽因曰：「誠見君面有瘢，美玉可以滅瘢，欲獻其瑑耳」，即解其瑑，休復辭讓，莽曰：「君嫌其價耶」？遂椎碎之，自裹以進，休乃受。及莽徵去，欲見休，休稱疾不見。（莽傳上）後莽爲安漢公，秉權，休棄官歸家。及纂位，遣使齎玄纁束帛，請爲國師，遂歐血託病，杜門自絕。光武即位，求休子孫，賜穀以旌顯之。（卓茂傳）

蔡茂　二郭

蔡茂，字子禮，河內懷人也，哀平間以儒學顯，徵試博士對策陳災異，以高等擢拜議郎，遷侍中。安漢公居攝，以疾自免不仕新朝。會天下擾亂，茂素與竇融善，因避難歸之，與融俱徵，復拜議郎。建武中爲司徒。茂官廣漢太守，其主簿郭賀字喬卿，洛陽人，（註一）賀祖父堅，伯父游君，亦並修淸節，不仕莽云。（范書本傳）（註二）

（註一）賀事蹟詳華陽國志十中）

（註二）華陽國志十二士女目錄，堅官烏丸校尉。

陳咸

陳咸，字子成，（北堂書鈔五十五引謝承後漢書「成」一作「威」。）沛國洨人也。成哀間以律令爲尙書，平帝時，安漢公莽輔政，多改漢制，咸心非之。及莽因事誅不附己者，何武、鮑宣等，咸嘆曰：「易稱君子見幾而作，不俟終日。吾可以逝矣」。卽乞骸骨去職。及始建國初，召咸爲掌寇大夫，謝病不肯應。（莽傳中）（註一）時，三子參、豐、欽、皆在位，乃悉令解官，父子相與歸鄕里，閉門不出入，猶用漢家祖臘。人問其故，咸曰：「我先人豈知王氏臘乎」。其後復徵咸，遂稱病篤，於是收斂其家律令書文，皆壁藏之。（註二）咸性仁恕，常戒子孫曰：爲人議法，當依於輕，雖有百金之利，愼無與人重比。建武初，欽子躬爲廷尉監。（後漢書陳寵傳）。（註三）

（註一）漢書莽傳中：始建國元年治者掌寇大夫陳成去官，按「成」爲「咸」字誤，錢氏養新錄以陳寵傳與莽傳之陳咸各爲一人。全祖望經史問答曰：范史謂咸以莽未簒時已去尙書之任，莽簒以掌寇大夫召之，不應，范史所據殆是陳寵家傳，或推崇其先世而過美其詞，恐是莽傳爲得實。

（註二）「船山讀通鑑論曰：「咸收漢律令書文壁藏之，豈徒以俟漢氏中興之求哉，誠有不忍者矣。臣之戀主也，閔其典章，典章者，卽先王神爽之所在也，故以知咸有不忍之心也」。

（註三）全漢文五十五嚴可均云：始建國三年沛郡陳咸爲講禮，蓋卽其人。先是別有陳咸沛郡相人，卒於成帝時，見陳萬年傳，非此人。按咸或不應徵，如龔勝情形，亦未可知。

卓茂

卓茂，字子康，南陽宛人也。元帝時學於長安，事博士江生，習詩、禮及曆算，究極師法，稱爲通儒。初辟丞相府史，事孔光，光稱爲長者。（後漢書本傳）茂爲人，恬蕩樂道，椎實不爲華貌，行己在於淸濁之間，與人未曾有爭競。（東觀漢記）以儒術舉爲侍郎，給事黃門，遷密令，勞心諄諄，視人如子，數年，敎化大行，道不拾遺。是時安漢公王莽秉政，置大司農六部丞，勸課農桑，遷茂爲京部丞，密人老少皆涕泣隨送。及莽居攝，以病免歸郡，常爲門下掾祭酒，不肯作職吏。更始立，以茂爲侍中。光武卽位，拜茂爲太傅，封褒德侯。（後漢書本傳）（註一）

（註一）按論衡感虛篇云：卓公爲緱氏令，蝗不入界。黃暉校釋言：傳云「爲密令」，此云「緱氏令」，因二地幷在河南，傳聞而誤，類聚五十引司馬彪書與北堂書鈔七十八引彪書作茂陵令，不足據。

蔡勳

蔡勳，字君嚴（章懷注引謝承漢書），陳留圉人也。好黃老，平帝時爲郿令，始建國初，授以厭戎連率，勳對印綬，仰天嘆曰：「我策名漢室，死歸其正，昔曾子不受季孫之賜，況可事二姓哉」？遂攜家屬，逃入深山。（後漢書蔡邕傳）初，勳與南陽卓茂、孔休、安衆劉宣、楚國龔勝、上黨鮑宣六人，同志不仕莽，幷名重當時。（卓茂傳）

郭欽

郭欽（註一）扶風隃麋人也。哀帝時爲丞相司直，奏豫州牧鮑宣舉錯煩苛，宣坐免，又奏免京兆尹薛修，以忤賢，左遷盧奴令。平帝時，遷南郡太守，莽居攝，去官，卒於家。（鮑宣傳，全漢文五十六）。（註二）

（註一）水經渭水注十七作「歙」，蓋字近而誤，註謂其恥王莽之徵，遁跡隃麋。

（註二）按全漢文嚴可均按語：「漢書西域傳下，及莽傳下，別有戊巳校尉郭欽封剼胡子。地皇末，拜七虎將軍，兵敗保京師倉，自莽死，乃降。更始義之，封侯。與此（指隃麋）之郭欽同時，非卽其人也。」

劉茂

劉茂字子衞，太原晉陽人也。少孤，獨侍母居，家貧，以筋力致養，孝行著於鄉里。及長，能習禮經，教授常數百人。哀帝時，察孝廉，再遷五原屬國候，遭母憂去官，服除，爲沮陽令。會莽篡位，茂棄官，避世弘農山中敎授。建武二年，歸爲郡門下掾。（後漢書獨行傳，儆居集漢孝子傳贊）

譙玄　費貽

譙玄，字君黃，巴郡閬中人也。少好學，能說易、春秋，成帝永始二年，以敦樸遜讓舉，拜議郎，後遷太常丞，以弟服去職。元始元年，復舉拜議郎，遷中散大夫。繼爲繡衣使者，持節與太僕王惲等分行天下，觀覽風俗，所至專行誅賞。事未及終，而王莽居攝，玄於是縱使者車，變姓名，間竄歸家，因以隱遁。後公孫述僭號於蜀，連聘不詣，述乃遣使備禮徵之，若玄不肯起，便賜以毒藥。太守乃自齎璽書至玄廬曰：「君高節已著，朝廷垂意，誠不宜復辭，自招凶禍。」。玄仰天嘆曰：「唐堯大聖，許由恥仕，周武至德，伯夷守餓，彼獨何人，我亦何人，保志全高，死亦奚恨」。遂受毒藥。玄子瑛泣血叩頭於太守曰：「方今國家東有嚴敵，兵師四出，國用軍資，或不常充足，願奉家錢千萬以贖父死」。太守爲請，述聽許之，玄遂隱藏田野，終述之世。（後漢書獨行傳）後人爲之詠曰：「肅肅淸節士，執德實固貞，違惡以授命，沒世遺令聲。」（華陽國志）時兵革累年，莫能修尚學業，玄獨訓諸子，勤習經書。建武十一年卒。明年，天下平定，玄弟慶以狀詣闕自陳，光武美之，策詔本郡祠以中牢，敕所在還玄家錢。（獨行傳）時亦有費貽，字奉君，犍爲南安人。（華陽國志十中）不肯仕述，漆身爲厲，陽狂以避之，退藏山藪十餘年。述破後，仕至合浦太守。（獨行傳）蜀中歌之曰：「節義至仁費奉君。不仕亂世不避惡君，修身於蜀，紀名亦足，後世爲大族。」（華陽國志十中）

錫光

錫光，字長冲，漢中西城人（華陽國志十二士女目錄）哀、平間爲交州刺史，徙交阯太守。王莽簒位，據郡不附，莽方有事海內，未以爲意，尋値所在起兵，遂自守。更始卽位，正其本官，光武嘉其忠，徵拜爲大將軍，朝侯祭酒，封鹽水侯。（國志二漢中志）

李業　王嘉　王皓　任永　馮信

李業，字巨游，廣漢梓潼人也。少有志，操行介特，習魯詩，師博士許晃。元始中舉明經，除爲郞。會王莽居攝，業以病去官。杜門不應州郡之命，太守劉咸强召之，業乃載病詣門。咸怒，出敎曰：「賢者不避害，譬猶彀弩射市，薄命者先死，聞業名稱，故欲與之爲治，而反託疾乎」？令詣獄養病，欲殺之，客有說咸曰：「趙殺鳴犢，孔子臨河而逝，未聞求賢而脅以牢獄者也」。咸乃出之，因舉方正，莽以業爲酒士，病不之官，遂隱藏山谷，絕匿名迹，終莽之世。（後漢書獨行傳）及公孫述僭號，素聞業賢，徵之，欲以爲博士，業固疾不起。數年，述羞不致之，乃使大鴻臚尹融持毒酒奉詔命以劫業，若起則受公侯之位，不起，賜之以藥。融譬旨曰：「方今天下分崩，孰知是非，而以區區之身，試於不測之淵乎？朝廷貪慕名德，曠官缺位，於今七年，四時珍御，不以忘君，宜上奉知己，下爲子孫，身名俱全，不亦優乎。今數年不起，猜疑寇心，凶禍立加，非計之得者也」。業乃嘆曰：「危國不入，亂國不居，親於其身爲不善者，義所不從，君子見危授命，何乃誘以高位重餌哉」？融見業辭志不屈，復曰：「宜呼室家計之」。業曰：「丈夫斷之於心久矣，何妻子之爲」。遂飲毒而死。述聞業死，大驚，又恥有殺賢之名，乃遣使弔祠，賻贈百匹。（國志作賜錢百萬）業子翬逃辭不受。蜀平，光武下詔表其閭，益部紀載其高節，圖畫形像。（獨行傳，華陽國志十下）

初，平帝時蜀郡江原王皓，字子離，爲美陽令；王嘉，字公卿，爲郎。王莽簒位，俱棄官西歸。及公孫述稱帝，遣使徵皓、嘉，恐不至，遂先繫其妻子，使者謂嘉曰：「速裝，妻子可全」，對曰：「犬馬猶識主，況於人乎」？王皓先自刎，以首付使者，述怒，遂誅皓家屬。王嘉聞而嘆曰：「後之哉」！乃對使者伏劍而死。（國志十上）是時，犍爲任永，字君業，僰道人。長歷數。同郡馮信，字季誠。（國志云：信郪郡人，三察孝廉，州舉茂才，公府十辟不詣。）亦好學博古，公孫述連徵命，待以高位，皆託靑盲以逃世難。永妻淫於前，匿情無言，見子入井，忍而不救，信侍婢亦對信姦通。及聞述誅，皆盥洗更視，曰：「世適平，目卽淸。」信取紙作書，婢因自殺。光武聞而徵之，會幷病卒。（獨行傳華陽國志十上中，惠棟後書訓纂引益都耆舊傳。）（註一）

（註一）洪亮吉曰：「新津縣圖載朱遵事，其節較業皓等尤烈，建武初下詔贈官，吳漢復表爲置祠，而史略不紀，固知如此類之失傳多矣。」

章明　侯剛

章明，字公儒，蜀郡新繁人，漢末爲太中大夫。莽篡位，嘆曰：「不以一身事二主」，遂自殺。（華陽國志十上）侯剛，字直孟，亦新繁人。爲尚書郎，見莽竊位，佯狂，負木斗守闕號哭，莽使人問之，對曰：漢祚無窮，吾寧死之，不忍事非主也。莽追殺之。（同上）

文齊

文齊，字子奇，梓潼人。平帝末，以城門校尉爲犍爲屬國，遷益州太守，造開稻田，民咸賴之。王莽，公孫述時，齊據郡不服。述拘其妻子，許以公侯，招之不應。乃遣使由交趾貢獻河北。述平，光武嘉之，徵拜鎭遠將軍，封成義侯，南中爲立祠。（華陽國志十下又十二士女目錄）（註一）

（註一）趙氏金石錄十八漢禮殿記跋尾引國志作「文參」字子奇，與此同人。

王丹

王丹，字仲回，京兆下邽人也。哀平時，仕州郡，莽時連徵不至。家累千金，隱居養志，好施周急，每歲農時，輒載酒肴於田間，候勤者而勞之，其惰懶者恥不致丹，皆兼功自厲，邑聚相率以致殷富，其輕黠游蕩廢業爲患者，輒曉其父兄使黜責之，沒者賻給，親自將護，其有遭喪憂者，輒待丹爲辦，鄉鄰以爲常，行之十餘年，其化大洽，風俗以篤。丹資性方絜，疾惡强豪，時河南太守同郡陳遵，關西大俠也，其友人喪親，遵爲護喪事，賻助甚豐，丹懷縑一匹，陳之於主人前曰：「如丹此縑，出自機杼」。遵聞而有慚色，自以知名，欲結交於丹，丹拒不許。（後漢書本傳）更始時，遵爲大司馬，出使匈奴，過辭於丹，丹曰：「俱遭反覆，惟我二人爲天所遺，今子當之絕域，無以相贈，贈子以不拜」。遂揖而別，遵甚悅之。（東觀記）會前將軍鄧禹西征，關中軍糧乏，丹率宗族上麥二千斛，禹表丹領左馮翊，稱疾不視事，免。後徵爲太子太傅。（本傳）

荀恁

荀恁（姓氏辨證作郇）字君大，太原廣武人，少修清節，資財千萬，父越卒，悉散與九族，隱居山澤，以求其志。地皇末，匈奴寇廣武，聞恁名節，相約不入荀氏閭。光武徵，稱病不至。（後漢書周燮傳序，儆居集漢處士傳贊）

韓順

韓順，字子良，天水成紀人也。以經行清白，辟州宰，不詣。地皇末，隱於南山。及漢起兵於南陽，同縣隗囂等起兵，自稱上將軍，西州大震。惟順修道山居，執操不回。囂厚禮聘順，欲以爲師，順使謝囂曰：「卽欲相師，但入深山來。」，囂聞，矍然不敢强屈。其後囂等諸姓皆滅，惟順山棲安然，以貧絜自終。（高士傳）

陳宣

陳宣，字子興（御覽作子輿）沛國蕭人也。剛猛性毅，博學，明魯詩。遭王莽篡位，隱處不仕。光武卽位，徵拜諫議大夫。（續漢書五行志劉昭注引謝承後漢書，姚之駰輯本。）

卷五

王霸

王霸，字儒仲，太原廣武人也。少有清節，及莽篡位，遂棄冠帶，絕交宦。建武中，徵到尚書，拜，稱名不稱臣。有司問其故，霸曰：「天子有所不臣，諸侯有所不友」，以病歸。（後漢書逸民傳）初，霸與同郡令狐子伯爲友，後子伯爲楚相而其子爲郡功曹，子伯乃令子奉書於霸，車馬服從，雍容如也。霸子時方耕於野，聞賓至，投耒而歸，見令狐子，沮怍不能仰視。霸目之，有媿容，客去而久臥不起，妻怪問其故，始不肯告，妻請罪而後言曰：「吾與子伯，素不相若，向見其子容服甚光，舉措有適，而我兒曹蓬髮歷齒，未知禮則，見客而有慚色，父子恩深，不覺自失耳」。妻曰：「君少修清節，不顧榮祿，今子伯之貴，孰與若之高，奈何忘宿志，而慚兒女子乎」？霸起笑曰：「有是哉」！遂共終身隱遁。（列女傳）茅屋蓬戶，連徵不至，以壽終。（逸民傳）

王良

王良，字仲子，東海蘭陵人也。少好學，習小夏侯尚書，莽時，稱病不仕，教授諸生千餘人。建武三年，徵拜諫議大夫，後爲大司徒司直。（後漢書本傳）

向長

向（高士傳作尚）長，字子平，河南朝歌人也。隱居不仕，性尚中和，好通老易，貧無資食，好事者更饋焉，受之取足，而反其餘。莽時，大司空王邑辟之，連年乃至，欲薦之，固辭乃止。潛隱於家，讀易至損、益卦。喟然嘆曰：「吾已知富不如貧，貴不如賤，但未知死何如生耳？」建武中，男女嫁娶已畢，勅斷家事勿相關，當如我死也。於是遂肆志與同好北海禽慶，俱遊五嶽名山，竟不知所終。（後漢書逸民傳）（註一）

（註一）沈欽韓曰：范書向長傳，用高士傳。按英雄記載向子平有道術，為縣功曹休歸入山，担柴賣以供食飲。

逢萌　徐房　李曇　王遵

逢萌，（姓解作「逢」，惠棟後書補注「逢」當作「逄」）字子慶，（東觀記羣輔錄作字子康）北海都昌人也。家貧，給事縣為亭長，時尉行過亭，萌候迎拜謁。既而擲楯嘆曰：「大丈夫安能為人役哉」！遂去之長安，學通春秋經。時安漢公莽殺其子宇，萌謂友人曰：「三綱絕矣！不去，禍將及人」。即解冠掛東都城門，歸，將家屬浮海，客於遼東。萌素明陰陽，知莽必敗。有頃，乃首戴瓦盎哭於市曰：新乎！新乎！（註一）因遂潛藏。及光武即位，乃之琅琊勞山，養志修道，人化其德，連徵不起，以壽終。（後漢書逸民傳）（註四）

萌同郡徐房，平原（註二）李子雲曇，王君公遵，（註三）相善，幷曉陰陽，懷德穢行，　房與子雲養徒各千人。君公遭亂，獨去，儈牛自隱，時人為之語曰：「避世牆東王君公」。（同上）（註四）

（註一）東觀記云：「首戴齋器哭於市曰，辛乎辛乎！沈欽韓曰：此以齋器受辛，借辛為新，於理相合。

（註二）羣輔錄誤連「平原」屬上讀，以房字「平原」非也。

（註三）據世說字應仲，亦見黃式三儆居集漢處士傳贊。

（註四）范書章懷注引嵇康高士傳「君公明易為郎，數言事不用，乃自汙與婦通，歸詐狂儈牛，口無二價」。

又羣輔錄以逢萌、徐房、李曇、王遵號為四子。

郭丹

郭丹，字少卿，南陽穰人也。父稚，成帝時爲廬江太守，有淸名。丹七歲而孤，小心孝順，後母哀憐之，爲鬻衣裝買產業。後學長安，從宛人陳洮（註一）買符入函谷關。乃慨然嘆曰：「丹不乘使者車，終不出關」。既至京師，常爲都講，諸儒咸敬重之。大司馬莊尤請，丹辭病不就，莽又徵之，遂與諸生逃入北地。更始二年，徵爲諫議大夫，仕漢永平三年爲司徒。（後漢書本傳）

（註一）四字據東觀記補。按惠棟曰：御覽、六帖引記「洮」作「兆」。

宣秉

宣秉，字巨公，馮翊雲陽人也。少修高節，顯名三輔。哀、平間，見王氏據權專政，侵削宗室，有逆亂之萌，遂隱遁深山，州郡連召，常稱疾不仕。莽爲宰衡，辟令不應。及篡位，又遣使者徵之。秉固稱疾病。更始時，徵爲侍中，建武中仕至大司徒司直。（後漢書本傳）

周黨　譚賢　殷謨　閔貢

周黨，字伯況，太原廣武人也。少孤，遊學長安。初，鄉佐嘗衆中辱黨，黨久懷之，後讀春秋，聞復讎之義，便輟講而還。與鄉佐相聞，期剋鬬日，既交刃，而黨爲鄉佐所傷，困頓，鄉佐服其義，與歸養之，數日方蘇。既悟而去。自此勅身修志，州里稱其高。莽時，黨託疾杜門，自後賊暴縱橫，殘滅郡縣，惟至廣武，過城不入。建武中，徵爲議郎，以病去職，遂隱居黽池，著書上下篇而終，邑人賢而祠之。（風俗通四，後漢書逸民傳）初，黨與同郡譚賢（徼居集作譚咸）伯升，雁門殷謨君長，俱守節不仕新室。建武中，幷徵不到。（逸民傳）其時同郡閔貢字仲叔，亦以清節著稱，與黨爲友，黨見其含菽飲水，無菜，遺以生蒜，貢曰：「我欲省煩耳，今更作煩耶。」受而不食。建武中，以博士徵不至，客居安邑，老病家貧，不能得肉，日買猪肝一片，屠者或不肯與，邑令聞之，勅吏常給焉。貢怪而問知之，乃嘆曰：閔貢豈以口腹纍安邑耶？遂去，客沛，以壽終。（後漢書周燮傳序，儆居集漢處士傳贊）

許揚

許揚，字偉君，汝南平輿人也。少好術數，安漢公莽輔政，召爲郎，稍遷酒泉都尉。及簒位，揚乃變姓爲巫醫，逃匿它界，莽敗，方還鄉里。建武中，太守鄧晨署爲都水掾，使治鴻卻陂，百姓得其便。卒，吏民爲起廟，圖畫形像以祭祀之。（後漢書方術傳上）

任文公

任文公，巴郡閬中人也。父文孫，官侍御史。（據國志士女目錄）明曉天官風角秘要。文公少修父術，爲治中從事，後辟司空掾。（註一）平帝卽位，稱疾還家。莽時，文公推數，知當大亂，乃命家人負物百斤，環舍趨走，日數十，時人莫知其故，後兵寇起，逃亡者少能自脫，惟文公大小負糧捷步，悉得完免。遂奔子公山中，十餘年不被兵革。（後漢書方術傳上）

（註一）（國志士女目錄以文公爲文孫弟，說較可信）

郭憲

郭憲，字子横，汝南宋人也。少師事東海王仲子（卽横）。時，莽爲大司馬，召仲子，仲子欲往，憲諫曰：「

禮有來學，無往教之義；今君賤道畏貴，竊所不取」。仲子曰：「王公至重，不敢違之」。憲曰：「今正臨講業，且當訖事」。仲子從之。日晏乃往，大司馬問君來何遲？仲子具以憲言對，莽陰奇之。及後篡位，拜憲郎中，賜以衣服，憲受衣焚之，逃於東海之濱。莽深忿恚，討逐不知所在。光武時，求天下有道之人，徵憲，拜爲博士，後爲光祿勳。（後漢書方術傳上）

孔子建

孔子建，魯人。蘭台令史僖曾祖父也。少游長安，與崔篆友善，及篆仕新爲新建大尹，嘗勸子建仕，對曰：「吾有布衣之心，子有袞冕之志，各從所好，不亦善乎！道既乖矣，請從此辭」。遂歸，終於家。（後漢書儒林孔僖傳）

薛方

薛方，字子容，齊人也。曾爲郡掾祭酒，累徵不至。莽以安車迎方，方因使者辭謝曰：「堯、舜在上，下有巢、由，今明主方隆唐、虞之德，小臣欲守箕山之志」。使者以聞，莽說其言，不强致。方居家，以經教授，喜屬文，著詩賦數十篇。光武卽位，徵方，道病卒。（漢書鮑宣傳）

劉宣

劉宣，字子高，安衆侯崇之從弟也。知王莽當篡漢，乃變姓名，抱經書，隱避林藪。建武初，乃出。光武以宣襲封安衆侯。（後漢書卓茂傳）（註一）

（註一）按漢書侯表，建武二年，封安衆侯者爲劉寵，顧炎武曰：宣或卽寵誤。

蔣詡　二仲

蔣詡，字元卿，杜陵人也。哀帝時，爲兗州刺史，以廉直名。居攝間，稱病，免官，歸鄉里，臥不出戶。（漢書鮑宣傳）荆棘塞門，舍前竹下開三徑，惟故人羊仲、裘（一作求）仲從之游。二仲以治車爲業，皆挫廉逃名不仕者。（羣輔錄，三輔決錄、嵇康高士傳）

胡剛

胡剛，南郡人，胡廣六世祖也。清高有志節。平帝時，大司農馬宮辟之。值莽居攝，剛解其衣冠懸府門而去，遂亡命交阯，隱於屠肆之間。新亡，乃歸鄉里。（後漢書胡廣傳）

鄭敬　郅惲

鄭敬，字次都，汝南人也。閑居不修人倫，新遷都尉（莽改新蔡曰新遷）逼爲功曹，廳事前樹時有清汁以爲甘露，敬曰：明府政未能致甘露，此青木汁耳，辭病歸隱處，精學蛾陂中。陰就、虞延幷辟不行，同郡鄧敬因折芰爲坐，以荷薦肉，瓠瓢盈酒，言談彌日，蓬廬蓽戶，琴書自娛。（後漢書郅惲傳注引謝沈後漢書）地皇元年，汝南人郅惲上書說莽令就臣位。莽怒，繫惲詔獄。踰冬，會赦，惲與敬南遁蒼梧。（郅惲傳通鑑）後歸，敬獨隱於弋陽山中，惲從敬宿止，漁釣自娛。惲志在從政，既乃喟然而嘆。謂敬曰：「天生俊士，以爲人也；鳥獸不可與同羣，子從我爲伊、呂乎？將爲巢、許乎？而父老堯、舜也」。敬曰：「我足矣。初從生步重華於南野，謂來歸爲松子，今得幸全軀樹類，還奉墳墓，盡問學道，雖不從政，是亦爲政也。吾年耄矣，安得從子。」惲告別而去。敬清志高世，光武時，連徵不到。（惲傳）

安丘望之

安丘望之，字仲都。（嵇康高士傳）京兆長陵人也。少治老子經，恬靜不求進宦，號曰安丘丈人。成帝聞欲見之。望之辭不肯見，上以其道德深重，常宗師焉。望之不以見敬爲高，愈自損退，爲巫醫於民間。著老子章句。老氏有安丘之學，扶風耿弇父況及王莽從弟王伋皆師事之，從受老子。終身不仕，道家宗焉。（高士傳、後漢書耿弇傳、姓氏辨證二十五歲。）

張仲蔚

張仲蔚，平陵人也，與同郡魏景卿俱修道德，隱身不仕。明天官博物，善屬文，好詩賦，常居窮素，所處蓬蒿沒人，閉門養性，不治榮名，時人莫識，惟劉龔知之。（高士傳）

高容　子詡

高容，平原般人也。祖嘉，以魯詩授元帝，仕至上谷太守。容少傳嘉學，哀平間爲光祿大夫。子詡，字季回，以父任爲郎中，世傳魯詩，以信行清操知名。莽篡位，父子稱盲，逃不仕。光武卽位，徵詡爲博士，官至大司農。（後漢書儒林高詡傳）

洼丹　桓榮　牟長　包咸　丁恭

洼丹，字子玉，南陽育陽人也。世傳孟氏易，莽時，常避世教授，專志不仕，徒衆數百人。建武初爲博士。稍遷爲大鴻臚，作易通論七篇。（後漢書儒林本傳）同時儒者，如桓榮（後漢書本傳）、牟長、丁恭、包咸（儒林傳），皆專志教授，不仕莽云。

劉昆

劉昆，（論衡初稟篇作琨）字桓公，陳留東昏人也。少習容禮，平帝時，受施氏易於沛人戴賓，能彈雅琴，知清角之操。新時教授弟子，恒五百餘人。每春秋饗射，常備典儀，以素木瓠葉爲俎豆，桑弧蒿矢以射菟首。每有行禮，縣官輒率吏屬而觀之，莽以昆多聚衆徒，私行大禮，有僭上心，乃繫昆及家屬於外黃獄。尋莽敗，乃免。既而天下大亂。昆避難河南負犢山中，建武五年，舉孝廉，不行，遂逃教授於江陵，除爲江陵令，拜騎都尉。（後漢書儒林本傳）

龍丘萇

龍丘萇（郡國志注元和姓纂作長）吳人也。隱居太末。（註一）志不降辱。莽時，四輔三公，連辟不到。（註二）更始元年，南陽任延爲會稽都尉。掾吏白請召之，延曰：「龍丘先生，躬德履義，有原憲、伯夷之節，都尉掃灑其門，猶懼辱焉，召之不可」。遣功曹奉謁，修書記，致醫藥。吏使相望於道，積一歲，　乃乘輦詣府門，願得先死備錄，遂署議曹祭酒。尋病卒。（後漢書循吏任延博）。（註三）

（註一）東觀記：太末有龍丘山，在東，有九石，特秀色丹，遠望如蓮華，萇之隱處有一巖穴，如窗牖，中有石牀可寢處。南史徐伯珍傳，九巖山，萇隱處，山多龍鬚檉柏，望之五采，世呼爲婦人巖。

（註二）姓纂稱漢時博士，通志作「高士」，「博士」疑高士之誤。

（註三）兩浙名賢錄：萇，太末人。龍游縣志列於人物之首。云：章懷注，太末縣屬會稽郡，今婺州龍丘縣，當時屬吳，漢書偶用古稱。明成化時，以其隱處析隸湯溪，今之龍游即其鄉里。

室中周

室中周，莽時避地漢中，著書十篇。（廣韻一東，姓氏辨證校勘記下，漢志拾補）

疎孟達

疎孟達，漢太子太傅廣之曾孫。莽末避難，自東海徙居沙鹿山南。去疎之足，遂改姓氏，爲束氏之祖。（晉書束晳傳）

丘俊

丘俊，代居扶風，漢末，持節江淮，屬莽篡位，遂留江左，居吳興。（廣韻十八尤）

沈靖

沈靖，字文光，御史中丞謙子，官湯陰太守。避莽之難，隱居桐柏山。（唐書宰相世系表）（註一）

（註一）姓氏辨證四十七寑作「沈靜」

韓騫

韓騫，龍頷侯增子，官河南尹，避莽亂，居赭陽。（唐書宰相世系表）

范馥

范馥，本鉅侯，避莽亂，適吳，遂家焉。（晉書儒林范平傳）

王興

王興，北平侯王譚子，譚不從莽政，子興，生五子，幷避時亂，隱居郡涿故安縣閻鄉西山，世以爲五大夫城。

光武卽位，封爲五侯，元才北平侯；益才，安憙侯、顯才，蒲陰侯；仲才，新市侯；季才，爲唐侯，所謂中山五王也。（水經注十一易水注）

附南陽公主

王氏秉政，公主避亂奔華山，得道仙去，嶺上遺一雙珠履。（見檀几叢書十四，張正茂龜臺琬琰。）

附錄

王應麟困學紀聞

西漢末郭欽、蔣詡、栗融、禽慶、蘇章、曹竟，不仕於莽，卓茂與孔休、蔡勳、劉宣、龔勝、鮑宣同志不仕莽，時王皓、王嘉幷棄官，漢史不能表而揚之爲清節傳，而僅附見其姓名。然諸君子淸風肅然，立懦夫於百世之下，不待傳而彰。（卷十二考史）

按華嶠始論班固不叙殺身成仁之美，通鑑胡身之注曰：「謂不立忠義傳，」此與深寧有同慨也。李鄴嗣撰西漢節義傳，萬季野撰宋季忠義錄，皆此說有以發之。

全祖望西漢節義傳題詞

往者吾鄉宋大儒深寧王公，嘗以班史不叙殺身成仁之美，欲補譔西京節義傳而不果，發其略於困學紀聞。近世長洲何氏義門頗爲班史佞臣，反言史臣表節義亦不在立傳與否，果爾，則史臣所當立傳者，是何等人也。吾鄉杲堂李丈，取其中四十二人爲一十五傳，又附以二十二人爲五傳，每傳爲一論，淋漓悲慟，足令百世而下張目，赤符殘燄，不覺爲之生色。其論龔勝傳末載父老語，是不知志士夭年，自足千古，非木石輩之壽。翟義傳末載黃鵠辭以昭天道，是豈史筆所忍書，今易之以黃犢之謠。於孔子建傳大書先聖累世子孫高節，不使見辱於褒成。於郭欽蔣詡傳必以其倫不使見辱於紀、唐一輩。此等正議，卽令班史復生，無所申其三尺之喙，若其於東郡同義諸公，幸其潛竄不盡遭虎口；期門同義諸公，惜其姓氏之不傳；而尤喟然於公孫祿之晚節，斯僅爲西漢人言之邪？嗚呼！論其世以逆其志，斯其可爲太息流涕者也。先生仲孫世法開雕是書，予爲之題辭，顧尚有爲是書請益者，夫旣以王章爲首，而附以力訟章寃之梅福爲一傳，又次之以劉向，又次之以朱雲各爲一傳，則次之者尚有棄三公以避莽之彭宣、王崇應爲一傳，然後次之以不附莽被殺之何武、鮑宣、王安、辛氏兄弟父子族屬，附之以彭偉、杜公子、許紺，而尚有漁陽太守彭宏同死是難，見其子彭寵傳，應合爲一傳。何鮑王辛之禍，由於吳章，其欲以災異脅莽事雖未善，志則忠矣。應次之以吳章，附之以呂寬爲一傳。然後次之以避莽死節之龔勝，而合之以龔舍，邴漢爲一傳。其時尚有少不附莽之毋將隆應爲一傳。又有不頌莽功德被斥之孫寶應爲一傳。然後次之以不獻莽祥瑞被殺之公孫閎，而附之以班穉爲一傳。然後次之以避莽之孔休爲一傳。然後次之以討莽避莽之安衆侯劉崇兄弟，而合之以張紹，而尚有宗室劉禮，見其子劉隆傳，應合爲一傳。然後次之以討莽之嚴鄉侯劉信兄弟父子，而合之以翟義，附之以劉宇，陳豐、王孫慶、蘇隆、皐丹、王翁爲一傳。又次之以趙明、霍鴻爲一傳。其時宗室討莽者尚有陵鄉侯曾，扶恩侯貴，（漢書作貴）見莽詔書中，應與徐鄉侯快合爲一傳。然後次之以討莽之張充，而尚有劉都，馬適求應爲一傳。然後次之以不仕莽之郭欽、蔣詡、薛方、逢萌，附之以向平、禽慶、栗融、蘇章、曹竟、周黨，而尚有王君公、李子雲，徐房、譚賢、殷謨應爲一傳。然後次之以孔子建爲一傳。然後次之以陳咸、楊寶、蔡勛、戴遵，而尚有高容見其子高詡傳，郭堅、郭游君見其孫郭賀傳，胡剛見其六世孫胡廣傳，應爲一傳。然後次之以避莽死節之李業、譙玄、王嘉、王皓，而附之以任永，馮信，費貽爲一傳。於是以龍丘萇終焉。不知先生何以於彭宣、王崇、孫寶、吳章、劉都之徒，有略而勿收者。夫是書，固日月爭光之文也，予以晚出，未得侍當日履約之末，以備商榷，斯爲恨事。爰牽連及之，幷載諸困學紀聞注中，庶以成深甯之志也夫。（鮚埼亭集三十一）

厚建（杲堂七世孫）傳論跋

杲堂先生西漢節義傳，詳見全謝山太史題辭，以是書已梓行，屢求之不得，求諸先生子孫，僅於殘帙中得目錄一紙，繼從族人見杲堂雜文繕本，得所繫論二十篇，錄之，而更求其傳，終不可得。既憾是書之不獲盡傳，尤恐後之幷是而亦失傳也，僅視所藏目次第之，仍存其故目，冠以謝山題辭，署之曰西漢節義傳論，誌實也。當天地晦塞之交，知略無所施，勇力無所用，而此不忍言不可言之隱衷，怦怦然不能已，於是各行其志，以捐頂踵，以衷宗族，或遯跡山林，鬱鬱以沒齒，幸而爲故君吐氣，臣之幸，宗社之福也，不幸而功無成，喪士卒，塗炭生民，以成其名曰節義，忍乎哉！班氏稱古良史，顧不叙殺身成仁之美，以是爲班氏罪，固已。然此數十人之意，誠使後世之人竟不知天壤間曾有此數十人者，則此數十人且相慰於地下也。君亡與亡，既不克成其志以底於亡，豈忍復有所存乎？國之已覆，何恤乎身？身之不恤，何論乎身後之名？雖然，陵谷變遷，不知紀數，而人不敝。有所以維之者矣，名之曰節義，豈僅爲此數十人而名之者哉。以此數十人之不叙於史氏，而深甯先生憾之，而杲堂先生補之，又豈僅爲此數十人而憾之而補之哉，茫茫世宙，治亂相仍，讀杲堂先生之書，論其世以逆其志，誠可爲太息流涕；推之深甯先生之志，而爲杲堂哭者，且將爲深甯哭矣，推之諸節義之志，而爲深甯哭者，且將爲諸節義哭，爲西漢列帝哭，抑且爲天下後世同此覆轍者哭矣！則甚矣，諸節之不可不傳，而是書之不可不作也。獨是天之生材，期於有用，既生之而復挫折之，使齎恨以歿，豈誠天道不可知，人力不可恃耶？悲夫！

郭傳璞西漢節義傳論序

同治壬戌，予寓象山王氏翠竹軒，獲書頗富，繙閱之，見有義闡一書，紀周、秦以來忠臣孝子、俠客、義士，烈婦、貞女事甚備，肅然起敬，欲抄副本，未遑也。明年歸郡，省湖上李笙南丈，齋頭見其族祖杲堂先生西漢節義傳論上下卷，傳早散佚，結埼全氏言之詳矣，而論二十篇，秩然猶存，喜極假鈔。逮去冬，余將鋟諸版以永其傳，丈之文孫約齋上舍，以其尊人孝廉跋并自識請附卷尾。予諾之，詢其原本在否？則曰亡矣。後謝吏部廉始同年過我曰，原本固在我處也，覆之良是，爰屬約齋合校以授梓焉。光緒十有二年歲次丙戌正月元日里後學郭傳璞謹序。

附西漢節義傳論目

李詳西漢節義傳序

宋四明王厚齋先生困學紀聞言：「西漢末郭欽、蔣詡、栗融、禽慶、蘇章、曹竟不仕於莽，卓茂、與孔休、蔡勳，劉宣、龔勝、鮑宣同志不仕莽，時王皓、王嘉幷棄官，漢史不能表而揚之爲清節傳，而僅附見其姓字。」至本朝，其鄉人李鄴嗣承厚齋之說，撰西京忠義傳四卷（原注云：「見全謝山經史問答卷十，鮚埼亭集卷卅一名西漢節義傳，余今從之。」）取四十二人爲一十五傳，附以二十二人爲五傳，每傳爲一論。其書僅及班、范二史，不采他書，謝山因欲傳之，著其說於西漢節義傳題詞，及困學紀聞三箋中，餘姚翁氏元圻又推全說，而別舉數氏，厚齋之意，於是彰矣。據謝山言，鄴嗣仲孫世法已開雕此書，就令此書尙存，亦爲不備；蓋謝山志在窮源竟委，以著新都之所由起，凡抗王氏者得入焉，此異於厚齋者也。故於鄴嗣之後，猶有所待。余以羸病，不復能致精思，暇乃治此以消短晷，編次詮合，率以己意爲斷，其有所見，歸之後論，思與鮚埼老肸蠁質證。若厚齋之言，特以寓其不事異姓，取類相況；所謂略舉其凡而自引其切，則鄴嗣、謝山與余有不讓焉。宣統元年十月興化李詳（文載國粹學報）

按李著不全，僅有劉向、王章、梅福、翟義、（附陳豐、劉宇、劉信、劉璜、劉慶、蘇隆、皐丹、趙明、霍鴻）令狐邁（子伯友、文公、稱）何武、鮑宣、兩龔、彭宣、王崇、彭宏、孔休、孔子建諸人傳而已。

本文原爲拙作新莽史附編之一，以全書卷帙繁多，殺青有待，承賓四先生雅意，先以此刊出。作者附識。

唐代天可汗制度考

羅香林

一、

唐太宗時，中國與西北邊外各鄰國，產生一種近於維繫國際和綏關係之機構，卽所謂天可汗制度（註一）是也。天可汗爲國際共同盟主，卽推唐之皇帝爲之，以維繫各國安和爲任務。此天可汗，亦稱普天下皇帝。（註二）。蓋可汗爲西北諸國對國君之通稱，天可汗，猶言高出衆可汗之可汗也，而中國則自秦漢以來通稱國君曰皇帝，或曰天子，故天可汗亦可稱爲普天下皇帝焉。此天可汗，如遇各國間發生糾紛，則當爲之裁判解決，如遇有侵略人國者，卽須調遣各國軍隊以抗拒之，（註三）；其受侵之國，亦得請天可汗予以援救或撫恤，各國兵亦得受徵至中國平亂。（註四）。各國君主，如遇有死亡或缺失者，其嗣君繼位，亦必由天可汗下詔冊立，以示承認。（註五）。此與今日聯合國之作用，頗爲近似，特聯合國爲委員制組織，而此天可汗制度，則爲首長統率之組織也。

考天可汗一尊號及其制度，起於唐太宗貞觀四年（西元六三〇年）平定東突厥之後，（註六），而其擴充與發展則在唐高宗平定西突厥後。新唐書卷二太宗本紀『（貞觀四年），四月戊戌，西北君長，請上號爲天可汗。』資治通鑑卷一百九十三唐紀九：『（貞觀四年）二月，……甲辰，李靖破突厥頡利可汗於陰山。三月……四夷君長詣闕，請上爲天可汗。上曰：我爲大唐天子，又下行可汗事乎？羣臣及四夷，皆稱萬歲。是後，以璽書賜西北君長，皆稱天可汗。』舊唐書太宗本紀：『（貞觀四年）正月乙亥，定襄道行軍總管李靖，大破突厥，獲隋皇后蕭氏，及煬帝之孫正直，送至京師。……二月，……甲辰，李靖又破突厥於陰山，頡利可汗輕騎遠遁，……三月庚辰，大同道行軍總管張寶相，生擒頡利可汗，獻於京師。……甲午以俘頡利，告於太廟。夏四月丁酉，御順天門，軍吏執頡利以獻捷。自是西北諸蕃咸請上號爲天可汗，頒降璽書，册命其君長，則兼稱之。』按西北君長請上尊號，本以平定東突厥頡利可汗而起，故於正月大破東突厥，至四月，而諸國君長或使臣，遂詣闕請唐太宗爲天可汗矣。

蓋突厥，自西魏至北周時，已漸趨强大。其首領土門可汗（Boumin Kagan），崛起漠北，稱伊列可汗。傳子木杆可汗，勢力寖增，夷柔然，破嚈噠，降吐谷渾，東結契丹，北滅結骨，威令遠自遼東，西達亞洲西北。木杆駐東方都斤山，（今外蒙古三音諾顏南境），役屬東方諸國，令從弟達頭可汗，居千泉，）今中亞搭拉斯河Talass附近），控制西方諸國。前者稱東突厥，後者稱西突厥。西突厥更與東羅馬連和，而屢壓波斯。東突厥則於隋唐之際，數爲中國邊患。（註七）。故至貞觀四年東突厥平定，西突厥亦投降（註八）後，諸國曾受突厥壓制者，皆喁喁望治，而欲得一防止其再起之策，乃共推唐太宗爲國際和綏機構首長也。

又當時詣闕請上尊號之首領，新唐書謂爲西北君長，通鑑謂爲四夷君長，舊唐書則謂爲西北諸蕃。考唐會要卷一百雜錄，『（貞觀）四年三月，諸蕃詣闕，請太宗爲天可汗。乃下制，令後璽書，賜西域北荒之君長，皆稱皇帝天可汗。諸蕃渠帥有死亡者，必下詔册立其後嗣焉。統制四夷，自此始也』。似當以西域北荒之君長爲是。

其後，以西突厥內部紛爭，叛服靡常，至唐高宗顯慶二年（西元六五七年），乃命蘇定方統率諸軍，平定西突厥，擒其首領沙鉢羅可汗。（註九）。而舊日役屬於西突厥之諸國，更歸嚮於唐，受天可汗指揮。越四年，（龍朔元年，卽西元六六一年），又以慮大食與吐蕃之侵擾，乃以西域十六國置爲十六都督府，其出自昭武九姓之康、石等國，亦並置爲都督府。（註十）。以各該國首領兼爲都督，而天可汗組織，遂更爲擴張。唐代對西方之交通，亦更爲發展，（註十一），唐人之經學與法律及文學藝術等，亦緣是而廣傳於西域各地（註十二），流行西域之宗教與藝術等，亦更向中國傳播矣。（註十三）。

唯天可汗制度爲始於唐太宗時之國際上共同組織，故凡西北各部落之直接稱臣於中國者，則尊唐太宗爲可汗，而不稱之爲天可汗也。新唐書卷二唐太宗本紀，貞觀二十年九月，『甲辰，鐵勒諸部，請上號爲可汗。』舊唐書卷三太宗本紀，貞觀二十年八月：

『己巳，幸靈州，庚午，次涇陽頓，鐵勒，迴紇，拔野古，同羅，僕骨，多濫葛，思結，阿跌，契苾，奚結，渾，斛薛等，十一姓，各遣使朝貢，奏稱薛延陀可汗，不事大國，部落烏散，不知所之。奴等，各有分地，不能逐薛延陀，歸命天子，乞置漢官。詔遣會靈州。鐵勒諸部落俟斤頡利發等，遣使相繼而至靈州者，數千人，來貢方物，因請置吏，咸請至尊爲可汗，於是北方悉平。爲五言詩，勒石以序其事。』

今所通行康熙時輯本全唐詩，第一函第二册，所載唐太宗詩，有『雪恥酬百王，除兇報千古』句，（註十四），即其詩警句也。可知尊唐帝爲天可汗，與稱唐帝爲可汗，本自有別。稱唐帝爲可汗者，直以其地改爲中國領土之一部分，故須請唐置吏設治，（註十五），尊唐帝爲天可汗者，則純爲國際組織之維繫，故各國首領無須請爲置吏，其戶籍亦不上於唐之戶部也。

唐代天可汗制度，其設施，由太宗貞觀時起，經高宗，武后，以至玄宗，歷百餘年，相沿未替，至安史亂平，代宗去世，始就消歇。而此曾傳演百餘年之天可汗歷史，復可析爲三期：大抵自貞觀四年（西元六三〇年）平定東突厥以後，下至高宗顯慶二年（西元六五七年），平定西突厥時止，凡二十七年，是爲此制度之初期發展，其時參與諸國，多以連結大唐聲威，以防範突厥再起爲意嚮；自高宗龍朔元年（西元六六一年），天可汗於西域十六國與昭武九姓諸國等，設爲都督府與諸州，以諸國之首領爲都督或刺史，爲一種軍事上之聯防，至玄宗天寶十一年（西元七五二年），唐安西節度使高仙芝，於怛羅斯城（Talass），爲大食所擊敗，（註十六），其間演變，凡九十一年，是爲此制度之中期，其時所參與之諸國，多以連結大唐軍力，以抵拒大食侵陵，或防禦吐蕃寇掠爲意嚮；自玄宗天寶十四年（西元七五五年），安史亂起，以至代宗去世後，郭子儀於德宗建中二年（西元七八一年）亦卒，凡二十六年，此時凡唐帝與名將爲西北諸國所推重者，皆先後凋謝，而天可汗制度，亦無形解體矣。是爲此制度之搖落晚期。茲不揣淺陋，試就其有關事蹟，略加疏證，惟博雅君子教正焉。

二、

參加此天可汗組織之西域北荒諸君長，其國數雖或因時而不同，其國名雖今日亦已不可盡考。然必有如新唐書地理志所云之西域十六國，及所謂出自昭武九姓之九國，（註十七），乃至拔汗那，與個失蜜等國，參加其內。何以知出自昭武九姓之九國，必會參加天可汗組織乎？此可據唐會要與新唐書及册府玄龜等所載史實以證明之。唐會要卷九十一曹國條云：

『曹國居那密水南，古康居之地。俗與康國同，附於突厥。……武德七年七月，朝貢使至。云本國以臣爲健兒，聞秦王神武，願在麾下。高祖大悅。……天寶元年，其王哥羅僕羅，使獻方物。……四載，哥羅僕羅上表，自陳曾祖以來，向奉天可汗忠赤，常受徵發。望乞慈恩，將奴國同於唐國小子。所須驅遣，奴一心爲國征討。十一載，其王設防忽，與國副王默解，及九國王，並上表，請同心擊黑衣大食。玄宗賜宴慰諭，遣之。』

新唐書卷二百二十一下西域傳下西曹國條亦云：

『西曹者隋時曹國也。……武德中入朝，天寶元年，王哥邏僕羅，遣使者獻方物，詔封懷德王，卽上言祖考以來，奉天可汗，願同唐人受調發，佐天子征討。十一載，東曹王設阿忽與安王，請擊黑衣大食，玄宗尉之，不聽。』

曹國與安國爲昭武九姓所建之二國，則所謂與九國王同上表請討黑衣大食之九國，自卽指出自昭武九姓之九國也。曹國王於天寶四年（西元七四五年）自稱伊國自曾祖以來，卽奉天可汗忠赤，可知其國於唐太宗時卽已參加天可汗組織矣。

按唐世所謂昭武九姓之九國，卽康、安、曹、石、米、何、火尋、戊地、史、等國。以康國爲首要，其餘八國，皆康國王之枝庶所分建也。新唐書卷二百二十一下西域傳下康國條云：

『康者一曰薩末鞬，亦曰颯秣建。元魏所謂悉萬斤者。其南距史百五十里，西北距西曹百餘里，東南屬米百里，北中曹五十里，在那密水南，大城三十，小堡三百。君姓温，本月氏人。始居祁連北昭武城，爲突厥所破，稍南依葱嶺，卽有其地。庶支分王，曰安，曰曹，曰石，曰米，曰何，曰火尋，曰戊地，曰史。世謂九姓，皆氏昭武。土沃宜禾，出善馬，兵彊諸國。……隋時其王屈木支娶西突厥女，遂臣突厥。武德十年，始遣使來貢。貞觀五年，遂請臣。太宗曰：朕惡取虛名害百姓，……高宗永徽時，以其地爲康居都督府，卽授其王拂呼縵爲都督。……』

康國於貞觀五年曾自請稱臣於唐，則其先於貞觀四年與曹國等，曾參加天可汗組織，殆無可疑也。康國又名薩末鞬，即今日蘇俄所屬土耳其斯坦之撒馬爾罕（Samarkand）也。（註十八）。

昭武九姓中，次於康國者，爲安國。以其曾參與天可汗組織，故至玄宗開元間，以受大食侵陵，卽遣使上表，乞天子領普天下皇帝，設法援救。冊府元龜卷九百九十九安國條云：

『開元七年（西元七一九年），二月，安國篤薩波提遣使上表論事曰：臣篤薩婆提言；臣是從天主領普天下賢聖皇帝下，百萬里草類奴。在遠方乂手，胡跪禮拜天恩威相，如拜諸天。自有安國以來，臣種相繼，作王不絕。並軍兵等，並赤心奉國。從此年來，被大食賊，每年侵擾，國土不寧。伏乞天恩慈澤，救臣苦難。仍請勑下突厥施，令救臣等。臣卽統領本國兵馬，計會翻破大食。伏乞天恩，依臣所請。……如蒙天恩慈澤，請賜臣鞍轡，器仗，袍帶，及賜臣妻可敦衣裳粧粉。』

據新唐書西域傳下安國條所記：『安國，一曰布豁，又曰捕喝。元魏謂忸蜜者，東北至東安，西南至畢，皆百里。所西，瀕烏滸河（Oxus），治濫謐城，卽康居小君長罽王故地。大城四十，小堡千餘。』按其地望，殆卽今蘇俄西南撒馬爾罕（Samarkand）以西之布哈爾（Boukhara）也。（註十九）。布豁卽布哈爾對音。

其次，則爲石國，亦嘗於玄宗開元末葉，表請討伐大食。唐會要卷九十九石國條云：

『石國，其俗善戰，多良馬。西北去瓜六千里。貞觀八年十二月，朝貢使至。……開元二十九年，其王伊吐屯屈勒，遣使上表曰：奴自千代以來，於國忠赤。祇如突厥騎施可汗，忠赤之中，部落安貼；後背天可汗，脚底大起。今突厥已屬天可汗，在於西頭，爲患唯有大食，莫踰突厥。伏乞天恩，不棄突厥部落，討得大食，諸國自然安貼。』

按石國地望，據新唐書西域傳下石國條：『石，或曰柘枝，曰柘折，曰赭時，漢大宛北鄙也。……西南有藥殺水，入中國之眞珠河，亦曰質河。』則其國殆卽今日蘇俄西南撒馬爾罕東北之塔什干（Tashkend）也。（註二十）。其餘所謂戊地國，卽玄奘西域記所云之伐地，亦稱木鹿，卽今蘇俄最南部庫什克(Kushk)以北之謀夫(Merv)。（註二十一）。所謂史國，卽今阿富汗（Afghanistan）之史爾錫必茲（Shehr-Sebz）。（註二十二）。要之所謂昭武九姓之九國，大率皆在今蘇俄之西南部，卽所謂俄屬土耳其斯坦之地，與阿富汗（Afghanistan）之東北角一帶也。

至於曾在唐高宗龍朔元年置爲十六都督府之西域十六國，則多在今阿富汗與克什米爾及伊朗一帶。其曾參加天可汗之組織，亦可舉吐火羅國（（Tukhara）卽高宗時置爲月支都督府者，以爲參證。冊府元龜卷九百九十九吐火羅國條云：

『開元十五年，吐火羅葉護遣使上言曰：奴身罪逆，不孝慈父，身被大食統押，應徹天聰，頌奉天可汗進旨云：大食欺侵我，卽與你氣力，奴身今被大食重稅，欺苦實深。若不得天可汗救活，奴身自活不得，國土必遭破散，求防守天可汗西門不得。伏望天可汗慈憫，與奴身多少氣力，使得活路。又承天可汗處分突厥施可汗云：西頭事委你，卽須發兵除却大食。其事若實，望天可汗却垂處分奴身。緣大食稅急，不救得好物奉進，望天可汗炤之。所欲驅遣，奴身及須己西方物，並請處分，奴身一一頭載，不敢怠慢。』

又新唐書卷二百二十一西域傳下吐火羅國條云：

『吐火羅，或曰土豁羅，曰覩貨邏。……其王號葉護。武德貞觀時再入獻。……顯慶中，以其阿緩城爲月氏都督府，析小城爲二十四州，……開元天寶間，……乃冊其君骨咄祿頓達度爲吐火羅葉護挹怛王。』吐火羅本居葱嶺以西，『烏滸河（Oxus）之南，古大夏地，』蓋在今撒馬爾罕（Samarkand）以南阿富汗境內。（註二十三）。隋唐間，凡在今日阿富汗與伊朗一帶之諸國，多爲西突厥所役屬，故自西突厥爲蘇定方所平定後，皆隨卽奉中國皇帝爲國際上盟主。繼値在西亞之大食國（卽阿剌伯哈利發帝國），方擴張勢力，日事蠶食或苦迫中亞諸國，中古時期之波斯國卽爲其所滅，引起各國之憂懼。（註二十四）。故相率而籲請天可汗，爲出兵征討。於是而有玄宗時中國與大食在中亞之角逐。此非唐人之獨喜遠征，而實由於旣負有天可汗之首長職位，爲維繫國際安和，自不能不爲抵拒大食也。

而西域十六國如波斯國及吐火羅國等之所以必須置爲都督府者，卽以抵拒大食之强力侵略，而不能不爲一種軍政府形制之權宜組織也。此可引舊唐書卷一百九十八西域傳波斯國條以證明之。舊唐書西域傳波斯國條云：

『波斯國在京師西一萬五千三百里，東與吐火羅康國接，北隣突厥之可薩部，西北距拂菻，正西及南，俱臨大海，戶數十萬。……隋大業末，西突厥葉護可汗，頻擊破其國。波斯王庫薩和爲西突厥所殺。其子施利立，葉護因分其部帥，監統其國，波斯竟臣於葉護。……施利立一年卒，乃立庫薩和之女爲王，突厥又殺之。施利之子，單羯方奔拂菻，於是國人迎而立之，是爲尹恒支，在位二年卒。兄子伊嗣俟（Isdigerd）立。二十一年（按爲貞觀），伊嗣俟遣使獻一獸，名活褥蛇，……伊嗣俟懦弱，爲大首領所逐，遂奔吐火羅，未至，爲大食兵所殺。其子卑路斯（Firuz）又投吐火羅葉護，獲免。卑路斯龍朔元年，奏言頻被大食侵擾，請兵救援。詔遣隴州南由縣令王名遠使西域，分置州縣，因列其地疾陵城爲波斯都督府，授卑路斯爲都督。是後，數遣使貢獻』。

波斯以久爲西突厥所侵陵，故當貞觀間唐平東突厥後，自必曾參加天可汗之組織。波斯王伊嗣俟，當卽西史所云之波斯王葉斯德荀特三世(Yesdigerd III，卽位於西元六三二年，卽貞觀六年，卒於西元六五一年，卽唐高宗永徽三年），據阿拉伯史家塔巴里之史記（Tarikh Tabari, P. 208）所述，（註二十五），其人亦確曾於貞觀二十一年，遣使至唐乞援。而唐高宗之所以必遣王名遠至吐火羅波斯等國設立十六都督府者，則純爲應波斯王子卑路斯所奏請也。波斯都督府所置地之疾陵城，由其地望與對音考之，殆卽今日伊朗之德黑蘭（Tehran）也。（註二十六）。

西域十六國所由置爲都督府之背景既明，斯可進言十六國之全體名號與所在地矣。新唐書卷四十三地理志西域府條云：

『西域府十六，州七十二。龍朔元年，以隴州南由令王名遠爲吐火羅道置州縣使，自于闐以西，波斯以東，凡十六國，以其王都爲都督府，以其屬部爲州縣，凡州八十八，縣百一十，軍府百二十六。

月支都督府，以吐火羅葉護阿緩城置，領州二十六……

大汗都督府，以嚈噠部落活路城置，領州十五……

條支都督府，以訶達羅支國伏寶悉顚城置，領州九……

天黑都督府，以解蘇國數瞞城置，領州二……

高附都督府，以骨咄施沃沙城置，領州二……

修鮮都督府，以罽賓國遏紇城置，領州十……
寫鳳都督府，以帆延國羅爛城置，領州四……
悅般州都督府，以石汗那國艷城置，領雙靡州，……
奇沙州都督府，以護時犍國遏密時置，領州二……
姑墨州都督府，以怛沒國怛沒城置，領栗弋州，……
旅獒州都督府，以烏拉喝國摩竭城置。
崑墟州都督府，以多勒建低寶那城置。
至拔州都督府，以俱蜜國褚瑟城置。
鳥飛州都督府，以護蜜多國摸逵城置，領鉢和城，……
王庭州都督府，以久越得犍國步師城置。
波斯都督府，以波斯國疾陵城置。』

可知所謂西域十六國者，卽吐火羅、嚈噠、訶達羅支、鮮蘇、骨咄、罽賓、帆延、石汗那、護時犍、怛沒、烏拉喝、多勒建、俱蜜、護蜜多、久越得犍、及波斯等十六國也。（註二十七）。吐火羅國內有『苑湯州，以拔特山城置』，拔特山疑卽今日之巴達克山（Badakshan）（註二十八），則其國乃在阿富汗東北與葱嶺相接，更無疑矣。

罽賓國地望，據新唐卷二百二十一西域傳上罽賓國條『罽賓，隋漕國也，居葱嶺南，距京萬二千里而贏，南距舍衛三千里，王居修鮮城。……貞觀中獻名馬。太宗語大臣曰：朕始卽位，或言天子欲耀兵，振伏四夷。惟魏徵勸我修文，……今天下大安，四夷君長皆來獻，此徵力也。遣果毅何處羅拔等厚齎賜其國，撫慰天竺』。可知其地在今日印度之西北部，（註二十九），其餘各國，當亦在今日阿富汗與伊朗等境內。

惟此外有箇失蜜與拔汗那等國，似亦嘗參加天可汗組織。新唐書西域傳下箇失蜜條云：

『箇失蜜或曰迦濕彌邏，北距勃律，五百里，環地四千里山回繚之，他國無能攻伐，王治撥邏勿邏布邏城，西瀕彌那悉多大河。……開元初，遣使者朝，……天木死，弟木多筆立，遣使物理多來朝，且言有國以來，並臣天可汗，受調發。國有象馬步三種兵，臣與中天竺王阨吐蕃五大道，禁出入，戰輒勝。有如天可汗兵至勃律者，雖衆二十萬，能輸糧以助。又國有摩訶波多磨龍池，願爲天可汗營祠，因丐王冊。鴻臚譯以聞，詔內物理多宴中殿，賜賚優備，冊木多筆爲王，自是職貢有常。』

箇失蜜王『治撥邏勿邏布邏城』，而撥邏勿邏布邏爲今日印度西北部克什米爾內斯立那加（Srinagar）之古名，（註三十），則箇失蜜國卽在今印度與克什米爾交界處，亦可知矣。

至拔汗那國，則與唐室關係尤密。新唐書西域傳下寧遠國條云：

『寧遠者本拔汗那，或曰鏺汗，元魏時謂破洛那，去京師八千里，居西鞬城。在眞珠河之北，有大城六，小城百，……貞觀中，王契苾爲西突厥瞰莫賀咄所殺，阿瑟那鼠匿奪其城。鼠匿死，子遏波之立契苾兄子阿了參爲王，治呼悶城，遏波之治渴塞城，顯慶初，遏波之遣使朝貢。高宗厚慰諭。三年（西元六五六年）以渴塞城爲休循州都督，授阿了參刺史，自是歲朝貢。……天寶三載，改其國號寧遠。帝以外家賜其王曰竇，……其事唐最謹』。

拔汗那地望，既在眞珠河（Sirdaria）之北。而眞珠河亦稱楚河（Sir Darya），則其地卽爲今日撒馬爾罕南與阿富汗接連之弗爾干（Ferghana）也。（註三十一）。

凡此諸國，殆卽推尊唐帝爲天可汗之基本國家也。

三、

惟天可汗制度之設施，其初期，究以防止突厥之再起爲主因，其中期，則以抵拒大食卽回教哈利發帝國爲主因，故凡對突厥與大食有所戒心之國家，亦多樂爲參與，而推尊唐帝，如上述諸國，固無論矣。卽如吐蕃與泥婆羅乃至印度等國亦似曾參加。新唐書卷二百二十一上西域傳上天竺國條云：

『天竺國，漢身毒國也，或曰摩伽陀，曰婆羅門，去京師九千六百里，都護治所二千八百里，居葱嶺南，幅圓三萬里。分東西南北中五天竺。皆城邑數百。……武德中，國大亂，王尸羅逸多，勒兵，戰無前，……因討四天竺，皆北面臣之。……貞觀十五年，自稱摩伽陀王，遣使者上書，帝命雲騎尉梁懷璥持節尉撫。……復遣使臣隨入朝，詔衞尉丞李義表報之，大臣郊迎，……尸羅逸多率羣臣東面受詔書，……二十二年，遣右衞率府長史王玄策使其國，以蔣師仁爲副。未至，尸羅逸多死，國人亂。其臣那伏帝阿羅那順自立，發兵拒玄策，……玄策挺身奔吐蕃西鄙，檄召隣國兵。吐蕃以兵千人來，泥婆羅以七千騎來。玄策部分，進戰茶鏄和城，三日破之。斬首三千級，溺水死萬人。阿羅那順委國走，合散兵復陣，師仁擒之，俘斬千計。……玄策執阿羅那順，獻闕下，有司告廟。帝曰：……婆羅門不刧吾使者，寧至俘虜耶！擢玄策朝散大夫，……乾封三年，五天竺皆來朝，開元時中天竺遣使者三至，南天竺……乞師，討大食吐蕃，丐名其軍。玄宗詔賜懷德軍。……』。

王玄策出使天竺（卽印度）被拒，而能檄召吐蕃與泥婆羅二國出兵，擊服其王，則吐蕃與泥婆羅必曾參與天可汗組織，乃克接受王玄策之徵發，亦可知矣。考泥婆羅，卽今日泥泊爾國（Nepal）。其參與天可汗組織，殆始於貞觀十七年（西元六四三年）李義表奉使印度道經其國之際。（註三十二）。吐蕃卽今日西藏，唐太宗時且嘗以文成公主下嫁吐蕃國王棄宗弄讚。（註三十三）。而印度摩伽陀國，與五天竺等，自經是役後，卽於唐高宗乾封三年（西元六六八年），卽西突厥爲蘇定方所平定後之十二年，亦相率遣使通好中國，至玄宗時，南天竺並且乞師出討大食，而『丐名其軍』。則其已轉而參加天可汗之組織，亦可知矣。

抑天可汗制度發展之中期，雖已以大食之蠶食中亞諸國，而致感覺其應付艱難，然稍後則大食亦因之嘗與回紇等國共參加天可汗之組織。此可舉安史之亂時唐室嘗檄召大食回紇等國兵以共討賊一事證之。新唐書西域傳下吐火羅國條云：

『其後鄰胡羯師，謀引吐蕃攻吐火羅，於是葉護失里忙伽羅，丐安西兵助討，帝爲出師破之。乾元初（西元七五八至七五九年），與西域九國，發兵爲天子討賊，肅宗詔隸朔方行營。』

按乾元唐肅宗年號，『爲天子討賊』事，自指平定安史之亂而言。而此役所徵發之各國軍隊，除吐火羅與昭武九姓之諸國外，實以大食與回紇之軍隊爲主。新唐書卷六肅宗紀云：

『（至德）二載（西元七五七年），……丁卯（按舊唐書同紀，云九月丁亥），廣平郡王俶，唐天下兵馬元帥，郭子儀副之，以朔方、安西、回紇、南蠻、大食兵，討安慶緒（按卽安祿山之繼承者）。辛未京畿採訪宣慰使崔光遠，及慶緒，戰於駱谷敗之。』

考大食自於怛羅斯城與唐安西節度高仙芝相戰獲勝後，中亞諸國，多已受其支配，（註三十四），而唐軍亦已無暇再於中亞角逐。惟吐蕃則正謀於西域擴張，（註三十五），與大食適發生直接衝突。大食爲欲得唐之聲援，故於肅宗至德初年，復遣使通貢，加入天可汗組織。至代宗繼立，乃得徵其國軍，助平安史之亂。新唐書卷二百二十一下考域傳下大食國條，嘗約略記其背景，其文云：

『有摩訶末者，勇而智，衆立爲王。闢地三千里，克夏臘城。傳十四世，至末換，殺兄伊疾自王，下怨其忍。有呼羅珊木鹿人，並波悉林將討之，徇衆曰：助我者，皆黑衣，俄而衆數萬，卽殺末換，求奚深種孫阿蒲羅拔爲王，更號黑衣大食。蒲羅死，弟阿蒲恭拂立。至德初，遣使者朝貢。代宗取其兵平兩京。阿蒲恭拂死，子迷地立。死，弟訶論立。貞元時，與吐蕃相攻。吐蕃歲西師，故鮮盜邊。』

蓋大食軍隊之被調平亂，亦當日國際組織有以使之然也。

至回紇之參加天可汗組織，則以其本爲匈奴遺裔之一支，居於蒙古西南部，歷爲突厥所役屬，自東突厥於貞觀四年爲李勣平定後，至貞觀二十年，本已於其地置爲瀚海都督府，以其首領吐迷度爲都督。惟吐迷度於其內部卽自稱可汗。其後至武后時代，以突厥餘種有默啜之復起，勢力驟盛，而吐蕃亦屢寇西邊。唐乃聽回紇自立，加入天可汗組織，以抵拒吐蕃。至玄宗開元四年（西元七一七年）回紇復遣軍，隨唐師擊潰默啜。及安史亂作，肅宗遂調其師，入平內亂。於收復兩京，關係最鉅。新唐書卷二百十七回鶻傳云：

『回紇，其先匈奴也。……斥地愈廣，東極室韋、西金山、南控大漠，盡得古匈奴地。裴羅死，子磨延啜立，號葛勒可汗，剽悍善用兵。歲遣使者入朝，肅宗卽位，使者來請助討祿山。帝詔敦煌郡王承寀與約，而令僕固懷恩送王，因召其兵。可汗喜。……俄以大將軍多攬等造朝，及太子葉護，身將四千騎來，唯所命。……使首領達干等先到扶風見子儀。……既行，日賜牛四十角，羊八百蹄，米四十斛，香積之戰，陳灃上，賊詭伏騎於王師左，將襲我。僕固懷恩麾回紇馳之，盡翦其伏，乃出賊背，與鎮西北庭節度使李嗣業夾虜之，賊大敗，進收長安。懷恩率回紇大食衆，繚都而南，壁滻東，進次陝西，戰新店，……嚴莊挾安慶緒，棄東京北度河。」

安史之亂，為唐代國力盛極而衰之一大轉變，脫非徵發回紇大食等國兵，以資平亂，則雖以郭子儀之善戰，亦將無所自以收復兩京也。

回紇可汗及其入唐兵將，雖頗以殘暴見譏，甚且嘗一度受僕固懷恩之誘惑，（註三十六），而自為叛亂，然其尊重肅宗代宗為天可汗之誠服，及其對郭子儀等名將之敬重，固始終無少異也。新唐書回鶻傳續云：

「乾元元年（西元七五八年），回紇使者多彥阿波，與黑衣大食酋閣之等俱朝，爭長，有司使異門並進。又使請昏，許之。帝以幼女寧國公主下嫁，即冊磨延啜（回紇可汗）為英武威遠毗伽可汗，詔漢中郡王瑀，攝御史大人，為冊命使，……瑀至虜，而可汗胡帽赭袍，坐帳中，儀衞光巖，引瑀立帳外。曰：王，天可汗何屬？瑀曰從昆弟也。……於是引瑀入。瑀不拜。可汗曰：見國君禮無不拜。瑀曰：天子顧可汗有功，以愛女結好，……可汗天子婿，當以禮見，安踞受詔耶？可汗慙，乃起奉詔，拜受冊。翌日尊主為可敦。」

乾元為肅宗中期年號，可知回紇尚以事天可汗之禮事肅宗也。又新唐書卷一百三十七郭子儀傳云：

「永泰元年（西元七六五年）詔部統河南道節度行營，復鎮河中。懷恩盡說吐蕃、回紇、黨項、羌、渾、奴剌等三十萬，掠涇邠，躪鳳翔，入醴泉、奉天、京師大震。於是帝命李忠臣屯渭橋，李光進屯雲陽、馬璘郝廷玉屯便橋，……天子自將屯苑中，急召子儀屯涇陽。軍纔萬人，比到，虜騎圍已合。乃使李國臣，高昇，魏楚玉，陳回光，朱元琮各當一面。身自率鎧騎二千出入陣中。回紇怪問，是謂誰？報曰：郭令公。驚曰：令公存乎？懷恩言天可汗棄天下，令公卽世，中國無主，故我從以來；公今存，天可汗存乎？報曰：天子萬壽。回紇悟曰：彼欺我乎？子儀使諭虜曰：昔回紇涉萬里，戡大憝，助復二京；我與若等，休戚同之，今乃棄舊好，助叛臣，一何愚！彼背主棄親，於回紇何有？回紇曰：本謂公云亡，不然何以至此。……會懷恩暴死，羣虜無所統一，遂許諾。吐蕃疑之，夜引去。子儀遣將白元光，合回紇衆追躡，大軍繼之，破吐蕃十萬於靈臺西原，斬級五萬，俘萬人，盡得所掠士女牛羊馬槖，它不勝計』。

永泰爲代宗年號，回紇首領聞天可汗代宗尙在，卽遣郭子儀等，以抗吐蕃，終使吐蕃敗去，京師轉危爲安。雖曰郭子儀之聲威與膽略有以致之。然亦足證回紇對代宗爲天可汗之尊重也。

四、

唐自貞觀以後，中國天子，既兼爲含有國際維繫意義之天可汗，故其對西域之國際通道，亦不能不特爲注意。語其設施，要端有三：其一爲於甘肅沿河西各郡，及今新疆境內，分置兵府軍鎭，以厚植國防力量；如於涼州武威郡（郡治在今甘肅武威），設明威、洪地、番禾、武安、麗水、姑臧等折衝府，及赤水、大斗、白亭、等軍，於甘州張掖郡（郡治在今甘肅張掖），設建康、回遠、寧寇、等軍，於肅州酒泉郡（郡治在今甘肅酒泉），設玉門等軍，於沙州敦煌郡（郡治在今甘肅敦煌），設龍勒，效穀，懸泉，等折衝府，及豆盧等軍，於瓜州晉昌郡（郡治在今甘肅安西縣）設大黃折衝府，及墨離軍，於伊州伊吾郡（郡治在今新疆哈密），設伊吾軍，於西州交河郡（郡治在今新疆吐魯番），設天山軍，是其例也。（註三十七）。其二爲於今新疆天山北路之迪化，設北庭都護府，並置瀚海清海等軍，於今新疆天山南路之庫車，設安西都護府，並設焉耆、闐茲、于龜、疏勒等四鎭，各置鎭守使，以資鎭撫。（註三十八）。並於四鎭及輪臺（卽今新疆輪臺）等地稽核中外商旅出入，課商胡以給四鎭。（註三十九）。其三爲於西突厥舊地之碎葉川，卽今蘇俄所屬土耳其斯坦楚河（Sir Darya）南岸地，據守碎葉城，爲西域重鎭，以備不虞。（註四十）。四鎭及碎葉城尤扼中外交通要衝，故唐人更重視焉。（註四十一）。

考碎葉城卽今日蘇俄所屬之托克馬克城（Tokmak），（註四十二），自兩漢以來，卽爲中亞要地。距碎葉東二百六十里爲伊斯色克湖（Issyk Koul），唐稱熱海。（註四十三）。距碎葉西三百三十里，爲塔拉斯河（Talass），上有奧力阿塔城（Aulie-Ata），卽唐時怛羅斯城（註四十四）。此二城爲西突厥重心所在。西突厥嘗分其國爲十部，部以一人統之，號爲十部，又稱十姓。居碎葉東者爲左五咄陸部，置五大啜，居碎葉西者爲右五弩失畢部，置五大俟斤，總號十姓部落。（註四十五）自太宗貞觀四年（西元六三〇年），東突厥平定後，西突厥亦嚮慕降，而中亞之通道復啓。然西突厥卒叛服靡常，至高宗顯慶二年（西元六五七年），伊麗道行軍大總管蘇定方大破西突厥於碎葉川，擒其首領沙鉢羅可汗，唐乃於其地置濛池昆陵二都護府，（註四十六），卽以碎葉城爲駐軍重心，置鎭守使領之，以維繫西域安寧。惟突厥餘衆，仍常思恢復舊地，故稍隔時日，而碎葉等地，又復發生戰役。高宗儀鳳二年（西元六七七年），十姓可汗阿史那都支，及李遮匐叛，値唐遣使裴行儉冊送波斯王子泥涅師（Narses）至西域，乘機擊破都支與遮匐，擒送京師，將吏遂於碎葉城刻石紀功。（註四十七）。至高宗永淳元年（西元六八二年），十姓阿史那車薄啜叛，安西都護王方翼敗之於伊麗河，進破三姓咽麵於熱海。（註四十八）。武后長壽元年（西元六九二年）阿史那俀子自立爲可汗，率衆入寇，大總管王孝傑復大破之。碎葉鎮守使韓思忠，又復破其泥孰俟斤。武后長安四年（西元七〇四年），十姓部落都擔叛，磧西節度使阿史那獻擊斬之，遂收碎葉以西三萬帳內屬。（註四十九）。其後西突厥別支突騎施，首領烏質勒漸强，徙其牙於碎葉。至玄宗開元二十六年（西元七三九年），突騎施首領吐火仙爲亂，北庭都護蓋嘉運復於碎葉破之，擒吐火仙，俘送京師。（註五十）。玄宗天寶七年（西元七四八年），北庭節度使王正見復進克碎葉，並建大雲寺其地。（註五十一）。蓋唐軍之保衛碎葉，已煞費苦心矣。

惟唐帝之遣軍保衛碎葉，本爲防範突厥之再起壓制，與維繫諸國之安和，及西域交通之便利而設，故其出兵，本不限以中國軍隊，凡曾參與天可汗組織之諸國，皆嘗受調出兵。新唐書卷二百十五下突厥傳下突厥施條云：

『……都摩支又背達干，立蘇祿子吐火仙骨啜爲可汗，居碎葉城，引黑姓可汗尒微特勒，保怛邏斯城，共擊達干，帝使磧西節度使蓋嘉運，和撫突騎施，拔汗那，西方諸國。莫賀達干與嘉運率石王莫賀咄吐屯，史王斯謹提，共擊蘇祿子，破之碎葉城，吐火仙棄走，禽之，並其弟葉護頓阿波。疏勒鎮守使夫蒙靈詧挾銳兵，與拔汗那王掩怛邏斯城，斬黑姓可汗，與其弟撥斯，入曳建城，收交河公主及蘇祿可敦而還。又料西國散亡萬人，悉與拔汗那……』

而張九齡曲江集卷五敕河西節度使牛仙客書亦云：

『敕河西節度使牛仙客：戎狄無義，禽獸不若。但當以兵威取，此豈可人道論之！突騎施頃者通和，朕每撫之如子。行李往來，不隔歲時。賜與優饒，非直君長。而窺我邊隙，圖陷庭川。闕俟斤所以見誅，天下孰云不當？不思己過，仍敢我讐，率其犬羊，犯我城堡。……宜密令安西，徵蕃漢兵一萬人。仍使人星夜倍道，與大食計會，取葉護教達等路入碎葉；令王斛斯（按卽當時安西節度使），自領精騎，取其家口。河西節度內，發蕃漢二萬人，取瓜州高岡伯帳路西入，仍委卿簡擇驍將統率。仍先與西庭等計會，尅日齊入。此已敕朔方軍西受降城，定遠城，及靈州，兼取大家子弟，幷豐安新泉等軍，共徵二萬，於瓜州北庭招託，就中簡擇驍健五千人先入，直赴北庭。從瓜州宜給一月熟糧，若至北庭，糧貯可支五年已上。此諸道徵發，並限十二月上旬，齊集西庭等州，一時討襲。時不可失，兵貴從權。……卿可火急支計，無失便宜。今使內侍程元宗，催遣兵馬，一一口具。秋氣漸冷，卿及將士百姓已下，並平安好！遣書指不多及。」

又同書同卷勅瀚海軍使蓋嘉運書，亦云：

『勅瀚海軍使北庭都護蓋嘉運，及將吏軍士百姓已下：蘇祿（按卽突騎施首領）反虜，敢爲寇讐，犯我邊城，初聞蟻附，投兵死地，果自冰銷，朕始料之一不差也。近得卿表，知其狼狽。……卿等堅守孤城，赤心邊徼，言念及此，嗟尙久之！初解重圍，差有勞苦，將士已下，並得如宜。……向若安西出兵，乘虛討襲，碎葉逋醜，皆可成擒。應爲懸軍，未能越境，逆虜漏刃，莫不由茲。今賊雖請和，恃我張勢，以防大食之下，以鎭雜虜之心，豈是眞情，此其姦數，卿可與王斛斯計會，伺其動靜，因利乘便，取亂侮亡。……近者所有效功，一皆委卿甄錄，各據實狀，具以名聞。初冬漸寒，卿及將吏軍士百姓，並平安好！遣書指不多及。』

以知蓋嘉運之討平吐火仙，其所部軍旅，有拔汗那，與石國史國諸王參加，其爲國際性聯軍，蓋無疑焉。而張九齡代玄宗所頒二勅，亦皆以進兵碎葉爲言，又皆舉徵發蕃漢軍隊，及與大食計會爲言，則碎葉城之規復，實與諸國聯防有關，亦可知矣。

而安西四鎮之設置，則一方爲護衞西域通道以便利中外行李往來之要政，一方又爲防制吐蕃向西北侵之要圖。而與吐蕃因守四鎮而發生之戰役，亦至頻焉。蓋吐蕃自唐太宗晚年，卽肆意侵略四鄰諸國，以安西四鎮扼西北要衝，故常百計以謀相奪。而四鎮於唐高宗咸亨元年（西元六七〇年），果嘗爲吐蕃攻陷。至武后長壽二年（西元六九三年），始詔王孝傑，率諸路大軍收復四鎮，（註五十二），雖當日朝臣，猶有以四鎮費鉅，不如自爲罷去者，然武后與二三遠識之士，仍主張繼爲設置，其論據及關係，具見新唐書卷二百十六吐蕃傳，其文云：

『……是歲又詔鷹揚衞將軍王孝傑，爲武威道行軍總管，率西州都督唐休璟，左武衞大將軍阿史那忠節，擊吐蕃，大破其衆，復取四鎮，更置安西都護府於龜茲，以兵鎮守。議者請廢四鎮，勿有也。右史崔融獻議曰：……太宗文皇帝，踐漢舊跡，並南山，抵葱嶺，剖裂府鎮，煙火相望，吐蕃不敢內侮。高宗時，有司無狀，棄四鎮不能有，而吐蕃遂張，入焉耆之西，長鼓右驅，踰高昌，歷車師，鈔常樂，絕莫賀延磧，以臨敦煌。今孝傑一舉而取四鎮，還先帝舊封。若又棄之，是自毀成功，而破完策也。夫四鎮無守，胡兵必臨西域，西域震，則威讋南羌，南羌連衡，河西必危。且莫賀延磧袤二千里，無水草，若北接虜，唐兵不可度而北，則伊、西、北庭，安西諸蕃悉亡。議乃格。……聖證元年（西元六九五年）欽陵贊婆（按均爲吐蕃大將）攻臨洮，……又攻涼州，殺都督，遣使者請和，約罷四鎮兵，求分十姓地（按指楚河一帶西突厥舊地）。武后詔通泉尉郭元振往使，道與欽陵遇。元振曰：東贊（按指棄宗弄贊）事朝廷，誓好無窮，今猥自絕，歲擾邊，父通之，子絕之，孝乎？父事之，子叛之，忠乎？欽陵曰：然，然天子許和，得罷二國戍，使十姓突厥，四鎮，各建君長，俾其國自守若何？元振曰：唐以十姓四鎭撫西土，爲列國主道，非有宅；且諸部與吐蕃異，久爲唐編人矣。……使者固請，元振固言不可許。后從之。……』

觀此可知吐蕃欲攻取四鎭之用意，及唐帝建置四鎭與堅守楚河南岸碎葉城，皆所以「爲列國主道」，(註五十三)，非爲私利而設也。

唯唐帝之建置四鎭，本「爲列國主道」而設，故遇列國或受吐蕃侵陵，北庭安西二都護，必調四鎭駐軍以抵拒之。如玄宗開元初，疏勒鎭副使張思禮之率銳兵援救小勃律，及天寶六年（西元七四七年），安西副都護高仙芝於小勃律再大破吐蕃，是其例也。新唐書卷二百二十一下西域傳下大小勃律國條云：

『小勃律去京師九千里而贏，東少南三千里距吐蕃贊普牙，東八百里屬烏萇，東南三百里大勃律，南五百里箇失蜜，北五百里當護蜜之娑勒城。王居孼多城，臨娑夷水。其西巓有大城曰迦布羅。開元初，王沒謹忙來朝，玄宗以兒子畜之，以其地爲綏遠軍。國迫吐蕃，數爲所困。吐蕃曰：我非謀爾國，假道攻四鎭爾。久之，吐蕃奪其九城，沒謹忙求救北庭，節度使張孝嵩遣疏勒（四鎭之一）副使張思禮，率銳兵四千倍道往。沒謹忙因出兵大破吐蕃，殺其衆數萬，復九城。詔冊爲小勃律王，遣大首領察卓那斯摩沒勝入謝。沒謹忙死，子難泥立，死，兄麻來兮立，死，蘇失利之立，爲吐蕃陰誘，妻以女，故西北二十餘國，皆臣吐蕃，貢獻不入。安西都護三討之無功。天寶六載（西元七四七年），詔副都護高仙芝伐之。前遣將軍席元慶馳千騎見蘇失利之曰：請假道趨大勃律。城中大酋五六，皆吐蕃腹心。仙芝約元慶，吾兵到，必走山，出詔書召慰，賜繒綵，縛酋領待我。元慶如約。蘇失利之挾妻走，不得其處。仙芝至，斬爲吐蕃者，斷娑夷橋。是暮，吐蕃至，不能救。仙芝約王降，遂平其國。於是拂林（Byzance），大食，諸胡七十二國，皆震恐，咸歸附。執小勃律王及妻歸京師，詔改其國號歸仁，置歸仁軍，募千人鎮之。……』

五、

北庭安西二都護與四鎮之設置，與援助諸參加天可汗組織之列國有關，觀此可爲明證矣。

惟天可汗制度之後期，究以防禦大食即阿剌伯哈利發帝國之侵略爲最重要。即諸國之參加天可汗組織者，亦多數以抵拒大食侵略爲意嚮。資治通鑑卷二百十一唐紀二十七玄宗上之中開元五年（西元七一七年）五月條云：

『安西副大都護湯嘉惠奏：突騎施引大食吐蕃，謀取四鎮，圍鉢換及大石城。已發三姓葛邏祿兵，與阿史那獻擊之。』

又同書卷二百十二唐紀二十八玄宗上之下開元七年（西元七一九年）條云：

『春二月，俱密王那羅延，康王烏勒伽，安王篤薩波提，皆上表，言爲大食所侵掠，乞兵救援。』

又同書同卷同紀開元八年（西元七二〇年）條云：

『夏四月，丙午，遣使賜烏長王，骨咄王，俱住王册命。三國皆在大食之西，（按所言方位微誤），大食欲誘之叛唐，三國不從，故褒之。』

蓋大食自唐高宗時侵破波斯以後，至玄宗開元初葉，又復以侵略舊日波斯以東諸國爲務。諸國以唐帝爲天可汗組織首領，故常向之乞援，而諸國中又以康國石國及吐火羅國等爲急迫。册府元龜卷九百九十九載開元七年康國王請唐派兵援救上表，其文云：

『開元七年二月庚午，康國王烏勒伽遣使上表曰：臣烏勒伽言：臣是天主普天皇帝下百萬里馬蹄下草土類奴。臣種族及諸胡國，舊來赤心向大國，不曾反叛，亦不侵損大國，爲大國行裨益士，從三十五年來，每共大食賊鬥戰。每年大發兵馬，不蒙天恩送兵救助，經今六年，被大食元率將異密屈底波，領衆軍兵來此，共臣等鬥戰。臣等大破賊徒，臣等兵士亦大死損。爲大食兵馬極多，臣等力不敵也。臣入城自固，乃被大食圍城，以三百拋車傍城，三穿大坑，欲破臣等城國，伏乞天恩知委，送多少漢兵來此，救助臣苦難！其大食只合一百年強盛，今年合滿。如有漢兵來此，臣等必是破得大食。今謹獻好馬一，波斯駱駝一，驢二。如天恩慈澤，將賜臣物，請付臣下使人將來，冀無侵奪。』

可知玄宗時大食侵略諸國之荼毒，及諸國渴望天可汗援救之迫切。而玄宗以所用蕃將，如高仙芝等，每不善安撫諸國，終以對石國處理失宜，致石國轉投大食，發兵與高仙芝決戰，終有怛邏斯之役，仙芝兵敗逃歸，而天可汗之組織與威德，遂爲所搖動矣。新唐書卷二百二十一下西域傳下石國條云：

『開元初，封其君莫賀咄吐屯有功爲石國王。二十八年，又冊順義王。明年王伊捺吐屯屈勤上言，今突厥已屬天可汗，惟大食爲諸國患，請討之。天子不許。天寶初，封王子那俱車鼻施爲懷化王，賜鐵券。久之，安西節度使高仙芝，劾其無蕃臣禮，請討之。王約降，仙芝遣使者護送開遠門，俘以獻，斬闕下。於是西域皆怨。王子走大食乞兵，攻怛邏斯城，敗仙芝軍。自是臣大食。』

又舊唐書卷一百九李嗣業傳云：

『初仙芝紿石國王，約爲和好，乃將兵襲破之，殺其老弱，虜其丁壯，取金寶瑟瑟駝馬等。國人號哭。因掠石國王，東獻之于闕下。其子逃難，奔走告於諸胡國。羣胡忿之，與大食連謀，將欲攻四鎮。仙芝懼，領兵二萬人，深入胡地，與大食戰，仙芝大敗。會夜，兩軍解，仙芝衆爲大食所殺，存者不過數千，事窘。……嗣業曰：愚者千慮，或有一得，勢危若此，不可膠柱，固請行，乃從之。路隘，人馬魚貫而奔。會拔汗那兵衆先奔，人及駝馬路塞，不克過，嗣業持木棒前驅，擊之，人馬應手俱斃，胡等遁，路開，仙芝獲免』。

自是，出自昭武九姓之諸國，與拔漢那箇失蜜，乃至所謂西域十六國曾爲置都督府之諸國，皆先後爲大食所控制役屬，而天可汗之號令遂日以無力矣。

六、

天可汗之推尊與組織，雖其主旨在維繫所參與諸國之安和，與商旅交通之發展。然其影響，遂使中外文化亦隨之交流並進。如自敘利亞傳入波斯之景教，即基督教聶思脫里派（Nestorian Christianity），其大師阿羅本、（Alopen）、經碎葉東來，即於太宗貞觀九年（西元六三五年），抵達長安，初稱波斯教，旋稱大秦景教。（註五十四）。波斯之祆教（Zoroastrianism），其大師何祿，亦於貞觀五年（西元六三一年），經碎葉入華。（註五十五）。其他如中亞之音樂與藝術及雜伎等，亦多沿之盛行於唐。前此論西域文明之東傳者，已嘗言之，（註五十六），玆不復贅。而中國文化，亦沿之而傳入中亞與西亞，如法律，及繪畫，與織絡，乃至造紙技術等，即沿之西傳。前此著中西交通史者，亦嘗略予提述。（註五十七）。惟唐人詩歌，亦似以天可汗組織之推行，寖假而傳入中亞，前此言中西交通史者，尙未注意及此，玆試舉張宣明與岑參二人之詩證之。全唐詩第二函第七冊、載張宣明「使至三姓咽麵」詩云：

『昔聞班家子，筆硯忽然投，一朝撫長劍，萬里入荒陬。豈不服艱險，只思清國讐。山川去何歲？霜雪逢幾秋？玉塞已遐廓，鐵關方阻修。東都日窅窅，西海此悠悠，卒使功名建，長封萬里侯。』

題下注云：『宣明爲郭元振判官，時使至三姓咽麵，因賦此詩，時人稱爲絕唱。』按三姓咽麵爲居於熱海附近之突厥餘衆。張宣明有膽氣，富辭翰，爲郭元振所信任。元振於唐武后時，力主繼置安西四鎮與十姓可汗舊地之碎葉城，爲西域諸國所信服，中宗神龍間（西元七〇五至七〇六年），遷安西大都護，（註五十八），故判官張宣明，得賦詩送使臣至三姓咽麵，而傳其詩於熱海地區焉。

又全唐詩第三函第八冊，載岑參「熱海行送崔侍御還京」詩云：

『側聞陰山胡兒語，西頭熱海水如煮。海上衆鳥不敢飛，中有鯉魚長且肥。（自注、海中有赤鯉）。岸傍青草常不歇，空中白雪遙旋滅。蒸沙爍石然虜雲，沸浪炎波煎漢月。陰火潛燒天地鑪，何事偏烘西一隅。勢吞月窟侵太白，氣連赤坂通單于。送君一醉天山郭，正見夕陽海邊落。栢臺霜威寒逼人，熱海炎氣爲之薄。』

又同書同冊、載岑氏「宿鐵關西館」詩云：

『馬汗踏成泥，朝馳幾萬蹄。雪中行地角，火處宿天倪。塞迥心常怯，鄉遙夢亦迷。那知故園月，也到鐵關西。』

又同載「胡歌」詩云：

『黑姓蕃王貂鼠裘，葡萄宮錦醉纏頭。關西老將能苦戰，七十行兵仍未休。』

按岑氏於玄宗天寶間嘗參封常清戎幕，客安西與北庭頗久，觀其遺詩有「北庭西郊候封大夫受降回軍獻上」及「登北庭北樓呈幕中諸公」詩等篇，可爲明證。常淸爲蒲州猗氏人，初爲高仙芝傔從，會西域達奚諸部叛變，西趨碎葉，仙芝奉命邀擊，獲勝而回，常清於幕下潛作捷布，具記井泉次舍，克敵形勢，條最明審，始漸見知。旋從仙芝破小勃律，久之，擢安西副大都護、四鎭節度副大使，未幾改北庭都護。（註五十九）。岑氏從封氏久，故於西域人士，亦多往還。且得至鐵關與黑姓蕃王等區域。考鐵關爲史國與吐火羅國間之交通要站，卽辯機大唐西域記吐火羅國條所述之鐵門關（Derbend）也。（註六十）。黑姓蕃王卽西突厥餘衆一支之首領。此支餘衆，初居於碎葉附近，稱十姓可汗。嗣其種人，自謂出自娑葛之後者爲黃姓，出自蘇祿部者爲黑姓，故又別有黑姓可汗，（註六十一），亦稱黑姓蕃王。天寶間黑姓漸强，岑參所詠，殆卽於碎葉所遇見也。所謂關西老將，當指鎭守碎葉之軍使。岑參以詩歌負名，又爲封氏所推重，則其作品之曾流行熱海碎葉等地，殆無可疑也。

自碎葉城（Tokmak）以至怛邏斯城（Talass），據新唐書卷二百二十一下西域傳下龜茲國條，謂『西北……至素葉水城（卽碎葉城），比國商胡雜居。素葉以西數十城，皆立君長，役屬突厥……怛羅私城（卽怛邏斯城），亦比國商胡雜居，有小城三百，（大唐西域記卷一，作有小孤城三百餘戶），本華人爲突厥所掠、尙華語』。可知其間且多華人雜處。而碎葉城又有裴行儉所立紀功碑，及王正見所建大雲寺，復有唐人詩歌之傳詠，則其地華化之寖深，亦可知矣。

抑近日見藍文徵君撰『李白的氏族與籍貫」一文，（註六十二），謂白之先世，本由華竄居西域，至其父客，於碎葉生白，中宗神龍初，始率白僭還廣漢。卒以白天才與學力之並進，終乃成爲唐代詩仙云云。按白父客，自碎葉還國年代，卽爲天可汗繼置四鎭與碎葉，郭元振遷安西都護府之時代，亦卽張宣明賦使至三姓咽麵詩之時代也。

意者其時自熱海至碎葉與怛邏斯間，已有相當激進之華人文化，以爲誕育李白之適可環境乎？斯亦頗堪翫味之論題也。

七、

天可汗制度，自唐德宗與郭子儀相繼去世後，卽已無形解體。計自貞觀四年（西元六三〇年），始上尊號，以至建中二年（西元七八一年）郭氏病歿，作用全失。殆亦經一百五十年矣。自是中亞諸國，多受大食支配。而大食之回教，亦寖盛行於中亞及西北各地，國際之局勢轉移，文化之主流變易，而世人遂多忘其昔年之有鉅大關係焉。

惟天可汗制度之影響，則有未能卽湮滅者，卽天可汗一名成爲西北諸國對中國之專稱，乃至下迄元明之際，卽十四世紀時，仍尙爲人沿稱，斯亦可爲附論者也。

考清季所發現之唐突厥闕特勒碑，中稱中國皇帝爲「Tabgac Qaganqa」，（註六十三），以當時之局勢勘之，當卽爲天可汗一名詞之對音。蓋闕特勒爲東突厥平定後其餘衆毗伽可汗之弟，歿於唐玄宗開元十九年，（西元七三一年），時天可汗聲威尙盛。Qaganqa 一詞，與可汗相似，意指皇帝，自是可汗對音。Tabgac 一詞，則與突厥語稱天或掌天官之「Tangui」或「Tangri」或「Tagni」或「Tangara」，相似。蓋 Tan 之 n，與 Tab 之 b，常相轉變，而 n 與 Q，又常可不爲發音，故 Tagni 卽爲 Tangui 省去 n 之收聲者。（註六十四）。Tabgac 一詞，卽天或司天者之意。若 Tabgac 與 Qaganqa 連爲一詞，則爲中文天可汗之意。以此知突厥餘衆皆以天可汗稱中國皇帝也。

唯西北諸國自唐太宗時起，卽多參加天可汗組織，而突厥餘衆亦稱中國皇帝曰天可汗，影響所及，遂使中古時代，凡波斯與阿剌伯之著作家，亦多以天可汗爲中國皇帝稱號，或直以天可汗爲中國稱號。如阿剌伯地理學家麻素提（Ma Sudi）於所著黃金牧地（Prairies d' or, 1306）一書，謂人稱中國皇帝，不曰「巴格博爾」(Bagbour)，而號爲「唐格馬甲班」（Tamgama Jaban）。又其地理學家阿爾比魯（Albiruni），謂揚州（Yangju）城爲發克富爾（Faghfur，阿剌伯語天子之意）之王居，其稱號曰「唐格司汗」（Tamghaj Khan），（見 Sprenger's Post-und Reiserouten des Orientes），又其地理學家阿伯爾肥達（Abulfeda），謂中國之「發克富爾」稱號，曰「定格司汗」（Timghai Khan），高貴無比。（註六十五）。又法人多桑（D'ohsson）所著蒙古史，謂當元太祖十三年戊寅歲，（卽西元一二一八年），蒙古成吉斯汗遣使者數人，至花剌子模國（Khwarizm），蘇丹摩哈美德（Sultan Mahomed），見之於布哈爾城（Boukhara）。蒙古使者一人，花剌子模籍也，蘇丹中夜召之，密問成吉斯汗已征服「唐格司國」（Tamghaj），有之乎。（註六十六），而元李志常撰長春眞人西遊記，謂眞人邱處機，於九月二十七日，抵阿里馬（Almalik）。『土人見中原汲器，喜曰：桃花石，諸事皆巧。桃花石謂漢人也。』凡此所述 Tamgama Jaban，Tamghaj Khan，及 Timghaj Khan，皆卽天可汗一名詞之對音也。所謂 Tamghaj，與「桃花石」者，卽謂天可汗國也，亦卽直以天可汗爲中國稱號也。Tabgac Qaganqa 與 Tamghaj Khan 等詞，意指中國皇帝，雖中西學者曩已言之。然其何以稱中國皇帝爲 Tamgha; Khan 在中國爲何一名詞之對音？則非於唐代天可汗制度之作用與影響，探討明悉後，殆無由確知其爲卽天可汗對音也。

附註

（註一）見拙作「唐代文化的新認識」（文見民國三十二年七月十二日重慶大公報星期論文）。

(註二)冊府元龜卷九百九十九載開元七年二月，安國王篤薩波提遣使上表論事，稱「臣是從天主領普天下賢聖皇帝下百萬重草類奴」。所謂「領普天下賢聖皇帝」，卽指天可汗而言也。

(註三)見新唐書卷二百二十一西域傳下吐火羅國條。

(註四)見新唐書卷二百二十一西域傳下西曹國條，及吐火羅國條。

(註五)見王溥纂唐會要卷一百雜錄。並參考曾問吾撰中國歷代經營西域史(商務印書館出版)附唐代葱嶺以西諸國受封表。

(註六)舊唐書太宗本紀貞觀四年條，於「軍吏執頡利以獻捷」後，卽接云：「自是西北諸蕃請上號爲天可汗。」可知天可汗制度之起源，實由於東突厥之平定。東突厥事蹟見新唐書卷二百十五上突厥列傳上。

(註七)見新唐書卷二百十五突厥傳上下，並參考沙畹(E. Chavannes)西突厥史料(Documents sur les Tou Kiue『Tures』Occidentaux)第四篇西突厥史略(此據民國二十四年馮承鈞譯本)。

(註八)據新唐書卷二百二十一下西域傳下安國條謂「貞觀初，獻方物，太宗厚慰其使曰：西突厥已降，商旅可行矣」。考貞觀元年，西突厥雖與唐通好，然實未投降，唐亦未對突厥用兵，此所謂西突厥已降，當指貞觀四年唐已平定東突厥以後事。

(註九)見新唐書卷三高宗本紀顯慶二年四年條，及卷二百十五下突厥列傳下西突厥條。

(註一〇)見新唐書卷四十三地理志西域府條，及卷二百二十一西域傳下。

(註一一)參見拙著中國民族史(民國四十二年五月中華文化出版事業委員會出版)第七講對外交通的發展。

（註一二）據友人胡秋原先生「中國之語言與文字（下）」（文見民主評論第五卷第十四期），謂唐時康居國會翻譯中國之易經。又日人仁井田陞著「唐令拾遺」，其序說，謂「中國法律之影響，東至日本朝鮮，南至安南，西至西域，北至契丹蒙古」。而新唐書卷二百二十一西域傳下何國條，亦謂何國附墨城左，「有重樓，北繪中華古帝，東突厥婆羅門，西波斯拂林等諸王」。考何國在今蘇俄西南撒馬爾罕（Samarkand）附近之 Kosohàna，其治地重樓，已繪有中華古帝王像，則唐時其地之流行中國藝術，無可疑矣。

（註一三）參見向達著唐代長安與西域文明（民國二十二年哈佛燕京社出版），及拙作唐代波羅毬戲考（文見暨南學報一卷二期）。

（註一四）全唐詩載太宗破薛延陀詩，僅爲殘句，注云：「今山存此。」殆據靈州石刻採入。前見唐詩紀事，亦僅載殘句，想全詩今日已不可復見矣。

（註一五）唐太宗命李世勣於貞觀二十年平定薛延陀後，鐵勒諸部，皆請置吏，至二十一年正月，遂以回紇部爲瀚海府，僕骨爲金微府，多濫葛爲燕然府，拔野古爲幽陵府，同羅爲龜林府，思結爲盧山府，斛薛爲高闕州，奚結爲雞鹿州，阿跌爲鷄田州，契苾爲榆溪州，渾爲皋蘭州，思結別部爲蹛林州，白霫爲寘顏州，各以其酋長爲都督刺史。事見資治通鑑唐紀二，貞觀二十一年條。

（註一六）見新唐書卷二百二十一下西域傳下石國條，及舊唐書卷一百九李嗣業傳。

（註一七）唐時所謂昭武九姓者，即謂原居於祈連北昭武城之大月氏人，後爲突厥所破，散居於葱嶺西南各地，而建立九國，皆姓昭武，即康國、安國、曹國、石國、米國、何國、火尋國、戊地國與史國是也。其名目事蹟，見新唐書卷二百二十一下，並參考馮承鈞譯史地叢考（民國二十年上海商務印書館出版）附新唐書西域羈縻府州考，惟日人白鳥庫吉著粟特之研究（A Study of Su-te or Sogdiana）則謂康國王，乃突厥族人，非大月氏人也。然無論此九國之王族爲出於大月氏系統，抑出於突厥系統，其爲九個相連繫之國而嘗推尊唐帝爲天可汗，則無可置疑也。

（註一八）見白鳥庫吉著粟特之研究（文見東洋文庫研究股專刊第二號"Memoirs of the Research Department of the Toyo Bunko, No. 2"），及馮承鈞譯著史地叢考（民國二十年商務印書館出版）附新唐書西域羈縻府州考。

（註一九）見馮承鈞譯著史地叢考附新唐書西域羈縻府州考。

（註二〇）同註十九。塔什干爲今蘇聯所屬烏茲伯克共和國之首都，亦爲蘇聯全國第八大都會。

（註二一）同註十九。

（註二二）同註十九。

（註二三）見張星烺撰中西交通史料匯篇第五冊古代中國與西部土耳其斯坦之交通第四十六節。吐火羅居大夏舊地，大夏亡於大月氏，大月氏亡於嚈噠，嚈噠亡於西突厥，西突厥又爲唐所平定。故吐火羅亦即加入於天可汗組織以內也。

（註二四）唐高宗初年，大食已悉力侵略波斯等國，中亞諸國，皆喘喘不安，多遣使向唐帝通貢，以壯聲援，事見舊唐書卷一百九十八西域傳波斯國條，及新唐書卷二百二十一下西域傳下拔汗那國條，及吐火羅國條。

（註二五）據張星烺撰中西交通史料匯篇第四冊古代中國與伊蘭之交通第十一節注文所引。

（註二六）見馮承鈞譯著史地叢考附新唐書西域羈縻府州考。

（註二七）所謂西域十六國中之諸國，見於新唐書卷二百二十一西域傳者，有吐火羅、罽賓、訶達羅支（即謝颶）、俱蜜、護蜜多、（即護蜜）、帆延、石汗那、骨咄、波斯等國。帆延之名稱來源，法人伯希和（P. Pelliot），曾作中國載籍中之梵衍那一文，考證甚詳。文見 Godard and Hackin 合撰之梵衍那之佛教古蹟第二冊（一九二八）伯氏附考。

（註二八）同註三十六。

（註二九）見馮承鈞譯著史地叢考沙畹（E. Chavannes）作罽賓考（原文見一八九五年十月刊亞洲學報）。

（註三〇）見沙畹（E. Chavannes）西突厥史料第三篇關於西突厥之其他史料個失蜜國條附註。

（註三一）同註二十六。

（註三二）泥婆羅與唐之關係，見新唐書卷二百二十一上西域傳上泥婆羅國條，惟李義表道經其國之事蹟及年代，則須參攷法人烈維（Sylvain Leli）所作王玄策使印度記（譯文見馮承鈞譯著史地叢考）。

（註三三）見新唐書卷二百十六吐蕃傳。

（註三四）見新唐書二百十一下西域傳下石國條及波斯國條等。

（註三五）見新唐書二百十六吐蕃傳，及卷二百十一下西域傳下小勃律國條。
（註三六）僕固懷恩本鐵勒部人，自貞觀二十一年，將鐵勒回紇僕骨等部，置九都督府，以僕骨部歌濫拔延爲金微府都督，訛爲僕固氏，懷恩則其孫也，其在唐任官及誘回紇反叛事，見新唐書卷二百二十四上叛臣僕固懷恩傳。
（註三七）見新唐書卷四十下地理志涼州、沙州、瓜州、甘州、肅州、伊州、西州等條。
（註三八）見同上北庭安西二都護府條。安西四鎮之設置，則完成於太宗貞觀二十二年平定龜茲之後，事見新唐書卷二百二十一上西域傳上龜茲國條。
（註三九）見新唐書卷二百二十一西域傳上焉耆國條，及卷二百二十一下西域傳贊。
（註四〇）參攷藍文徵李白的氏族與籍貫及新唐書卷二百十五下西突厥傳及卷四十三地理志濛池都護府條。惟唐人所稱之碎葉，實有二地，其一卽指中亞楚河南岸之碎葉城，其二卽指今新疆焉耆境內之碎葉城，乃唐高宗調露元年都護王方翼所築，藍氏誤合爲一，非確論也。
（註四一）參攷辯機撰大唐西域記關於在碎葉所見西突厥之記載，及新唐書卷一百二十二郭元振傳關於四鎮十姓之論述。所謂十姓卽指西突厥餘衆之十姓可汗，蓋亦以碎葉爲重心者也。
（註四二）見沙畹（E. Chavannes）西突厥史料第一篇緒說。
（註四三）同註四十一。
（註四四）同註四十一。

（註四五）見新唐書卷二百十五下突厥傳下統葉護可汗條。

（註四六）見同上西突厥傳下及卷四十三下地理志羈縻州。

（註四七）見新唐書卷八十四裴行儉傳。

（註四八）見新唐書卷一百十一王方翼傳。三姓咽麵爲居於熱海附近之突厥餘衆，唐嘗於其地爲咽麵州，長安二年（西元七〇二年）改爲咽麵都督府見新唐書地理志羈縻州。

（註四九）見新唐書卷二百十五下突厥傳下阿史那彌射條。

（註五〇）見新唐書卷二百十五下突厥傳下突厥施別種車鼻施啜蘇祿條。

（註五一）見杜佑通典卷一百九十三所引杜環經行記。

（註五二）見新唐書卷一百十一王孝傑傳。

（註五三）關於安西四鎮及十姓可汗舊地之碎葉，與唐之關係及利弊等，並見新唐書一百二十二郭元振傳。

（註五四）參攷陽瑪諾著唐景教碑頌正詮（崇禎甲申歲原刊，光緒四年重刊），及馮承鈞著景教碑考（商務書印館出版）。

（註五五）參攷陳垣撰火祆教入中國考（見北京大學國學季刊第一卷第一號）。

（註五六）參攷向達著唐代長安與西域文明（燕京學報專號之二，民國二十二年出版）。

（註五七）參攷張星烺撰中西交通史料匯篇第三冊古代中國與阿拉伯之交通第六節所引杜環經行記，及藍文徵撰李白的氏族與籍貫。

（註五八）見新唐書卷一百二十二郭元振傳。

（註五九）見新唐書卷一百三十五封常清傳。

（註六〇）見沙畹撰西突厥史料第三篇關於西突厥之其他史料史國條。

（註六一）見新唐書卷二百十五下突厥傳下突厥施別種車鼻施啜蘇祿條。

（註六二）藍氏論文見民主評論第五卷第十三期（民國四十三年七月一日出版）。

（註六三）見日人白鳥庫吉著突厥闕特勒碑銘攷（文見史學雜誌第十一卷第八期）。

（註六四）同註六十二。

（註六五）關於阿剌伯地理學家稱中國皇帝曰 Tamghaj Khan 等資料，參攷亨利玉爾著契丹及往其國之道路卷一、二十九頁以下，（H. Yule : Cathay and the Way Thither, I, P. 29—32），並參攷張星烺中交通史料篇第一册古代中國與歐洲之交通第四十二節。

（註六六）多桑蒙古史，中文方面，已有馮承鈞譯本，（商務印書館出版），可爲參考，此條並參考張星烺中西交通史料匯篇第一册古代中國與歐洲之交通第四十二節。

唐代降胡安置考

目錄

二、突騎施之代興與十姓降衆

三、安西都護府

四、十四姓問題

五、四鎮問題

肆　回紇諸部

一、回紇諸部之始降

二、六都督府與七州

三、安北都護府

四、河西降胡與河東降胡對安史叛亂之關係

五、阿布思之降叛

六、烏介可汗後之回紇

伍　沙陀

陸　高麗

一、唐對高麗之征討

二、安東都護府

柒　契丹與奚

一、松漠都督府
二、松漠府外九州
三、營州都督府
四、饒樂都督府與其他奚州
捌結論

唐代降胡安置考

兼論若干覊縻州沿革

章羣

壹　前言

此文所謂胡，包括突厥而言，蓋唐史言胡與突厥，實有分別。武德七年，突厥頡利可汗遣阿史那思摩入見，史稱其貌類胡，不類突厥；又安祿山嘗謂哥舒翰曰：我父胡母突厥，爾父突厥母胡。舉此二例，可知當時於此二者固辨之甚明。然除突厥而外，當時所謂胡，亦包涵甚廣。王靜安先生謂唐人除印度外，西域諸國，皆謂之胡（見氏著西胡考上），當時又有所謂九姓胡者。本文不欲於此等處考證，今於爾時自東北以迄西北之異族，概以胡字稱之。

唐代武功炳耀，然終唐之世，其邊族爲患者，亦未稍息，以至唐亡，皆由是也。方高祖起義時，東突厥稱雄北鄙，高祖至於納款稱臣，史雖諱言，第可考按得之。太宗英乂，羣夷降服者夥，而自則天調露元年，突厥復叛，三十餘年間，邊警頻傳。開元以後，東突厥式微，回紇寖盛，舊鐵勒九部，悉在其治下。當其未强時，因畏突厥默啜之暴，來降者亦甚衆，唐處之於甘涼雲代，其在雲代者，終爲安史資以爲亂，益以奚與契丹，遂使中原版蕩；其在甘涼諸部，雖助討賊，然取索無厭，騷擾靡已，以侮易亂，史蹟昭然，良可嘆也。回紇而後，沙陀代起，復據雲朔，及唐室顚覆，遂號後唐焉。

通鑑記唐與諸胡交往，幾於無年無之，其關係旣如是繁複，則必有一政策以應之，亦必有一最高原則，始足以言措施。

唐對降胡之政策，固無明白之宣布，然可於突厥兩可汗事件見之。貞觀三年，突厥突利可汗來降，其明年，頡利可汗復被俘，其部衆十萬人，太宗與諸臣論安置之方，當時之意見，可分爲四派：

其一謂宜徙之河南兗豫之間，分其種落，散居州縣，敎之耕織，可以化胡虜爲農民。（朝士多持此見）

其一謂宜分其部落，各署君長，以離散其勢。（禮部侍郎李百藥主之）

其一謂宜根本驅出塞外，西晉之亂，可爲明鑑。（魏徵言之）

其一謂不應驅出塞外，仍在邊內安置，授以生業，敎以禮義，選其酋長，使入宿衛，威德兼施，何後患之有。（温彥博主之）

四派之主張，卒以温彥博之主張爲太宗所採納。於此政策下，唐朝所採之措施，有兩事可以注意。

（一）都護府之設置　都護府之沿革甚繁，而唐朝國勢之盛衰，可於此見其消息。如以區域分，大抵以單于都護府領突厥降人，安北都護府領回紇諸部，安西領四鎮，兼備西突厥與吐蕃，北庭防突騎施，安東領高麗新羅之降者。

與都護府並存者，有都督府，最著者如靈州都督府與營州都督府。都護府與都督府之性質實有不同，至於節度使，其初祇係都督持節，其後則都護亦多由節度使兼領，此中演變，須注意一事實，即來降之胡，係舉族來降，抑祇若干部落。舉例而言，如東突厥頡利與突利，俱爲大可汗，自彼二人一降一俘，其部衆已無餘類，於此情況下，都護府之設立，其特性蓋爲對已降之衆，加以綏撫，政治性實重於軍事性。然在另一種情況下，來降者或祇一部，其首領或祗酋長，而非君長，以是除對已降者需加綏撫以外，對於未降者，尤須嚴防，都督或其後之節度使，實偏於防禦與征討，而邊卒皆隸屬之。

唐朝之亡，亡於藩鎮，而藩鎮之禍，漸於節度，安史亂後，史實具在，可置勿論。特有可說者，節度與降胡，亦不無關聯，何以言之？第一，因降胡寄落邊鄙，其未降者常思勾引為亂，是以不能不有都督或節度統諸軍以防之。第二，天寶以後，諸節度軍中，多以降胡充士兵，安祿山褢脅為亂，開其先緒，茲後藩鎮相繼，終傾唐室。凡此影響，皆甚彰明，而為太宗始料所不及，其間情況，可由王晙之言以見之，王晙於突厥默啜死後，曾上疏云：

> 突厥時屬亂離，所以款塞降附，其與部落，非有讎嫌，情異北風，理固明矣，養成其釁，雖悔可追，今者河曲之中，安置降虜，此輩生梗，實難處置，日月漸久，姦作逾深，窺邊間隙，必為患難，今有降者部落，不受軍州進止，輒動兵馬，屢有傷殺，詢問勝州左右，被損五百餘人。私置烽舖，潛為抗拒，公私行李，頗實危懼，北虜如或南牧，降戶必與連衡，臣問沒蕃歸人云，却逃者甚衆，南北信使，委曲通傳，此輩降人，翻成細作，儻收合餘燼，來逼軍州，虜騎憑凌，胡兵應接，表裏有敵，進退無援，雖復韓彭之勇，孫吳之策，令其制勝，其可必乎？望至秋冬之際，令朔方軍盛陳兵馬，告其禍福，啗以繒帛之利，示以麋鹿之饒，說其魚米之鄉，陳其畜牧之地，並分配淮南河南寬鄉安置，仍給程糧，送至配所，雖復一時勞弊，必得久長安穩，二十年外，漸染淳風，持以充兵，皆為勁卒，（中略）臣料留住之議，謀者云邊故事，必言降戶之輩，舊置河曲之中，昔年既得康寧，今日還應穩便，但同時異事，先典攸傳，往者頡利破亡，邊境寧謐，降戶之

輩，無復他心，所以多歷歲年，此類皆無動靜，今虜見未破滅，降戶私使往來，或畏北虜之威，或懷北虜之惠，又是北虜戚屬，夫豈不識親疏，將比昔年，安可同日。

王晙因擬三策云：

若盛陳兵馬，散令分配，內獲精兵之實，外祛黠虜之謀，暫勞永安，此上策也。若多屯士卒，廣爲備擬，亭障之地，蕃漢相參，費甚人勞，此下策也。若置之朔塞，任之來往，通傳信息，結成禍胎，此無策也。（以上俱見舊唐書王晙傳卷九十三）

若據王晙言，則唐之措置，實爲無策。

（二）立原部首領以領其衆　唐之第二措施，凡降附之衆，悉以原部首領領之，唐朝不過假以名號，其眞正入爲宿衞者，實不甚多。揆其性質，實等人質，唐大詔令有放諸蕃質子各還本國敕，語云：「諸蕃充質宿衞子弟等，量放還國。」（卷一二八）詔令雖亡其年月，當係唐代通制也。此固羈縻一法，然一旦首領去世，而出其入爲宿衞之子若孫繼襲之，殊未允當，此事於西突厥與突騎施之亂最易見得，郭元振疏云：

又請阿史那獻者，豈不以獻等並可汗子孫，來即可以招脅十姓，但獻父元慶，叔僕羅，兄俀子，幷斛瑟羅及懷道，豈不俱是可汗子孫，往四鎭以他匐十姓不安，請冊元慶爲可汗，竟不能招脅得十姓，却令元慶沒賊，四鎭盡淪。頃年忠節請斛瑟羅及懷道，俱爲可汗，亦不能招脅得十姓，却遣碎葉數年被圍，兵士飢餒。又吐蕃頃年亦冊俀子及僕羅幷拔布，相次爲可汗，亦不能招得十姓，皆自磨滅。何則？此等子孫非有惠下之才，恩義素絕，故人心不歸，來者既不能招携，唯與四鎭却生瘡痛，則知冊可汗子孫，亦未獲招脅十姓之算也。

（舊唐書郭元振傳，卷九十七）

綜言唐與諸胡之關係，可以天寶前後為大較，然亦如藩鎮之禍，皆係自漸而著，非劃然可分者也。大抵天寶以前，邊鄙降胡，中國為之主，教以耕種，安其帳牧，唐人或染其習俗，然言眞正之文化精神，胡人實受中國之影響。代宗以後，中國人幾於退出此一區域，諸胡乃為實際之主人，轉相役屬，或假中國之名號，或幷此名號亦棄而不顧。茲篇於降胡安置州府，幷其沿革而言之，而於天寶以前，言之較詳，至若天寶以後，藩鎮卽諸胡，諸胡卽藩鎮，言之者多矣，本文除有關者外從略。

此文所徵引，以舊唐書為本，其有不備或謬誤，則參比羣書，然會要排列錯雜，兩唐書唯志文稍備，通典疏略，冊府元龜散碎無統，元和郡縣志有所闕佚，茲篇之成，得於通鑑及胡注者實多。至於西突厥史料，沙畹於地名之對譯，考證精審，本文亦多據引焉。

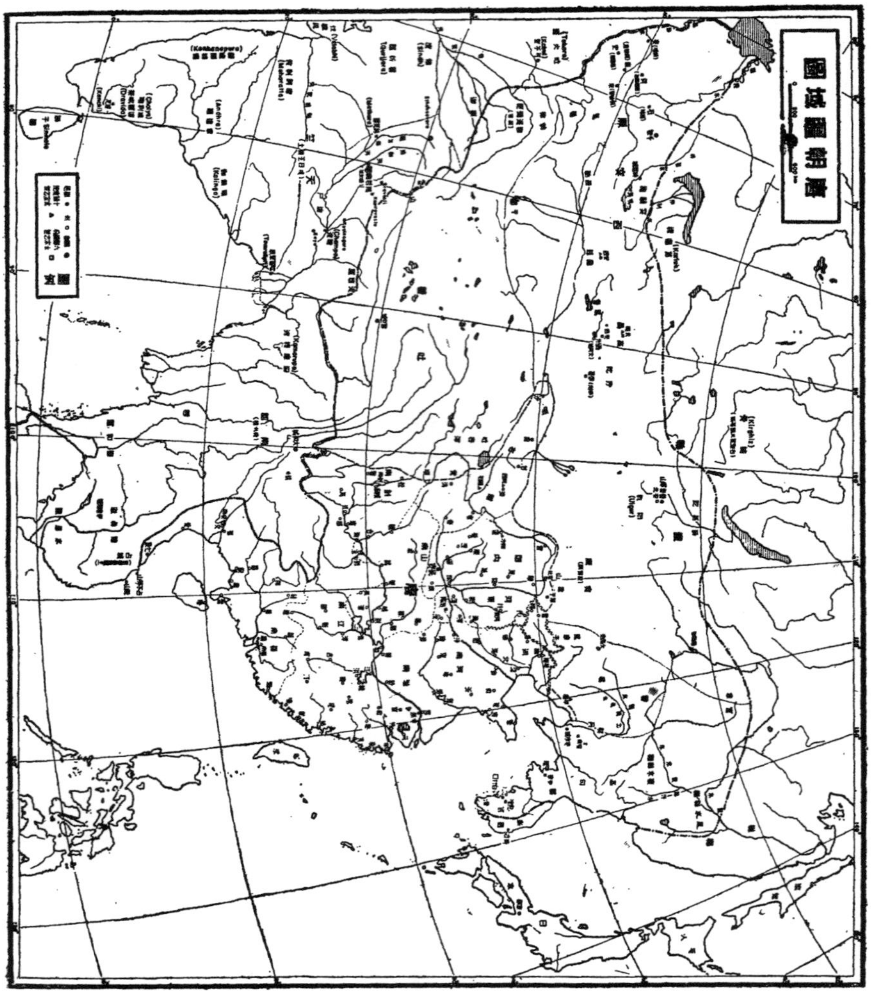

貳　東突厥

一、東突厥降唐始末

突厥自隋初分爲兩部，居於東者曰東突厥，或謂北突厥，居於西者曰西突厥。

北突厥終隋之世，强盛日甚，唐高祖起兵時，引以爲援，及隋既滅，其餘胤楊政道，猶在突厥卵翼之下，于定襄城，行朝廷故事。

言其分布，東自幽北，西至隴外，皆是其種。至天寶而極消漸。論其興亡，以頡利可汗與默啜二代爲最强，玆略言其史事，以便說明與唐之關係。

方唐高祖興兵時，適突厥始畢可汗在位，武德二年，始畢卒，其子什鉢苾，未能繼父位，始畢之弟俟利弗設繼位，是爲處羅可汗。「設」者，突厥別部領兵者之謂也。處羅既死，復傳位於其弟咄苾，是爲頡利可汗，頡利與處羅，俱爲什鉢苾之叔，既立，以什鉢苾爲突利可汗，時爲武德三年也。頡利與突利，雖爲叔姪，而不相能。頡利居五原之北，五原於唐屬豐州，當河套之內緣，其北卽至河外。突利則居幽州之北，幽州在長城邊，幽州之北則在長城外，是故頡利在西，而突利在東也。

頡利數寇邊境，武德七年，與突利南下，李世民與突利盟約，叔姪二人始相猜疑。貞觀四年三月，頡利被擒，而突利已於前一年來降，太宗雖封阿史那思摩以統其衆，然實在唐室治下，此事當於下文詳論。

爾時之突厥，是否卽止此二支，殊足討論，據兩唐書突厥傳，復有車鼻可汗者，舊傳云：

> 車鼻者，亦阿史那之族也，代爲小可汗，牙在金山之北。頡利可汗之敗，北荒諸部，將推爲大可汗，遇薛延

陀爲可汗，車鼻不敢當，遂率所部歸於延陀。爲人勇烈，有謀略，頗爲衆附，延陀惡而將誅之，車鼻密知其謀，竄歸於舊所，其地去京師萬里，勝兵三萬人，自稱乙注車鼻可汗，西有歌羅祿，北有結骨，皆附隸之。（卷一九四上）

薛延陀爲可汗，在貞觀二年，唐會要北突厥條有云：

貞觀二年四月，頡利以**薛**延陀回紇等叛，遣突利討之，敗還。（下略）

十一月，突厥北邊多叛頡利歸**薛**延陀，共推其俟斤夷男爲可汗，夷男不敢當，上方圖頡利，乃遣使間道冊夷男爲眞珠毗伽可汗，夷男建牙于大漠之鬱督軍山下，回紇，拔野古，阿跌，同羅，僕骨，霫諸部皆屬。（卷九十一）

故車鼻之降于**薛**延陀，固不必待頡利之敗，蓋自貞觀二年，叛於頡利者已多，然車鼻爲突厥小可汗，與回紇等異，或未必卽叛，要可肯定一事實，卽頡利之衆，既入中國治下，而突厥種落在塞外者，猶有車鼻一支。

至於舊傳所云北荒諸部，係指突厥之諸部，抑突厥外之他族，無可按考，唯此與會要所云「北邊」之義相同，就會要全文，尋繹其義，所謂北荒諸部或突厥北邊者，乃指回紇、拔野古、阿跌、同羅、僕骨、霫諸部也。考諸阿史那社爾傳，云社爾與頡利子欲谷設嘗分統鐵勒回紇、僕骨、同羅諸部（舊書卷一〇九，新書卷一一〇）頡利既滅，此等部落擁立車鼻，事極可信。若然，則自頡利敗亡，北突厥在塞外者，亦惟車鼻一支也。

車鼻可汗於永徽元年被俘，其子則於車鼻敗前遣子入朝，至是三代入唐。

車鼻以後，北突厥眞盡亡矣，凡車鼻以後之突厥，皆自中國叛去者。

先於調露元年（西元六七九年，下文概省西元二字），有單于管內，阿史德溫傳，與奉職二部落，奉泥孰匐為可汗，相率叛去。永淳二年（即弘道元年，六八二），阿史那骨咄祿復叛。骨咄祿卒，其弟默啜立。北突厥至默啜，始有十姓之名，史文但云立左右察，又立小可汗，而不言何以忽然有此十姓也。舊傳云：

（聖曆）二年（六九九），默啜立其弟咄悉匐為左廂察，骨咄祿子默矩為右廂察，各主兵馬二萬餘人，又立其子匐俱為小可汗，位在兩察之上，仍主處木昆等十姓兵馬四萬餘人，又號為拓西可汗。（卷一九四上）

新傳、通典、唐會要所載同此。按北突厥原無十姓，十姓者，乃西突厥之衆，新傳稱默啜拓地，縱廣萬里，諸蕃悉往聽命。蓋爾時西突厥十姓，已盡為東突厥默啜所領，會要云：

長壽二年（六九三）十月，西突厥十姓，自垂拱（六八五至六八八）以來，為東突厥所侵掠，散亡略盡。（下略）（卷九十四）

垂拱在聖曆前約十年，當垂拱時，默啜已有其部落，至聖曆二年，始委其子弟輩統治。大抵其子祇統西突厥，故號拓西可汗，而東突厥，默啜仍自領之。又按西突厥十姓之名，始見於永徽二年（六五一），舊傳記其十姓，以處木昆領首，此與前文所引默啜子仍主處木昆等十姓一語相合，故云，東突厥本無十姓之名。

開元四年，默啜為拔曳固所殺，骨咄祿之闕特勒鳩合舊部殺默啜子小可汗，立其兄左賢王默啜連，是為毗伽可汗，闕特勒乃默啜之姪，與小可汗為從兄弟也。特勒本突厥子弟之謂，錢大昕云：「顧氏金石文字記，歷引史傳中稱特勒者甚多，而涼國公契苾明碑，特勤字再見，又柳公權神策軍碑，亦云大特勤嗢沒斯，皆書者之誤。予謂外國語言，華人鮮通其義，史文轉寫，或失其眞，唯石刻出於當時眞迹，况契苾碑宰相婁師德所撰，公權亦奉勅書，斷無譌舛，當據碑以訂史之誤，未可輕訾議也，通鑑亦作特勒，而考異云諸書或作敕勤，今從新舊二唐書。按古人讀敕如忒，敕勤卽特勤。」（十嘉齋養新錄卷六）按錢氏所見甚是，沈曾植據闕特勤碑云特勒當作特勤，其說已成定論。

毗伽死，其子爲伊然可汗，伊然死，其弟爲登利可汗，登利時，部衆分左右殺，登利被殺後，其衆皆來降，於天寶元年至京師焉。

茲列唐興以來東突厥降叛表如次：

貞觀三年（六二九）突厥俟斤九人帥三千人降

又郁射設率衆降

突利可汗來降

貞觀四年（六三〇）張寶相俘頡利可汗。

蘇尼失率衆降

又欲谷設以其衆降

貞觀十年（六三六）阿史那社爾率衆入朝

永徽元年（六五〇）俘車鼻可汗，降其衆。

調露元年（六七九）單于領內阿史德温傅，奉職二部反。

開耀元年（六八一）平二部反
永淳元年（六八二）阿史那骨咄祿反
開元二年（七一四）默啜所統葛邏祿等部詣涼州降
開元八年（七二〇）突厥寇甘涼掠契苾部去
開元九年（七二一）康待賓誘六胡州反
貞元二年（七八六）六胡州降
開成二年（八三七）振武突厥百五十餘帳叛

二、順州與突利降衆

兩可汗既入中國，唐代安置，史文或異，蓋兩可汗同時並存，事蹟復多關聯，故易混淆。今須於頡利與突利，加以分辨。尤須知突利乃頡利之姪也。

舊書突利傳云：

頡利之敗也，其部落或走薛延陀，或走西域，而來降者甚衆。（卷一九四上）

走薛延陀者，即車鼻可汗之衆，走西域者，乃阿史那社爾之衆，然社爾於頡利敗亡之前已走西域。此頡利之事也，而舊書於突利傳記之，新書則記於頡利傳，其文云：

頡利之亡，其下或走薛延陀，或入西域，而來降者尚十餘萬。（列傳卷一四〇上）

依通鑑，則李靖俘十餘萬，李世勣復俘五萬，共有十五萬之衆。

當時區處之方，議論甚多，已見前說，通鑑云：

上卒用彥博策，處突厥降衆，東自幽州，西至靈州，分頡利故所統之地，置順祐化長四州都督府，又分頡利之地爲六州，左置定襄都督府，右置雲中都督府。（卷一九三）

通鑑此文，可疑者有二：

其一爲頡利「故所統之地」與「頡利之地」有何分別？

其二爲順祐化長而外，六州之地究是何六州？

玆分言之如次。

舊書突利傳云：

以其下兵衆置順祐等州，帥部落還蕃。（卷一九四上）

新書於頡利傳言之：

乃以突利可汗爲順州都督，令率其下就部。（列傳卷一四〇上）

舊書之意，似以順祐化長四州，皆所以處突利之衆，實誤，突利之衆，祇順州一州耳，理由見下節。新還蕃之語，或以爲復令出塞，然順州實在塞內，新舊傳皆云自幽州至靈州置順祐化長四州，則不應在塞外，新書就部之說是也。

通鑑云以頡利爲順州都督，其文云：

（貞觀四年）五月辛未，以頡利爲順州都督，使帥部落之官，上戒之曰，爾祖啓民，挺身奔隋，隋立以爲大

可汗，奄有北荒，爾父始畢，反爲隋患。（下略）（卷一九三）

按頡利與突利爲叔姪，前已言之，啓民是突利之祖，亦卽頡利之父，舊傳云頡利可汗者，啓民第三子也。（卷一九四上）語極明白，始畢爲突利之父，而爲頡利之兄也。終頡利之世，但授右衞大將軍，未聞授都督也。參證新傳，突利爲順州都督爲是通鑑以爲頡利者，實誤。突利旣主順州，則順州治下，爲其舊部，當可確信。

新書地理志以羈縻州另列一卷，志文記河北道羈縻州有突厥州二，其一卽爲順州，其文曰：

順州順義郡　貞觀四年平突厥，以其部落置順祐化長四州都督府于幽靈之境。又置北開北寧北撫北安等四州都督府。六年，順州僑治營州南之五戍柳，又分思農部置燕然縣，僑治陽曲，分思結部置懷化縣，僑治秀容，隸順州，後皆省。祐化長及北開等四州亦廢，而順州僑治幽州城中，歲貢麝香，縣一：賓義。（卷四十三）

舊志不另列羈縻州，其河北道有云：

順州　下，貞觀六年置，寄治營州南五柳城，天寶元年改爲順義郡，乾元元年復爲順州。（卷十九）

北開等四州與此無關，語詳次節。至於燕然，懷化兩縣，雖隸於順州都督，而實非突利之衆，思農新志作蘇農，定襄都督有蘇農州，說見後文。思結部則更有可說，茲再言燕然，懷化二縣如下。

（一）燕然　新志河東道太原府太原郡陽曲縣下有云：

陽曲　畿，本陽直，……（貞觀）六年以蘇農部落置燕然縣，隸順州，八年，僑治陽曲，十七年省。（卷二十九）

（二）懷化　新志河東道忻州定襄郡秀容縣有云：

秀容縣　上，貞觀五年以思結部落於縣境置懷化縣，隸順州，十二年以懷化隸化州，後省。（卷三十九）

舊志云懷化州高宗時廢。（卷十九）

按秀容縣本漢陽曲地，後魏移陽曲縣於太原界，相去不過百里耳，元和郡縣志記忻州南至太原府一百八十里（卷十四）又於陽曲縣下云南至府（太原府也）七十里。（卷十三）可知陽曲在太原府北七十里，忻州治秀容縣，亦卽漢陽曲地，又在當時陽曲之北一百一十里也。故思農部與思結部散處於百里之間耳。

通鑑於貞觀四年下記云：

思結部落饑貧，朔州刺史新豐張儉招集之，其不來者仍居磧北，親屬私相往來，儉亦不禁，及儉徙勝州都督，州司奏思結將叛，詔儉往察之，儉單騎入其部落說諭，徙之代州，卽以儉檢校代州都督，思結卒無叛者，儉因勸之營田，歲大稔，儉恐虜蓄積多，有異志，奏請和糴以充邊儲，部落喜，營田轉力，而邊備實焉。（卷一九三）

兩唐書張儉傳未云其何時爲代州都督，但云：「李靖平突厥之後，有思結部落貧窮離散，儉招慰安集之。」（舊傳卷三十三）餘與通鑑同。李靖平突厥爲貞觀四年時事，可無疑問，舊志云思結部於五年置爲懷化縣，新志則云六年，而張儉傳亦未提及何時置懷化縣，就時間上言，張儉傳中所云之思結部，實卽懷化縣之思結部，特地點稍有不符，當是四年時，其部在朔州境，五年或六年，始徙於秀容，十二年始正式隸於代州，舊志代州中都督府下云：

（貞觀）六年，又督順州，十二年省順州，以懷化縣來屬。（卷十九）

貞觀六年，順州實不在代州治下，舊志營州上都督府下，亦云：（貞觀）六年，又督順州。（卷十九）代州條誤，而新志亦未云十二年廢順州。

按思結部實爲回紇諸部之一，貞觀初或在突利治下（以在朔州塞外，原是突利地域。）或在頡利治下（通鑑於頡利亡後，始記其貧窮離散。）蓋回紇諸部，常隸屬不定，稱臣於北部諸族，其時當臣於突厥。新志稱回紇諸部，概云突厥九姓，是直以突厥視之，尤可見也。說見後文。當時思結部既以懷化一縣隸於順州，則其初或在突利治下也。

三、六州與頡利降衆

六州所以安置頡利之衆者，舊志云：又分頡利之地六州，左置定襄都督府，右置雲中都督府以統其衆（卷一四四上）新志同，通鑑則云：

又分頡利之地爲六州，左置定襄都督府，右置雲中都督府。（卷一九三）

依兩志記載，似是頡利之地原有六州，但置二都督府以統之耳，依通鑑則六州之分，乃當時之處置，非原有六州也。究以何者爲是，須先確定六州究是何六州。

按六州問題，易致混淆者有三：

其一爲後之所謂六胡州。

其二爲貞觀二十三年，復於定襄雲中二都督府下，各分三州。

其三爲順祐化長四州之外，又有六州之說。

前二說確有六州，然非此六州，說詳後。第三說則爲一誤，温公未加辨白，胡三省亦有所未審。

今考定六州者，乃祐、化（卽北開）、長、北寧、北撫、北安六州。

其中祐、化、長三州，常易誤會與順州同在突利治下，然突利祇爲順州都督，此三州都督雖不可盡考，然就可考者而言，如化州都督，則係頡利部將。余按：化州卽是北開州。通鑑記貞觀四年以思摩爲北開州都督，其文云：

頡利之亡也，諸部落酋長皆棄頡利來降，獨思摩隨之，竟與頡利俱擒，上嘉其忠，拜右武侯大將軍，尋以爲北開州都督，使統頡利舊衆。（考異曰：舊傳云爲化州都督，按化州乃突利故地，安得云統頡利部落也。）

是考異亦知突利與頡利之分，然何由而知化州乃突利故地，温公旣乏引證，推其所以堅信之故，實因舊傳云：

自幽州至靈州，置順祐化長四州都督府，又分頡利之地六州，左置定襄都督府，右置雲中都督府。（卷一九四上）

以爲四州之外，別有六州，更以爲化州與祐、長二州，同於順州，俱在突利治下，實則非也，今以三點證之。

（一）從時間證　舊志云貞觀十三年廢化州及長州。（卷十八）北開州卽是化州，於貞觀八年改。

通鑑記貞觀四年云：

六月丁酉，以阿史那蘇尼失爲北寧州都督，以中郞將史善應爲北撫州都督，壬寅，以右驍衛將軍康蘇爲北安州都督。（胡注：此三州與祐化長北開四州，後皆省。）

胡注雖未云何時廢，然就可知之化長二州言，則貞觀十三年廢，固甚明確。

蓋自貞觀四年，突厥滅亡，唐安置其衆，至十三年而有一變化。先是突利之弟結社率反，朝議以爲應使突厥還塞外，貞觀十三年，太宗以思摩爲乙彌泥孰俟利苾可汗，突厥及胡在諸州安置者，並令度河還其舊部（通鑑卷一九五）而思摩率部至十五年正月始渡河。然十三年詔命既發，則化長諸州之廢，亦爲連帶之措施。此中獨無順州之消息，舊志代州都督府下雖云貞觀十二年省順州，然新志叙順州沿革直至僑治幽州城中，當是萬歲通天後事。即使十二年廢順州，亦與十三年廢化長二州，相隔一年，不知其有何關聯也。反之，十三年與思摩受詔渡河北返之時間正合，則此年所廢諸州，應視爲皆在思摩治下，而爲六州之一。胡注以化州與北開並列，不知二者實即一州也。

（二）從地點證　舊志於夏州都督府下云：「其夏州領德靜、巖銀、寧朔、長澤四縣。」（卷十八）巖銀即朔方，爲夏州州治。舊志又云：

德靜　隋縣，貞觀七年屬北開州，八年，改北開州爲化州，十三年廢化州，屬夏州。（卷十八）

化州是否即治於德靜縣，無由知之，唯德靜既隸於化州，則去化州州治不致太遠。

前引通鑑考異，云化州乃突利故地，而不知北開州即是化州，貞觀八年以前但有北開州而無化州，思摩於貞觀四年授都督，自當稱北開州都督也。余見唐大詔令，於貞觀十三年，封李思摩爲可汗詔，即改稱其爲化州都督矣。（卷一二八）

元和郡縣志云：

德靜縣　中下，西南至州八十里。（卷四）

亦即德靜至朔方八十里。

舊志又於夏州都督府下云：

長澤　隋縣，貞觀七年置長州都督府，十三年廢長州，縣還夏州。（卷十八）

元和志云：

長澤縣　中下，東北至州一百二十里。（卷四）

亦卽長澤去朔方一百二十里，更東北八十里則爲德靜耳，故當時化長二州分處於以朔方爲中點之二百里之兩。而與定襄與雲中二都督府之地相合。

定襄與雲中二都督，與六州爲不可分，所以分統六州者，前已言之，今按新志云：

定襄都督府　貞觀四年析頡利部爲二，以左部置，僑治寧朔。（下略）

雲中都督府　貞觀四年析頡利右部置，僑治朔方境。（下略）（均見卷三十三下）

舊志云：

朔方　隋巖銀縣，貞觀二年改爲朔方，永徽元年分置寧朔縣，長安二年廢，開元四年又置，九年又廢，還併入朔方。（卷十八）

故寧朔與朔方，實爲一地，通鑑貞觀四年四月定襄雲中二都督府下，胡注云：

定襄都督府，僑治寧朔，雲中都督府僑治朔方之境，按寧朔縣亦屬朔方郡，舊書溫彥博傳曰：帝從彥博議，處降人於朔方之地。則二都督府僑治於朔方明矣。（卷一九三）

如此而言，則定襄與雲中在朔方之地，化州與長州，亦在朔方之地，地點相合，定襄與雲中既統頡利之衆，則此境內之化長二州，應在六州之數。

以上言化長等州，不應與順州併言之，而非所以處突利降衆者。

（三）從州名證　或云定襄與雲中所統六州，別有六州，而非祐、化、長、北撫、北寧、北安，依新志：

定襄都督府　（貞觀四年析頡利部爲二以左部置僑治寧朔）領州四（貞觀二十三年分諸部置州三）阿德州（以阿史德部置）執失州（以執失部置）蘇農州（以蘇農部置）拔延州

雲中都督府　（貞觀四年析頡利右部置僑治朔方境）領州五（貞觀二十三年分諸部置州三）舍利州（以舍利吐利部置）阿史那州（以阿史那部置）綽州（以綽部置）思壁州　白登州（貞觀末隸燕然都護後來屬。（卷三十三下）

新志雖云貞觀二十三年各分爲三州，而一有四州，一有五州，舊志且云雲中爲黨項部落，然如阿史那爲突厥姓，無可疑問。此中究以何六州爲貞觀二十三年置，容於後文詳說，今可言者，既是貞觀二十三年置，必非貞觀初六州也。蓋自貞觀十五年，思摩率頡利之衆渡河，後雖南返，已非貞觀四年時之情況。

今請更言一事。以明貞觀二十三年之六州非貞觀四年之六州。

唐旣滅突厥，未嘗以羈縻州處之，分辨其爲羈縻州與否，可從二點觀察之：

凡羈縻州則立其首領爲可汗，不然則不過以其首領爲都督，甚或此都督亦不由其首領任之。

凡羈縻州則以部落爲州府名，一則否也。

當突利授順州都督時，太宗謂彼云：

爾祖啓民挺身奔隋，隋立以爲大可汗，奄有北荒，爾父始畢反爲隋患，天道不容，故使爾今日亂亡如此，我所以不立爾爲可汗者，懲啓民前事故也，今命爾爲都督，亦宜善守中國法，勿相侵掠，非徒欲中國久安，亦使爾宗族永全也。（通鑑卷一九三）

當時未立可汗，太宗言之明切，順州如此，頡利之六州亦復如是，如前引思摩爲北開州都督，蘇尼失爲北寧州都督，史善應爲北撫州都督，康蘇爲北安州都督。凡此皆無可汗之名，且不以其部落名爲州名者。而凡此州名，又皆與中國其他之州名無異。此貞觀四年之六州也。

至於新志所列貞觀二十三年之六州則不同，第一，各州皆以部落名名之，如阿德州，以阿史德部置故名，餘皆類此。且自貞觀十三年，思摩既被立爲俟利苾可汗，中國已不視爲子民，而以爲羈縻州府矣。須知貞觀十三年前彼但爲都督而非可汗，故此所謂六州者，非貞觀四年時之六州也。

四、思摩之北渡與南返

貞觀十三年，太宗因結社率之亂，詔以思摩爲乙彌泥孰俟利苾可汗，突厥及胡在諸州安置者，並令渡河還其舊部，而思摩因畏薛延陀之强，至貞觀十五年正月，始率其部渡河，同年六月，即退入長城，通鑑云：

（貞觀十五年春正月）乙亥，突厥俟利苾可汗，始帥部落濟河。（胡注：前年受詔，今始濟河）建牙於定襄城。（胡注：杜佑曰：故定襄城在朔州馬邑郡北三百許里）有戶三萬，勝兵四萬，馬九萬匹，仍奏言：臣非分蒙恩，爲部落之長，願子子孫孫爲國家一犬，守吠北門，若薛延陀侵逼，請從家屬入長城，詔許之。

（十月）薛延陀眞珠可汗聞上將東封，謂其下曰：天子封泰山，士馬皆從，邊境必虛，我以此時取思摩，如拉朽耳。乃命其子大度設，發同羅、僕骨、迴紇、靺鞨、霫等兵，合二十萬，度漠南，屯白道川，據善陽嶺，以擊突厥，俟利可汗不能禦，帥所部入保長城，保朔州，遣使告急。（均見卷一九六）

此定襄城非忻州定襄縣，實卽開元二十年以前之雲中，故杜佑曰在朔州北三百許里，是仍在內長城外，後雖至朔州，猶在河北，其衆之眞正南返，乃貞觀十七年事，舊傳云：

思摩不能撫其衆，皆不愜服，至十七年相率叛之，南渡河，請分處於勝夏二州之間，詔許之。（卷一九四上）

貞觀二十三年，定襄與雲中之所以再各分置三州，卽是因於此一新形勢之措置也。然新志所載，一有四州，一有五州，通鑑更作五州六州，究以何者六州爲是，不可盡考，然勝夏之間，乃突厥未渡河前，亦卽貞觀四年初爲安置之舊地，是可得而言者也。

五、永徽元年十四州

貞觀四年而後，兩可汗之衆既如上述，東突厥之衆尚在塞外者，唯車鼻可汗一支，前已詳言之矣，舊傳云：

永徽元年，（高）侃軍次阿息山，車鼻聞王師至，召所部兵，皆不赴，遂携其妻子，從數百騎而遁，其衆盡降，侃率精騎，追車鼻，獲之，送于京師，仍獻于社廟，又獻于昭陵，高宗數其罪而赦之，拜左武衛將軍，賜宅于長安，處其餘衆於鬱督軍山，置狼山都督以統之，車鼻長子羯漫陁，先統拔悉密部，車鼻未敗前，遣其子菴鑠入朝，太宗嘉之，拜左武衛將軍，更置新黎州，以統其衆。車鼻既破之後，突厥盡爲封疆之臣，於是分置單于、瀚海二都護府，單于領狼山、雲中、桑乾三都督，蘇農等一十四州，瀚海都護領瀚海、金微、新黎等七都督，仙萼、賀蘭等八州，各以其首領爲都督。（卷一九四上）

此中瀚海都護，留至後文詳說。車鼻之衆，實祗狼山一府。蘇農等一十四州，新傳作蘇農等二十四州，胡三省錯會其意，注云：

新書作蘇農二十四州，舊書作一十四州，又攷是後調露元年，温傅奉職二部反，二十四州皆叛應之，則二字爲是，然單于都護府所領，見於史者，蘇農等四州，舍利等五州，及桑乾所領郁射、藝失、卑失、叱略等四州，呼延府所領賀魯、葛邏、跌跌等三州，則十九州耳，其五州逸無所考，又有定襄、呼延二都督，而無狼山都督，是其廢置離合不可詳也。（通鑑卷一九九）

茲更列單于都督府下各州府如次：

都督	領州
定襄　貞觀四年置	阿德　執失　蘇農　拔延
雲中　貞觀四年置	舍利　阿史那　綽　思壁　白登
桑乾　龍朔三年分定襄置	郁射初隸定襄　藝失　卑失初隸定襄　叱略
呼延　貞觀二十年置	賀魯初隸雲中　葛邏初定雲中　跌跌
狼山　永徽元年以車鼻餘衆歌邏祿右廂部落置爲都督府隸雲中都護	（顯慶三年爲州屬安北都護）

以上表爲根據，有數點須辯明：

（一）雲中都督府下，白登州註云貞觀末隸燕然都護。則永徽元年或不在雲中都督下。

（二）桑乾都督府既是龍朔三年（六六三）置，則永徽元年（六五〇）時不應有桑乾都督府，其下四州，郁射、卑失初隸定襄；藝失、叱略則無可考。

（三）呼延都督下賀魯、葛邏二州原隸雲中，唯呼延貞觀二十年既立都督，則列於呼延下爲是。然䟕跌原隸北庭，永徽元年未必即在呼延治下。

（四）狼山都督府，新志云初隸雲中都護，按雲中都護，至龍朔三年（六六三）始有，永徽元年但有單于或瀚海都護耳，此一誤也，會要云：

永徽元年，……至十月二十日，以新移葛邏祿在烏都鞬山者，左廂部落置狼山州，右廂部落置渾河州，並隸燕然都護府。（卷七十三）

按永徽元年之燕然都護府，即是龍朔三年後之瀚海都護府，會要云自龍朔三年，磧北諸蕃州悉隸瀚海（卷七十三）葛邏祿既在烏都鞬山，此山實在磧北，即鬱軍督山是也，然則會要云隸燕然，固無誤，以其在磧北，而新志云初隸雲中都護，則狼山當在磧南，又一誤也。至於兩唐書及通鑑，並列狼山於單于都護府下，更誤。

據上所云，三都督與十四州之數應如左表：

都督	永徽元年時領州
定襄	阿德　執失　蘇農　拔延　郁射　卑失
雲中	舍利　門史那　綽　思壁
呼延	賀魯　葛邏
附註	以上合爲十二州，餘二州或爲藝失與叱略或白登爲其一

狼山都督尙有一問題，卽歌邏祿（Karlouk）實非車鼻之衆，特因車鼻勢强，附於車鼻耳，舊傳云：

自稱乙注車鼻可汗，西有歌羅祿，北有結骨，皆附隸之。（卷一九四上）

歌羅祿卽歌邏祿，或作葛邏祿。狼山、渾河皆是其衆。史但云歌邏祿，而車鼻族人，反不知處於何地，以何統之。

六、單于都護府

單于都護府，永徽元年立，領定襄、雲中、呼延、狼山四都督府．蘇農等一十四州，已如前述。龍朔三年，改瀚海都護府爲雲中都護府，通鑑云：

二月，徙燕然都護府於回紇，更名瀚海都護府，徙故瀚海都護府於雲中古城，更名雲中都護。（卷二〇一）

至於單于都護府如何，未聞其說，通鑑又云：

麟德元年春正月甲子，改雲中都護府爲單于都護府。（卷二〇一）

前後二文對照，極易使人誤會，以爲前一單于未廢，後一單于又來，豈麟德元年有二單于都護府乎？又總章二年，改瀚海曰安北。玆列表以明其說：

永徽元年（六五〇）	單于	瀚海	燕然
龍朔三年（六六三）		雲中	瀚海
麟德元年（六六四）		單于	瀚海
總章二年（六六九）		單于	安北

雲中故城爲單于都護府所在地，瀚海既徙於此，實際卽是併入單于，唯改都護名爲雲中耳。故自龍朔三年，原來之瀚海都護，已不存在。舊志云：

單于都護府，秦漢時雲中郡城也；唐龍朔三年置雲中都護府，麟德元年改爲單于大都護府。（卷十九）

唐代有雲中，然非秦漢時雲中故地，元和郡縣志於勝州下有云：

按漢雲中在今州理東北四十里榆林縣界雲中故城是也。（卷四）

舊志云單于都護府在秦漢時雲中郡城，誤，當作雲中郡地，據元和志，榆林縣東北八里有東受降城，酈道元曰：雲中城東北八十里有成樂縣（水經注卷三）成樂縣卽東受降城，故元和志八里之說實爲八十里之誤。自東受降城更東北一百二十里爲單于都護府，故單于府在雲中故城東北一百六十里，不得云雲中郡城，祇能云在雲中郡界內也。

東受降城，元和志云本漢定襄郡之成樂縣，亦卽後魏之盛樂，道武帝遷都平城，平城始爲唐之雲州所在地。東受降城於天寶四年置金河縣，亦爲振武軍所在地，此則景龍二年張仁愿奏置者。

唐之雲州，卽道武時之平城，則更在單于府之東，舊志云：

雲州　隋馬邑郡之雲內縣界恒安鎭也，……貞觀十四年自朔州北定襄城移雲州及定襄縣置於此。（下略）（卷十九）

又云：

雲中　隋雲內縣之恒安鎭，武德六年置恒州，貞觀十四年自朔州北定襄城移雲州於此置，因爲定襄縣，今治卽後魏所都平城也，永淳元年爲賊所破，因廢雲州及縣，開元二十年與州復置，仍改定襄爲雲中縣。（卷十九）

馬邑郡卽唐之朔州，元和志云自朔州北至單于大都護府三百五十里，東北至雲州三百四十里。（卷十四）故知雲州更在單于府之東，而與故雲中郡城，相去何止四百里。

按定襄與雲中二都督府，均寄治朔方地，朔方爲夏州治所，元和志云：勝州，西南至夏州九百里。（卷四）是自夏州東北行九百里至勝州，而自勝州更東北行二百里始至單于府，故自夏州至單于府，凡一千一百里。何以羈縻州與都護府相去如是遙遠，此因突厥原是畏薛延陀而南渡，若是單于都護府地，仍在河北也，難避薛延陀之兵鋒，故更南渡河至於夏之地也。語已見前文。

七、六胡州

自車鼻被俘，史云北邊無事者凡三十年，直至調露元年，阿史德温傳與奉職二部反，始開一新局面，蓋此後骨咄祿以至默啜之猖獗，皆由此肇其端。

前已言之，當時北邊之都護，實祇單于與安北，瀚海已不存在，調露以前，此一情況亦未變。温傳，奉職二部，俱在單于都護府管內，舊傳云：

> 調露元年，單于管內突厥首領阿史德温傳，奉職二部落始相率反。（卷一九四上）

舊傳又云二十四州皆叛應之，二十四州實爲一十四州之誤，前已言之。

永隆元年，突厥又迎頡利從兄之子阿史那伏念於夏州，將北渡河立爲可汗。方二部之反，詔以裴行儉討之，伏念終爲裴行儉所虜，然至永淳二年，骨咄祿又叛。骨咄祿亦在單于管內，其祖父本雲中都督下首領。天授中，骨咄祿死，其弟默啜立。

終默啜之世，其事蹟影響較著者，不在於頻頻入寇，而在於索還六州降胡。

新舊傳言此事，年代殊不明確。通鑑繫此事於神功元年（六九七），會要作聖曆元年（六九八）默啜初求時，武后未允，姚璹、楊再思以契丹未平，請給之，於是乃允，姚璹於神功元年爲納言，同年八月左遷益州長史（舊傳卷三十九），如默啜求六州降胡在聖曆元年，則姚璹何由進言，通鑑是而會要誤也。然則何謂六州降戶？舊傳云：

> 聖曆元年，默啜表請與則天爲子，并言有女請和親。初咸亨中，突厥諸部落來降附者，多處之豐勝靈夏朔代六州，謂之降戶，默啜至是又索此降戶，及單于都護府之地，兼請農器種子。（卷一九四上）

唯新志云：

宥州寧朔郡　上，調露元年於靈夏南境以降突厥置魯州、麗州、含州、塞州、依州、契州，以唐人爲刺史，謂之六胡州。（卷二十七）

是則別有六州之名，然所有記載，凡云咸亨中者，皆曰豐勝靈夏朔代，新傳與會要同此，是六州之名無異說。唯咸亨中並無突厥降者，蓋自永徽元年車鼻被俘，至咸亨初凡二十年，又自咸亨初至調露元年凡九年，史云三十年間邊鄙無事者是也。東突厥既無降者，然則是西突厥乎？按西突厥於垂拱以後始無主，更在調露後五年亦與此無關。此一問題之解決，須先知貞觀以來東突厥安置之地點，玆根據前文所考證，列表如次：

年代	降虜部落	安置地點	沿變	最後定居地	附註
貞觀三年	郁射設部			郁射州	初隸定襄，後隸桑乾，並僑治朔方，朔方為夏州州治。
	突利部	順州		順州	調露前一度或隸代州都督府
貞觀四年	頡利部	祐、化（北開）、長、北寧、北撫、北安六州	貞觀十三年六州皆廢省都督，立可汗，令渡河北返，十五年正月始濟，同年十月以薛延陀侵迫，入保長城，十七年南渡，請處於勝夏間。	分處於定襄，雲中，桑乾，呼延四都督十四州之地。	四都督皆僑治朔方地，朔方為夏州州治，桑乾都督有郁射州，已見本表第一行。
	欲谷設部				為頡利子
	思結部	懷化縣	高宗時廢		
	史大奈部	豐州			
貞觀十年	阿史那社爾部	靈州			
永徽元年	車鼻部	狼山都督府渾河州			在磧北
	羯漫陀部	新黎州			在磧北

由上表可知，豐勝靈夏朔代，六州之說無誤，然則既允默啜之請，使突厥之衆仍處於此六州，抑使渡河而北？舊傳云：遂盡驅六州降戶數千帳，幷種子四萬餘碩，農器三千事以與之。（卷一九四上）觀其文意，似皆北驅，而默啜請此，又及單于都護府之地，實則單于所領，即散處於此六州之降戶耳。此皆可解，唯咸亨中來降一語不然。故六胡州實別有所指。

開元九年，有六州胡康待賓反叛之事。按此所謂六州，與默啜所請六州又不同。六胡州正指此耳。

舊志云：

宥州　調露初六胡州也，長安四年併爲匡長二州，神龍三年置蘭池都督府，仍置六縣以隸之，開元十年，復分爲魯麗契塞四州，十一年克康待賓後，遷其人於河南江淮之地，十八年又爲匡長二州，二十六年自江淮放迴胡戶於此置宥州及延恩、懷德、歸仁三縣，天寶元年改爲寧朔郡，至德二年改爲懷德郡都督府，乾元元年復爲宥州，寶應後廢，元和九年復於經略軍置宥州，郭下置延恩縣，十五年移治長澤縣，爲吐蕃所破，長慶四年，夏州節度使李祐復置（卷十八）

六胡州，係魯、麗、含、塞、依、契，新志云靈、夏南境置（卷二十七），元和郡縣志云於靈州東界置（卷四）其確實地點固無由知之，唯神龍三年改爲六縣，仍是此六州之地耳，六縣統於蘭池都督府，元和志云在鹽州白池縣北八十里，而白池又在鹽州北九十里，故蘭池實在鹽州北一百七十里。按夏州自西南至鹽州三百里，靈州則自東南至鹽州三百里，故云六胡州在靈夏南界置固無誤也，即曰鹽州北界置亦可。然胡三省引續通典云：

宋白曰：六胡州在夏州德靜縣北。（通鑑卷二一二）

德靜在夏州東北八十里，與靈夏南界置之說不合，余不知宋白何所據而云然。

按六胡州之初置，在調露元年，此年固無突厥降者，當是移原居勝夏間之突厥南徙耳，蓋是年有溫傅、奉職二部反也，唐爲遏止其勢，乃有六胡州之措置，史云以唐人爲刺史，此與通常以其首領領之者不同，分明鎮壓之意。若依宋白所云，德靜在夏州北，豈非在突厥原居地新置六州，時値叛亂，於理不合，宋白誤也。

自開元二十六年，江南江淮突厥放還，乃置宥州，然二十六年所置，史稱廢宥州，其地在鹽州北百四十里（見元和志卷四），仍是六胡州舊地耳。

此宥州雖云寶應後廢，然自天寶末，已寄理經略軍，經略軍在夏州西北三百里（元和志卷四），是以北徙甚遠，元和九年，即在經略軍城置宥州，是爲新宥州，並置延恩縣，元和十五年，移置長澤縣，長澤爲夏州朔方郡屬縣，貞觀十三年前，爲降突厥所置之長州，即在於此，元和十五年既移長澤，仍如唐初舊地也。

八、開元後之降者

默啜至開元初衰微，四年爲拔曳固所殺，開元二年時，所部來降者甚衆，舊傳：

開元二年，遣其子移涅可汗及同俄特勒，妹婿火拔，頡利發石阿失畢，率精騎圍迫北庭，右驍衛將軍郭虔瓘嬰城固守，俄而出兵擒同俄特勒于城下斬之，虜因退縮，火拔懼不敢歸，携其妻來奔。

默啜女婿阿史德胡祿俄又歸朝，授以特進。（卷一九四上）

默啜傳尙述十姓部落來降者，此實西突厥也，當時係受默啜役屬耳，前已言之，容次章再詳。

自默啜後，至登利可汗時，有伊然可汗小妻余塞匐、登利可汗女余燭公主及阿布思頡利發，並率衆來降，於天寶元年至京師，通鑑云其部衆凡千餘帳。

此中唯阿布思之衆，可以按考，然所謂九姓阿布思者，實回紇諸部之一，容於後文詳之。

叁　西突厥

一、顯慶二年六都督府

西突厥東與北突厥毗連，其地今難盡考，中國嘗置安西都護府以統之，其衆入居內地者亦無可考，今依次言之。

隋煬帝大業中，西突厥首領曷薩那可汗，與弟闕達設及特勒大奈入朝，唐初，曷薩那爲北突厥所殺，闕達設已於隋末自稱可汗，其衆在會寧郡，於武德元年七月內屬，冊府元龜云：

唐高祖武德元年七月，闕可汗遣使內附，闕可汗者，西突厥曷婆（娑）那可汗之次弟也，初號闕達度設，統部落於會甯郡，控弦三千餘騎，……至是舉國內屬。（卷九七七）

特勒大奈從唐高祖，數有戰功，至貞觀四年，爲豐州都督，元和郡縣志云：

貞觀四年，突厥降附，又權於此置豐州都督府，不領縣，唯領蕃戶，以史大奈爲都督，十一年，大奈死，以地屬靈州。（下略）（卷四）

西突厥自統葉護後，或併或分，而常以伊列河爲界，其東則五咄六部，其西則五弩失畢部，後者首領稱俟斤，前者稱闕啜，五俟斤曰阿悉結闕俟斤，曰哥闕俟斤，曰拔塞幹暾沙鉢俟斤，曰阿悉結泥孰俟斤，曰哥舒處半俟斤。五啜曰處木昆律啜，曰胡祿居闕啜，曰攝舍提暾啜，曰突騎施賀邏施啜，曰鼠尼施半啜。

貞觀十五年，其東部可汗咄陸，爲弩失畢之可汗射匱所逼逐，咄陸下之葉護賀魯，亦不常厥居，遂於貞觀二十二年率其部落內屬，詔居於廷州，會要云：

二十二年四月二十五日，突厥泥伏沙鉢羅葉護，阿史那賀魯率衆內附，居庭州。（卷七十三）

又云：

二十二年四月，葉護賀魯來降，咄陸既奔吐火羅，部落亡散，其葉護阿史那賀魯帥其餘衆數千帳內屬，詔以爲瑤池都督。（卷九十四）

通鑑云詔處之於庭州莫賀城，胡注云：

庭州西延城西六里有沙鉢城守捉，蓋卽莫賀城也，以賀魯後立爲沙鉢羅葉護可汗，故改城名也。（卷一九九）

賀魯於永徽二年叛，據咄陸可汗故地，統一十姓之衆，自號沙鉢羅可汗。永徽四年，破其牙帳，顯慶二年，蘇定方領師再破之，遂分其地爲崑陵，濛池二都護府，以阿史那彌射爲興昔亡可汗，崑陵都護，領五咄六部落。以阿史那步眞爲繼往絕可汗，濛池都護，領五弩失畢部落。冊府元龜云：

（顯慶）三年　分其（賀魯）種落，列置州縣，以處木昆部落爲匐延都督府，以突騎施索葛賀部爲愠鹿都督府，以突騎施阿刺施部爲挈都督府，以胡祿屋啜部爲監伯都督府，以攝舍提暾部爲雙河都督府，以鼠尼施處半部爲鷹婆都督府，其餘役屬諸胡之國，皆置州府，並隸安西都護府。（卷九九七）

舊志云二年，會要亦云二年，並云十一月分其地置濛池崑陵二都護府，又云其月十七日，又分其種落，列置州縣。新舊紀皆無其事。通鑑紀置二都護府於二年十二月乙丑，而紀六都督府於三年十一月。挈都督府當作絜山，監伯當作鹽泊，提暾當作提懃，元龜刊誤甚多。

按西突厥十姓，東部號五咄陸，若處木昆，若胡祿屋，若突騎施阿利施（舊志作突騎施賀邏施），若鼠尼施，若攝舍提暾皆是，賀魯原爲弩失畢部葉護，故此六都督悉是賀魯舊衆。

六都督府之地點，依沙畹考定如次

（一）匐延都督府，可以今之塔爾巴哈台（Tarbagatai）當之，其主要之城爲咽城，通鑑云：

（顯慶元年）副總管周智度攻突騎施處木昆等部於咽城，拔之。（卷二〇〇）

胡注引新唐書云：「咽城即處木昆所居。」

（二）鹽泊州都督府，其地當在今之庫爾喀喇烏蘇 Kour-Kara-Oussou 及阿雅爾淖爾 Ayar nor 一帶。

（三）雙河都督府，約在今之博羅塔拉 Borotala 及額畢淖爾 Ebi nor 一帶。

（四）嗢鹿州都督時，地當今之伊犂流域。

（五）潔山都督府，在今伊犂河西之 Semiretchie 省內。

（六）鷹娑都督府，地當今之裕勒都斯（Youldouz）流域。（以上見沙畹著西突厥史料頁一九三至一九四）

二、突騎施之代興與十姓降衆

賀魯既滅，繼統西突厥十姓者，爲阿史那彌射與阿史那步眞。彌射早於貞觀十三年入朝，步眞則稍後，二人皆與討賀魯之役，越三年，龍朔二年，彌射爲蘇海政所殺，又四年，乾封元年（六六六），步眞死。此後至垂拱元年

（六八五），凡二十年，十姓部落實無主也。垂拱元年乃以彌射子元慶襲父位爲興昔亡可汗，領崑陵都護；步眞子斛瑟羅爲繼往絕可汗，領濛池都護，至如意元年，元慶爲來俊臣誣謀反被害。

自垂拱後，西突厥十姓，實已爲東突厥默啜所役屬，唯斛瑟羅確已返其部落者，舊傳云斛瑟羅用刑嚴酷，衆皆畏之，可知也。又云十姓死散殆盡，隨斛瑟羅徙居內地者，才七萬人，西突厥阿史那氏於是遂絕。（均見卷一九四下）此則實有不然，可以二事證之。

其一，東突厥默啜於聖曆二年，立其子爲小可汗，專領西突厥，已見前章，是則十姓之衆，未能云遂絕，且徙居內地何處，史文幾無一語及之。

其二，突騎施興起後，實有十姓之衆，此從唐朝一再派人招撫十姓可以知之，斛瑟羅以後，唐朝所派凡三人，此卽：

（一）長安四年，以阿史那懷道爲西突厥十姓可汗，舊傳云神龍元年，殆神龍元年正式冊命也。懷道爲斛瑟羅之子。

（二）景雲二年十二月，以阿史那獻爲慰招十姓使，獻，元慶之子也。

（三）開元二十八年三月，以阿史那昕爲十姓可汗。

故十姓之衆，卽使有入居內地者，亦必極少數。或曰舊傳但云阿史那氏遂絕，而未云十姓之衆也，不知十姓之首領，皆阿史那氏，云阿史那氏卽是指十姓之衆也。

茲考開元初年西突厥降居內地者如次。

方阿史那獻之被立也，實未還蕃，開元元年，史獻爲磧西節度使，始見其功績，時十姓有都擔者叛，而獻討平之，新傳云：

> 未幾，擢獻磧西節度使，十姓部落都擔叛，獻擊斬之，傳首闕下，收碎葉以西帳落三萬內屬。（列傳卷一四〇下）

新傳未明年月，通鑑記此事在開元二年三月，其文云：

> 西突厥十姓首長都擔叛，三月己亥，磧西節度使阿史那獻克碎葉等鎮，擒斬都擔，降其部落二萬餘帳。（考異曰：實錄此月云獻擒賊帥都擔，六月都擔梟首，蓋此月擒之，六月傳首方至耳。）（卷二一一）

通鑑既據實錄，當可信也，然都擔雖平，突騎施與默啜，其勢如前，唯十姓頗有降者。

開元三年二月，通鑑云：

> 突厥十姓，降者前後萬餘帳，高麗莫離支文簡，十姓之婿也，二月，與跌跌都督思泰等 ，亦自突厥帥衆來降，制皆以河南地處之。（卷二一一）

按跌跌非十姓之衆，至於文簡，胡三省云默啜之子婿。（通鑑卷二一一注）舊傳稱制令居於河南之舊地。（卷一九四上）河南乃東突厥之舊地，故胡注爲是，是通鑑以思泰文簡，與十姓併言之，實不允當。

除此而外，又有葛邏祿者，亦非十姓之衆；永徽前與車鼻相對，亦非東突厥；迴紇嘗收葛邏祿爲一部，然非迴紇也。殆突厥別種，史或稱曰三姓葛邏祿，胡三省曰：

> 葛邏祿，本突厥諸族，在北庭西北，金山之西，有三族，一謀落，二熾俟，三踏實力，當東西突厥間，後稍

南徙，自號三姓葉護。（通鑑卷二一一注）

開元二年九月，葛邏祿來降，通鑑云：

突厥可汗默啜衰老，昏虐愈甚，壬子，葛邏祿等部落詣涼州降。（卷二一一）

時默啜爲患甚劇，故葛邏祿來降，唐朝甚爲嘉慰，冊府元龜云命鴻臚卿鄭嘉祚往涼州宣勞。（卷九七七）然其後則仍返金山也，元龜云：

每思忠節，嘉歎實深，已頻遣書，當達此意，然金山安置，雖是舊居，未知初來並得好否？（卷九九二）

此與前引胡注居於金山之西之說，可以互證。

然後可說眞正之十姓降者，通鑑云：

（開元二年十月己巳）突厥十姓胡祿屋等諸部詣北庭請降，命都護郭虔瓘撫存之。（卷二一一）

冊府元龜分敘其首領及部落於九十月，云：

是（九）月，胡祿屋祿及首領胡祿一千三十一人來降，十月，胡祿屈二萬帳詣北庭內屬。（卷九七七）

十姓中有胡祿居闕啜，史文或作胡祿屋闕，或作胡祿屈，胡祿屋等，皆音譯異名耳。明年三月，通鑑云：

胡祿屋酋長支匐忌等入朝。（卷二一一）

除胡祿屋外，當有鼠尼施部，而皆在北庭，前引通鑑制皆以河南地處之，實單指文簡，思泰輩。

自斛瑟羅之時，西突厥之地，已爲突騎施所侵佔，按西突厥十姓有突騎施一姓，唯舊傳云爲西突厥之別種，故此與趄之突騎施，是否卽原在十姓內者，實難確知，舊傳云：

突騎施烏質勒者，西突厥之別種，初隸左斛瑟羅下，號爲莫賀達干　後以斛瑟羅用刑嚴酷，衆皆畏之，尤能撫恤其部落，由是爲遠近諸胡所歸附，其下置都督二十員，各統兵七千人，嘗屯聚碎葉西北界，後漸攻陷碎葉徙其牙帳居之，東北與突厥爲鄰，西南與諸胡相接。（卷一九四下）

自斛瑟羅以後，與西突厥數封十姓可汗同時者，唐朝對突騎施，亦再三有所册命。茲錄元龜所載如次：

中宗神龍二年二月，封突騎施烏質勒爲懷德郡王。十二月戊戌，命唱（嗢）鹿州都督突騎施娑葛襲父易贊勒爲左驍衞大將軍兼衞尉卿懷德郡王。

景龍三年七月，遣使持節策授左驍衞將軍兼衞尉卿金河公主突騎施守忠爲歸化可汗。

開元六年五月制曰：……右武衞大將軍員外置突騎施都督車鼻施啜蘇祿，……可左羽林大將軍員外置，仍封順國公，食邑三千戶。（卷九六四）

易贊勒卽烏質勒。自蘇祿後突騎施分黃姓黑姓，天寶後，更相殘殺，大曆後，葛邏祿盛，二姓始微。

三、安西都護府

綜西突厥之興蹶，其牽涉之問題有二，其一爲安西大都護之置與廢，其二爲四鎭之沿革，而四鎭卽在安西都護管內。關于四鎭問題，日本松田壽男先生，以「碎葉與焉耆」爲題，曾加考訂，唯余與彼有若干處意見不同，其下略叙沿革，並就與松田先生意見相左者，加以商榷。

自突騎施興起後，唐朝雖加册命，而仍以阿史那氏之後爲十姓可汗，以招十姓，前已言之矣，唐朝蓋以四鎭爲根據地，此從舊書郭元振傳，屢陳四鎭十姓之事可以見之。

景龍二年，突騎施烏質勒死，其子娑葛立，而與其部將闕啜忠節不和，時郭元振爲安西都護，乃奏請忠節入朝宿衞，移其部落于瓜沙等州，忠節至播仙城，聽周以悌言，遂不入朝，攻陷于闐，復納賂于宰相宗楚客，使如此行事：

(一)發吐蕃兵共擊娑葛。

(二)立阿史那獻爲可汗，以招十姓。

(三)令郭虔瓘入拔汗那稅甲稅兵以充軍用。

時西安都護郭元振反對甚烈，故宗楚客之實際措施如下：

(一)使御史中丞馮嘉賓持節安撫闕啜忠節

(二)使御史呂守素處置四鎮，

(三)除牛師獎爲安西副都護，

此項措施，旨在削弱郭元振之權力，而圖與突騎施一戰者。

然此謀略，爲突騎施首領娑葛所偵悉，乃發兵攻打，馮嘉賓、呂守素、牛師獎三人皆爲所殺，舊書郭元振傳云：時元振在疏勒，於河口柵，不敢動。(卷九十七)觀乎其後娑葛報元振書，又按諸娑葛兵過疏勒，元振未被害，而師獎等皆見殺，可知元振在安西，與娑葛實有諒解者。舊傳又云娑葛：

是日發兵五千騎出安西，五千騎出撥換，五千騎出焉耆，五千騎出疏勒。(卷九十七)

此所謂「出」者，乃經某地攻打之謂也，故當此時，至少有疏勒與焉耆二鎮，爲娑葛所有。

牛師奬既敗，宗楚客復採如下措施：

（一）以周以悌代元振。

（二）以阿史那獻爲十姓可汗，置軍焉耆，以取娑葛。

此二措施，載於舊書郭元振傳，原文云楚客又奏請云云，余初以爲但爲奏議而未必實行者，然下文有：「復以元振代以悌」一句，則以悌確曾代過元振矣。故此二措施，前一措施，確曾實行者。至於阿史那獻置軍焉耆一條，就客觀情况言，娑葛才佔焉耆，卽行退出，殊難置信，然則焉耆既在娑葛佔領下，阿史那獻何得在焉耆置軍，娑葛且遺元振書云：

聞史獻欲來，徒擾亂軍州，恐未有甯日，乞大使商量處置。（舊傳卷四十七）

元振因奏娑葛事件經過，恐狀有未達，復遣其子鴻間道入奏，史云娑葛得直，是元振之奏頗有效果，而史獻未必果行。史獻之爲十姓招慰使，在景雲二年十二月，已見前引，其時已不聞懷道，而史獻實代之。十姓招慰使，新書郭虔瓘傳作安撫招慰十姓可汗使，杜暹傳作西突厥可汗，余意此事不必在文字上斟酌，要之其作用在招引十姓之衆而已，而此事不在景龍二年，亦未必在焉耆置軍。史獻之至安西，實開元時事。

阿史那獻任磧西節度使，在開元元年，次年，平都擔之叛，事見通鑑二一一卷，然其時郭虔瓘仍爲安西都護，依唐邊鎮年表，是年郭虔瓘先爲北庭大都護，後遷安西大都護。通鑑云：

丁酉，以左羽林大將軍郭虔瓘兼安西大都護四鎮經略大使。（卷二一一）

時爲開元三年十一月，明年正月，以親王遙領節度，以陜王嗣昇爲安西大都護，而仍以郭虔瓘爲副，余初疑磧西節度使與安西大都護，二者同時並存，唯據唐邊鎮年表，則知不然，簡錄之如次：

	安西都護	北庭都護
開元元年	張玄表	
	阿史那獻	
二年	阿史那獻	郭虔瓘
	郭虔瓘	湯嘉惠
三年	郭虔瓘	湯嘉惠
	湯嘉惠	

由上表可知，郭虔瓘實爲接史獻之任者，自茲以後，史獻再無磧西節度使之名。四鎮節度之名雖始於開元六年，然其前若磧西節度，四鎮經略使恐皆是其任，至於都護之名，誠可與節度同時並存，然二者實多由一人兼任，郭虔瓘爲安西副都護攝御史大夫四鎮經略安撫使，其一例也，杜暹爲安西副大都護磧西節度使，又一例也，餘如高仙芝，封常清皆然，其所以分而言之者，余意節度使，其初但掌軍旅，而都護則理羈縻州行政也。

開元二年以後，史獻再無磧西節度使之名，仍有十姓可汗之名，是否此後即移居焉耆，不可知也。開元五年，史獻欲發葛邏祿兵擊蘇祿，而玄宗不許，同年七月，副都護湯嘉惠卒與史獻共擊之。故史獻雖去磧西節度使之任，然仍在安西也，唯茲後則無聞矣。史獻既去節度使之任，但有十姓可汗之名耳，新書郭虔瓘傳云：

陝王爲安西都護，詔虔瓘爲副，虔瓘與安撫招慰十姓可汗使阿史那獻數持異，交訴諸朝。（列傳卷三十八）

四、十四姓問題

前文記娑葛攻打牛師奬等，而元振上狀，狀既得直，唐朝因冊娑葛爲十四姓可汗，此景龍三年事，娑葛受唐所封頭銜，除十四姓可汗外，尙有

（一）賜名守忠　通鑑云：

（開元二年十二月）突騎施可汗守忠之弟遮弩，恨所分部落少於其兄，遂叛入突厥，請爲鄉導，以伐守忠，默啜遣兵二萬擊守忠，虜之而還。（考異曰：舊傳以爲景龍三年事，按實錄，娑葛既爲十四姓可汗，自後無娑葛名，但屢云突騎施守忠入朝，或者守忠卽娑葛賜名邪。）（卷二一一）

遮弩爲娑葛之弟，新舊傳同，可無疑問，考異雖未敢遽定時日，然與封十四姓可汗同時之可能性甚大。

（二）封爲歸化可汗　冊府元龜云：

景龍三年七月，遣使持節策授左驍衞將軍兼衞尉卿金河王突騎施守忠爲歸化可汗。（卷九六四）

會要云景龍三年七月，娑葛遣使請降，（卷九十四）此唐人自大之辭耳。

於此可討論者，厥爲十四姓問題，松田列十四姓爲表如下：

- 西突厥
  - 咄陸五姓
    - 突騎施
      - 黑姓突騎施
      - 黃姓黑騎施
    - 其他四姓
  - 弩失畢五姓
- 葛邏祿
  - 謀落（謀刺）
  - 熾俟（婆匐）
  - 踏實力

此表可商榷之處有三：

其一，咄陸雖有突騎施一姓，然當其首領烏質勒興起時，新舊傳皆稱其爲西突厥之別種，既云別種，則不應在西突厥十姓之內，卽不應在五咄陸部之內。

舊傳又云烏質勒初隸在斛瑟羅下（卷一九四下），按斛瑟羅係繼阿史那步眞而爲繼往絕可汗者，彼所領者爲五弩失畢部，舊傳既云烏質勒在斛瑟羅之下，則不屬五咄陸部明矣，然弩失畢部固無突騎施姓，故亦不在五弩失畢部內。

其二，黃姓黑姓之分，據新傳云：

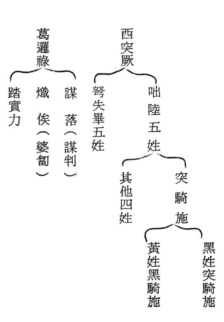

而族人自謂娑葛後者爲黃姓，蘇祿部爲黑姓，更相猜讎。（列傳卷一四〇下）

是二姓之分，最早須在娑葛死後，在唐封娑葛之當時，不應有黃黑之分。

其三，葛邏祿是否在娑葛治下，亦甚可疑，葛邏祿於開元二年來降，初詣涼州，後返金山，已見前說。其地去突騎施，尙隔一伊列水，與其謂在娑葛治下，毋寧謂在默啜治下，通鑑云：

突厥可汗默啜衰老，昏虐愈甚，壬子，葛邏祿等部落，詣涼州降。（卷二一一）

從可見也。其後阿史那獻欲發葛邏祿兵擊蘇祿，玄宗不許，已見前文，此雖開元五年事，然可推測，葛邏祿實不在娑葛治下者。

則然何者爲十四姓？胡三省云：

西突厥先有十姓，今併咽麪，葛邏祿，莫賀達干，都摩支爲十四姓。（通鑑卷二〇九注）

葛邏祿已如前說，不在十四姓之內，莫賀達干與都摩支，松田云：

惟莫賀達干及都摩支，皆爲突騎施部將名，縱其勢强足以匹敵可汗，但卽視彼等爲一姓者，固不妥當。（西北古地研究，頁二十四）

都摩支與莫賀達干，二人究屬何部落，實不能明。然其興起甚遲。在蓋蘇運爲都護以後，當在開元二十四年後也，須知唐封娑葛爲十四姓可汗，乃景龍三年，故此二人與蘇祿，皆不能列於十四姓之列。

其中可注目者，唯咽麪耳，會要云：

永淳元年四月，阿史那車薄圍弓月，安西都護王方翼救之，三姓咽麪與車薄合兵拒方翼，戰于熱海，分遣裨

將襲破之，擒其酋長三百八，西突厥遂平。（卷九十四）

西突厥十姓，無咽麵三姓，是則咽麵另有三姓也。

熱海在伊列水西，恰爲突騎施之根據地，故以三姓咽麵在突騎施治下，實爲合理之推想。如是，所謂十四姓者，余以爲如次：

烏質勒或娑葛本族

西突厥十姓

咽麵三姓

以上合爲十四姓。

五、四鎭問題

四鎭問題之所以難解決者，其一因爲前後四鎭之名不同，其二四鎭之成立，究始於何時，並無正式之紀載，其三爲突騎施與西突厥分合之史實，不甚明晰。

四鎭之名，初見於顯慶三年（六五八），是歲，唐破龜茲，因徙安西都護府於其都，統于闐，碎葉，疎勒四鎭。（新書卷二二一上）是兼龜茲而言者也。然至咸亨元年（六七〇），以吐蕃寇安西，遂罷四鎭，通鑑云四鎭爲龜茲、于闐、疎勒、焉耆。（卷二〇一）此有焉耆，而顯慶三年無，此無碎葉，而顯慶三年有，前後四鎭之名不同，會要同通鑑（見會要卷七十三）然至長壽二年（六九三）王孝傑既破吐蕃，乃復四鎭，又有碎葉，而無焉耆，茲更比較如下：

顯慶三年（六五八）龜茲　于闐　疎勒　碎葉
咸亨元年（六七〇）龜茲　于闐　疎勒　焉耆
長壽二年（六九三）龜茲　于闐　疎勒　碎葉

三十五年間，變易者再，如云通鑑，會要皆誤，說甚牽强。

余以爲四鎮之設，不始於顯慶三年。此從唐六典可以見之。

大唐六典，或以爲係根據周禮之作，而未必爲當時所實行者，然此書於條文下，常叙沿革至開元後，故當認爲眞實之史料，特套以周官之名謂耳。六典有云凡天下之節度八，其七曰磧西節度使，其統有安西、疎勒、于闐、焉耆爲四鎮經略使。（卷五）此不特有焉耆，且有安西，蓋龜茲未滅時，安西都護府卽在安西。故余以爲顯慶三年（六五八，此年滅龜茲）以前，已有四鎮之存在，此卽安西、疎勒、于闐、焉耆，六典於此條下並未註明沿革，視其爲初有四鎮時制度，固無不妥。

至顯慶三年時，都護府既徙龜茲，以龜茲代安西，乃順乎事勢之舉。然何以幷焉耆而去之，而代以碎葉，則無可考，何以咸亨元年（六七〇）罷四鎮時，有焉耆而又無碎葉，亦難盡知。唯觀乎上文，安西初爲四鎮之一，旋爲龜茲所代，則可知四鎮者，固隨時宜，有所更易。

此後之沿革，則須兼及西突厥與突騎施之史實。

咸亨元年，吐蕃侵掠安西，因罷四鎮，數年後，至儀鳳中（六七六——六七七）西突厥有都支其人者，自號十姓可汗，與吐蕃連和，侵迫安西，至調露元年（六七九），裴行儉討平之，然都支雖平，而吐蕃未滅，蓋四鎮仍未復置也，然唐兵已佔有碎葉，即在行儉平都支之當年，王方翼且築碎葉城，方翼固爲行儉之副，以討都支者也。故至長壽元年（六九二）王孝傑大破吐蕃，唐之經營碎葉已十三年，明年（六九三）既復四鎮，遂以碎葉代焉耆，固無足怪。

唯余信十年之後，中國仍失碎葉，此因突騎施之興起也。突騎施之興起，始於烏質勒，烏質勒初在斛瑟羅下，斛瑟羅於天授元年（六九〇）授濛池都護，並襲繼往絕可汗，殆即至其部者，不然舊傳何得云烏質勒在其下也。（卷一四四下）唯茲後不久，仍返朝，則滯留西域者甚暫，至聖曆二年（六九九），則天再促其至部時，新傳云是時烏質勒兵張甚，斛瑟羅不敢歸。（卷一四〇下）綜上所述，烏質勒之興起，當在天授元年後，至聖曆二年則已甚强，而唐以瑟斛羅制烏質勒之計劃，遂亦失敗。於是烏質勒據有碎葉，舊傳云：

嘗屯聚碎葉西北界，後漸攻陷碎葉，徙其牙帳居之。（卷一九四下）

自長壽二年（六九三）既復四鎮，至聖曆二年（六九九）頃，碎葉又失，其間碎葉爲中國有者不過十年。而自其既失，余信實際上，焉耆已代碎葉，而爲四鎮之一。

碎葉之收復在開元二年以後，但收復之後，不再列四鎮之內。通鑑云此年，阿史那獻平西突厥十姓酋長都擔。（卷二一一）十姓早在突騎施治下，何以此時又有十姓酋長？

按突騎施自烏質勒死（時爲景龍二年），其子娑葛繼之，娑葛固盛極一時，然至景雲中（七一〇—七一一），娑葛爲東突厥默啜所殺。（見舊傳一四四下）娑葛既死，凡四年，至開元三年（七一五）蘇祿始立。（冊府元龜記

唐授蘇祿爲左羽林大將軍在開元六年）

故自娑葛死後，中間空一短暫時間，始有蘇祿，西突厥之都擔，因突騎施之無主，遂得乘機而興。開元二年（七一四）阿史那獻已平都擔，奄有碎葉之地，至開元七年，乃徙碎葉，安西節度使湯嘉惠始正式表請以焉耆備四鎮。（新傳卷一六四上）實際上，自烏質勒佔碎葉後，焉耆早爲四鎮之一，其時殆阿史那獻居於該處，以其有可汗之號，唐蓋以與國之君長視之，故不便備唐之四鎮耳。

阿史那獻徙碎葉仍爲十姓可汗，而突騎施蘇祿不再有其地，此與娑葛時情況又不同也。

肆　回紇諸部

一、回紇諸部之始降

唐之回紇，即前之鐵勒，然在鐵勒下，尚有薛延陀等十餘部，回紇其一耳。此十餘部，隸屬無定，後回紇强大，領有諸部，而鐵勒亦因此改稱回紇，舊書迴紇傳云：

迴紇，其先匈奴之裔也，在後魏時號鐵勒，……近謂之特勒。（卷一九五上）

此「特勒」兩字，當係鐵勒之異譯，然甚易使人誤會，蓋突厥稱子弟亦曰特勒，而迴紇其初又給在突厥治下，疑突厥視彼等如子弟，故以特勒稱之，然特勒應作特勤（Tegin），已見前說，如此鐵勒之稱特勒，與突厥之特勤無關，可以少有誤會。

新傳云：

大業中，處羅可汗攻脅鐵勒部，裒責其財，既又恐其怨，則集渠豪數百，悉坑之。回紇乃并僕骨、同羅、拔

野古叛去，自爲俟斤，稱回紇。（列傳卷一四〇上）

回紇與唐之交往，在東突厥二可汗敗亡後，當時與爭者，惟薛延陀耳。貞觀十三年，唐朝命思摩率突厥降衆渡河北返，至十五年始成行，同年卽爲薛延陀趕回，其强大可知，後其首領阿史那時健爲回紇所殺，回紇遂與諸部俱來降。新傳云鐵勒十一部，會要亦稱回紇等十一姓各遣使歸命。（列傳卷九十四）冊府元龜則有十三姓 ，其文云：

二十八年八月，車駕幸靈州，次浮陽頓，鐵勒迴紇、拔野古、同羅、僕骨、多濫葛、思結、阿跌、契丹、奚結、渾、斛勒等十三姓，各遣使朝貢、奏稱延陀可汗不事大國，暴虐無道，不能與奴等爲主，人自危敗，部落鳥散，不知所之，奴等各有分地，不能逐陀延（延陀）去也，歸命天子，願賜哀憐，乞置漢官司，養育奴等，帝意以破延陀，遂空漢（漠）庭，見其使至甚悅，遣黃門侍郎褚遂良引於縣廨，浮觴積載以禮之，夜分乃已（卷九七七）

元龜所擧，仍十一部，實則當有契苾部，而契丹不在內。此事在貞觀二十年，元龜衍「八」字，會要卷九十四作二十一年亦誤，卷九十六鐵勒下作二十年則是也。

二、六都督府與七州

十一部旣降，因於次年置六都督府與七州，會要云：

（貞觀）二十一年三月九日，以鐵勒回紇等十三部內附，置六都督府：回紇部置瀚海都督府，多濫葛部置燕然都督府，僕骨部置金微都督府，拔野古部置幽陵都督府，同羅部置龜林都督府，思結部置盧山都督府。七州：渾部置皐蘭州，斛薩部置高闕州，奚結部置鷄鹿州，阿跌部置鷄田州，契苾部置榆溪州，思結別部置盧林州，白貂部置寘顏州。並各以其酋帥爲都督刺史，給元金魚，黃金爲字，以爲符信，於是迴紇等請於迴紇以南，突厥以北，置郵驛，總六十六所，以通北荒，號爲參天可汗道，俾通貢焉，以貂皮充賦稅，至四月十日，置燕然都護府，以揚州司馬李素立爲都護，瀚海等六都督，皐蘭等七州，並隸焉。（卷七十三）

至永徽元年，突厥車鼻可汗被俘，乃分置單于、瀚海二都護府，通鑑云瀚海領瀚海、金微、新黎等七都督、仙萼等八州。（卷一九九）茲將胡注與會要、新志作表比較如次：

胡三省注		唐會要	新唐書地理志	備註
七都督府	瀚海	回紇部置	以回紇部置（安北）	燕然都護於永徽元年改瀚海都護總章二年又改安北都護，註安北二字者，即隸於安北都護也金徽當作金微
	金徽	僕骨部置	以僕固部置（安北）	
	新黎		新黎州貞觀二十三年以車鼻可汗之子羯漫陀部置，初爲都督府，後爲州（安北）	
	盧陵	拔野古部置	以拔野古部置（安北）	
	龜林	同羅部置	貞觀二年以同羅部置	
	堅昆	貞觀二十二年，以結骨部置隸燕然都護	以結骨部置（安北）又云：貞觀二十二年，以沙鉢羅葉護部置	
	（其一逸）			
		燕然，多濫葛部置	燕然州，以多濫葛部置，初爲都督府，開元元年屬靈州都督府，寄治迴樂（靈州）	隸靈州都督府
		盧山，思結部置	以思結部置，總章元年隸涼州都督（涼州）	隸涼州都督府
八州	仙萼		初隸瀚海都護，後來屬（安北）	
	浚稽		浚稽州（安北）	
	余吾	貞觀二十二年三月九日，分瀚海都督府所統骨利幹部爲元闕州	本玄闕州，貞觀中以骨利幹部置，龍朔中更名（安北）	
	稽落	永徽元年三月三日，以皐蘭州爲都督府建置稽落州隸焉，廢高闕州	本高闕州以阿跌部置（安北）永徽元年廢高闕州，又置稽落州，後又廢，	
		又云永徽三年十一月四日，以阿特部落置稽落州隸燕然都督府	三年，以阿特部復置	
	居延		以白霫別部置（安北）	
	寘顏	白霫部置	以白霫部置（安北）	
	榆溪	契苾部置	以契苾部置	
	渾河	永徽元年，以葛邏祿左廂部落置	永徽元年以車鼻可汗餘衆歌邏祿之烏德鞬山左廂部落置（安北）	
	蜀龍	俱羅勃部置	貞觀二十二年，瀚海都督之掘羅勿部置，僑治溫池（靈州）	
		雞鹿州　奚結部置	以奚結部置，僑治迴樂，（靈州）	
		雞田州　阿跌部置	以阿跌部置，僑治迴樂（靈州）	
		蹛林州　思結別部置	以思結別部置（涼州）	
		皐蘭州　渾部置	東皐蘭州，以渾部置，初爲都督府，後罷都督，又分東西州，永徽三年省廢，後復置東皐蘭州，僑治鳴沙（靈州）	

依上表，可知七都督者，除瀚海、金微、幽陵、龜林四都督，乃貞觀二十一年之舊，可無問題。盧山亦舊有，總章元年（六六八）雖改隸涼州都督，然在永徽元年（六五〇）時，仍隸於瀚海都護也。堅昆，貞觀二十二年（六四八）置，當永徽元年時，亦是七都督之一，是連前四都督，已合六都督矣。此中唯新黎與燕然，後皆改爲州，而又不知何時改，不知何者在永徽七都督內，按新黎爲車鼻可汗子羯慢陀所部，是東突厥之衆，不應列入回紇諸部，胡注誤也，故其餘之一都督爲燕然而非新黎。胡注云其一逸者，乃盧山都督，已如前說，故永徽元年，瀚海都護下所領七都督應是：瀚海、金微、幽陵、龜林、盧山、堅昆、燕然。

至於八州，通鑑原文曰仙萼等八州，胡注自列九州，亦未說明以何者八州爲是。以胡注九州，與貞觀二十一年初置之八州比較，相合者僅得二州，卽寘顏、榆溪，此二州可無問題，自在八州數內。

高闕後改稽落，玄闕後改余吾，皆永徽前置，故稽落、余吾二州亦無誤，應在八州數內。

鷄鹿、鷄田二州，原皆隸燕然都護，今依新志，鷄鹿、鷄田隸靈州都督，不知何時改隸，新志既未註明，胡三省抄襲新志，遽將此三州剔出八州之外，而不知永徽元年此三州未必已改隸也，今查舊志靈州都督府下有云：

（六胡州）開元初廢，復置東皐蘭、燕然、燕山、鷄田、鷄鹿、燭龍等六州，並寄靈州界。（卷十八）

會要云：

開元元年，復以九姓部落置皐蘭、燕然、燕山、鷄田、鷄鹿、燭龍等六州，並屬靈州。（卷七十三）

其中燭龍、燕山原不隸瀚海（此永徽元年時之瀚海，卽以前之燕然，亦卽總章後之安北也），燕然、皐蘭原爲都督，可以不論，若鷄田、鷄鹿則可認爲至開元元年，始隸靈州，亦卽開元元年以，初此隸二州燕然前，，永徽元年既改燕然爲瀚海，因亦隸於瀚海，故此二州，應在八州數內。

蹛林州，新志云原隸燕然都護，總章元年改隸涼州都督。按原燕然都護，永徽元年時改爲瀚海，新志既云總章元年改隸，故永徽元年時當仍在瀚海治下。

燭龍州新志云貞觀二十二年析瀚海都督置，按瀚海都督與瀚海都護不同，永徽元年　，燕然都護既改爲瀚海都護，而仍領有瀚海都督，燭龍州當亦改隸於此新瀚海都護下。

綜上所述，八州應是：寘顏、榆溪、稽落、余吾、鷄鹿、鷄田、蹛林、燭龍。

至於渾河州，係葛邏祿部，皐蘭州，永徽元年時爲都督府，皆不應在八州之數內。

以上改隸靈州者凡三州，卽燕然、鷄鹿、鷄田，皆僑治迴樂，既是開元元年改隸靈州都督，其始僑治迴樂，亦是開元初事。

自薛延陀爲唐所敗，迴紇諸部常與之爲敵，方置六都督七州之次年，延陀卽來侵襲，冊府元龜云：

（貞觀二十二年）六月，薛延陀餘衆二萬人，渡鮮崿河，侵瀚海、金微、幽陵，三郡都督各發兵逆擊，大破之。（卷九八六）

顯慶三年，以迴紇故燭龍州刺史吐迷度子婆閏授左衛大將軍。

龍朔三年，移燕然都護府於迴紇部落，改名瀚海都護府，凡磧北諸迴紇州府皆隸之。

自婆閏之孫獨解支立，會要云：其都督親屬及部落征戰有功者，並自磧北移居甘州界。（卷九十八）

新傳云：

時突厥默啜方强，取鐵勒故地，故回紇與契苾、思結、渾三部，度磧徙甘涼間，然唐常取其壯騎，佐赤水軍。（列傳卷一四二上）

新傳下文云明年，助唐攻殺默啜，默啜之亡，在開元四年，故回紇等四部之南遷，在開元三年。按回紇原瀚海都督府，契苾原榆溪州，思結原盧山都督府，渾部原皋蘭州。舊志於涼州下云：

吐渾部落、與昔部落、閤門府、皋蘭府、盧山府、金水州、蹛林州、賀蘭州，已上八州府並無縣，皆吐渾、契苾、思結等部寄在涼州界內。（卷二十）

舊志與新傳對照，除瀚海府外，皋蘭，永徽元年稱府，三年則曰東皋蘭州，此曰在涼州，而新志曰僑治鳴沙，鳴沙則在靈州也。今查新志，蓋別有皋蘭州，以阿史德特健部置，殆亦回紇別部也，此則在涼州界。若契苾、思結，則皆在涼州界內，與新傳云甘涼間無何出入。新傳云取其壯騎，會要亦云：

故天寶末，取驍壯以充赤水軍騎士。（卷九十八）

赤水軍在涼州城內。彼等來居雖在開元初，而用其爲兵在天寶末，正當安史亂耳。若靈州與涼州比觀，則開元以來皆是回紇種落，玆更列表如次：

州府名	部落名	寄治地	遷來年月
東皐蘭	渾部	靈州迴樂界	
燕然	多濫葛	靈州迴樂界	開元元年
燕山	多濫葛	靈州温池界	
鷄田	阿跌	靈州迴樂界	開元元年
鷄鹿	奚結	靈州迴樂界	開元元年
燭龍	俱羅勃	露州温池界	
盧山	思結	涼州界	開元三年
楡溪	契苾	涼州界	開元三年
蹛林	思結別部	涼州界	

按俱羅勃，或作掘羅勿，爲迴紇本部九姓之一，新傳云：

九姓者，曰藥羅葛，曰啒羅勿，曰貊歌息訖，曰阿勿嘀，曰葛薩，曰斛嗢素，曰藥勿葛，曰奚邪勿。（卷一四二上）

舊志作咄羅勿，故燭龍州之爲迴紇部，可無問題。若燕山州，舊志於其下注云：在温池縣界，亦九姓所處。

（卷二十）則亦迴紇也。

三、安北都護府

總章二年，改瀚海都護曰安北都護。迴紇諸部，既居於涼州靈州，乃於開元二年，徙安北大都護府於中受降城，通鑑云：

閏（二）月，以鴻臚少卿朔方軍副大總管王晙，兼安北大大都護，朔方道行軍大總管，令豐安、定遠、三受降城，及旁側諸軍，皆受晙節度，徙大都護府於中受降城，置兵屯田。（卷二一一）

新志云：

中受降城，有拂雲堆祠，接靈州境。有關，元和九年置。又有橫塞軍，本可敦城，天寶八載置，十二載廢。西二百里大同川，有天德軍。大同川之西有天安軍，皆天寶十二載置。天德軍乾元後徙屯永濟柵，故大同城也，元和九年，宰相李吉甫奏修復，舊城北有安樂戍。（卷二十七）

元和郡縣志云開元十年安北都護始置移於此，復於天德軍下云：

本安北都護。貞觀二十一年，於今西受降城東北四十里，置燕然都護，以瀚海等六都督、皐蘭等七州並隸焉。龍朔三年，移於磧北回紇本部，仍改名瀚海都護，總章二年又改名安北都護。尋移於甘州東北一千一十八里隋故大同城鎮。垂拱元年置同城鎮，其都護權移理刪丹縣西南九十九里西安城。景龍二年，又移理西受降城。開元十年，又移理中受降城。天寶八年，張齊邱又於可敦城置橫塞軍，又自中受降城移理橫塞軍。十二年，安思順奏廢橫塞軍，請於大同川西築城置軍，元宗賜名大安軍。十四年，築城功畢，移大安軍理焉。

乾元後，改名天德軍。（卷四）

此云開元十年，與通鑑不合，新志於安北大都護下亦云開元二年。要之，其時因迴紇諸部之南遷，而都護府亦南遷，自刪丹縣至中受降城，逾千里，其爲東南遷爲無可疑者。開元後之遷徙，則不出二百里，皆在此一區域。

四、河西降胡與河東降胡對安史叛亂之關係

及安祿山反，河西回紇諸部，乃爲收復兩京之主力，其事具在郭子儀傳。

方安氏反時，唐朝以哥舒翰守潼關，其下有河隴朔方及蕃兵，其將如渾萼、契苾甯者，（舊書哥舒翰傳，卷一〇四）即渾，契苾部之首領耳。茲二部固在河西。哥舒翰後自潼關出兵，致全軍覆沒，爲其部將火拔歸仁執送祿山，通鑑云：

王思禮至平涼，聞河西諸胡亂，還詣行在。初，河西諸胡部落，聞其都護皆從哥舒翰沒於潼關，故爭自立相攻擊，而都護實從翰在北岸不死，又不與火拔歸仁俱降賊。（卷二一八）

此至德元年事，其年，同羅五千騎，自祿山營逃歸，領河西諸胡共叛，肅宗使人招降，通鑑考異引實錄云降者過半。（卷二一八）其來降者，於十一月，爲郭子儀討未降者，而回紇從征者也，通鑑云：

十一月戊午，回紇至帶汗谷，與郭子儀軍合，辛酉，與同羅及叛胡，戰於榆林河北，大破之，斬首三萬，捕虜一萬，河曲皆平。（卷二一九）

唐朝所恃以抗安史者，皆西北守塞及諸胡之兵耳，此李泌之語也，（見通鑑卷二一九）是知河西之胡，唐賚其用者實多。至於收復兩京史實，回紇騷擾情况，言之者已多，茲不贅言。

前文所云同羅自安祿山處逃歸，同羅初不降於河西。

與河西諸胡幾乎同時來降者，爲迴紇之其餘數部在河東降，而於安史亂時，彼等與甘涼靈州之胡，恰處於敵對地位，通鑑云：

（開元六年）二月戊子，移蔚州橫野軍於山北，屯兵三萬，爲九姓之援，以拔曳固都督頡質略，同羅都督毗伽末啜，都督比言，回紇都督夷健頡利發，僕固都督曳勒歌等，各出騎兵，爲前後左右軍討擊大使，皆受天兵軍節度。（胡注：天兵軍在幷州城中）有所討捕，量宜追集，無事各歸部落營生，仍常加存撫。（卷二一二）

考異復云：王晙突厥傳皆無此月出兵事，新突厥傳云默棘連遣使請和，帝以不情，答而不許，俄下詔伐之，以王晙統之，期以八年並集稽落水上。行兵貴密，不應前二年早先下詔，蓋取實錄附會舊傳耳。

茲事溫公有所未審，詔文但云量宜追集，未嘗云出兵也，冊府元龜言之較詳：

（開元）六年二月制曰：戢兵始於威武，扼險先於要害，以制□俗，用綏遠人，九姓等頃立勳庸，先除桀驁，列其藩服，保其疆宇，……其蔚州橫野軍，宜移於山北古代郡大安城南，仍置漢兵三萬人，以爲九姓之援。拔曳固都督頡質略等，並望雄蕃緒，聲振朔北，戎異既昭，兵旅惟緝，各陳武列，分統軍政。頡質略出馬騎三千人，充橫野軍討擊大使，同羅都督比言，出馬騎二千人，充橫野軍討擊大使 ，迴紇可汗都督移健頡利發，出馬騎一千人，充大將軍右軍討擊大使，僕固都督曳勒哥出馬騎八百人，充大武軍右軍討擊大使，左縈右拂，先偏後伍，作扞雲代，……其兵有事應須討逐探候，無事幷放在部落營生，使本軍存問，務使安輯。

（卷九九二）

頡立勳庸云者，以其助唐攻殺默啜也，此開元四年事，故此年詔文曰頡立勳庸，即因此事。新傳云：於是別部移健頡利發與同羅，霫等皆來，詔置其部於大武軍北。（列傳卷一四二上）比言，通鑑云霫都督，元龜云同羅都督，未知孰是。

按河東節度無大武軍，今查新志河東道代州雁門郡下有云：

有大同軍，本大武軍。（卷二十九）

通鑑胡注云：

大同軍卽大武軍，武后大足元年更名。杜佑曰：在代州北三百里。（卷二一二）

舊志云：

大同軍，在代州北三百里，管兵九千五百人，馬五千五百匹。（卷十八）

橫野軍，舊志云：

在蔚州東北一百四十里，管兵三千人，馬八百匹。（卷十八）

元和郡縣志橫野軍有兵七千八百人，與舊志異，比觀下文，則元和志是也。

此兩軍皆在內長城外耳。拔野古出三千人，同羅二千人，合之當橫野軍總數三分之一。元龜迴紇頡利發充大將軍云云，疑大武軍之誤。出兵一千人，與僕固八百人，合之亦及大同軍五分之一。

此等胡兵，及安史亂，皆爲其用。安祿山自開元二十八年爲平盧兵馬使，其進位如次：

開元二十八年，平盧兵馬使。
天寶元年，以平盧爲節度，以祿山攝中丞爲使。
天寶三年，代裴寬爲范陽節度使，河北採訪平盧軍等使如故。
天寶十年，入朝，又求爲河東節度使，因拜之。
祿山於天寶十四年十一月反，爾時大同，横野固在其轄下，通鑑云：
十一月甲子，祿山發所部兵及同羅、奚、契丹、室章、凡十五萬衆，號二十萬，反於范陽。（卷二一七）
天寶十年，祿山已用同羅等爲兵，凡八千餘人，謂之曳落河，胡言壯士也。新書同羅傳云：
安祿山，刼其兵用之，號曳落河。（列傳卷一四二下）
通鑑云：
（至德元年五月）安祿山復使將步騎二萬人，北就思明，又使牛廷玠發范陽等郡兵萬餘人助思明，合五萬餘人，而同羅曳落河居五分之一。（卷二一八）
此等同羅兵於至德元年逃至朔方，肅宗遣使宣慰，降者甚衆。
李泌對肅宗問，有云：
今獨虜將或爲之用，中國之人，惟高尚等數人，自餘皆脅從耳。（通鑑卷二一九）
然唐朝所恃者，亦惟虜兵。彼等嘗皆在迴紇治下，所異唯河西河東之別。余意彼等之南下，默啜之侵凌，實爲主因。

安史之亂，影响為如何，此非本文主旨，然論者或以為藩鎮坐大，自茲始之，語誠然也。特有甚者，乃邊軍日用胡騎，而迴紇九姓部落實肇其始，有胡兵始用胡將耳，論者謂唐末為二次五胡亂華之局面，卽云始漸於此，亦無不可。

五、阿布思之降叛

前文但云迴紇有十一部，迴紇本部又有藥葛羅等九姓，會要云九姓實卽十一部，然有不同，其文曰：

其九姓一曰迴紇，二曰僕固，三曰渾，四曰拔曳固（卽拔野古），五曰同羅，六曰思結，七曰契苾，以上七姓部，自國初以來，著在史傳。八曰阿布思，九曰骨崙屋骨恐，此二姓天寶後始與七姓齊列。（卷九十八）

迴紇之統一各部，為天寶初事，此云九姓，與十一姓比較，無斛薩、奚結、阿跌、白霫，而多阿布思與骨崙屋骨恐。

阿布思之來降，有二次，其一為開元三年，默啜與九姓戰，九姓旣敗，舊傳云阿布思乃率衆來降。（卷一九四上）此似開元三年時　阿布思已列於九姓矣。其二為天寶元年八月丁亥，與突厥默啜之孫勃德支俱來　。除舊傳而外，他書未有云開元三年降事者，今按通鑑考異曰：實錄舊紀皆云突厥阿布思之孫。（卷二一五）史稱天寶元年之阿布思為頡利發，頡利發者，突厥官名，開元三年去天寶元年凡二十五年，云阿布思之孫，或卽是也。

此阿布思於天寶十一年復叛，通鑑云：

三月，安祿山發蕃漢步騎二十萬擊契丹，欲以雪去秋之恥。初，突厥阿布思來降，上厚禮之，賜姓名李獻忠，累遷朔方節度副使，賜爵封信王，獻忠有才略，不為安祿山下，祿山恨之，至是奏請獻忠帥同羅數萬

騎，與俱擊契丹，獻忠恐爲祿山所害，白留後張暐，請奏留不行，暐不許，獻忠乃帥所部，大掠倉庫，叛歸漠北。（卷二一六）

玄宗於天寶元年設十節度使，朔方節度在靈州之地　阿布思之部衆，當在朔方節度下，册府元龜云：

天寶八年六月，隴右哥舒翰率河東河西靈武及突厥阿布思等兵六萬三千，攻吐蕃石保（堡）城，拔之。（卷九九二）

可知阿布思叛前三年，哥舒翰曾用其兵，時哥舒翰爲隴右節度支度營田副大使知節度事，舊傳云：八載，以朔方河東羣牧十萬衆委翰總統攻石堡城。（卷五十四）則有朔方之兵，阿布思之衆是也。

天寶十二年，阿布思爲回紇所破，安祿山誘其部落而降之，史云由是安祿山精兵，天下莫及。後阿布思遁磧西，爲葛羅祿葉護所執，時其下猶有數千人。

論者或云祿山之兵，突厥爲多，不知皆迴紇諸部，蓋史文所云九姓突厥者，實非突厥也。故繫阿布思部之事於此。

六、　烏介可汗後之回紇

九姓常在迴紇治下，其來朝者，皆以振武爲出入口，新傳云：

命酋長突董翳蜜施，大小梅錄等還國，裝橐，係道留振武三月（列傳卷一四二上）

會昌元年，烏介立，且請表假振武，以居公主，公主者，太和公主也，憲宗之女。自張仲武執烏介，其衆猶七萬。而特勒龐俱遮阿敦甯等凡四部，及將軍曹摩你衆三萬，詣仲武降，嗢沒斯率三部及特勒大酋二千騎，詣振武軍降。時仲武爲幽州節度使，振武軍則在單于都護府城內。新傳云：

詔拜嗢沒斯爲右金吾衞大將軍，爵懷化郡王。以天德爲歸義軍，卽拜歸義軍使。（列傳卷一四二下）

則其部人，皆併入天德軍，天德軍是時已遷於舊城，去永濟柵三里，在大同川西，去西受降城正東微南一百八十里，當在朔州西北，會要則云：

迴紇宰相嗢沒斯特勒將其家屬及麾下數千人來降，上嘉之，降書撫納，仍賜姓李氏，封懷德郡王，改名思忠，賜甲第於永樂坊，並家屬遣所在給傳赴闕，其軍士分於諸鎮收管，用壯騎兵。（卷九十八）

此云分于諸鎮，似又不止天德軍。烏介之亡，思忠之功甚偉，餘衆往往詣幽州降，思忠等入京，在烏介亡後，回紇日微。

伍、沙陀

自回紇微而沙陀日興。沙陀原隸西突厥。永徽四年，廢瑤池都督，置金滿、沙陀二州，長安二年，復以金滿州爲都督。先天初，其人避吐蕃，徙於北庭。舊志云：

金滿州都督府等十六番州，新戍胡部落，寄於北庭府界內，無州縣。（卷二十）

天寶初，其酋長骨咄支爲迴紇副都護，從肅宗平安祿山，貞元中，七千帳附於吐蕃，吐蕃寇邊，常以之爲先鋒，其部在甘州。後爲吐蕃所疑，以衆三萬來降，唯沿途與吐蕃追兵格鬥死傷極衆，然至者猶近萬人，靈州節度使范希朝處之於鹽州，置陰山府，時元和三年也。餘七百人抵振武降，後希朝鎮太原，以沙陀一千二百人爲沙陀軍，餘衆處於定襄川。其酋長執宜始保神武川之黃花堆。胡三省注云：

神武川在漢代郡桑乾縣界，後魏置神武郡，後周廢郡爲神武縣，屬朔州，此時其地在馬邑善陽縣界。（通鑑二三七）

馬邑卽在雲中，木刀溝之役，范希朝破王承宗，皆沙陀之功也。

新傳云建十府以處沙陀，其事殊不可考，新志但有金滿、沙陀二州，而無十府之名也，唯可知者，元和八年，執宜屯天德，玆列其後之遷徙沿革如表：

元和八年　詔執宜屯天德。

元和九年　隸李光顏。

長慶初　伐鎭州，破賊深州。

太和中　執宜治雲朔塞下，廢府十一，料部三千，號代北行營。

開成四年　執宜子赤心，與劉濟共擊回紇於殺胡山。

大中初　王宰統代北軍，擊吐蕃回紇。

　赤心遷蔚州刺史雲州守捉使。

咸通十年　平龐勛之亂，赤心賜名李國昌，進大同軍節度使。

　國昌爲鄜延節度使

乾符五年　諸將殺段文楚，推雲中守捉李克用（國昌子）爲太同防禦留後，不許。

　詔國昌爲大同防禦留後，國昌不受命

廣明元年　國昌、克用舉宗奔韃靼。

　　時克用弟李友金，屯興唐軍

中和元年　赦國昌，詔拜克用代州刺史，忻代兵馬留後，還屯代州。

中和二年　克用襲蔚州，下之，詔拜雁門節度神策天甯軍鎮遏忻代觀察使。

陸、高麗

一、唐對高麗之征討

唐之攻高麗，太宗雖云吊伐，然高麗未嘗侵唐，可謂師出無名。

時當高麗蓋蘇文弑其王，立王弟，於是太宗討之。舊傳云貞觀十九年進軍，而備戰早在十八年冬，分兩路夾攻之：一路從萊州泛海趨平壤，以張亮領之；一路從遼東陸上進軍，以李勣領之。

貞觀十九年四月，李勣攻拔其蓋牟城，獲口二萬，以其城置蓋州。五月，張亮副將程名振拔沙卑城，虜口八千，李勣攻遼東城，以其城爲遼州。六月拔白巖城，以其城爲巖州，獲口一萬。是月，其北部蓐薩高延壽，南部蓐薩高惠眞，率衆三萬六千八百人來降。蓐薩，猶言都督也。因簡其蓐薩以下酋長三千五百人，授以戎秩，遷之內地，餘皆縱還平壤。其年九月，唐軍班師，乃徙遼蓋巖三州戶口入內地者，前後七萬餘人，通鑑考異曰：

實錄上云：徙三州戶口入內地者前後七萬人。下癸丑詔書云獲戶十萬，口十有八萬，蓋并不徙者言之耳。

（通鑑卷一九八）

其言或是，然貞觀二十二年房玄齡表諫有云：

高麗歷代逋誅，莫能討擊，陛下責其逆亂，弑主虐人，親總六軍，問罪遼碣，未經旬日，即滅東遼，前後虜獲，數十萬計，分配諸州，無處不滿。（會要卷九十五）

豈房玄齡言之不確乎？至云分配諸州，其地並不可考。

貞觀二十一年，李勣猶在高麗，至總章元年，始拔平壤，虜其王高藏及大臣男建，分其地置都督府　，州四十二，存者止十四，十四州爲：

南蘇州　蓋牟州　代那州　倉巖州　磨米州　積利州　黎山州　延津州　木底州　安市州　諸北州　識利州　拂涅州　拜漢州

九都督府爲：

新城州　遼城州　哥勿州　衞樂州　舍利州　居素州　越喜州　去旦州　建安州

二、安東都護府

安東都護府原在平壤，其州府以華人參理之，可謂有實際之統治權。上元三年，徙都護府於遼東故城，悉罷華人官。儀鳳二年，復移於新城，舊傳云：

勣度遼至新城謂諸將曰：新城是高麗西境鎮城，最爲要害，若不先圖，餘城未易可下。（卷一九九上）

通鑑考異曰：

實錄咸亨元年楊昉、高侃討安愛，始拔，安東都護府自平壤城移於遼東　，儀鳳元年二月甲戌，以高麗餘衆反叛，移安東都護府於遼東城。蓋咸亨元年言移府者，終言之也，儀鳳元年言高麗反者，本其所以移也。會

要無咸亨元年移府事，此年云移於遼東故城，今從之。（通鑑卷二〇二）

此言儀鳳元年，又與舊傳不合。

聖曆元年，改都護爲都督，會要云：

改安東都護府爲安東都督府，以右武衛大將軍高德武爲都督，自是高麗舊戶分散，多投突厥及靺鞨，高氏君長遂絕，其地並沒於諸蕃。（卷七十三）

然據萬斯同唐邊鎮年表，聖曆元年，仍稱都護，而薛訥領之，長安四年，唐休璟以幽營二州都督兼安東都護，自長安五年（卽神龍元年）休璟召還，卽無安東之名，而會要云：

神龍元年二月四日，改安東都督府爲安東都護府。（卷七十三）

新志叙其沿革，且至於肅宗時，其文云：

開元二年徙于平壤，天寶二年又徙于遼西故郡城，至德後廢。（卷二十九）

會要記開元二年事，云安東都護，許欽湊爲之。平州卽盧龍地，較之平壤，不知後退幾許里矣。至於內徙之民，非可盡考，通鑑記高藏反，乃散徙其人於河南隴右諸州。（卷二〇二）又於開元元年記曰：初

高麗既亡，其別種大祚榮，徙居營州。（卷二一〇）

其人見於史傳者，唯交簡與高仙芝、王思禮、李正己及子李納、李師古，納子李師道數人。交簡爲默啜之婿。舊傳云仙芝之父，初在河西軍。（卷一〇四）李正己則生於平盧。（卷一二四）王思禮，營州城傍高麗人也。（卷一一〇）於此亦可略見一二，卽所謂遷徙內地者，仍在西北邊徼耳，卽有遷於內地者，仍復遷還，此例不止一見，

唐朝始終不敢以異族處之內地。

又通鑑於儀鳳元年二月下有云：徙熊津都督府於建安故城，其百濟戶口先徙於徐兗等州者，皆置於建安。（卷二〇二）此言百濟之衆，附記於此。

柒、契丹與奚

一、松漠都督府

契丹之羈縻州應分兩部份言，其一爲在松漠都督府治下者，其一則非在其治下者，今請先言前者。

貞觀二十二年，丹契酋長窟哥舉部內屬 因置松漠都督府，新志云領州八，八州爲：

峭落州　以達稽部置
無逢州　以獨活部置
羽陵州　以芬問部置
白連州　以突便部置
徒何州　以芮奚部置
萬丹州　以墜斤部置
疋黎州　以伏部置
赤山州　以伏部分置（卷三十三下）

胡注與新志同，唯於八州之下云：並松漠府爲九州，（通鑑卷一九九）是以松漠府亦列於數 。會要復有彈汗云，云以紇便部置。並云拜窟哥爲十州持節軍事松漠都督府。（卷七十三）是以八州兼松漠府、彈汗州爲十州也。舊傳云窟哥曾孫祐莫離，則天時歷左衞將軍兼檢校彈汗州刺史、歸順郡王。（卷一九九下）是確有彈汗州也。

按彈汗州卽歸順州，新志云貞觀二十二年，以契丹別帥紇便部置，開元四年更名，縣一，懷柔。（卷三十三下）舊志云開元四年置，殆指更名也。

又有昌州者，新舊志皆云貞觀二年以松漠部落置，通鑑但云契丹酋長帥其部落來降，（卷一九二）此部契丹當係從突厥治下逃來，故突厥可汗請以易梁師都，時師都猶據夏州以抗唐兵，引突厥爲奧援，舊傳記其事云：

貞觀二年，其君摩會率其部落來降，突厥頡利遣使請以梁師都易契丹，太宗謂曰：契丹突厥，本是別類，今來降我，何故索之，師都本中國人，據我州城，以爲盜竊，突厥無故容納之，我師往討，便來救援，計不久自當擒滅，縱其不得，終不以契丹易之。（卷一四九下）

此亦松漠部，而新志不列於松漠都督府下，其來降較窟哥早二十年，別加安置，固理有所然。舊傳未云置於何地，新志云僑治營州之靜蕃戍，貞觀七年徙於三合鎭，後治安次之故常道城，縣一，龍山。（卷三十三下）靜蕃戍，當是其後玄州所領之靜蕃縣。三合鎭，疑卽三鎭城，新志幽州下云：

有宗王乾潤殄寇三鎭城……四戍。（卷二十九）

安次，屬幽州。故常道城則不可考。

二、松漠府外九州

契丹州不屬於松漠府者凡九州：玄州、威州、昌州、師州、帶州、歸順州、沃州、信州、青山州。前八州純屬羈縻性質，此九州則直轄於唐朝，故其州名並異，前者率為契丹名，此九州則與中國其他各州州名無異，此說詳見東突厥章。即以其後李盡忠反唐史實證之，但見松漠府之廢，而此九州，唐廷必使遷徙內地，亦可見得二者自有不同也。

其中歸順州即是彈汗州，然不知何以自松漠府下脫離。昌州已如前說。

玄州，新志云：

貞觀二十年，以紇主曲據部落置，僑治范陽之魯泊村，縣一，靜蕃。（卷三十三下）

按范陽本屬幽州，大曆四年，始置涿州，即以范陽等縣隸之。玄州本武德二年置，在幽州之潞縣，舊志云貞觀元年廢玄州，於是潞縣始隸幽州。此以紇主曲據部落所置玄州，乃貞觀二十年再置者也，當時范陽猶在幽州治下，故玄州實僑治於幽州。

玄、昌、歸順而外，餘三州錄新志原文如下。

威州　本遼州，武德二年以內稽部落置，初治燕支城，後僑治營州城中，貞觀元年更名，後治良鄉之石堡城，縣一、威化。

師州　貞觀三年，以契丹室韋部落置，僑治營州之廢陽師鎮，後僑治良鄉之東閭城，縣一、陽師。

帶州　貞觀十年，以乙失革部落置，僑治昌平之清水店，縣一、孤竹。（卷三十三下）

沃州，新志云載初中自昌州析置。信州，萬歲通天元年以乙失活部落置，僑治范陽。靑山州，景雲元年析玄州置，僑治范陽之水門村，以上合九州。

此外復有歸誠州。武德四年，契丹孫敖曹來降，詔於營州城傍安置，史文未嘗云置州，然敖曹孫後爲歸誠州刺史，當是置歸誠州耳。

以上安置之情況，至萬歲通天元年始有一變化。其年五月，敖曹之孫萬榮，與李盡忠友。盡忠爲窟哥後裔，時襲松漠都督職，爲萬榮妹夫。此事關係於營州都督府之沿革。

三、營州都督府

營州本治柳城，胡三省注云：

開元十道志曰，舜築柳城。即虞舜已前已有柳城之地，因有營州之稱，郡國志云當營室分，故曰營州，後漢末遼西烏丸蹋頓所居，後魏於平州界置遼西郡，周平齊猶爲高室寧所據，隋討平室寧，始置營州。松漠都督府及歸誠州，太宗以內屬契丹部落置。（通鑑卷二〇五）

營州初置都督，在武德七年，契丹羈縻州，新志云初皆隸營州都督府，自李盡忠等反，乃遷於幽州，然有兩點須說：

其一，營州之陷，舊志云萬歲通天元年，舊傳但云萬歲通天中，會要且作五年五月，今查營州都督治下契丹羈縻州，有元年徙者，亦有二年徙者，通鑑繫其事於元年五月壬子，新志於營州都督府下，云萬歲通天元年爲契丹所陷，比觀諸文，元年是也，會要應作元年五月。萬歲通天祇一年，唯次年九月始改元神功，故有作二年者。

其二，營州既陷，都督府何時徙治幽州，亦各異詞，舊志云神龍元年移府於幽州界　。新志云聖曆二年（六九九）僑治漁陽。按漁陽，依新志，神龍元年（七〇五）猶隸營州，聖曆二年在神龍元年前六年　，不得云徙治幽州。此說似與舊志相反，唯舊志云：

漁陽　（上略）神龍元年，改屬營州。（下略）（卷十九）

細繹其意，乃是因營州旣徙於漁陽，故以漁陽改隸營州耳，此實以營州於幽州漁陽之地僑治是也。新舊志所云卻是一事。然則聖曆二年乎？神龍元年乎？兩者皆是，何則？蓋聖曆二年去萬歲通天元年盡忠反時才兩載，臨時措施，僑治而已，神龍元年，始正式以漁陽改屬營州耳。

與此相隨之事實，其一爲松漠府之廢，此因李盡忠原爲松漠都督，盡忠反，府亦廢，歸誠州亦復如是。其二爲其餘九州之遷徙，此等州之能任令朝廷遷徙，足以證明，實異羈縻，而唐朝頗能控制也。玆列其沿革如表：

州名	原居處	隸屬	徙居年月	徙居地點	徙返年月	隸屬
玄州	范陽	營州都督府	萬歲通天二年	徐宋之境	神龍元年	幽州都督府
威州	燕支，營州	同右		幽州良鄉縣石窟堡	同右	同右
昌州	三合鎮	同右	萬歲通天二年	青州	同右	同右
師州	陽師	同右	萬歲通天元年	青州	同右	同右
帶州	昌平	同右	同右	同右	同右	同右
沃州		同右		幽州	開元二年復置	同右
信州	范陽	同右	萬歲通天二年	青州	神龍元年	同右
青山州	范陽					
附註	青山州係景雲元年析玄州置，在萬歲通天元年事變後，故無遷徙。					

李盡忠於萬歲通天元年十月死，萬榮亦於次年爲其奴所殺，其餘衆遂降於突厥，時突厥默啜勢甚張大，唐朝之議復建營州，在開元二年，通鑑云：

或言靺鞨、奚、霫，大欲降唐，正以唐不建營州，無所依投，爲默啜所侵擾　故且附之，若唐復建營州，則相帥歸化矣。（卷二一一）

是年唐朝雖有議論，而未復建營州。盡忠死，其所部爲李失活所統，失活來降，會要云開元二年，（卷九十六）舊傳云三年，通鑑繫其事於四年，按新傳云：

開元二年，盡忠從父弟都督失活，以默啜政衰，率部落與頡利發伊健啜來歸，玄宗賜丹書鐵券，後二年，與奚長李大酺皆來，詔復置松漠府。（列傳卷一四四）

開元二年，默啜之勢已寖微，其年默啜同俄特勒及妹夫火拔頡利發等圍北庭，爲都護郭虔瓘所擊破，已而來降。此年，默啜治下葛邏祿及西突厥十姓部落亦相繼來降。三年，其婿高麗交簡及䟦跌等部復來降，四年，默啜爲拔曳固所殺。新傳所云，殆開元二年，失活來歸款，四年始率部來耳。通鑑繫於四年是也。舊傳云三年，誤。

因松漠府之復置，於是營州之復建，爲必需之舉，因於開元五年，復徙營州於柳城，築城三旬而畢，舊志云開元四年，復還柳城，新志作五年，新志是也。舊書宋慶禮傳云：

開元五年，奚、契丹各款塞歸附，元宗欲復營州於舊城，侍中宋璟固爭以爲不可，獨慶禮盛陳其利，乃詔慶禮及太子詹事姜師度，左驍衛將軍邵宏等充使，更於柳城築營州城，興役三旬而畢，俄拜慶禮御史中丞兼檢校營州都督，開屯田八十餘所，追拔幽州及漁陽淄青等戶，招聘商賈，爲之店肆，數年間營州倉廩頗實，居人漸殷。（卷一八五下）

追拔幽州及漁陽淄青等戶，係指松漠都督府外八州而言，已見前表，就前表而言，此八州除威、沃二州原遷幽州、青山州不可盡考外，餘州皆於神龍初自河南遷返，且皆隸於幽州，此因其時營州尚未復建，其本身尚且僑治，故無隸於營州之必要，唯自營州重建，追拔諸州再隸於營州，亦頗合理，然新舊志皆未記其事，如宋慶禮傳無誤，則開元五年之若干時日後，此八州再屬於營州都督，當甚可信。

失活傳至邵固時，為其臣下可突干所殺，因反叛入突厥，時為開元十八年，二十二年討平之。

舊志云：

自燕以下十七州，皆東北蕃降胡，散諸處幽州營州界內，以州名羈縻之 無所役屬，安祿山之亂，一切驅之為寇，遂擾中原，至德之後，入據河朔，其部落之名無存者，今記天寶承平之地理焉。（卷三十九）

實則舊志所記，於此十七州，實止於開元時，不然則八州之復隸營州何以無記，此層上文已加辯明。至於安氏所役之契丹，尤須有一語加以說明。

按松漠十州府初置時，史文但云其酋長窟哥，其他八州初置，亦云別帥某部而已，然其君長實姓大賀氏，故窟哥等所領，不過若干部，安氏於天寶十三載，猶自討伐契丹，據此推測，此契丹或非羈縻州內者也，因是，安氏所驅役者，除松漠府及其他八州之契丹外，當有其他被俘之契丹。

四、饒樂都督府與其他奚州

奚與中國之關係，可謂與契丹同其進退，亦處之幽營二都督府下，情況相似，比看契丹降叛始末，較易說明。

貞觀二十二年，其一部酋長可度，率部內屬，乃置饒樂都督府，開元二十三年，更名奉城都督府，領州五。

新志記武德五年自饒樂都督府下分出者有鮮、崇、順化、歸義四州。（卷三十三下）既云武德五年 ，則其始置，並非貞觀二十二年、可度來降後之事，新志於奉誠都督府下云：

本饒樂都督府，唐初置，後廢，貞觀二十二年以內屬奚可度者部落更置，並以別帥五部置弱水等五州，開元

二十三年更名。（卷三十三下）

其所領五州，但有部落名，且知其初隸於營州都督府下，究治於營州何地，則不可考，五州之名如下：

弱水州　以阿會部置

祈黎州　以處和部置

洛環州　以奧失部置

太魯州　以度稽部置

渴野州　以元俟折部置（卷三十三下）

其自饒樂都督府下析出之三州，順化州不可考，鮮崇二州，自李盡忠輩反叛，亦經遷徙，茲列其沿革如表：

州名	原居地	徙居年月	徙居地點	遷返年月	隸屬
鮮州	僑治潞之古縣城	萬歲通天元年	青州	神龍初	幽州都督府
崇州	陽師後徙潞之古縣城	同右	宋州	神龍二年	同右

州名	建置	原居地	徙居年月	徙居地點	遷返年月	隸屬
順州	見附註一					
瑞州	貞觀十年以突厥烏突汗達干置	僑治良鄉之廣陽城	萬歲通天二年	宋州	神龍初	幽州都督府
歸義州	總章中以新羅戶置	僑治良鄉之廣陽城	見附註二			
愼州	武德初以涑沫靺鞨烏素固部置	僑治良鄉之故都鄉城	萬歲通天二年	青州	神龍初	幽州都督府
賓夷州	乾封中以靺鞨愁思嶺部落置 見附註三	僑治良鄉之古廣陽城	同右	徐州	同右	同右
黎州	載初二年析愼州處浮渝靺鞨置	僑治良鄉之故都鄉城	萬歲通天元年	宋州	同右	同右
凛州	天寶初處降胡置	僑治范陽境				

附註

一、已見東突厥章。

二、後廢，開元十五年以契丹李詩部落復置。

三、新志作乾符中，乾符乃僖宗年號，在神龍後百七十年，何得云神龍初復舊。

以上連奚與其他各部，皆在舊志所云自燕以下十七州內，舊志云安祿山之亂，一切驅之爲寇，已見前引，不復贅言。

捌、結論

至德以降，唐兵往往蕃漢混雜。僕固瑒圍榆次，瑒責援軍遲至，通鑑記其事云：

胡人曰：我乘馬，乃漢卒不行耳，瑒捶漢卒，卒皆怨怒，曰節度使黨胡人。（卷二二三）

時瑒從其父僕固懷恩反，然其兵原爲唐兵，瑒且爲朔方兵馬使，故漢卒稱爲節度使也。其後藩鎮多胡兵，而吐蕃回鶻等亂，唐朝亦常發胡兵以攻之。大抵漢蕃之別在步與騎耳。

唐與諸胡既相接觸，常涉及文化問題，中國於降胡之安置，亦不僅指定一區域，任其生滅，實於其生活方式，思有以改變者。

今人之觀念，恒以爲西北邊境，尤以河套以西，所謂隴右之地，當是荒涼滿目，近於沙磧者，實不然也，而屯田之功居多，瘠不毛之地，先以水利，張守珪爲瓜州都督，新傳云：

州地沙瘠，不可藝，常潴雪水溉田，是時渠堨爲虜敗，材木無所出，守珪密禱於神，一昔水暴至，大木數千章塞流下，因取之修復堰防，耕者如舊。（列傳卷五十八）

此事在開元初，而守珪以前，原已溉渠，郭元振爲涼州都督時，遣甘州刺史李漢通闢屯田，新傳云：

舊涼州粟，斛售數千，至是歲數登，至匹縑易數十斛。（列傳卷四十七）

至天寶十二年，隴右富庶，稱天下最，通鑑記曰：

是時中國盛彊，自安遠門西盡唐境萬二千里，閭閻相望，桑麻翳野，天下稱富庶者，無如隴右，翰每遣使入奏，常乘白橐駝，日馳五百里。（卷二一六）

時哥舒翰爲隴右節度副使也，何以安祿山之亂，唐朝能資隴右靈武邊鄙以抗之，於此可以略見一二。

隴右如是，河套之內，豐州亦然。永淳中，突厥圍豐州，朝議欲罷之，徙民於靈夏，唐休璟上書曰：

豐州控河遏賊，實爲襟帶，自秦漢以來，列爲郡縣，田疇良美，尤宜耕牧，……朝廷從其言，豐州復存。

（舊書卷九十三）

天授初，婁師德爲豐州都督，則天詔曰：

自卿，……檢校屯田，收率既多，京坻遽積，不煩和糴之費，無復轉輸之艱。（舊書卷九十三）

豐州屬靈州都督府也。

唐時戍邊者，大者曰軍，小者曰守捉，曰城，曰鎮，平時統於都督，景雲而後，漸有節度使之名，以代都督，都護則與此不同，前已言之，所以言此者，意在究明屯田之開闢，戍軍爲之乎？降胡爲之乎？按諸前引數條，皆云都督某人，或節度使某人，是則戍卒之功也，舊降胡除營靈二都督下諸胡外，其餘皆在都護治下。然則降胡既然定處，其遊牧生活豈無變乎？史文缺略，難以盡考。方唐封李思摩爲可汗時，有詔追叙初時措置云：擇肥饒之地，設州縣以處之。又云：今歲以來，年穀屢登，種粟增多，畜牧蕃息，繒絮無乏，咸棄其氈裘，菽粟有餘，靡資於狐兎……（見唐大詔令卷一二八突厥李思摩爲可汗詔）是至少當時降胡耕牧並重，甚或以農爲主。然適於此時，唐廷命其率部北返，是其華化猶未純淨，玆後整個邊疆之動亂，實與此有關。故此事極爲重要，又如神功元年，突厥默啜求索六州降胡之事，亦可以見其消息，舊傳云：

初，咸亨中，突厥諸部落來降者，多處之豐勝靈夏朔代等六州，謂之降戶，默啜至是又索此降戶及單于都護府之地，兼請農器種子，則天初不許，……時朝廷懼其兵勢，納言姚璹，鸞台侍郎楊再思建議，請許其和親，遂盡驅六州降戶數千帳，幷種子四萬餘碩，農器三千事以與之。（卷一九四上）

從文義推測，既云盡驅，是驅之而出此六州之地。其要求可分三點

（一）先索降戶

（二）請單于都護府之地

（三）請農器種子

此三點實係互相關聯者，按單于都護所管，即靈夏豐勝朔代六州降戶，所謂單于都護府之地，應指此六州，單于都護府治不過一城，而此六州之地，皆可耕種。索降戶者，或是降戶已習農事。農器種子，則其末耳。張儉招撫思結部落，後復徙之於代州，勸其營田，每年豐熟，和糴以充軍糧，事見舊書張儉傳。教降胡耕種，是以夏變夷也，可考者雖寥略，然據此以推，此等事實，或甚普遍，唯天寶以後，胡人多充邊兵，寖假而爲中國主，然華化猶淺，唐代季世，風紀日鄙者以此。

云文化問題，或者陳義過高，不如云生活也，蓋此一地域，非如塞外，既難牧放，而農事亦非旦夕所能盡閑，降胡爲口腹計，其可循之途不外乎三：

（一）索農器種子，然此須已習農事

（二）求售戰馬，以得衣帛

（三）投身行伍以糊口

舍此三途，則唯搶掠耳，而此係唐朝認爲叛亂者，故常兵鉞相加，然終不有濟。

自貞觀四年，突厥之衆既加安處，茲後降胡悉聚於此，自唐盛世，長城內緣以迄河曲，已醖釀一大變，唐朝傾

力以防，而不知此非軍事之功所能濟，及府兵旣敗，邊軍胡漢充雜，終於爲亂。陳寅恪先生云天寶以後，河北社會全是胡化，又稱其自成一集團，與長安之朝廷相對敵。（見唐代政治史述論稿）然余見杜甫後出塞曲有云：漁陽豪俠地，擊鼓吹笙竽，雲帆轉遼海，粳稻來東吳，越羅與楚練，照耀輿台軀。（全唐詩卷一），則當時河北亦不僅風俗野鄙而已，其由海運而資於東南者亦極多，安祿山之所以能作亂者，固非偶然之事。本文則以地理繫人事，於北鄙諸胡，自西亙東，考其來降始末，及其居地，並示所謂羈縻州者爲如何，以明唐與諸胡之關係焉。

兩宋學風的地理分佈

何佑森

序言

一、

北宋和南宋的學風在地理的分佈上有一顯著的不同。神宗以前，學風盛的區域有關中，關東（包括京東西路）和浙西三處，學術中心在河南，開封，長安，泰山和湖州五地。自神宗以後到徽宗以前，閩浙和潼川府，成都府四路的學術也逐漸地興盛起來。及至金人席捲了北方九路以後，宋人南渡，學者南遷，北方的學術中心才整個地移向了大江南以。

這時的南方，以長江和大庾嶺爲界，重新又構成了五個學風不同的區域。其中浙東有浙學，分佈在錢塘江流域，福建有閩學，分佈在閩江流域，成都府和潼川府（今四川）有蜀學，分佈在眉江和資江流域，荆湖南路有湖南學，分佈在湘江流域，江南西路有陸學，分佈在贛江流域，南方的幾個學術中心，都脫離不了河流，這就是以上五個區域所共同具有的特性，和北宋時的學術中心，在地理環境上有顯然的不同。

北宋的幾個學術中心同時也是政治的中心，如那時的汴京、洛陽和長安；南宋的幾個學術中心同時也是經濟的中心，如贛江流域，閩江流域和湘江流域，從陸路到水路，這是兩宋學風分佈的一個大的轉變。

河流是南宋財富仰給的一個命脈，也是學術發展的路線。例如江南西路的贛江貫通全境，是南北的交通要道，所以學者雲集，私人講學之盛，不亞於閩浙兩路。又如當時的荊湖南路，爲南北交通（北方到廣州）必經的水路外，同時也是東西（閩浙和四川）學術溝通的驛站。武夷南軒先後在荊湖南路講學，因此魏了翁傳閩學到成都，楊知章，宇文紹節又傳南軒之學到成都和潼川，這雖可以說是由於南軒武夷講學的影响，而荊湖南路在地理上所佔位置的重要，由此可顯著地得到證明。

有河流的地方就有水利，而水利是農業經濟的主要關鍵。在宋代，北方的水利自五代十國長期的兵亂以後已經逐漸破壞，而南方的水利自仁宗神宗以來屢有興修（參看文獻通考與宋史食貨志），就是說，經濟中心已經從北方移到南方來了，因此一切政治，文化和學術的中心也都隋着經濟中心而轉移到了南方。北宋時，只見南方的許多學者如胡瑗楊時這些大師都能不遠千里跋涉去北方求學，而不見北方的學者來南方讀書，從個人經濟觀點上看，不難看出整個南北經濟的懸殊了。

綜觀兩宋三百年來學風的地理分佈，大體說來，北宋的學術中心在北，南宋的學術中心在南，這種由北而南的趨勢，是人爲的，至少在宋代來說，是外患和內戰所造成的一種後果。也是天然的，經濟影响了兩宋南北學風的分佈並不是一種偶然的現象。南北在學風上的分野主要還是由於金人的南遷，許多愛國的學者紛紛避難到南方來，使得南北的學術成了一股巨流，在歷史上，東晉南渡曾有過一次類似宋代北人南移的情形，但歷來南人北人無論在政治或學術上都相互存有一種歧見，自宋世北人南移以後，由於學術的合流，這種歧見無形中也就冰釋了。

二、

一個學者有出生地，有他的講學地，張載是秦鳳路鳳翔人，而他却在永興軍路的長安和京畿路開封兩地講學，程周頤是。南頤是河南人而他們却生在江南西路的南安，學問也淵源南方，後來又回到河南講營學敦河道顥程南，人，在江南西路南安講學。朱熹是安徽婺源人，生在福建，在福建講學。孫復是河東路晉州人，在京東西路（今山東）泰山講學。胡瑗是淮南東路泰州人，在泰山苦學十年，後來到蘇州，湖州，和開封講學。從這些講學地的分佈上，我們不難看出那時幾個大的學術中心。而兩宋學者有這類情形的還很多，祖先是某地人，後來遷到某地，最後又到某地講學。本文所說的學術中心，是依據他們的講學地來作統計，而學者的地理分佈是選擇他們的出生地，從這些學者們的出生講學往來遷徙的關係上，我們就很容易了解學術中心爲什麼會轉移，一地學風爲什麼會有盛衰的趨勢了。

三、

早年梁任公先生在清華學報一卷一期上發表了一篇近代學風之地理的分佈，余鍁在禹貢一卷六期發表了一篇宋代儒者地理分佈的統計。這篇論文的寫法是換了一種方式，根據宋元學案和宋史上的學者文人，配合兩宋行政區域的劃分，畫出三類的圖表：一是以時代先後和地區爲中心，一是以地域和學派爲中心，一是以學派和學者爲中心。圖後面附有統計表。統計表後面的按語，只是著者一鱗半爪和些淺薄的見解而已，同時誠懇地熱望專家通人不吝指正。

兩宋學者文人的

	時＼地	京畿路	河北路	河東路	京西北路	京西南路	永興軍路	秦鳳路	京東東路	京東西路	淮南東路	淮南西路
北宋	太祖	1			4				2			
	太宗	5			2		2			1		
	眞宗	2	3		1		1		1	5		1
	仁宗	1		1	1				3	6	1	
	英宗											
	神宗				1			1				1
	哲宗		2		4		1		1	2		1
	徽宗				3	1					2	
	欽宗											
南宋	高宗				4							
	孝宗									1		
	光宗											
	寧宗											
	理宗											
	度宗											
	恭宗											
	端宗											
	帝昺											
	合計	9	5	1	20	1	4	1	7	15	3	3

地理分佈（表一）

利州路	夔州路	成都府路	潼川府路	荊湖北路	荊湖南路	江南東路	江南西路	兩浙路	福建路	廣南東路	廣南西路	黔南路	合計
													7
				1				3					14
		2			1	2	1	2	2				24
		2			1	6	3	1	1				27
									2				2
					1	1	3						8
		3			1	1		2	2				20
		1	1			1	1	3	2				15
						1			2				3
		1		1				4	8				18
		1					6	2	5				15
						1	2	1					4
		2					4	7	2				15
		1				3	3		1				8
								2					2
		13	1	2	4	16	23	27	27				182

附註：一　本表依據宋史道學儒林文苑三傳統計而成
二　籍里不詳者，表略
三　二至四表自本表析出

兩宋文學家的

	地／時	京畿路	河北路	河東路	京西北路	京西南路	永興軍路	秦鳳路	京東東路	京東西路	淮南東路	淮南西路
北宋	太祖				1				1			
	太宗	4			2		1			1		
	眞宗	1	2		1		1		1	3		1
	仁宗	1			1				1	2		
	英宗											
	神宗											1
	哲宗		2						1	2		1
	徽宗					1					2	
	欽宗											
南宋	高宗				3							
	孝宗											
	光宗											
	寧宗											
	理宗											
	度宗											
	恭宗											
	端宗											
	帝昺											
	合計	6	4		8	1	2		4	8	2	3

地理分佈（表二）

合計	黔南路	廣南西路	廣南東路	福建路	兩浙路	江南西路	江南東路	荆湖南路	荆湖北路	潼川府路	成都府路	夔州路	利州路
2													
12					3				1				
20				2	2	1	2	1			2		
17					1	3	6				2		
4						2	1						
11					2		1				2		
12				2	3	1	1			1	1		
1							1						
9				4	2								
3				1		2							
2				1			1						
93				10	13	9	13	1	1	1	7		

附註：一　本表依據宋史文苑傳統計而成
　　　二　籍里不詳者，表略

兩宋儒者的地

	時＼地	京畿路	河北路	河東路	京西北路	京西南路	永興軍路	秦鳳路	京東東路	京東西路	淮南東路	淮南西路
北宋	太祖	1			3				1			
	太宗	1					1					
	眞宗	1	1							2		
	仁宗			1					2	4	1	
	英宗											
	神宗											
	哲宗											
	徽宗											
	欽宗											
南宋	高宗				1							
	孝宗									1		
	光宗											
	寧宗											
	理宗											
	度宗											
	恭宗											
	端宗											
	帝昺											
	合計	3	1	1	4		1		3	7	1	

理分佈（表三）

合計	黔南路	廣南西路	廣南東路	福建路	兩浙路	江南西路	江南東路	荊湖南路	荊湖北路	潼川府路	成都府路	夔州路	利州路
5													
2													
4													
10				1				1					
2				2									
1						1							
2				1							1		
7				2	2				1		1		
11				4	2	4							
3					1	1	1						
14				1	7	4					2		
3						1	1				1		
2					2								
66				11	14	11	2	1	1		5		

附註：一　本表據宋史儒林傳統計而成
二　籍里不詳者，表略

宋史道學傳中學者的地理分佈（表四）

朝代	時＼地	京畿路	河北路	河東路	京西北路	京西南路	永興軍路	秦鳳路	京東東路	京東西路	淮南東路	淮南西路	利州路	夔州路	成都府路	潼川府路	荊湖北路	荊湖南路	江南東路	江南西路	兩浙路
北宋	太祖																				
	太宗																				
	眞宗																				
	仁宗																				
	英宗																				
	神宗				1			1										1			
	哲宗				4		1											1			
	徽宗				3																
	欽宗																				
南宋	高宗																				
	孝宗														1						
	光宗																			1	
	寧宗																				
	理宗																		1	2	
	度宗																				
	恭宗																				
	端宗																				
	帝昺																				
	合計				8		1	1							1			2	1	3	

福建路							1		2	2			1						6
廣南東路																			
廣南西路																			
黔南路																			
合計						3	7	3	2	2	1	1	1	3					23

按：北宋以文人最多，儒者次之，道學最晚出，因此，文人可以說是儒者的先河，儒者又可以說是道學的先河，三者有很深的淵源。

按：從時代先後看，眞宗仁宗二朝學者最多，哲宗時次之，高宗時又次之，南宋恭宗以後到宋代末年，最後三個朝代不出人物。

按：從地域看，南方的學者多於北方，其中又以閩、兩浙學者最多，江南西路次之，北方的京西北路又次之，利州、夔州、廣南東、廣南西、黔南五路不出人物。

景印香港新亞研究所《新亞學報》（第一至三十卷）

圖例

一、一傳　用紅線代表
二、一傳的學術中心　用紅圈代表
三、再傳　用藍線代表
四、再傳的學術中心　用藍圈代表
五、三傳　用黑線代表
六、三傳的學術中心　用黑圈代表
七、方向　√
八、阿拉伯字——某一路學者的人數

初期宋學之地理分佈

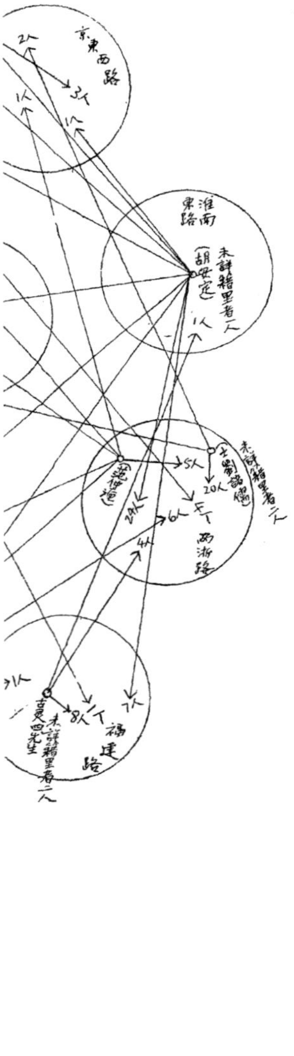

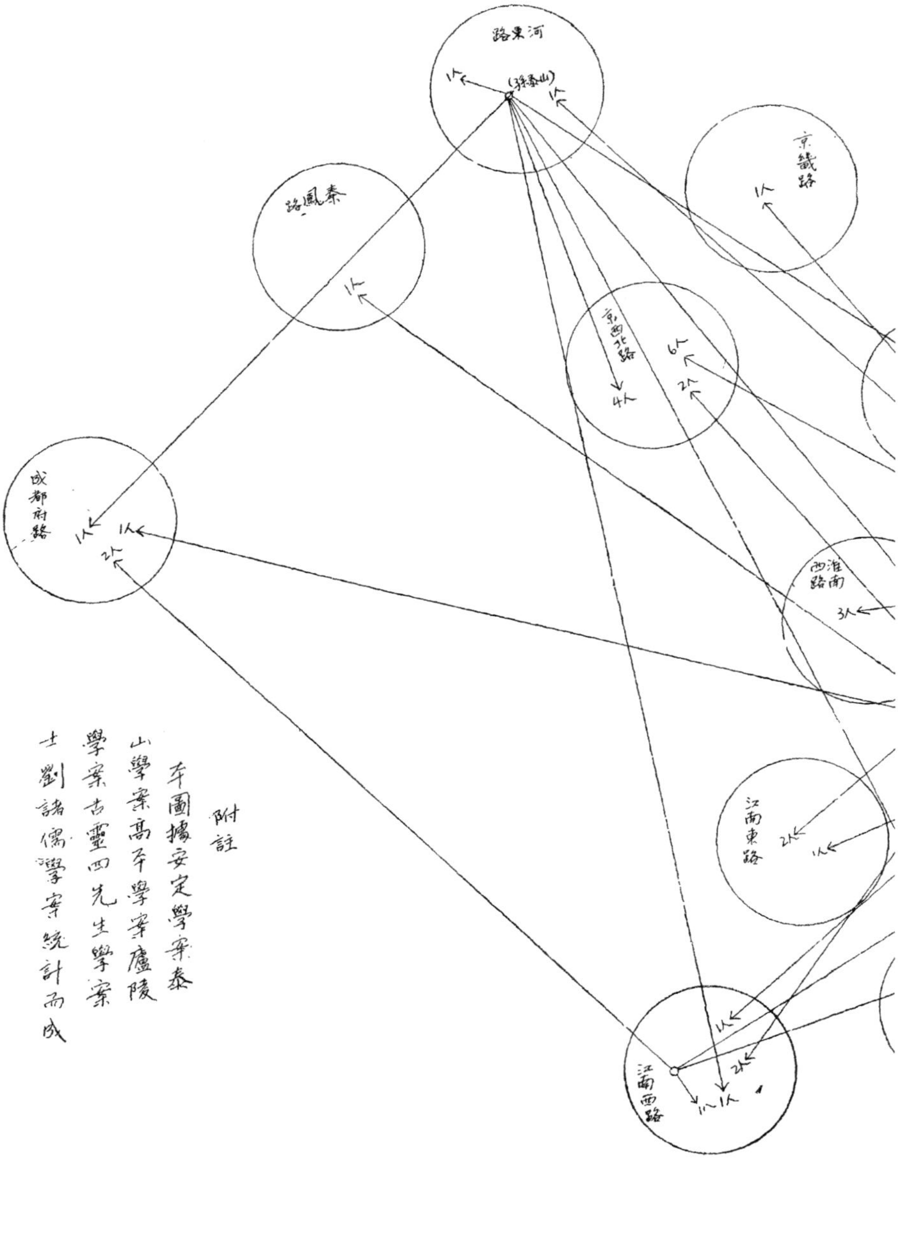

附註

本圖據安定學案泰山學案高平學案廬陵學案古靈四先生學案士劉諸儒學案統計而成

編按：原圖修復放大見圖錄冊，圖版一

按：宋代初年的學派大半分佈在南方，北方僅有泰山一個學派，仁宗以後，北方的學派才逐漸地興盛起來，這是初期宋學由南方傳入北方的一大趨勢。

按：南方的學派以兩浙路的一支影響最大，除范仲淹、士劉諸儒外，胡安定的一派也可算是兩浙的一個學派，安定在浙西的蘇湖兩州講學二十餘年，屬於浙籍的弟子有二十四人，這卽是一個很好的證明，論到後來北方的洛學，從他們的師友淵源上我們應該上溯到希文和安定兩人，所以我們可這樣肯定地說，兩浙不但是宋學的發源地，且爲初期宋學的學術中心。

按：南方的學派中，除兩浙路外，福建的古靈四先生學派、江南西路（今江西）的廬陵學派，流佈不廣，與後來北方新興的學派與思想不具影響。

按：迨至南宋，荊湖南北（今湖南湖北）的學風，受了學者南遷的影響，也逐漸地興盛起來。而荊湖南路又是東西和南北的交通孔道，一時荊湖南路成了學者的避難地，講學的風氣也日臻蓬勃。

按：荊湖南路最主要的貢獻還是溝通東西——福建路和成都潼川兩路（今四川）的學術，上至胡安國，下逮張栻，是最有功的幾位學者。

按：北方的孫復（泰山）是河東路人，（圖上所見泰山學派的地理分佈也以河東路爲中心）其實泰山學於京東西路（今山東），他的幾個大弟子如石介等也都是京東西路人，因此今山東的學風可以說藉孫復的提倡在初期宋學上又開創了新的一頁，同時也結束了山東自秦漢隋唐以來在學術一種鼎盛的風氣。

兩宋洛學之地理分佈

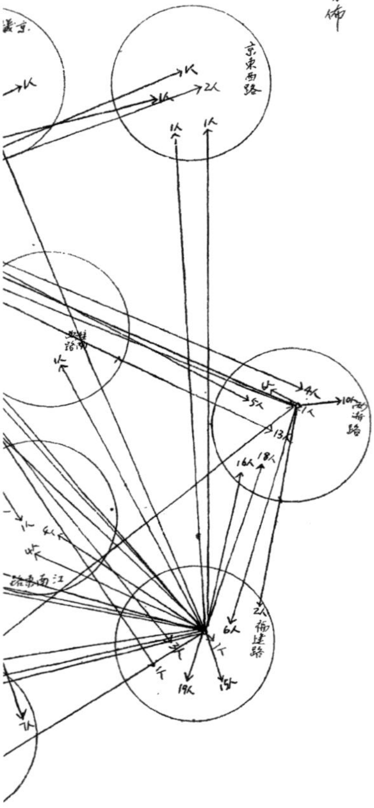

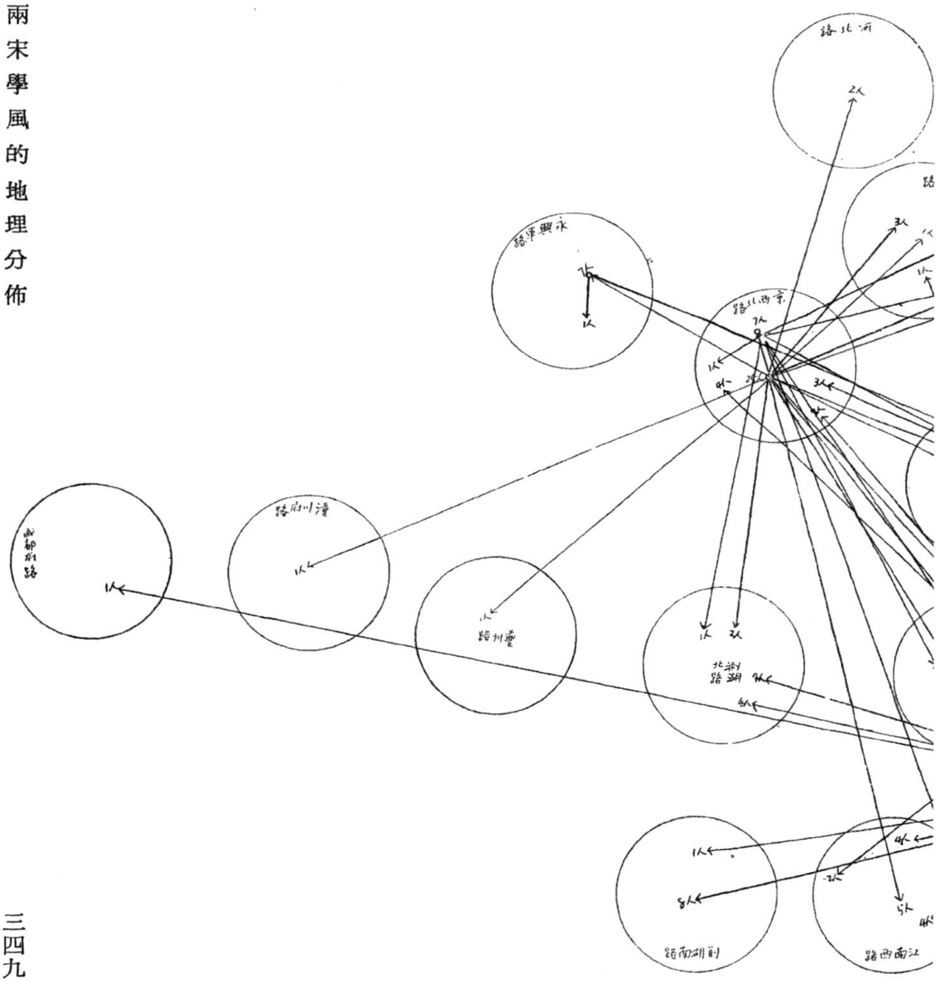

編按：原圖修復放大見圖錄冊，圖版二

	一傳人數	再傳人數	三傳人數	四傳人數	合計
一、京西北路	25	13	5		43
二、京畿路	1	4	1	5	11
三、河北路	2				2
四、永興軍路	7	1			8
五、京東西路	2	2	2	1	7
六、淮南西路		1			1
七、兩浙路	21	45	29	26	119
八、福建路	7	28	18	2	55
九、江南東路		5	5	3	13
十、江南西路		11	11		22
十一、荊湖北路		6	5	1	12
十二、荊湖南路		8	1		9
十三、夔州路	1				1

十四、潼川府路	1				1
十五、成都府路			1		1
	67	124	76	38	

按：北宋時的洛蜀黨爭除了在政治和學術上的論點不同以外，從「洛學的地理分佈」和「蘇氏蜀學的地理分佈」兩圖對照看來，這兩學派間還有一很深的地域性觀念。程氏的門人（指程顥程頤的一傳弟子）中，沒有一個是來自蜀學中心的成都府路（今四川），相反地，蘇氏（蘇洵蘇軾蘇轍）的門人中也沒有一個是來自洛學中心的京西北路。

按：洛學由北方的京西北路漸漸地向四方分佈，嚴格講起來京西北路不是洛學的發源地，程顥程頤生在江南西路（今江西），而讀書亦在南安。宋元學案卷十一濂溪學案說：「先生（周敦頤）在南安時，二程先生父珦攝通守事，視其氣貌非常，因與爲友，使二子受學焉，卽明道先生顥，伊川先生頤也。」南安是今江西的屬地，所以，洛學最早應是發源於江南西路的南安，然後才由南方傳到北方，從南安傳到河南的。

按：學術中心可能也是政治的中心，學術中心轉移，政治中心也可能隨之轉移。洛學傳到北方以後，漸漸地有向南方轉移的趨勢。洛學從一傳到四傳中，南方的學者佔大多數。屬於南方的，江南東路有十三人，江南西路有二十二人，福建路有五十五人，而兩浙路佔一一九人，其他北方各路最多也不超過十一人，最少一人，甚至於沒有學者的（如利州路），因此我們不難看出學術由北逐漸向南轉移的一種趨勢，學術中心由河南向兩浙變換的一種趨勢。四傳以後，兩浙學者最多，無怪乎暗示着南渡以後，政治中心隨着學術中心轉向兩浙的另一種趨勢了。

按：不傳洛學的，最南有廣南東路，廣南西路和黔南路；西邊有利州路；北方有秦鳳路、河東路；東北有京東東路；東面有淮南東路，這七路都是邊境區域，是歷來戰爭的根據地。但我們可以預測，將來的西南和西北，如經開發，一定可以出些人物。

按：以京西北路、兩浙路、福建路畫一三角形，這三路來往的分佈線最密，學者也最多。

兩宋閩學之地理分佈

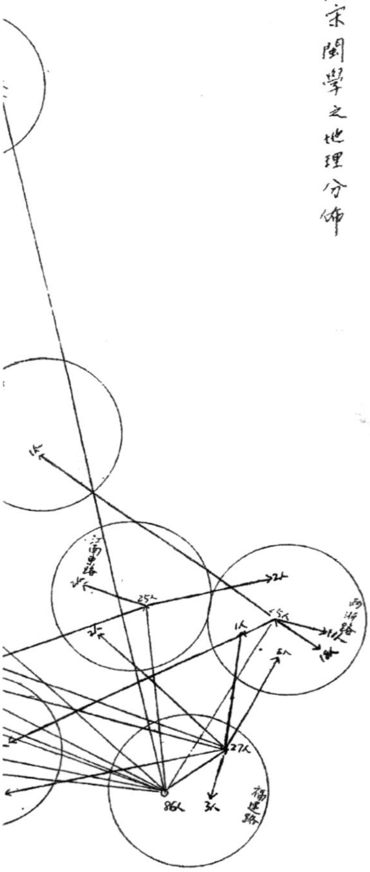

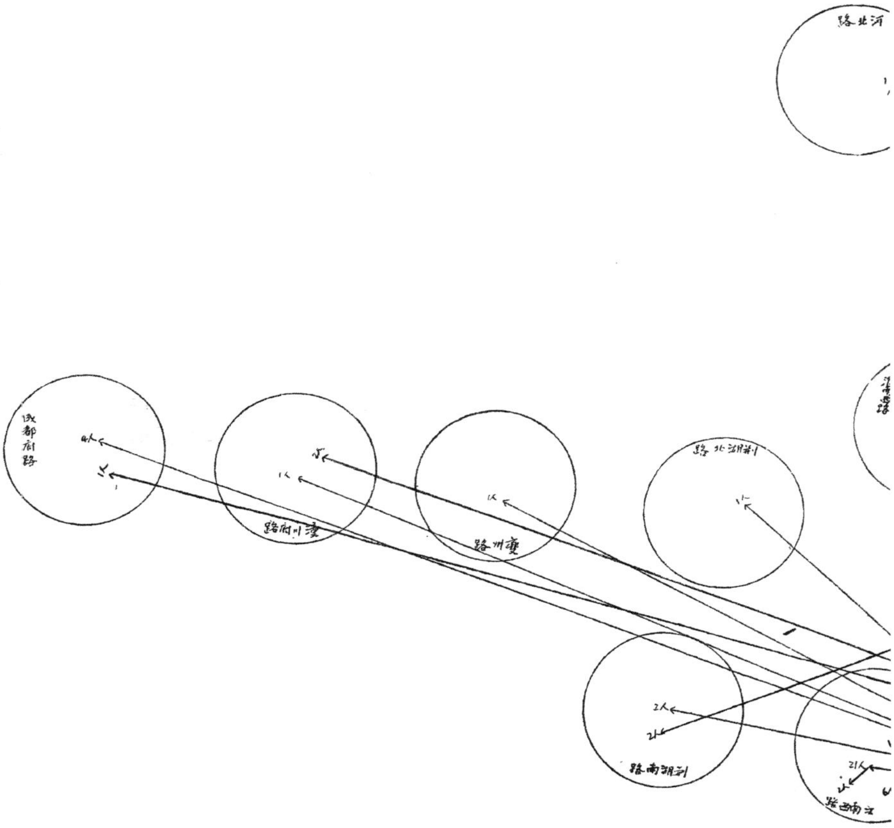

編按：原圖修復放大見圖錄冊，圖版三

	一傳人數	再傳人數	三傳人數	四傳人數	合計
一、福建路	86	27	3	10	12
二、兩浙路	25	25	19	10	79
三、江南東路	25	4			29
四、江南西路	21	8	1	2	32
五、成都府路	4	1			5
六、荊湖北路	1				1
七、荊湖南路	2	2			4
八、潼川府路	1	2			3
九、夔州路	1				1
十、淮南西路		1			1
十一、河北西路	1				1
	167	70	23	22	

按：

閩學的分佈偏於南方，北方只河北西路一人。在南方各路中，以距離福建最近的兩浙路、江南東路、江南西路的學者最多，越遠越少。

按：朱熹是江南東路婺源（今安徽）人，可是他生在福建，長在福建，受福建者的影響最大，他影響福建的也最大，（福建路繼承朱學的有一二六人），所以閩學的中心應在福建，而不應在江南東路的婺源。

按：閩學傳到蔡沈（九峯），九峯的門人中，凡屬江西籍的全都傳九峯的尚書之學，凡屬福建籍的全都傳九峯的易學。屬於江西的有劉實翁，治尚書有名，陳師凱著有蔡傳旁通六卷，王充耘晚年潛心尚書，考訂蔡傳，著有讀書管見二卷，書義主義，書義矜式各六卷。

屬於福建的有蔡横，著有易傳集解，蔡權亦有易傳集解，續傳弟子黃鎮成著有周易通義。

按：閩學以一傳最盛（見統計表），再傳三傳的學者都集中在福建和兩浙兩路。

兩宋關學之地理分佈

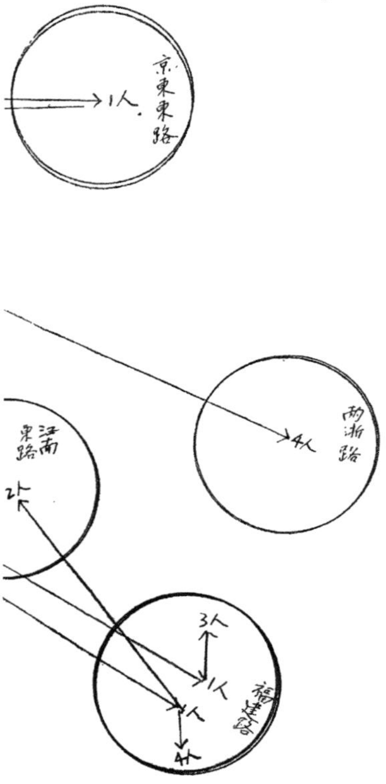

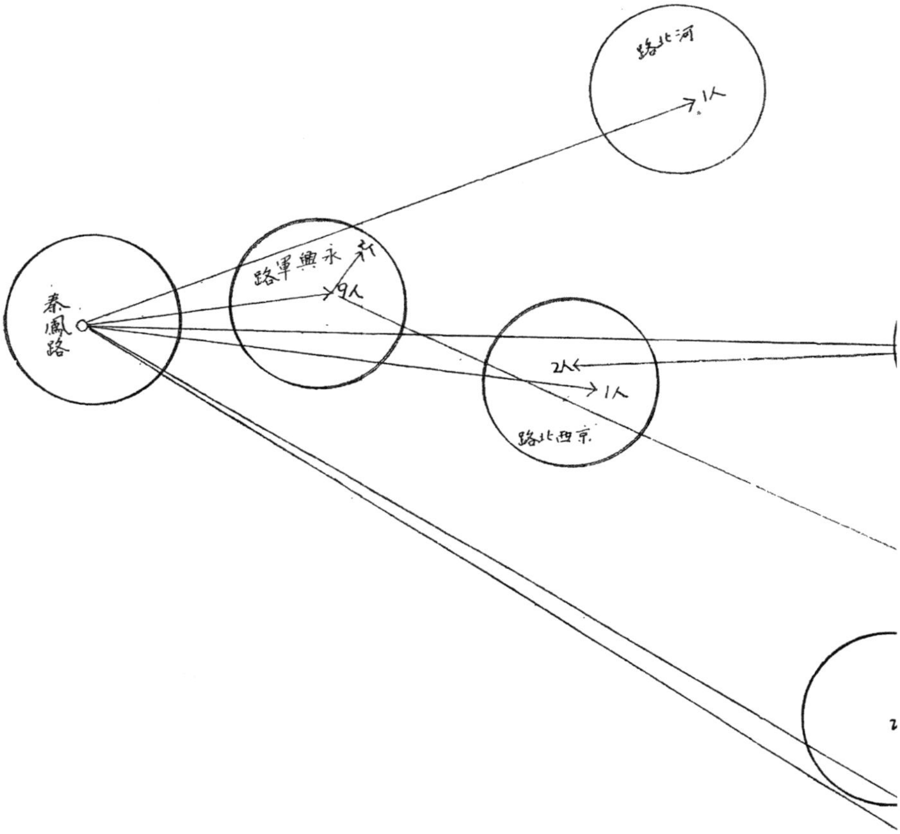

編按：原圖修復放大見圖錄冊，圖版四

	一傳人數	再傳人數	三傳人數	四傳人數	合計
一、永興軍路	9	2			11
二、京西北路	1	2			3
三、河北路	1				1
四、京東東路	1				1
五、江南東路			2		2
六、兩路		4			4
七、福建路	1	4	4	7	16
	13	12	6	7	

按：張載（橫渠）是秦鳳路鳳翔郿縣人，而他講學的地方却在京畿路的汴京和永興軍路的長安，所以，關學的傳佈應以這兩處爲中心，然後向兩浙和福建轉移。

按：關學最初淵源南方，最後又傳到南方，他的老師范仲淹是兩浙路吳縣人，他的弟子屬於兩浙和福建的有十三人，約佔半數。

按：關學一傳最盛，再傳次之，三傳以後便衰微了。（見統計表）

按：張載和程顥兄弟是親戚關係，所以關學沒有傳到成部府路，而蜀學也沒有傳到秦鳳路和永興軍路，這可能也因爲洛蜀黨爭而造成的地域性觀念。

蘇氏蜀學之地理分佈

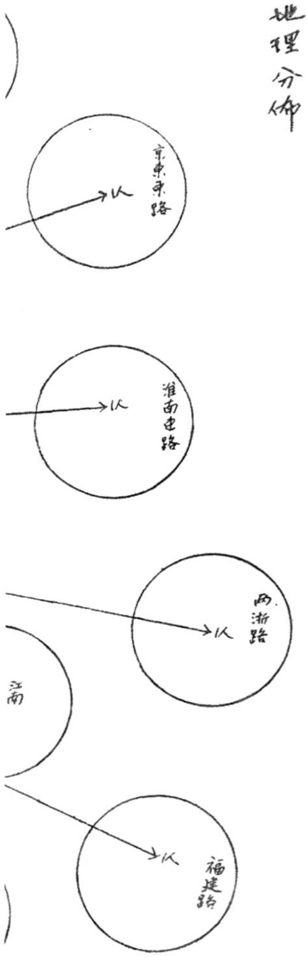

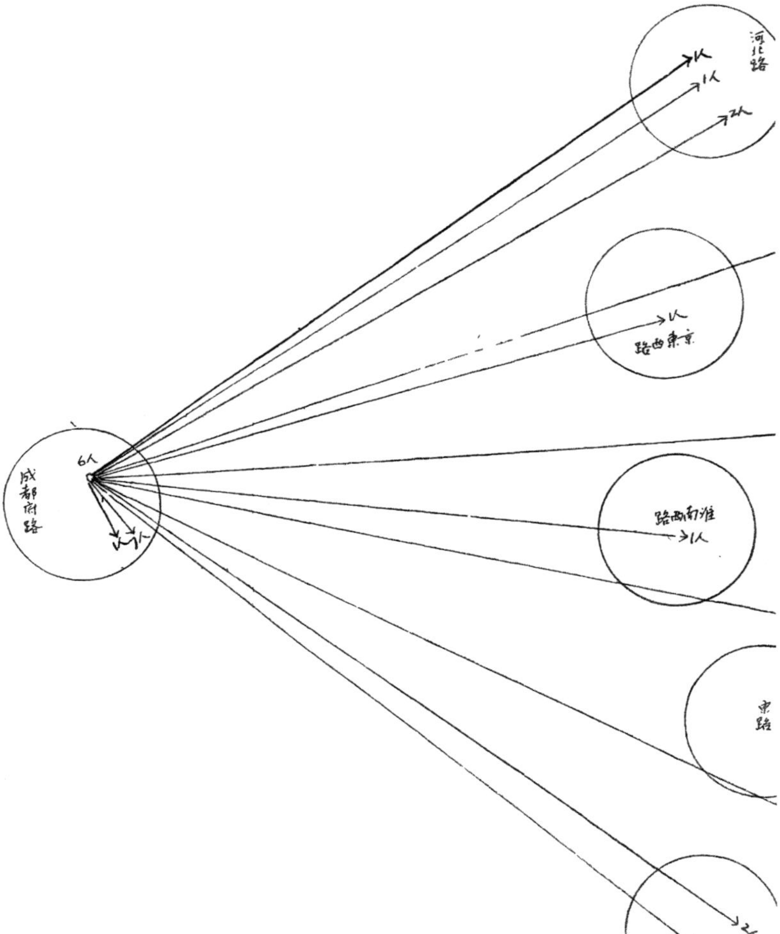

按：

蜀學是一個籠統的名詞。在地理分佈上說，成都府路的蜀學偏重文學，而潼川府路的蜀學偏重理學。

編按：原圖修復放大見圖錄冊，圖版五

荊公新學之地理分佈

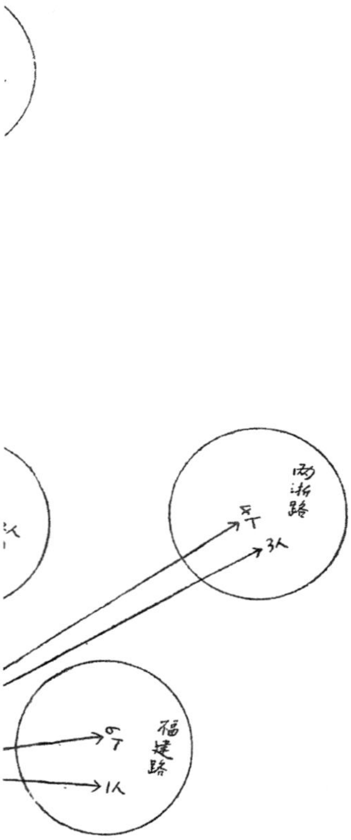

按：

荊公是北宋時人。當時，洛學朔學雖然盛於北方，而新學的傳授偏重南方，所以，荊公在政治上所用的人才，也以南方人居多，多少帶一點地域性的觀念。

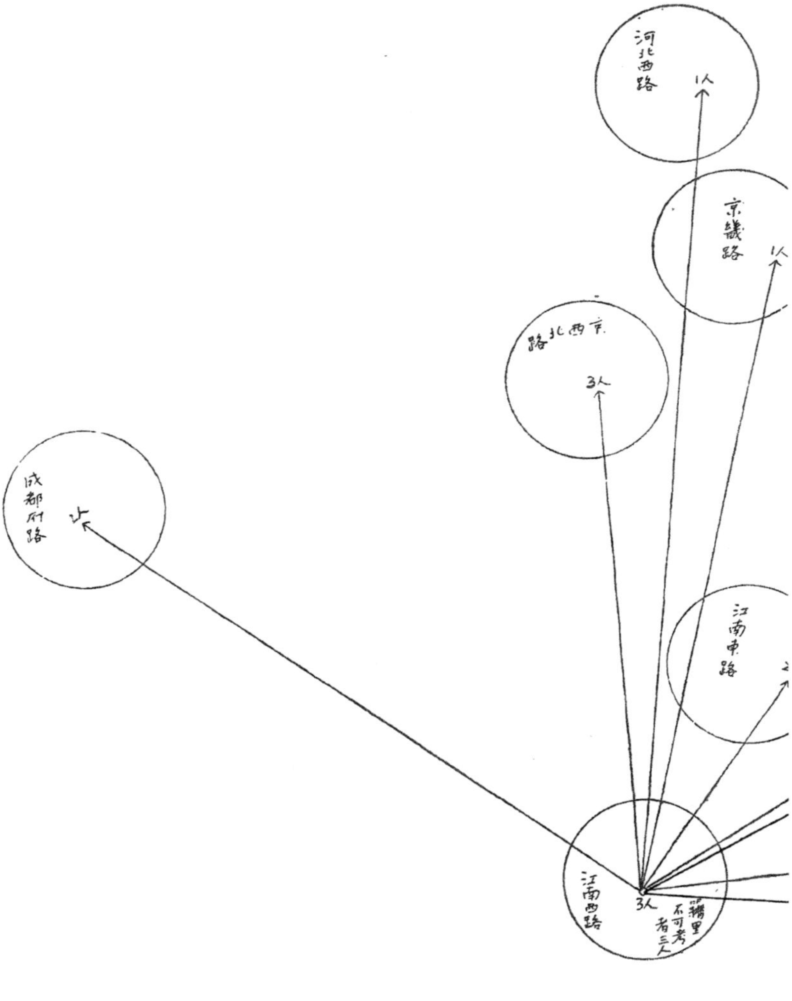

編按：原圖修復放大見圖錄冊，圖版六

兩宋朔學之地理分佈

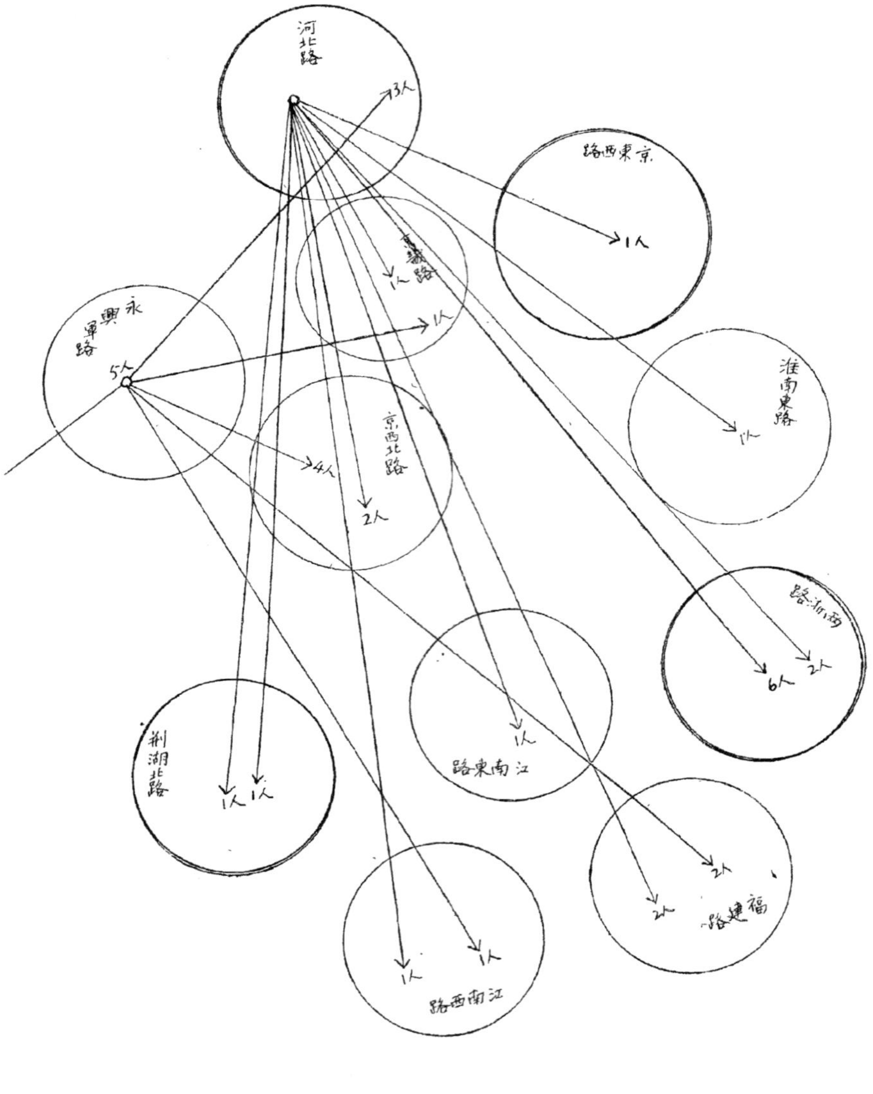

編按：原圖修復放大見圖錄冊，圖版七

附註

一、本表據元城學案景迂學案涑水學案統計而成

二、籍里不詳者一人

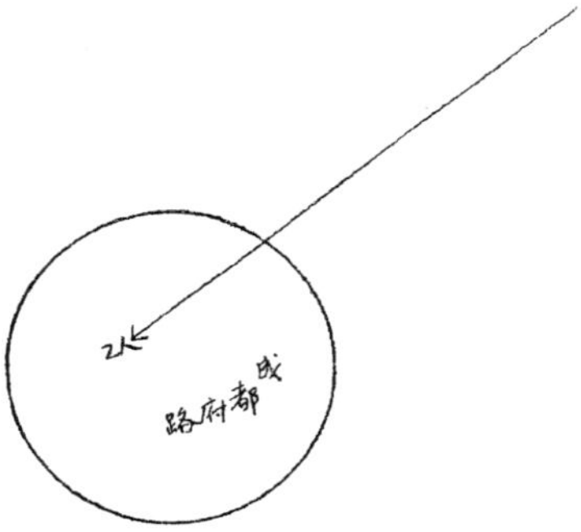

按：洛學盛於南方，所以南宋的理學盛過北宋的理學；而朔學的地理分佈是北方盛過南方，因此南渡以後的朔學已漸漸地衰微下去，到了宋末元初，河北的學術才開始盛興起來，新興的有靜修和魯齋兩個學派。

按：洛學、朔學、蜀學的分佈以洛學最盛，朔學次之，蜀學又次之。

景印香港新亞研究所《新亞學報》（第一至三十卷）

浙東學派之

地	一傳人數	再傳人數
兩浙路		
永嘉縣	7	1
東陽縣	4	
瑞安縣	10	2
常州縣	2	
鄞縣	1	
新昌縣	2	
平陽縣	6	
天台縣	1	
樂清縣	3	
義烏縣	6	2
江陰縣	1	
臨海縣	4	
黃巖縣	4	1

地理分佈

吳縣	4	
餘姚縣	1	1
金華縣	6	
永豐縣	1	
紹興縣	1	
會稽縣	1	
龍泉	1	
永康縣	20	
浦江縣	3	
縉云縣	2	
奉化縣		1
京西北路	1	
福建路	4	
江南西路	3	
江南東路	1	

附註：

一、本表據艮齋學案　止齋學案　水心學案　龍川學案　說齋學案統計而成。

二、籍里不詳者六人

按：浙東的學者可以分爲三期研究：南宋初年高宗孝宗兩朝爲前期，這一期有艮齋、止齋、水心、龍川、說齋五個學派；寧宗一朝爲中期，有木鐘、南湖、麗澤、慈湖、絜齋、廣平定川六個學派；理宗度宗爲末期，有北山、深寧、東發三個學派。

初期的學者分佈在甌江附近的永嘉和瑞安、錢塘江附近的永康、義烏、和東陽；中期學者的分佈開始轉向甌江以北，靈江附近的黃巖，永康以西的金華，和甬江附近的慈溪鄞縣淳安和奉化；末期的學者已大半分佈到錢塘江流域的金華，和甬江附近的慈溪和鄞縣。

據以上的統計，我們可以看出浙東學者地理分佈的趨勢：是由甌江靈江和錢塘江流域逐漸轉向錢塘江和甬江流域，除錢塘江外，其他三江都在沿海區域。

按：浙東的永嘉之學是淵源於北宋的理學；而王應麟、黃東發的浙東史學是淵源於永嘉之學。

元祐黨人之地理分佈

地	元祐學者人數	附攻元祐之學者人數
京西北路	14	1
永興軍路	8	
河北路	12	1
河東路	1	
京東西路	8	1
京東東路	1	1
秦鳳路	1	1
京畿路	1	1
利州路	1	
成都府路	10	2
淮南東路	4	
淮南西路	1	
兩浙路	16	3

福建路	9	7
江南西路	13	1
荊湖南路	1	
荊湖北路	1	
附註：籍里不詳者十六人		

按：攻元祐的學者大半是南方福建路人。

按：元祐黨爭的學者一半是北方人，一半是南方人，重要的人物多數是北方人，可見這一次的新舊黨爭，由北人領導，而附合的學者遍及南北。

按：元祐的學者中有三人是荊公的門人，一人是荊公的學侶，可見荊公的新法，不但舊派中有反對的學者，新派中人也有非議的。

按：元祐黨人中，在范鎮領導下的學者有十五人，蘇軾領導下的有十一人，司馬光領導下的有八人，其他在歐陽修，范仲淹學派中各有五人，這些學者大半分佈在今四川、江西、福建、浙江、山東和河北附近六處地方。

按：洛學中的明道、上蔡、龜山、廌山、和靖、兼山、震澤七個學派中的人物沒有列入黨籍，可以看出北宋的理學家，除了講學外，並不過問當時的政治，福建的古靈四先生學派，講圖書象數的百源學派，橫渠學派，也都在那兒閉門埋頭講學、著書，沒有一個是被捲入元祐黨禍的漩渦裏面。

呂學(東萊)之地理分佈

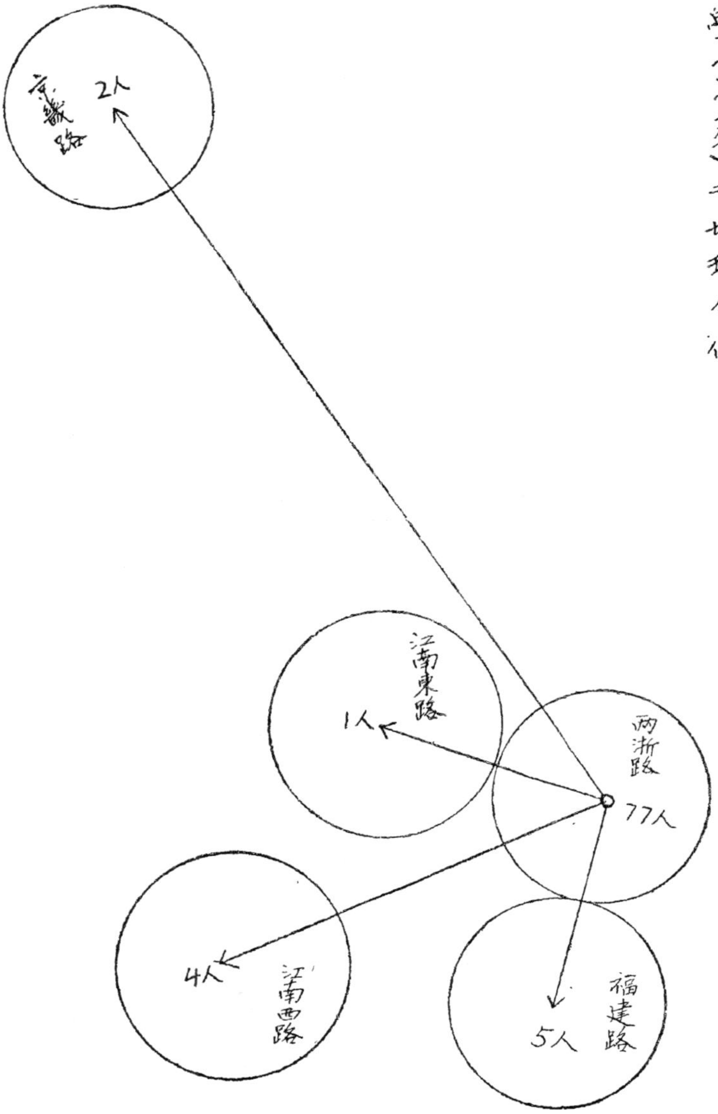

按：

兩宋講史學的有三個區域：一是北方的涑水，一是四川的蘇氏，一是浙江的呂氏。其中以浙江講史最盛，除東萊外，王伯厚、黃東發也都是南宋時浙東的史學家。

兩宋學派的地理分佈

兩浙路

一、范仲淹	高平學案
二、王　蘋	震澤學案
三、周行己等	周許諸儒學案
四、呂本中	紫微學案
五、張九成	橫浦學案
六、范　浚等	范許諸儒學案
七、薛季宣	艮齋學案
八、陳傅良	止齋學案
九、葉　適	水心學案
十、陳　亮	龍川學案
十一、康仲友	說齋學案
十二、徐　誼等	徐陳諸儒學案
十三、輔　廣	潛庵學案
十四、陳　埴	木鐘學案
十五、杜　煜	南湖學案
十六、葉　邽等	麗澤諸儒學案
十七、楊　簡	慈湖學案
十八、袁　燮	絜齋學案
十九、舒　璘等	廣平定川學案
二十、邱宗山等	邱劉諸儒學案
廿一、何　基等	北山四先生學案
廿二、王應麟	深寧學案
廿三、黃　震	東發學案
廿四、史蒙卿	靜清學案

福建路

一、陳　襄等	古靈四先生學案
二、楊　時	龜山學案
三、游　酢	廌山學案
四、陳　瓘	陳鄒諸儒學案
五、陳　淵	默堂學案
六、羅從彥	豫章學案
七、劉勉之等	劉胡諸儒學案
八、林光朝	艾軒學案
九、朱　熹	晦翁學案
十、蔡元定	西山蔡氏學案
十一、黃　榦	勉齋學案
十二、蔡　沈	九峯學案
十三、陳　淳	北溪學案
十四、胡大時等	嶽麓諸儒學案

淮南東路

胡　瑗	安定學案

京東西路

一、孫　復	泰山學案
二、士建中等	士劉諸儒學案

江南西路	
一、歐陽修	廬陵學案
二、陸九齡等	梭山復齋學案
三、陸九淵	象山學案
四、劉清之	清江學案
五、歐陽守道	巽齋學案
六、王安石	荊公新學略

淮南西路	
呂祖謙	東萊學案

江南東路	
一、汪玉辰	玉山學案
二、李燔等	滄州諸儒學案
三、傅夢泉等	槐堂諸儒學案
四、饒魯	雙峯學案
五、湯千等	存齋晦靜息庵學案
六、董夢程	介軒學案

荊湖北路	
朱震	漢上學案

湖南路	
一、周敦頤	濂溪學案
二、胡安國	武夷學案
三、胡寅	衡麓學案
四、胡宏	五峯學案
五、張栻	南軒學案

京西北路	
一、程顥	明道學案
二、程頤	伊川學案
三、邵雍	百源學案
四、謝良佐	上蔡學案
五、伊焞	和靖學案
六、郭忠孝	兼山學案
七、呂希哲	滎陽學案
八、劉絢等	劉李諸儒學案

秦鳳路	
張載	橫渠學案

永興軍路	
一、司馬光	涑水學案
二、呂大忠等	呂范諸儒學案
三、趙鼎	趙張諸儒學案
四、眞德秀	西山眞氏學案

河北路	
一、劉安世	元城學案
二、晁說之	景迂學案
三、王豫等	王張諸儒學案

成都府路	
一、范鎮等	范呂諸儒學案
二、范祖禹	華陽學案
三、宇文紹節等	二江諸儒學案

四、張行成等	張祝諸儒學案
五、魏了翁	鶴山學案
六、蘇洵等	蘇氏蜀學略

按：兩浙路的學派中，宗洛學的有震澤、周許諸儒、紫微、橫浦、艮齋、止齋六個學派，宗閩學的有潛庵、木鐘、南湖、廣平定川、北山四先生、深寧東發、靜修八個學派，其他十個學派有的宗陸學，有的宗湖南學，只有極少數是宗呂學的。這是史學屈於經學的一種大趨勢。

按：閩學在兩浙路最佔勢力，洛學次之；相反地，洛學在福建最盛，而閩學次之。福建路宗洛學的有龜山、廌山、陳鄒諸儒、默堂、豫章、劉胡諸儒，艾軒七個學派，而宗閩學的只有晦翁、西山蔡氏、勉齋、九峯、北溪，除晦翁外只有四個學派。可見南宋兩浙路學風，漸超過了福建路，而在北宋，則似福建路學風較兩浙路為盛。

按：北宋以前，京東西路（今山東）是漢代經師和先秦諸子的產地，也是古代學術的中心；北宋以後，京東西路的學風逐漸衰微下去。

按：南宋的學術中心在兩浙和福建兩路，到了清代中葉，學術中心才由閩浙移向江蘇安徽兩省。（宋代的淮南東、西路和江南東路）。

按：南宋的學派多於北宋的學派，南方的學派又多於北方的學派。

春秋時代母系遺俗公羊證義

牟潤孫

引言

春秋魯史也，孔子修之，以撥亂反正，爲後世垂制立法。賈逵春秋序云：

孔子覽史記，就是非之說，立素王之法。

素者，空也。孔子無其位，而立法，後人因號之曰素王。孟子云：

春秋者，天子之事也。是故孔子曰：知我者其惟春秋乎！罪我者其惟春秋乎！

曰知我罪我，均就垂制立法言之，然孔子所以爲萬世師表者，其故亦在乎此。太史公自序云：

夫春秋上明三王之道，下辨人事之紀，……萬物之散聚，皆在春秋，……故春秋者禮義之大宗也。

則春秋之垂制立法，皆所以明王道辨人紀，而爲禮義之大宗，太史公固嘗聞之董生矣。孔廣森公羊通義叙云：

春秋之爲書也，上本天道，中用王法，而下理人情。不奉天道，王法不正；不合人情，王法不行。天道者，一曰時，二曰月，三曰日。王法者，一曰譏，二曰貶，三曰絕。人情者，一曰尊，二曰親，三曰賢。此三科九旨，……

孔氏論三科九旨，說與何劭公休異，然所謂「春秋下理人情」，「人情不合，王法不行」，則誠爲篤論。夫禮義必自人情言之，而明王道辨人紀，尤不能外乎人情，孔氏之說揆諸史公自序所述者，初無違異，蓋眞能得乎春秋之旨者也。

潤孫往歲治史漢，曾爲文討論漢初宮廷禮法及其時外戚公主與帝室關係諸問題，獲見其間有必當以母系遺俗解釋始能通者，其文既刊佈（載四十一年十二月台灣大學傅校長紀念論文集），思更爲文討論其俗與經學之關係，牽於人事，久未能就。既而來香港，時從錢賓四先生談論學術，常語及春秋大義，與夫今古文經學得失。賓四先生頗稱賞潤孫論漢代母系遺俗之文，以爲尚可上溯其淵源，南通沈燕謀先生更鼓勵之。遂檢三傳重讀，則見所謂母系遺俗，春秋時猶頗盛，公羊載之最明。其事非始自西漢，亦非緣於劉氏起乎民間者，前文立說殊未盡是。爰鈎輯諸證，以研討其事。春秋習尚既有母系遺俗存乎其間，聖人作春秋，垂制立法，以撥亂世而反諸正，自不能不針對其俗而發義。故有就其俗立說，推而廣之者；有譏其俗之過，而損抑之者；有斥其俗之非，而貶絕之者。孔巽軒所謂春秋下理人情，中用王法者，於斯徵之矣。

拙文初旨僅在求明春秋時代之習尚。今則因習尚推而及於春秋之義法。探討所及，聖人經學大義之一部亦竟可藉是窺見之焉。太史公自序引董生云：

子曰：我欲載之空言，不如見於行事之深切著明也。

春秋所重在義，見之行事者，藉事以明義也，今既以探討其事，因而明解其義，其途徑因緣誠如夫子之訓也。然三傳中，左傳惟主事，大義不明，轉不如公羊主義，讀之猶能窺見夫子之意。自公羊所明之義，展轉以求其事，更參以董仲舒何劭公之說，則事義均可洞見奧蘊。穀梁晚出，義或不純，間用爲旁證，亦可獲其朔意。拙文立說多主公羊，非故有偏蔽，反覆尋求，實當如此。公羊縱以晚著竹帛，或有譌缺，董何之說，亦未必能無失誤，要其說大旨近於聖人，蓋可斷言。好學深思之士，苟取三傳參合研讀，當知拙說之匪謬。

夫子既欲明禮義正人倫以撥亂反正，於母系遺俗因有所譏貶，董氏承之，申明陽尊陰卑之義，何氏篤守膠西之學，白虎通德論則倡三綱之說，持論日趨峻厲，男尊女卑之議由是盛矣。始倡猶緩，後出轉盛，說者以此攻擊儒家，而不知斯說之起，固有其所由來。自春秋而繁露，而白虎通，時代漸進，母系遺俗漸改，父系之禮乃日尊。而記載隱約，後人不知其俗，徒聞糾矯之說。今則習尚既明，思想之脈絡亦顯，而後知夫子之不得已也。是固爲拙文之餘義也。

目次

（一）婦人尊重

春秋時婦人尊重，有數事可證，甲、婦人主祭。乙、新夫人至，羣臣郊迎。丙、母爲子娶婦。

哀公六年，齊陳乞弒其君舍，公羊云：

諸大夫皆在朝，陳乞曰，常之母有魚菽之祭，願諸大夫之化我也。

解詁云：

常、陳乞子，重難言其妻，故云爾。

又云：

齊俗，婦人首祭事，言魚豆者，示薄陋無所有。

徐疏云：

主婦設祭，禮則有之。何言齊俗者，正以主婦設祭之時助設而已。其實男子爲首，卽君牽牲，夫人奠酒，君親獻，夫人薦豆之類是也。若其齊俗，則令婦人爲首，故此傳云，常之母有魚菽之祭，卽其文是矣。

疏云主婦設祭，禮則有之者，謂男子爲首，主婦助設也；若如齊俗，則婦人爲首，禮之所無也。徐氏說不甚分明。

公羊通義云：

牲用魚，薦用菽，家之小祭祀，所謂季女尸之者也。亦以乞未終君喪，不可自首祭事，其妻服除，故得言之。

禮，爲夫之君服期。

孔氏蓋求婦人主祭之禮而不得，爲此調停之論耳。史記齊世家云：

田乞請諸大夫曰，常之母有魚菽之祭，幸來會飲。

其用公羊說明甚。女人主祭，爲母系要事，漢書地理志，述齊地風俗云：

民家長女不嫁，名曰巫兒，爲家主祠。嫁者不利其家。

女子爲家長主祭，爲母系遺俗，求之於父系禮教中，則女子已降爲助祭，自不能得其解釋。埃及古代王族之姊妹后 **Qeuen Sister** 有時即爲其最高女祭司 **High-Priestesses** 。日本古代亦爲母系，三國志倭人傳云：

共立一女子爲王，名曰卑彌呼，事鬼道能惑衆。年已長大，無夫壻。有男弟佐治國。

均可證婦人主祭爲母系之事。

莊公元年，三月，夫人孫于齊，公羊云：

其言孫于齊何？念母也。正月以存君，念母以首事。

解詁云：

禮，練祭取法存君，夫人當首祭事，時莊公練祭，念母而迎之。當書迎，反書孫者，明不宜也。

徐疏云：

言夫人當首祭事者，謂夫人當爲首而營其祭事也。

禮記喪服小記云，『故期而祭，禮也』注云，『此謂練祭也。』莊公當練祭其父桓公，須其母文姜首主祭事，則魯俗其時亦同於齊也。義疏云：

夫人當首事者，公時尙未婚娶，故君母首祭事也公羊通義云：

　莊公卽位，首擧此祀，故曰首事。

陳氏謂公尚未婚娶，故君母首祭事，未知何據？孔氏則求避文姜首事之文，曰莊公首擧此祀，皆乖傳義。文姜首祭，明見何注徐疏，不當曲解其義。

依母系，自當女子傳家，此則已入父系，傳家雖不由女子，而其家祭事則由婦主之，故曰首祭，猶存母系遺俗。

莊公二十四年，秋，公至自齊，八月丁丑，夫人姜氏入，戊寅大夫宗婦覿，用幣。解詁云：

　日者，禮，夫人至，大夫皆郊迎。明日，大夫宗婦皆見，故著其日也。

公羊通義公羊義疏均無說，公羊逸禮攷徵云：『案禮未聞』，均求之於禮而不得其解，此亦由於重母權之故，如謂男尊女卑，安得大夫皆郊迎夫人乎？

　意者，母系時代，女子爲首長，故羣臣以事君之禮事之，既入父系，女已爲后爲夫人，易女主爲人婦，而尊之者如昔，故有此禮歟？

　母爲子娶婦，重母權之現象也。在美洲，現存行母系社會制度之伊洛魁氏族中，婚姻由雙方母親或各家女家長作主。春秋已入父系時代，而猶存婚姻由母主之之俗焉。

　隱公二年，紀履綸來逆女，公羊云：

　　婚禮不稱主人，然則曷稱？稱諸父兄師友。宋公使公孫壽來納幣，則其稱主人何？辭窮也。辭窮也者何？無母也。然則紀有母乎？曰有。有則何以不稱母？母不通也。

景印香港新亞研究所《新亞學報》（第一至三十卷）

宋公使公孫壽來納幣，在成公八年。解詁云：

禮，有母，母當命諸父兄師友，稱諸父兄師友以行。宋公無母，莫使命之，辭窮，故自命之。自命之，則不得不稱使。

又云：

禮，婦人無外事，但得命諸父兄師友，稱諸父兄師友以行耳。母命不得達，故不得稱母通使文，所以遠別也。

此重母權之故也。男子娶婦，依宗法社會禮俗，當由父命之，自無母命之理。母命之者，母爲子娶婦，重母權之現象也。儀禮士昏記云：

宗子，無父，母命之，親皆沒，己躬行之。

注云：

命之，命使者。母命，在春秋，紀裂繻來逆女，是也。

儀禮謂宗子無父而娶，母命之，注以公羊爲證。依何注，則其母命諸父兄師友，而不得稱其母，以婦人無外事故。疑由於重母權之遺俗，母得爲子娶婦，亦得命之。士昏記所言，宗子無父始由母命之，已較母系時代其權稍減，至於孔子作春秋，則重男女之別，謂婦人無外事，母命不得通，母惟得命諸父兄師友。轉命他男，而行其事，所以限制母權也，此蓋春秋所立之義，欲變當日之俗者也。

桓公八年，祭公來，遂逆王后于紀。公羊云：

何以不稱使？婚禮不稱主人。

解詁云：

時王者有母也。

其不稱使，與隱公二年紀裂繻來逆女同，故解詁云其有母，是又一母爲子娶婦之例，可證其爲當時通行之俗，惟春秋書法不通其母之命耳。

僖公二十五年，宋蕩伯姬來逆婦，公羊云：

宋蕩伯姬者何？蕩氏之母也。其來逆婦者何？兄弟辭也。其稱婦者何？有姑之辭也。

解詁云：

宋魯之間，名結婚姻爲兄弟。稱婦者，見姑之辭。主者，無出道也。

兄弟辭者，蕩氏之母，魯女也，故曰兄弟。何氏云結婚姻爲兄弟，其時雖有其俗而不可以釋此。兪樾羣經平議云：僖二十年，郜子來朝，傳曰，何以不名？兄弟辭也。解詁，『郜，魯之同姓。』文十二年，盛伯來奔，傳曰，何以不名？兄弟辭也。解詁曰，『與郜子同義。』以彼例此，則兄弟非謂婚姻。其說是也。僖公三十一年，杞伯姬來求婦，公羊云：

其言求婦何？兄弟辭也。其稱婦何？有姑之辭也。

解詁云：

書者，無出道也。

莊二十五年，伯姬歸于杞。適杞惠公也。僖公五年，惠公在位十八年卒。子成公立，成公亦在位十八年，卒於僖公

景印香港新亞研究所《新亞學報》（第一至三十卷）

二十三年，春秋書杞子卒是也。子桓公立。此杞伯姬既云來求婦，自非惠公妻，而是別一伯姬爲成公妻者。時成公子桓公即位八年矣。

宋之蕩氏始於桓公之子公子蕩。宋桓公元年爲魯莊公十三年，其七年爲莊公十九年，娶衞文公女弟。其太子即宋襄公茲甫，公子蕩必小於茲甫可知，公子蕩最早生於莊公二十一二年，至僖公二十五年，最多三十九歲。文公七年，宋昭公即位，以公子蕩爲司城，見於左傳，後此事十五年。使宋別有蕩氏則已，如不然，則蕩伯姬當爲公子蕩妻，來逆婦時，其夫猶存，其子當十八九歲。若云爲公子蕩之母，則當稱宋桓夫人，而不能稱蕩伯姬。況其時公子蕩已四十左右，豈能無婦？蕩伯姬、杞伯姬夫或存或亡，而均來逆婦，則春秋時爲子娶婦，其母主之，不由是益可證乎？公羊傳曰，兄弟辭，豈春秋本不予之，公羊家以其爲魯女而原之歟？春秋繁露玉英云：

> 春秋有經禮，有變禮，爲而安性平心者，經禮也。至於有於性雖不安，於心雖不平，於道無以易之，此變禮也。是故，昏禮不稱主人，經禮也。辭窮無稱，稱主人，變禮也。……婦人無出境之事，經禮也，母爲子娶婦，奔喪父母，變禮也。

董氏以爲母可出境爲子娶婦，曰變禮也，曲從時俗。何氏則兩者皆曰「無出道」，其意豈非以爲母即爲子逆婦，亦無出境之理，與董說相違。然細審之，既云婦人無外事，母命不得通，而曰辭窮，則春秋之義不予母爲子逆婦，殊爲明甚，董以變禮解之，蓋失春秋原旨，轉不如何氏云「無出道」，尚爲得之。公羊通義云：

> 姑無逆婦之理。

其說極是。不然者，春秋何以書「逆婦」歟？公羊何以云「有姑之辭也」？此亦孔子作春秋所欲撥正當時禮俗之一端，不得以變禮目之。穀梁云：

婦人既嫁，不踰竟。宋蕩伯姬來逆婦，非正也。

又云：

婦人既嫁，不踰竟。杞伯姬來求婦，非正也。

猶存公羊舊說。

（二）女子不嫁與婚姻自主

春秋斥男女淫佚之行，責之最甚。桓公娶於齊，文姜與其兄齊襄公通，致殺桓公，春秋甚惡之。莊公復娶於齊，哀姜亦淫於二叔，春秋亦甚惡之。解春秋諸家並其時災異亦謂由於夫人淫行所致，漢書五行志詳載其說。其義人皆知之矣，可無待贅及。茲所當指陳者有二事，皆與母系遺俗有關。

莊公二十年，齊大災，公羊云：

大災者何？大瘠也。大瘠者何？痢也。何以書？記災也。外災不書，此何以書？及我也。

解詁云：

痢者，邪亂之氣所生。是時魯任鄭瞻，夫人如莒，淫佚。齊侯亦淫，諸姑姊妹不嫁者七人。

疏云：

晏子春秋文。案彼，齊景公問於晏子曰，吾先君桓公淫，女公子不嫁者九人，而得爲賢君何？此解言七人者，彼此其有誤矣。

莊十九年，夫人如莒，二十年夫人姜氏如莒，春秋均書之，公羊無傳，十八年，春、王三月，日有食之，公羊無傳，解詁云：

是後戎犯中國，魯蔽鄭瞻，夫人如莒，淫泆不制所致。文姜如莒，杜注左傳，亦云，『非父母國而往，書姦』

其時襄公已卒，蓋文姜又與莒人通也。徐疏所引，今本晏子春秋無其文。莊十五年，夫人姜氏如齊，公羊無傳，疏云，『復與桓通也』，不知何據，或即引申二十年解詁之說。

管子小匡篇云：

（桓）公曰，寡人有汚行，不幸而好色，姑姊有不嫁者。

說苑尊賢篇云：

將謂桓公清潔乎？閨門之內無可嫁者，非清潔也。

越絕書外傳云：

越王勃然曰，孤聞齊桓淫泆。

呂氏春秋愼大覽云：

世多舉桓公之內行。

新語無爲云：

齊桓公好婦人之色，妻姑姊妹，而國中多淫於骨肉。

皆足爲晏子春秋之證。漢書五行志云：

嚴公（嚴公卽莊公，避明帝諱改）二十年夏，齊大災，董仲舒以爲魯夫人淫於齊，齊桓姊妹不嫁者七人。國君，民之父母，夫婦，生化之本，本傷則末夭，故天災所予也。

何氏所述，當本於仲舒。齊襄齊桓之行相類似，其事恐由於習俗。說苑尊賢篇云：

> 魯哀公問於孔子曰，當今之時，君子誰賢？對曰，衞靈公。公曰，吾聞之，其閨門之內，姑姊妹無別。對曰，臣觀於朝廷，未觀於堂陛之間也。

哀公與孔子果有此問答否，未能確知，而衞靈公行同桓襄，則殆非虛構。齊衞之君，既皆淫於其姊妹，其事何能悉出偶然？漢書地理志述齊地風俗云：

> 始，桓公兄襄公淫亂，姑姊妹不嫁。於是令國中，民家長女不得嫁，名曰巫兒，爲家主祠。嫁者，不利其家。民至今以爲俗。痛乎！道民之道，可不愼哉！

齊地巫兒之俗，謂其由於齊襄，自出附會，而齊襄受巫兒之俗所化染，則極爲可能，齊桓衞靈足資證佐也。莊公二十七年，公會杞伯姬于洮，公羊無傳，解詁云：

> 書者，惡公敎內女以非禮也。

劉逢祿解詁箋云：

> 書會書來者，皆同辭也，公一齊襄也。

通義云伯姬蓋桓公女莊公妹。春秋書莊公會伯姬與夫人姜氏會齊侯一例，劉氏所論，不能謂無理，況同年，又有杞伯姬來之文，其爲貶也明甚。然無別證，左傳杜注謂爲莊公女，姑存疑可耳。此事至西漢，諸王間猶多有之，如齊厲王與其姊翁主姦（參考念二史劄記卷三漢諸王荒亂條）。潤孫曾指其爲母系遺俗（見拙著漢初公主及外戚在帝室中之地位試釋）。母系本以女子繼承，長女不嫁，主其家祭祠，號爲巫兒，即其家主。女子既不嫁而爲家主，因而隨意贅夫，或淫佚放恣，本爲必然之勢。若干民族，其王室原行母系者，及轉入父系，爲保持其王位傳統，又往往婚其兄弟，其公主亦多淫佚。如古埃及之王族與今日非洲之干達 Ganda 族均有所謂姊妹后 Queen-Sister 之俗，王女則放恣如雜婚然。以宗法社會禮教觀之，女子無論任意贅私夫，或通其兄弟，皆爲極大之罪惡，而春秋時代，則其俗蓋尙流行，此其一也。

僖公十四年，夏六月，季姬及鄫子遇于防，使鄫子來朝，公羊云：

鄫子曷爲使乎季姬來朝，內辭也。非使來朝，使來請己也。

解詁云：

使來請娶己以爲夫人。下書歸是也。禮，男不親求，女不親許，魯不防正其女，乃使要遮鄫子淫佚，使來請己，與禽獸無異，故卑鄫子使乎季姬，以絕賤之也。

季姬與鄫子相遇于防，而竟訂婚嫁，其時女子可自出游，且可自談婚事，詩之所詠，於是可證。公羊通義云：

季姬者，伯姬之媵也，伯姬許嫁邾婁，於上九年卒。禮，嫡未嫁而死，媵猶當往。故是時魯致季姬於邾婁，行及防，遇鄫子，而悅之，使來請己，僖公許焉。白虎通義曰，『伯姬卒時，娣季姬更嫁鄫，春秋譏之，』謂此是也。

伯姬卒於僖公九年，僅云『許嫁矣』，何能知許嫁邾婁？孔氏說蓋附會白虎通而成。僖十九年，宋人曹人邾婁人盟於曹南。鄫子會盟於邾婁，公羊云：

其言會盟？後會也。

解詁云：

魯本許嫁季姬於邾婁，季姬淫佚，使鄫子請己，而許之。二國交忿，襄公爲此盟，欲和解之。

依何氏說，季姬先許嫁邾婁，則其非媵矣。既許嫁，而改嫁鄫子，其能自主可知。僖十四年，左傳云：

鄫季姬來寧，公怒，止之。以鄫子之不朝也。

似其時季姬已嫁鄫子，然無以解於十五年，季姬歸於鄫之經。潛研堂答問引褚寅亮之論曰：

此經書季姬及鄫子遇，次年乃書季姬歸于鄫，不繫以鄫，則爲未嫁之女可知，烏得言歸寧乎？

一語破的，足正左氏之謬。僖十九年，邾人執鄫子用之，公羊云：

惡乎用之？用之社也。其用之社柰何？蓋叩其鼻以血社也。

解詁云：

魯不能防正其女，以至於此，明當痛其女禍，而自責之。

若夫左氏，則謂殺鄫子以祭社。季姬自由婚嫁，公羊已絕賤之，復致禍如此，何氏斥之益有辭矣。

桓公六年，蔡人殺陳陀，公羊云：

陳陀者何？陳君也……淫于蔡，蔡人殺之。

十一年，柔會宋公陳侯蔡叔盟于折。解詁云。

蔡稱叔者，不能防正其姑姊妹，使淫於陳陀，故貶在字例。

此陳君之姑姊妹與蔡侯淫也。或欲嫁之而未成耶？蔡侯不能禁其姊妹，而殺陳陀，其時女子之自由可知。

莊公二十二年，冬，公如齊納幣，公羊云：

譏，何譏爾？親納幣非禮也。

解詁云：

時莊公實以淫佚大惡不可言，故因其有事於納幣，以無廉恥爲譏。不譏喪娶者，舉淫爲重也。

二十三年，春，公至自齊，公羊云：

危之也，何危爾？公一陳佗也。

解詁云：

公如齊淫，與陳陀相似，如一也。

同年，夏，公如齊觀社，公羊云：

何以書？譏。何譏爾？諸侯越竟觀社，非禮也。

解詁云：

觀社者觀祭社。諱淫，言觀社者，與親納幣同義。

同年，十二月，甲寅，公會齊侯，盟于扈，公羊云：

危之也，何危爾？我貳也。

解詁云：

　莊公有淫泆汙貳之行。

二十四年，夏，公如齊逆女，公羊云：

　何以書？親迎，禮也。

解詁云：

　諱淫，故使若以得禮書也。

統諸文觀之，則莊公先與哀姜通，後始娶之，其事固明甚。後人以如齊觀社專爲觀齊女，則不盡然，在其前，莊公與哀姜通，公羊已譏之矣。哀姜未嫁，即放恣若此，其與莊公，正如季姬之與鄫子，春秋未明書其使莊公娶己者，以內諱大惡之故耳。隱公二年，紀履緰來逆女，公羊云：

　婚禮不稱主人。

解詁云：

　爲養廉遠恥也。

白虎通嫁娶篇云：

　男不自專娶，女不自專嫁，必由父母，須媒妁，可遠恥防淫佚也。

其爲針對當時習俗而發，自極顯明。然依母系遺俗論之，嫁壻之事，自當由女子自主之。惜女子主嫁，明見於春秋者，僅季姬一事，范甯猶以魯女不至如此，不信公羊，而信左氏。然左傳載孟任之割臂許嫁（莊公三十二年），邵子之女通於鬥伯比（宣公四年），鄖陽封人之女私奔楚子（昭公十九年），均在室女子也。茍細讀春秋，並參以詩經，其足與季姬事相發明者正多，不能謂之孤證。此其二也。

其時女子能自主婚姻如此，至放恣之行無關母權與母系遺俗者尚無論焉，春秋於宋伯姬守禮而死稱之不已，極表彰之能事，其故蓋可知矣。

（三）重舅權

母系遺俗最重舅權 **Avunculate** ，春秋時猶有其現象。

文公十四年，晉人納接菑于邾婁，弗克納。公羊云：

> 晉郤缺帥師，革車八百乘，以納接菑于邾婁。力沛若有餘，納之。邾婁人言曰，接菑晉出也，貜且齊出也。子以其指，則接菑也四，貜且也六。子以大國壓之，則未知齊晉孰有之也？貴則皆貴矣，雖然，貜且也長。

解詁云：

> 出外孫也。

又云：

> 設齊復興兵來納貜且，亦欲服邾婁使從命，未知誰能使外孫有邾婁者？

又云：

> 時邾婁再娶，二子母尊同體敵。

爾雅釋親云：

男子謂姊妹之子爲出。女子子之子爲外孫。

何氏以出爲外孫與爾雅異。釋名云：

姊妹之子曰出，出嫁於異姓而生者也。

公羊襄公五年傳有舅出之文，何氏亦以外孫解之，豈出本爲姊妹子之稱，擴大言之，遂並女子子之子亦謂之出，而爾雅釋名則僅就姊妹之子言之歟？蓋無論就姊妹或女子子言之，其所生之男，皆其家女子嫁後所生者，亦其家女子所出者也。就字義言之，出，生也，女子所生者也。說文云：『出，進也，象草木益茲，上出達也 。』段注云：『本謂艸木，引伸爲凡生長之稱。』說文云：『生，進也，象艸木生出土上。』生出同訓爲進，且初義均爲草木生長，則出可訓爲生，自無可疑。謂之曰「晉出也」「齊出也」，其意豈非如曰「晉女所生也」「齊女所生也」歟，若然，則謂出爲外孫，抑爲外甥，均可，視對方爲何人而定。意者自母系言之，凡我方女子所生者均可謂之出，分別舅與外祖，則合父系關係言之，重母因重其舅，混合父系，始有外祖之稱耳。

齊風猗嗟「展我甥兮」，毛傳云：

外孫曰甥。

鄭箋則云「姊妹之子曰甥」，毛傳足與何說相印證，鄭氏蓋據爾稚。吾友芮逸夫先生謂外孫與甥同稱，爲由於「親從子稱」 Teknoymy 之俗，詳見所著釋甥之稱謂一文(歷史語言研究所集刊第十六本)。芮先生謂美國 Nebraska 州 Missouri 河之 Omaka 人(印第安人之一種)，稱姑之子與姊妹之皆曰甥，甥之子亦升一輩而稱甥。Omaka 人今爲父系家族制，據 G. P. Murdock 之推測，此種稱謂習俗，原於夫從妻居制 Matrilocal Residence(見Social

Structure, 1949, P. 341 ）夫從妻居制，中國謂之入贅，母系之俗也。

晉人以接畱爲晉女所生，故納之，此晉人行舅權也。邾人告以玃且爲齊女所生，齊亦大國，如齊人來納之，邾亦不敢違，至以母之地位論，則二人相等；此論舅權之强弱與母之尊卑也。舅權爲母系制度要事，分別母之尊卑則父系產物。晉人引師而去，則晉其時力不敵齊。義疏云：「時晉覇中衰，故邾婁人以理與勢並擧却之，」是也。以舅權之强弱而影響君位之繼承，誠不能不謂之母系遺俗。

桓公十年，宋人執鄭祭仲，爲立宋人之甥突也；莊公九年，公伐齊納糾，據史記齊世家子糾母魯女。雖有成不成，皆爲行其舅權。

宣公元年，齊人取濟西田，公羊云：

所以賂齊也。曷爲賂齊？爲弒子赤之賂也。

解詁云：

子赤齊外孫，宣公簒弒之，恐爲齊所誅，爲是賂之，故諱。

義疏云：

文四年，逆婦姜于齊，子赤卽娶於齊者所生，故爲齊外孫。

殺齊女之所生者，遂賂齊人以田，益足見舅權之尊重。史記魯世家云，文公有二妃，長妃齊女哀姜，生子惡及視……冬十月襄仲殺子惡及視。左傳略同。未知子赤爲誰之字？

襄公五年，叔孫豹鄫世子巫如晉，公羊云：

外相如不書，此何以書？爲叔孫豹率而與之俱也。叔孫豹則曷爲率而與之俱，蓋舅出也。莒將滅之，故相與往殆乎晉也。莒將滅之，則曷爲相與往殆乎晉？取後乎莒也。其取後莒奈何？莒女有爲鄫夫人者，蓋欲立其出也。

解詁云：

巫者，鄫前夫人襄公母姊妹之子也，俱莒外孫，故曰舅出。

又云：

時莒女嫁爲鄫後夫人，夫人無男，有女，還嫁之于莒，有外孫，鄫子愛後夫人，而無子，欲立其外孫。

王念孫經義述聞云：

依傳，莒女爲鄫夫人，而欲立其出，則似所立者鄫夫人之子，而莒之外孫，無如此，則與取後乎莒之文不合。故注曲爲之說曰，『夫人無男，有女，還嫁之於莒，有外孫，鄫子愛後夫人，而無子，欲立其外孫。』皆傳文所無，蓋當時解傳者增益，其說不足據也。尋繹傳文，當作鄫女有爲莒夫人者，寫者上下有誤耳。鄫女爲莒夫人，則莒夫人之子，鄫之外孫也。鄫子舍世子巫，而欲立其外孫，故曰欲立其出，又曰取後于莒也。何所見本已譌，故其說迂曲而難通。

依傳文，則必如何氏說，莒女爲鄫夫人者，有女還嫁於莒，而後可通。王氏謂傳文互錯，當作鄫女爲莒夫人，其說自較簡易。惟無論採取誰說，鄫子舍其世子，而立鄫女爲莒夫人者所生之子，則皆同。頗疑何氏之說，亦有所受，未必即爲其所附會。以母系論，鄫子女所生之子，亦鄫子之子孫，曷不可立爲後？依父系論之，則爲異姓矣。襄公六年，莒人滅鄫。公羊無傳，解詁云：

莒稱人者，莒公子鄫外孫……言滅者，以異姓爲後，莒人當坐滅也。

蓋以甥繼舅乃母系之習，而父系之所痛惡，春秋書莒人滅鄫者，貶其俗耳。晉書秦秀傳云：

昔鄫養外孫莒公子爲後，春秋書莒人滅鄫，聖人豈不知外孫親耶？但以義推之，則無父子耳。

立外孫爲母系之遺俗；不可以「出」爲後則春秋之義也。

僖公五年，杞伯姬來朝其子，公羊云：

其言來朝其子何？內辭也，與其子俱來朝也。

解詁云：

因其與子俱來。禮，外孫初冠，有朝外祖之道。故使若來朝其子，以殺直來之恥，所以辟教戒之不明也。

春秋之義，婦人既嫁不踰境，故云來朝其子，以殺直來之恥。然所謂「外孫初冠，有朝外祖之道」，則不見於禮經。陳奐公羊逸禮考徵云：

惠云『注直云禮，絕無疑辭，皆先秦舊典。』

頗疑所謂禮者，爲先秦民間所習行之母系遺俗，比至儒家傳誦禮經，則捨而不論。依母系言，甥當朝其舅，漸進而兼計父系之親，遂移見舅者爲朝外祖矣，其或然歟？據春秋大事表，是年，杞惠公卒，成公立，成公蓋伯姬所生，依左傳杜注，伯姬爲莊公女，携其子來朝公，當爲朝其舅，而非朝外祖。如依公羊家言，則伯姬爲莊公妹，益非矣。考之史記杞世家，與世本（史記注所信引）所述杞世系不能吻合，其間蓋有譌誤。公羊通義解之亦未能安。

（四）同母爲兄弟

春秋時同母者爲兄弟，猶存母系之遺俗。春秋就其俗而發揮之，以推廣親親之義。董仲舒何休解之曰　，變周之文，從殷之質。孔廣森公羊通義云：

春秋承衰周之敝，文勝而離，人知貴貴，莫知親親。開端首見鄭段之禍，將大矯其失，非因人情所易親者而先示之親，則其教不易成。蓋由父言之，凡有兄弟豈有同異？由母言之，雖愛無差等，亦施由親始　，特撥亂之漸，不得已之志耳。故至所見之世，且錄責小國，殺公子，以廣親親之義。

孔氏自撥亂反正，施由親始立說，明非專厚於同母也，殊能見其大。云从殷之質，實當時本有其俗，非聖人必謂同母者爲兄弟，而後藉是以教人親親也。國語晉語云：

秦伯歸女五人，懷嬴與焉……公子欲辭。司空季子曰，同姓爲兄弟，……今子於子圉，道路之人也，取其所棄，以濟大事，不亦可乎？

懷嬴曾嫁子圉，子圉爲晉公子重耳之姪，故重耳欲辭。司空季子則曰同姓爲兄弟。重耳與子圉之父不同母，自母系論，如道路之人然。依司空季子之解說，同姓必同母，異母必異姓。古代之姓就母系言，今人已無異說。司空季子之同姓爲兄弟，正足爲同母爲兄弟之解說，由此推之，知非春秋大義欲如此，其時人之習俗觀念如此也。

太史公爲史記五宗世家，已至西漢矣。猶云：『同母者爲宗親。』其俗之傳不亦偶乎？

隱公七年齊侯使其弟年來聘，公羊云：

其稱弟何？母弟稱弟，母兄稱兄。

解詁云：

母弟，同母弟。母兄，同母兄。不言同母，言母弟者，若謂不如爲如矣，齊人語也。分別同母者，春秋變周之文，從殷之質，質家親親，明當親厚，異於羣公子也。

何氏之說蓋出於董仲舒。春秋繁露三代改制文質篇云：

王者以制，一商一夏，一質一文。商質者主天，夏文者主地……主天，法商而王，其道佚陽，親親而多仁樸，故立嗣予子，篤母弟。

又十指篇云：

春秋二百四十二年之文，天下之大，事變之博，無不有也。雖然，大略之要，有十指。十指者，事之所繫也……

……承周文而反之質，一指也。

何氏明質家「篤母弟」義，更見於隱公元年傳，解詁云：

嫡子有孫而死，質家親親，先立弟；文家尊尊，先立孫。

成公十五年疏引五經異義云：

公羊說云，質家立世子弟，文家立世子子。

許愼說公羊義，亦同於何氏也。至云從殷之質者，豈殷人母系之俗，更重歟？

隱公七年，齊侯使其弟年來聘，穀梁傳云：

諸侯之尊，弟兄不得以屬通，其弟云者，以其來接於我，舉其貴者也。

不云母弟，與公羊說異。昭公元年，秦伯之弟鍼出奔晉，穀梁傳云：

諸侯之尊，弟兄不得以屬通。其弟云者，親之也。親而奔之，惡也。

公羊傳云：

有千乘之國，而不能容其母弟，故君子謂之出奔也。

穀梁於齊侯弟年，曰舉其貴者也，於秦伯弟鍼，則曰親之也，而不解其親其貴之故，其爲有意避母弟稱弟之文，顯然可見。又如昭公二十年，盜殺衞侯之兄輒，穀梁云：

盜賤也。其曰兄，母兄也。目衞侯，衞侯累也。

此明襲「母兄稱兄」之義。隱公元年，鄭伯克段于鄢，穀梁云：

段，鄭伯弟也。何以知其爲弟也？殺世子母弟目君，以其目君，知其爲弟也……猶曰取之其母之懷中而殺之云爾，甚之也。

殺世子母弟稱君之義，見於僖公五年，晉侯殺其世子申生公羊傳，云：

殺世子母弟，直稱君者，甚之也。

穀梁發之於彼，所據則在此也。解詁云：

甚之者，甚惡殺親親也。春秋公子貫於先君，唯世子與母弟……今舍國體，直稱君，知以親親責之也。

質家親親，殺世子母弟違親親之義，故曰甚之也。若夫穀梁則無親親之義，文公二年，大事于太廟，躋僖公，穀梁云：

君子不以親親害尊尊，此春秋之義也。

穀梁傳春秋，不用親親之義，且有意避改公羊文，其爲晚出之書無疑。（公羊早於穀梁，穀梁取公羊增省之，劉原父晁說之陳蘭甫諸儒均曾言之，得此足爲證佐。）

母弟稱弟之說，亦見於左傳，宣公十七年，公弟叔肸卒，左傳云：

公母弟也，凡太子之母弟，公在曰公子，不在曰弟，凡稱弟，皆母弟也。

左傳之五十凡，既非如杜預所稱，爲周公之舊典，而亦非劉歆所附益者，今人有論之者矣，茲可不贅。惟母弟稱弟之說同於公羊，治左傳者，取諸公羊歟？抑左氏亦有所受之歟？則不能知之矣。

夫春秋稱母弟爲弟，非公羊一家私說。隱公七年，齊侯使其弟年來聘，義疏云：

按春秋稱弟者，此及桓三年弟年，十四年弟語，襄二十九年弟夫之屬，是也。稱兄者，昭二十年兄輒，是也。皆謂母弟，母兄也。春秋說云：『春秋凡書弟者，皆母弟，左氏公羊皆然。』趙匡駁云，『以爲不可以訓。』此非駁傳，乃駁經也。以兩國言之，則秦公子鍼，楚公子干，皆秦景楚靈之弟也，春秋獨書秦伯之弟鍼，豈非鍼爲母弟歟？以一國言之，則宋公子地，公子辰，皆景公之弟也，春秋獨書宋公之弟辰，則地非母弟可知。魯宣及叔肸同出敬嬴，衞獻與子鱄同出敬姒，故肸之卒，鱄之奔，皆稱弟，此母弟之尤章明較著者。故曰非駁傳，乃駁經也。穀梁云，『諸侯之尊。弟兄不得以屬通。』只可說禮，不可語春秋。

陳氏考之春秋諸國世系，知稱母弟爲弟，爲經本有之義，其說極是。左傳同於公羊，傳文中亦時有稱「母弟某」之語。穀梁則加以飾改曰不得以屬通，用尊尊義，無解於母兄母弟之稱，陳氏指爲可以說禮，不可以語春秋，是也。

呂大圭著春秋五論，非議公羊母弟稱弟，何氏變文從質之說，曰『使後世有親厚於同母弟，而薄於父之枝葉者，未必不由斯言啓之。』顧炎武日知錄母弟稱弟條，亦論之曰：

夫一父之子，而以同母不同母爲親疏，此時人至陋之見……以此爲質，是所謂直情而徑行，戎狄之道也。郭氏曰，『若如公羊之說，則異母兄弟不謂之兄弟乎？』程子曰，『禮文有立嫡子，同母弟之說，蓋謂嫡耳，非以同母弟爲加親也。若以同母弟爲加親，則知有母不知有父，是禽獸也。』

呂大圭諸氏均未語及董子，似均不知何氏之說出於繁露者，頗可異。由今觀之，諸氏之所憂者，無與於後世之人情，而正爲母弟稱弟之解釋，『厚於同母，薄於父之枝葉』，『以同母不同母爲親疏』，『異母兄弟不謂之兄弟』，『知有母不知有父』，皆母系時代之現象，而母兄稱兄，母弟稱弟，均爲母系之遺俗。當夫春秋時，已不存知有母而不知有父之俗，而猶以同母不同母別親疏，猶以同母者爲兄弟，故春秋如此書之，公羊更以此明親親之義。至於論之禮，則本不能合。陳立謂穀梁『諸侯之尊不得以屬通』之說，可說禮，而不可語春秋，易言之，豈非同母爲兄弟之說，可解春秋，而不可說禮歟？程子謂『同母弟謂嫡耳』，則求其說於禮而不得，姑爲調停之論也。

母系遺俗，同母兄弟，固親於異母者，而同母之姊妹尤爲尊貴。春秋時亦有其俗，如西漢帝之姊妹稱長公主然。即就此點推之，亦足爲春秋時代留有母系遺俗之佐證，非徒春秋欲明質家親親之義也。文公十二年，子叔姬卒，公羊云：

此未適人，何以卒？許嫁矣……其稱子何？貴也。其貴奈何？母弟也。

穀梁云：

其曰子叔姬，貴也。公之母姊妹也。其一傳曰，許嫁以卒之也。

范寧集解云：

同母姊妹。

文公十四年復有子叔姬，亦文公之姊妹也，則稱之曰子者，當爲魯史舊文。穀梁所謂其一傳，卽公羊，故其解同於公羊。公羊通義云：

殷人字積于仲，周人字積于叔，故文公篇有子叔姬二，而皆爲同母姊妹也。詩曰，『齊侯之子，東宮之妹』，明君之母妹，貴有殊矣。啖趙以『稱子者爲公之女子子，』此似是而實非。文公以四年娶，而十二年女已及笄，宣公以元年娶，而五年女已適人，其可通乎？

宣公五年亦有子叔姬，則宣公之母妹也，而啖助趙匡以爲宣公女，見於文公者，以爲文公女，故孔氏駁之。啖趙蓋不知君之同母姊妹當尊貴之義。

（五）婚姻爲兄弟

僖公二十五年，宋蕩伯姬來逆婦，公羊云：

其言來逆婦何？兄弟辭也。

解詁云：

宋魯之間，名結婚姻爲兄弟。

何氏解公羊『兄弟辭也』爲結婚姻者，蓋非是，說已見前；至結婚姻爲兄弟之俗，則其證頗多。儀禮聘禮云：

若兄弟之國，則問夫人。

註云：

兄弟，謂同姓若婚姻甥舅有親者。

太平御覽五四〇引禮外傳云：

古者婚姻爲兄弟，因成兄弟之義也。

禮記奔喪云：

與諸侯爲兄弟，亦爲位而哭。

註云：

族親婚姻在異國者。

宣公十年，齊人歸我濟西田，穀梁云：

公娶齊，齊以爲兄弟，反之。

詩小雅伐木，兄弟無遠，箋云：

兄弟，父之黨，母之黨。

詩王風葛藟，終遠兄弟，箋云：

兄弟，猶言族親也。

周禮大司徒云：

以本俗六安萬民，三曰聯兄弟：

註云：

兄弟，婚姻嫁娶也。

皆足證兄弟兼父母妻之族而言。公羊義疏列舉諸證以釋之，茲不復詳及。

春秋時，親族兼父系母系及妻而論，故九族之親，今文家謂兼有異姓者。左傳桓六年正義引五經異義云：

今禮戴，尚書歐陽說云，九族乃異姓有屬者，父族四，五屬之內爲一族，父女昆弟適人者與其子爲一族，己女昆弟適人者與其子爲一族，己之女子子適人者與其子爲一族。母族三，母之父姓爲一族，母之母姓爲一族，母女昆弟適人者與其子爲一族。妻族二，妻之父姓爲一族，妻之母姓爲一族。

其說導源於今文禮記及尚書家，自東漢班固許愼，迄淸程瑤田陳壽祺十數人皆主之，芮逸夫先生撰九族制與爾雅釋親一文（載史語所集刊第二十二本）詳考其稱謂關係，知其說之不可易。結婚姻爲兄弟之說與九族之解，實相契合。

隱公十一年，滕侯薛侯來朝，左傳云：

薛侯曰，我先封。滕侯曰，我周之卜正也。薛庶姓也，我不可以後之。公使羽父請於薛侯曰……周之宗盟，異姓爲後。

周禮秋官司儀云：

士揖庶姓，時揖異姓，天揖同姓。

註云：

庶姓，無親者也，異姓，婚姻者也。

依左傳宗盟異姓爲後之文，可知周人之所謂宗，實兼有異姓，即括有婚姻關係者在內，亦可謂兼有父母兩系。證以今文九族與夫結婚姻爲兄弟之說，其事蓋確然無疑。其後父系之禮發達，遂隱其說，人皆知同宗由於父系，不知其有母系存焉，故解左傳者均於此無說，其義隱晦二千數百年矣。潤孫昔讀史漢，曾證西漢宗室中有異姓者爲母系遺俗，引太史公「同母爲宗親」之說。由今觀之，則古代之宗親中實兼有異姓，不必待諸西漢。

古代之姓既緣於母系，故「同母爲兄弟」擴爲「同姓爲兄弟」，更擴爲「婚姻爲兄弟」，細溯其源，則皆由母系之故。若夫親族兼及於妻者，則亦由於「母系」。蓋母系家世之繼承由女子，男子娶妻者本從婦居，爲妻之附屬品，既婚之後，妻之家視爲親族。其後進爲父系，遂保存此關係、號婚姻者爲兄弟，其事寧非由於母系？觀乎今文家九族說，父女昆弟適人者，己女昆弟適人者，女子子適人者，母女昆弟適人者，均爲一族，不愈可明乎？顏氏家訓云：

無風教者，其父已孤，呼外祖父母與祖父母同，使人爲其不喜聞也。雖質，於面皆當加外以別之。

又云：

河北士人，皆呼外祖父母爲家公家母，江南田里間亦言之。以家代外，非吾所識。

顏黃門時已至南北朝，俚俗猶以外祖父母與祖父母同稱，蓋其夫與妻本爲一家，自其子呼之，遂似混淆無別，而親族之兼母妻，正可藉是思得其故矣。

（六）春秋因母系遺俗而發之義

春秋時代，母系遺俗之可考知者，已歷舉如上。春秋針對其俗而發之義法，前已隨文略舉，至其大端，歸納之，可有下列數事：

（甲）篤母弟意在親親

隱公三年，葬宋繆公，公羊云：

宣公謂繆公曰，以吾愛與夷則不若愛女，以爲社稷宗廟主，則與夷不若女，盍終爲君矣！宣公死，繆公立。繆公逐其二子，莊公馮與左師勃，……終致國乎與夷。莊公馮弒與夷。故君子大居正，宋之禍宣公爲之也。

兄終弟及，殷人之法，亦母系遺俗。宋宣公用殷法立其弟繆公，繆公又立宣公子與夷，其子莊公遂殺與夷。如云反周之文用殷之質，宣公立弟，本爲篤母弟，春秋應稱之而反非之，曰『君子大居正，宋之禍宣公爲之』，其故何歟？

禮記檀弓云：

公儀仲子之喪，檀弓免焉。仲子舍其孫，而立其子。檀弓曰，『何居？我未之前聞也？』趨而就子服伯子於門右，曰，『仲子舍其孫而立其子，何也？』伯子曰，『仲子亦猶行古之道也，昔者文王舍伯邑考而立武王，微子舍其孫腯而立衍也。夫仲子亦猶行古之道。』子游問諸孔子。孔子曰，『否！立孫。』

鄭注云：

伯子爲親者隱耳，立子非也。文之立武王，權也，微子適子死，立其弟衍，殷禮也。

又注立孫云：

據周禮。

以擅弓所載者證之，孔子之不主立弟明甚，故春秋非宋宣公也。春秋篤母弟，意惟親親，而未嘗欲行殷制，此爲必當辨明者。公羊通義云：

立適以長，適子死則立適孫。所以正體於上，傳重於下。是故，周人世，殷人及。春秋雖有變文從質義，而此不從殷者，撥亂世因時之宜。

孔氏之說蓋深得春秋之旨，爲自來注公羊者所不能及。能解乎此，而後隱公元年，公羊云：『立適以長不以賢，立子以貴不以長』之義可明矣。

襄公二十九年，吳子使札來聘，公羊云：

賢季也，何賢乎季子？讓國也。

以兄終弟及之制，季子宜爲君，季子不受，春秋於是賢之。論語盛稱泰伯伯夷，其人均宜爲君，而不爲者，其讓國有似季子，故夫子賢之。夫子以兄終弟及制常引簒弑之禍，主從周制立子，更盛贊讓國之人，以弭患于無形，論語公羊之意適可相通也。（手頭無戴子高論語注，不知此義戴氏已言之否？）

（乙） 不娶同姓兼父母兩系言

哀公十二年，孟子卒，公羊云：

孟子者何？昭公之夫人也。其稱孟子何？諱娶同姓，蓋吳女也。

解詁云：

禮，不娶同姓，買妾不知則卜之，爲同宗共祖，亂人倫，與禽獸無別。昭公既娶，諱而謂之吳孟子。

『不娶同姓，買妾不知則卜，』爲曲禮文。論語云：

君娶于吳，爲同姓，謂之吳孟子。

夫子爲君諱，稱之曰吳孟子，其意不主娶同姓明甚。白虎通嫁娶篇云：

不娶同姓者，重人倫，防淫泆，恥與禽獸同。

其說與曲禮及何氏同。禮記坊記云：

子云，取妻不取同姓，以厚別也。

夫子之言，猶存於坊記。吳魯均爲姬姓，故不可通婚。此殆爲周制。太平御覽五四〇引禮外傳云：

夏殷五世之後，則通婚姻，周公制禮，百世不通，所以別禽獸也。

殷人袒免親盡婚姻可通，前已爲之疏證。若如禮外傳說，則夏人亦然也。禮記喪服小記，婦人書姓，孔疏云：

殷無世繫，六世而昏，故婦人有不知姓者。周則不然，有宗伯掌定繫世，百世婚姻不通，故必知姓也。

孔氏之說，揆之禮皆有所據。周人同姓不婚，故婦人無不知其姓者。春秋諱言孟子之姓，正以其取同姓，益可證夫子之意爲用周制。

春秋之義，不娶同姓，蓋兼父母兩系言之，白虎通嫁娶篇云：

外屬小功以上，亦不得娶也，以春秋傳曰，譏娶母黨也。

所引春秋傳，今三傳均無其文。莊公二十三年，公如齊逆女，公羊通義云：

白虎通義云……今傳無此文，似亦嚴顏二家之異。春秋書娶者五，桓、宣、皆娶于姜，桓母子氏，宣母熊氏，文公娶乎大夫，則非僖夫人之黨。得譏母黨者，莊成二公而已，未知傳文本在何篇？內逆女例月，而此及僑如逆女不月，容卽以娶母黨失正，略之。與律禁姑之子舅之子相爲昏姻，實春秋之義也。

僖二十五年，蕩伯姬來逆婦，通義云：『主書者，譏娶母黨。』公羊既無其文，何氏亦無說，賴孔氏依白虎通解之，其說始明。以姓本自母系論，同姓不婚，原爲母系之禮，春秋時雖已從父系，而母系之俗猶盛，自不能不兼顧母系之親，以符同姓不婚之朔意。夫子撥亂反正，爲後世垂制立法，不主娶同姓，因亦譏娶母黨，允爲當有之義。

（丙）婦人不出境不問外事

隱公二年，紀履緰來逆女，公羊云：母不通也。解詁云：禮，婦人無外事。春秋繁露陽尊陰卑云：

貴陽而賤陰。故數日者，據晝而不據夜，數歲者，據陽而不據陰。不得達之義。是故春秋之於昏禮也，達宋公，而不達紀侯之母；紀侯之母，宜稱而不達，宋公不宜稱而達。達陽而不達陰，以天道制之也。

董子所發揮者，蓋爲春秋先師解母不通之義。春秋繁露玉英云：

婦人無出境之事，經禮也，母爲子娶婦，奔喪父母，變禮也。

則爲還就其時之俗曲言之，故曰變禮，其所主者，仍爲婦人不問外事也。隱公二年，伯姬歸于紀，公羊云：

其言歸何？婦人謂嫁曰歸。

解詁云：

婦人生以父母爲家，嫁以夫爲家，故謂嫁曰歸，明有二歸之道。

二歸者，合歸宗言之。婦人被出之後，有歸宗之義。莊公二十七年，公羊云：

　大歸，曰來歸。

解詁云：

　大歸者，廢棄來歸也。

文公十八年，夫人姜氏歸于齊，公羊無傳，解詁云：

　歸者，大歸也。

大歸者，被出而來歸於母家，故曰歸宗。尋繹何氏所解，女子既嫁，夫家卽爲其家，故曰歸，使非被出，似不能再來母家，被出而來，則亦曰歸。惟可以奔喪來，其說見於莊公二年及文公九年解詁。

莊公二年，夫人姜氏會齊侯于郜，公羊無傳，解詁云：

　書者，婦人無外事，外則近淫。不致者，本無出道，有出道乃致，奔喪致是也。

文公九年，夫人姜氏如齊，公羊無傳，解詁云：

　奔父母之喪也。

莊二年解詁所謂奔喪致，卽指奔父母喪言。禮記雜記云：

　婦人非三年之喪，不踰封而弔。

此說婦人既嫁，非三年之喪，不得出境。莊二十七年，杞伯姬來，公羊云：

　其言來何？直來曰來，大歸曰來歸。

解詁云：

諸侯夫人尊重，既嫁，非有大故不得反。惟自大夫妻，雖無事，歲一歸寧。

徐疏云，『大故者，奔喪之謂』。何氏說，女既嫁，非奔喪不得反，與前注合。至謂大夫妻歲一歸寧，蓋據當時之俗立說。詩周南葛覃『歸寧父母』，毛傳云：『父母在，則有時歸寧耳』。詩疏云：『此謂諸侯夫人，及王后之法。』則非大夫妻矣。毛詩序云：

泉水，衞女思歸，嫁於諸侯，父母終，思歸寧不得。

鄭司農云：

國君夫人，父母在則歸寧，沒則使大夫寧於兄弟。

說與何氏相反。襄十二年，左傳云：

楚司馬子庚聘于秦，爲夫人寧，禮也。

杜注云：

諸侯夫人，父母既沒，歸寧使卿，故曰禮。

詩序與左傳之說合，春秋亦多書魯女嫁於諸侯者來歸寧之事。蓋依當時之俗，女子不論嫁諸侯或大夫，父母在均有歸寧者，春秋則不然之，故曰無出境之事，直來曰來。何氏乃明二歸之義，董氏則曰奔喪爲變禮，固均是春秋之義。何氏無以解於當時歸寧之俗，因曰大夫妻歲一歸寧，後人有解之爲同國者。宣公五年，齊高固及子叔姬來。公羊云：

言叔姬之來，而不言高固之來，則不可。

解詁云：

禮，大夫妻歲一歸宗，叔姬屬嫁，而與高固來。如但言叔姬來，而不言高固來，則魯負教戒，重不可言。故書高固，明失教戒，重在固。

惠士奇春秋說云：

何氏說，大夫妻歲一歸宗，謂同國也。如大夫娶于鄰國，則不可。魯之子叔姬，齊大夫高固之妻也，自齊來魯，見譏于春秋，故知大夫之妻不得越國歸宗。

義疏云：

何氏所舉，謂大夫娶於同國之常禮爾，若娶於諸侯，當如諸侯夫人，不得歸寧。何氏所謂大夫妻歲一歸宗，未言是否同國，後人以其違婦人不踰境之義，解爲同國，蓋捃春秋之義與當時之俗合說之，恐非是。春秋之義，不問諸侯大夫妻均不可踰境歸寧。宣五年九月齊高固來逆子叔姬，冬高固及子叔姬即來，婚甫數月耳。依何氏義，不足一歲，卽大夫妻亦不可歸寧，故又云歲一歸宗（宗當爲寧之誤）也 。公羊通義云：『甫嫁遽歸，故不可也』，其說良是。

（丁）婦人當守禮法

襄公三十年，五月甲午宋災，伯姬卒，公羊無傳。秋七月叔弓如宋，葬宋共姬。公羊云：

外夫人不書葬，此何以書？隱之也。何隱爾？宋災，伯姬卒焉。其稱謚何？賢也。何賢爾？宋災，伯姬存焉，有司復曰，火至矣！請出！伯姬曰，不可，吾聞之也，婦人夜出，不見傅母，不下堂。傅至矣，母未至也，逮乎火而死。

解詁云：

禮，后夫人必有傅母，所以輔正其行，衞其身也，選老大夫爲傅，老大夫妻爲母。

伯姬守禮而卒，春秋賢之，則其時不守禮者，蓋亦衆矣。成公八年，宋公使公孫壽來納幣，公羊云：

納幣不書，此何以書？錄伯姬也。

九年，二月伯姬歸于宋，季孫行父如　致女，公羊云：

未有言致女者，此其言致女何？錄伯姬也。

同年，晉人來媵，公羊云：

媵不書，此何以書？錄伯姬也。

十年，齊人來媵，公羊云：

媵不書，此何以書？錄伯姬也。

襄公三十年，晉人齊人宋人衞人鄭人曹人莒人邾婁人滕人薛人杞人小邾婁人會于澶淵，宋災故。公羊云：

災故者何？諸侯會于澶淵，凡爲宋災故也。會未有言其所爲者，此言其所爲何？錄伯姬也。

自其始嫁至其卒後，春秋爲錄伯姬而書者五見，其卒與葬猶不與焉，春秋賢之者可謂備至矣。穀梁云：

伯姬之舍失火，左右曰，夫人少辟火乎！伯姬曰，婦人之義，保母不在，宵不下堂。遂逮乎火而死。婦人以貞

景印香港新亞研究所《新亞學報》（第一至三十卷）

爲行者也，伯姬之婦道盡矣。詳其事，賢伯姬也。

穀梁稱伯姬能盡婦道，曰婦人以貞爲行，說與公羊同，猶是春秋義旨之所在。左傳云：

大災，宋伯姬卒，待姆也。君子謂，宋共姬女而不婦，女待人，婦義事也。

其說殊乖春秋之意。孔子成春秋，力斥淫蕩失禮之俗，女子依母系遺俗恣意之行，春秋皆非之，故極稱伯姬之賢，以示其意，烏能謂共姬女而不婦乎？胡安國從而以伯姬爲非，其僨爲何如乎？新序云：

是以，詩正關雎，而春秋褒伯姬也。

淮南泰族訓云：

伯姬坐燒而死，春秋大之，取其不踰禮而行也。

春秋繁露王道云：

觀乎宋伯姬，知貞婦之信。

是皆西漢舊說，猶存春秋本誼。伯姬燒死，春秋稱之不已，豈非謂婦人守禮，一如丈夫成仁取義之可重乎？

公羊簡約，吾人研求春秋之義多賴董仲舒何劭公之說以明之，劭公師承膠西，繁露作於西漢，去聖人猶不過遠，雖不能謂其得夫子之眞意，要當十中七八。更分別春秋之義與當世之俗，參互覈校以求之。其時社會之輪廓，蓋多可推而知之，又不僅母系遺俗一事也。

結語

綜觀公羊所述春秋史事，其時母系遺俗存者尙不尠，此爲一極奇異之問題。當夫春秋時，我國文化已極發達，縱云王綱解紐，諸侯放恣，社會習俗何能逆流至此？頗疑殷人雖行父系，而猶保有極濃厚之母系風習，傳至周，益重父系，而母系遺風仍未盡泯，故春秋中尚留此若干違反父系制度之記載，就此若干記載推測之，春秋所保存母系遺俗，大致如右：

（一）家世父系相承，而母權極重。

（二）親族則父系母系兼計，不偏重一方。

（三）女子行動沿母系遺俗，由父系禮教觀之，頗放恣。

（四）沿承母系遺俗，舅權頗重，此情形似頗普遍。

（五）保存母系遺俗最多者爲齊魯宋衛東方諸國，皆殷人故地。

本文惟就其間極明顯之母系遺俗，加以排比詮釋，其隱約不明未及鈎輯者，猶未列入焉，所獲得已如上列。春秋時代社會風俗與夫家族關係，蓋可自是窺得其大部分矣。

至若所論春秋大義，亦僅就其與母系遺俗有關者言之。夫子正人倫端教化之精意微旨，蓄蘊尙多，偃鼠飲河，不過滿腹。斯篇姑以管蠡之見，爲治春秋學之發軔耳。

四十四年六月十一日。

一九五五年八月一日初版

新亞學報 第一期

定價 港幣十元
美金二元

編輯者 九龍新亞書院 新亞研究所

發行者 新亞書院圖書館

承印者 香港九龍黑布街二十五號 求精印務公司

版權所有 不准翻印

景印本・第一卷・第一期

THE NEW ASIA JOURNAL

Volume 1 August 1955 Number 1

THE NEW ASIA RESEARCH INSTITUTE

景印香港新亞研究所
新亞學報（第一至三十卷）

總策畫　林慶彰　劉楚華
主　編　翟志成
編　輯　李啟文　張晏瑞
編輯所　萬卷樓圖書股份有限公司
發行所　萬卷樓圖書股份有限公司
發行人　陳滿銘
總經理　梁錦興
電　話　（〇二）二三二一六五六五
地　址　臺北市大安區羅斯福路二段四十一號六樓之三
發行日期　二〇一七年九月
定　價　新臺幣九萬六千元整（全套四十二冊，不分售）
書　號　ISBN　978-986-478-118-8
大陸總經銷　廈門外圖臺灣書店有限公司　聯絡人　熊理國
電　話　0592-2230178　郵　箱　jkb188@188.com
地　址　福建省廈門市湖裡區悅華路8號廈門外圖

9 789864 781188 96000

國家圖書館出版品預行編目(CIP)資料

景印香港新亞研究所新亞學報. 第一至三十卷 / 林慶彰, 劉楚華總策畫 ; 翟志成主編. — 初版. — 臺北市 : 萬卷樓, 2017.09
冊 ;　公分
ISBN 978-986-478-118-8 (全套 : 精裝)
1. 史學　2. 期刊

605　　106018208